por dentro da escola pública

EDITORA AFILIADA

Coordenador do Conselho Editorial de Educação
Marcos Cezar de Freitas

Conselho Editorial de Educação
José Cerchi Fusari
Marcos Antonio Lorieri
Marli André
Pedro Goergen
Terezinha Azerêdo Rios
Valdemar Sguissardi
Vitor Henrique Paro

Dados Internacionais de Catalogação na Publicação (CIP)
(Câmara Brasileira do Livro, SP, Brasil)

Paro, Vitor Henrique
    Por dentro da escola pública / Vitor Henrique Paro. — 4. ed.
rev. — São Paulo : Cortez, 2016.

    Bibliografia.
    ISBN 978-85-249-2503-0

    1. Educação e Estado - Brasil 2. Escolas públicas - Brasil
I. Título.

16-07663   CDD-371.010981

Índices para catálogo sistemático:
1. Brasil : Escola pública : Educação   371.010981

Vitor Henrique Paro

por dentro da escola pública

4ª edição
obra revista

1ª reimpressão

POR DENTRO DA ESCOLA PÚBLICA
Vitor Henrique Paro

Capa: de Sign Arte Visual sobre fotografia de Wellington Tibério
Preparação de originais: Solange Martins
Revisão: Ana Paula Luccisano
Editora-assistente: Priscila F. Augusto
Composição: Linea Editora
Coordenação editorial: Danilo A. Q. Morales

Nenhuma parte desta obra pode ser reproduzida ou duplicada sem autorização expressa do autor e do editor.

© 2016 by Vitor Henrique Paro

Direitos para esta edição
CORTEZ EDITORA
Rua Monte Alegre, 1074 – Perdizes
05014-001 – São Paulo – SP
Tels. +55 11 3864-0111 / 3803-4800
cortez@cortezeditora.com.br
www.cortezeditora.com.br

Impresso no Brasil – abril de 2018

AGRADECIMENTOS

Expresso meus agradecimentos aos pais de alunos, alunos, funcionários, professores e direção da escola pesquisada, bem como aos membros de entidades e outras pessoas residentes ou atuantes no bairro onde se localiza a escola, que de forma tão solícita nos forneceram dados, responderam nossas entrevistas ou facilitaram de alguma maneira a realização deste trabalho.

A Sandra Sanches Raymundo e a Theresa Maria de Freitas Adrião, que, como assistentes de pesquisa, estiveram conosco num trabalho solidário de investigação, partilhando perplexidades e trocando esperanças, no exercício incansável de perquirir a realidade em busca de explicações para os problemas do ensino público.

Aos colegas professores do Departamento de Administração Escolar e Economia da Educação da Faculdade de Educação da Universidade de São Paulo, que tornaram possível uma menor carga de trabalho acadêmico durante a fase final de redação deste trabalho.

À Fundação Carlos Chagas, em cujo Departamento de Pesquisas Educacionais desenvolveu-se a investigação que deu origem a este trabalho.

Ao Instituto Nacional de Estudos e Pesquisas Educacionais Anísio Teixeira — Inep, cujo apoio financeiro contribuiu grandemente para a realização da pesquisa.

À Pontifícia Universidade Católica de São Paulo, que me concedeu uma bolsa de pós-doutorado durante o período de realização deste trabalho.

Vitor Henrique Paro

Para Thais.
Para Iana e para Laura.
Para Helena e para Teresa.

"É que Narciso acha feio o que não é espelho."

Caetano Veloso

SUMÁRIO

Lista de ilustrações 15

Lista de siglas 17

Prefácio à 1ª Edição 21

Prefácio à 4ª Edição 23

Introdução 27

Capítulo I   O Bairro, a Escola e as Pessoas 39
    1   O bairro 39
    2   A escola 44
    3   As pessoas 51
        3.1   Direção 52
        3.2   Funcionários 56
        3.3   Professores 59
        3.4   Alunos 65
        3.5   Pais de alunos 70
        3.6   Supervisão do ensino 77
        3.7   Membros de entidades de bairro e outros 78

Capítulo II A Escola por Dentro: os condicionantes internos da participação 85

1 A estrutura formal da escola 86

2 A distribuição do poder e da autoridade no interior da escola 94

    2.1 Sobre o exercício da autoridade na escola 96

    2.2 O diretor no papel de gerente 109

        A autonomia da escola, 109; A burocracia estatal, 112; A supervisão do ensino, 117; Sem tempo para o pedagógico, 120; Diretor: juiz e carrasco, 123; A assistente de diretora, 125; Formação acadêmica, 129; Processo de escolha, 133; "Prestígio" e "recompensa", 145; O sonho acabado, 149

3 Os mecanismos de ação coletiva no interior da escola 150

    3.1 Associação de pais e mestres 151

    3.2 Conselho de escola.. 167

        O processo eletivo, 168; A divulgação das reuniões, 170; A frequência das reuniões, 170; A falta de envolvimento e de participação, 172; A participação de pais e alunos nas decisões: ainda uma ficção?, 176; Falta de ligação entre representantes e representados, 180; Fragmentos de uma reunião, 181; Conselho de escola: lugar em que se explicitam conflitos, 187

    3.3 Grêmio estudantil... 190

    3.4 Conselhos de classe... 193

4 Relações interpessoais... 197

    Diretora e professores, 197; Diretora e funcionários, 202; Diretora e alunos, 206; Diretora e pais, 207; Professores entre si, 208; Professores e demais funcionários, 210; Professores e alunos, 210; Professores e pais, 212; Funcionários e alunos, 215; Funcionários e pais, 216; Alunos entre si, 217; Pais entre si, 218

5 Atendimento de pais e membros da comunidade.............. 218

    5.1 A visão sobre os usuários da escola............................. 219

SUMÁRIO

5.2 A veiculação de informações e o atendimento de rotina 232

5.3 Reuniões de pais 238

Capítulo III Processo de Ensino e Participação 249

1 Visão de educação escolar 250

Formação e informação, 250; Os educadores escolares, 252; Ensino: algo chato, mas necessário, 253; Valorização da educação escolar, 253; O componente ideológico, 256; O papel do Estado na educação, 261

2 Participação da família no processo de ensino 264

A educação é delegada à escola, 265; Complementaridade entre família e escola, 267; Dicotomização entre trabalho da escola e da família, 267; Provimento de conteúdos: necessidade de a família ajudar, 268; Qualidade do ensino dependendo da ajuda dos pais, 269; A ausência do acompanhamento em casa e suas causas, 271

3 O desempenho da escola 272

3.1 Os números 272

Evasão, 272; Retenção, 277; Promoção, 278

3.2 As condições de trabalho 278

O espaço físico, 278; Livro didático, 279; Organização de tempo, 280; Assistência médica e odontológica, 281; Merenda, 281; Segurança, 283

3.3 O pessoal: corpo docente e demais funcionários 284

Pessoal não docente, 284; A escassez de professores, 285; O baixo salário e as más condições de trabalho, 285; O desprestígio da profissão, 288; A distância e a falta de segurança, 288; O despreparo do professor, 289

3.4 Os alunos 291

3.5 A qualidade do ensino 295

As aulas, 295; O que pensam os depoentes, 308; Orgulho ferido, 312; A avaliação do rendimento escolar, 313;

O "aligeiramento" do ensino, 314; Disciplina, 315; Autoritarismo, punições, 321

Capítulo IV A Comunidade e a Participação na Escola 327

1 Os movimentos de bairro e a escola pública 328

A busca de serviços coletivos, 328; A "Associação da Favela",
331; A Sociedade Amigos do Morro Alegre, 334; O conselho
popular, 337; A Sociedade Amigos das Vilas Unidas do Morro
Alegre, 338; A diversidade de atuação dos movimentos, 344; As
lutas na esfera da produção e da reprodução, 346; A diversidade
de classes dos movimentos de bairro, 350; Interesses estratégicos *vs.* interesses imediatos, 353; Os movimentos populares e
a escola, 356

2 A escola diante da questão da participação 359

Condicionantes político-sociais: os interesses dos grupos dentro
da escola, 359; Condicionantes materiais de participação, 361;
Condicionantes institucionais, 362; Condicionantes ideológicos:
a) a visão sobre a comunidade, 363; Condicionantes ideológicos:
b) a visão de participação, 365; Utilização do espaço escolar pela
comunidade, 375; Depredações, 378

3 Participação da comunidade: condicionantes econômicos e culturais 383

As condições objetivas de vida, 383; O "desinteresse" dos pais,
385; A tendência "natural" à não participação, 388; O medo da escola, 391; Os agentes "articuladores" da participação popular, 392

Para Não Concluir... 395

Referências 397

LISTA DE ILUSTRAÇÕES

Quadro 1 — EEPG Celso Helvens — Distribuição das classes segundo as séries e turnos de funcionamento 48

Quadro 2 — EEPG Celso Helvens — Distribuição dos professores de 5ª a 8ª série, segundo sua formação acadêmica 50

Quadro 3 — EEPG Celso Helvens — Situação funcional do corpo docente 50

Quadro 4 — Jornada semanal de trabalho dos professores da rede pública estadual de ensino do estado de São Paulo 51

Figura 1 — Estrutura funcional da escola estadual de 1º grau do estado de São Paulo 87

Quadro 5 — EEPG Celso Helvens — Movimento escolar — 1989 273

Quadro 6 — Estado de São Paulo — Ensino público estadual de 1º grau: taxas de evasão, retenção e promoção em 1988, 1989 e 1990 275

Quadro 7 — EEPG Celso Helvens — Porcentagens de evasão, retenção e promoção, por período, da 6ª à 8ª série — 1989 276

LISTA DE SIGLAS

ACT — Admitido em Caráter Temporário
Aids — Síndrome da Imunodeficiência Adquirida
APM — Associação de Pais e Mestres
ATPCE — Assessoria Técnica de Planejamento e Controle Educacionais (Secretaria da Educação do Estado de São Paulo)
BF — Boletim de Frequência
CB — Ciclo Básico
CEB — Comunidade Eclesial de Base
Cefam — Centro Específico de Formação e Aperfeiçoamento do Magistério
CEI — Coordenadoria de Ensino do Interior (Secretaria da Educação do Estado de São Paulo)
Cenp — Coordenadoria de Estudos e Normas Pedagógicas (Secretaria da Educação do Estado de São Paulo)
Cetesb — Companhia de Tecnologia de Saneamento Ambiental
CGC — Cadastro Geral de Contribuintes
CNPJ — Cadastro Geral de Pessoas Jurídicas
CIE — Centro de Informações Educacionais (Secretaria da Educação do Estado de São Paulo)
CLT — Consolidação das Leis do Trabalho
CMTC — Companhia Municipal de Transportes Coletivos

Cogsp — Coordenadoria de Ensino da Região Metropolitana da Grande São Paulo (Secretaria da Educação do Estado de São Paulo)

Cohab — Companhia Metropolitana de Habitação de São Paulo

Conesp — Companhia de Construções Escolares do Estado de São Paulo

CPP — Centro do Professorado Paulista

D.O. — *Diário Oficial*

DRE — Divisão Regional de Ensino

Drhu — Departamento de Recursos Humanos (Secretaria da Educação do Estado de São Paulo)

EEPG — Escola Estadual de 1º Grau

EEPSG — Escola Estadual de 1º e 2º Graus

Emei — Escola Municipal de Educação Infantil

EMPG — Escola Municipal de 1º Grau

FDE — Fundação para o Desenvolvimento da Educação

Febem — Fundação Estadual para o Bem-Estar do Menor

FGTS — Fundo de Garantia do Tempo de Serviço

Iapas — Instituto de Administração Financeira da Previdência e Assistência Social

Inep — Instituto Nacional de Estudos e Pesquisas Educacionais

MEC — Ministério da Educação

MR-8 — Movimento Revolucionário 8 de Outubro

Osem — Orientação Socioeducativa ao Menor

OSPB — Organização Social e Política do Brasil

PAM — Posto de Assistência Médica

PIS — Programa de Integração Social

PMDB — Partido do Movimento Democrático Brasileiro

Promdepar — Programa de Municipalização e Descentralização do Pessoal de Apoio Administrativo das Escolas Públicas da Rede Estadual

PT — Partido dos Trabalhadores

LISTA DE SIGLAS

PUC-SP — Pontifícia Universidade Católica de São Paulo

SE — Secretaria de Educação

SAB — Sociedade Amigos de Bairro

Sama* — Sociedade Amigos do Morro Alegre*

Sanbra — Sociedade Algodoeira do Nordeste Brasileiro

Savuma* — Sociedade Amigos das Vilas Unidas do Morro Alegre*

Sesi — Serviço Social da Indústria

Sintusp — Sindicato dos Trabalhadores da USP

U.E. — Unidade Escolar

Udemo — União dos Especialistas em Educação do Magistério Oficial do Estado de São Paulo

USP — Universidade de São Paulo

---

* Siglas e nomes fictícios de entidades existentes no Bairro onde foi realizado o trabalho de campo.

PREFÁCIO À 1ª EDIÇÃO

Este livro foi apresentado inicialmente como tese de livre-docência junto ao Departamento de Administração Escolar e Economia da Educação da Faculdade de Educação da Universidade de São Paulo, sob o título *Participação popular na gestão da escola pública*. Já por ocasião de sua defesa pública, alguns membros da banca examinadora chamavam a atenção para o fato de que seu conteúdo ia muito além do título, sugerindo inclusive que o trabalho se chamasse simplesmente *Escola pública*. Opiniões de colegas educadores que leram a tese posteriormente só fizeram reforçar a ideia de que o título original não abrangia todo o conteúdo do trabalho, conteúdo esse que não interessava tão somente aos estudiosos da participação na escola, mas sim a todas as pessoas direta ou indiretamente envolvidas com as questões da escola pública no Brasil.

A demora na publicação do livro deveu-se, por um lado, ao espanto com que os editores recebiam as 522 páginas (mais 63 de anexos) em dois volumes que compunham o original, que os levava a impor sua redução, mesmo antes de lê-lo; por outro lado, deveu-se também a minha dificuldade de encontrar, entre meus afazeres de pesquisa e docência, o tempo necessário para efetuar as reduções exigidas pelos editores. Posteriormente, os pareceres de grande número de pessoas que leram o trabalho, professores e estudantes de cursos de Pedagogia e de pós-graduação em Educação, diretores e professores da rede pública de ensino básico, bem como outros profissionais ligados à

Educação, consideraram o texto de muito fácil leitura, aconselhando a manutenção de seu formato original e alertando para os riscos de uma versão reduzida, que poderia subtrair passagens significativas do trabalho. Assim, além de pequenas alterações e da supressão dos anexos, resolvi não promover nenhuma modificação substancial no texto que, mesmo passados quatro anos, parece não ter perdido sua atualidade, já que, infelizmente, nada de novo ocorreu que mudasse o cotidiano da realidade pesquisada.

O interesse da Xamã Editora na edição do livro surgiu precisamente num momento em que as sucessivas reproduções xerográficas do original, para atender ao interesse, principalmente, de estudantes universitários e profissionais da rede pública de ensino, renovavam minha intenção de publicá-lo.

As pessoas envolvidas com a Educação no país têm manifestado certa sede de conhecimentos a respeito do que realmente acontece no dia a dia de nossas instituições escolares. Nossos teóricos da Educação, mesmo os mais proeminentes e conceituados, têm-se mantido, em sua maioria, nas grandes categorizações a respeito dos determinantes sociais mais amplos da realidade social, enquanto a escola pública brasileira, apesar da intensa reflexão de que foi objeto nas últimas décadas, permanece quase completamente desconhecida no que diz respeito aos fatos e relações presentes cotidianamente em seu interior. É que muitos autores, ao se referirem à escola pública, o fazem sem conhecê-la, já que não a pesquisam empiricamente. Com isso, suas elaborações teóricas em nada contribuem para o aperfeiçoamento da prática dos que, especialmente no ensino público fundamental, dedicam seus esforços na educação das amplas camadas da população.

Gostaria que este livro contribuísse para minorar um pouco a carência de estudos que abordam a realidade de nosso ensino público fundamental, concorrendo para elucidar sua prática e servindo ao diálogo com aqueles que, cotidianamente, fazem a escola pública brasileira.

São Paulo, janeiro de 1995.

Vitor Henrique Paro

PREFÁCIO À 4ª EDIÇÃO

Por dentro da escola pública é, sem dúvida nenhuma, um dos trabalhos que mais me proporcionaram realização tanto profissional quanto pessoal. Em termos pessoais, foi um verdadeiro banho de realidade escolar brasileira, ao conviver, no contexto da pesquisa de campo, com as grandezas e misérias de nossa sempre sofrida escola pública fundamental. Por longo período estive, quase todos os dias, envolvido no cotidiano da escola pesquisada, investigando, observando, indagando, participando dos problemas, refletindo e comungando tristezas, alegrias e perplexidades com os sujeitos da escola e com as outras integrantes da equipe de pesquisa. A intensidade das relações pessoais, num ambiente amistoso, mas também de conflitos e de contradições, teve muito de sentimento, de emoção, mas igualmente de pensamento e de aprendizado que certamente acrescentaram conteúdos relevantes a minha personalidade como educador e como cidadão.

Em termos profissionais, a realização da pesquisa que deu origem à tese de livre-docência, e depois ao livro, foi decisiva para a construção de certa maturidade científica que eu perseguia desde meus primeiros estudos sobre educação, mas que nessa investigação adquiriu contornos mais definidos e mais sólidos, com a aplicação (e o exercício) de uma abordagem qualitativa de pesquisa, mais sensível à captação da realidade em exame. A metodologia utilizada na pesquisa de campo, que é apresentada na Introdução do livro, associada aos estudos teóricos no campo da filosofia e das ciências da educação, me propiciaram uma compreensão mais clara tanto da Pedagogia quanto de sua aplicação na concretude da vida escolar.

Várias pesquisas de igual validade teórica se seguiram em minha vida acadêmica, mas o produto dessa investigação mais a da que deu origem ao livro *Administração escolar*: introdução crítica (PARO, 2012) constituíram, em grande medida, as peças basilares de todo meu desenvolvimento científico posterior.

O livro, desde seu lançamento em 1995, teve uma história muito gratificante. Além da generosa acolhida, que se evidencia pelas três edições anteriores e suas sucessivas reimpressões, um fato extremamente marcante foi a maneira como os leitores de todo o Brasil se manifestaram a respeito de seu conteúdo. Em palestras e encontros nas mais variadas partes do país, recebi depoimentos muitas vezes emocionados, de professoras e professores do ensino fundamental a respeito da fidelidade com que foi retratada a escola pública brasileira, descobertos seus problemas, denunciados seus paradoxos, reconhecidas suas promessas e desilusões, enfim, desvelados os mais invisíveis recônditos do fascinante e ao mesmo tempo insólito cotidiano da escola pública brasileira.

Embora, como é indicado na Introdução, o estudo não se propusesse a apresentar generalizações formais, à base de representatividade estatística dos resultados, sua pretensão de proporcionar o exame de experiência vicária aos leitores parece ter conseguido pleno êxito. Testemunho disso foram as frequentes manifestações de educadores escolares afirmando que a realidade retratada no livro era inteiramente congruente com a que eles viviam em suas unidades de ensino. "Professor, eu acho que a escola em que o senhor fez essa pesquisa é a minha, porque é tudo idêntico. Nem posso acreditar!" Depoimentos similares a este foram bastante frequentes na fala dos professores. O mais importante é que essas declarações vinham sempre acompanhadas de enfáticos agradecimentos pela oportunidade de uma nova visão da própria prática e de uma tomada de consciência de problemas para cuja complexidade e consequências nunca tinham atinado. Dessas manifestações não era difícil depreender um novo entusiasmo da parte dos depoentes, que com frequência se declaravam motivados a um empenho maior em prol de uma prática educativa mais engrandecedora.

Essa resposta do público leitor é certamente bastante lisonjeira e encorajadora para o ambicioso propósito do livro, de proporcionar conhecimentos e ideias relacionados à grave situação de nossas escolas públicas e induzir atitudes de não indiferença diante dessa realidade, provocando a reflexão e a tomada de consciência de educadores de modo geral. Essa ambição se renova com esta quarta edição que busca interromper o intervalo em que o livro esteve esgotado e colocá-lo novamente à disposição de educadores escolares e outros interessados na educação de modo geral.

Procurei nesta edição proceder a uma revisão rigorosa do texto, buscando a supressão de erros e a correção de impropriedades de linguagem. Abstive-me, entretanto, de interferir substancialmente no conteúdo. Por ocasião da realização da pesquisa, a nomenclatura dos níveis de ensino consignava para o ensino fundamental e para o ensino médio as denominações respectivas de ensino de 1° grau e ensino de 2° grau. Ao fazer a revisão, atualizei a nomenclatura apenas quando se tratava de comentários e reflexões sobre esses níveis de ensino em sua universalidade no sistema escolar brasileiro, mas mantive a nomenclatura antiga ao me referir especificamente à realidade da escola pesquisada e das pessoas aí envolvidas.

Espero que esta 4ª edição continue merecendo a atenção de todos aqueles que enxergam a educação como um direito absoluto numa sociedade verdadeiramente democrática e que se interessam em contribuir com sua ação para superar a miserável realidade escolar das crianças e jovens das camadas trabalhadoras deste país.

São Paulo, junho de 2016.

Vitor Henrique Paro

INTRODUÇÃO

A situação precária em que se encontra o ensino público no Brasil, em especial o fundamental, é fato incontestável, cujo conhecimento extrapola o limite dos meios acadêmicos, expandindo-se por toda a população. A situação também não é nova, persistindo por décadas, com tendência de agravamento dos problemas e carências, sem que o Estado tome medidas efetivas visando à sua superação.

Esse fato leva a se colocarem sérias dúvidas a respeito do real interesse do Estado em dotar a população, em especial as amplas camadas trabalhadoras, de um mínimo de escolaridade, expresso na própria Constituição, mas que não encontra correspondente em termos de sua concretização. Parece, assim, que o caso da educação escolar constitui apenas mais um dos exemplos do descaso do Poder Público para com os serviços essenciais a que a população tem direito, como saúde, saneamento, moradia, etc.

Mas se, além de dever do Estado, a universalização do saber é considerada algo desejável do ponto de vista social, no sentido da melhoria da qualidade de vida da população, trata-se, então, de buscar alternativas que apontem para o oferecimento de um ensino fundamental de boa qualidade para todos os cidadãos. Tal busca, entretanto, não pode restringir-se apenas às fórmulas mágicas que, colocadas em prática, conseguiriam solucionar de vez o problema da carência de escolaridade em nosso meio. Os discursos de nossas autoridades educacionais estão repletos de belas propostas que nunca chegam a se concretizar inteiramente porque, no momento de sua execução, faltam a vontade política e os recursos (tão abundantes para outros misteres) capazes de levá-los efetivamente a bom termo.

Por isso, parece haver pouca probabilidade de o Estado empregar esforços significativos para a democratização do saber, sem que a isso seja compelido pela sociedade civil. No âmbito da unidade escolar, esta constatação aponta para a necessidade de a comunidade[1] participar efetivamente da gestão da escola de modo a que esta ganhe autonomia em relação aos interesses dominantes representados pelo Estado. E isso só terá condições de acontecer "na medida em que aqueles que mais se beneficiarão de uma democratização da escola puderem participar ativamente das decisões que dizem respeito a seus objetivos e às formas de alcançá-los" (PARO et al., 1988, p. 228).

Não basta, entretanto, ter presente a necessidade de participação da população na escola. É preciso verificar em que condições essa participação pode tornar-se realidade. Foi com essa preocupação que realizei a presente pesquisa, cujo objetivo foi examinar os problemas e perspectivas que se apresentam à participação da comunidade na gestão da escola pública de ensino fundamental.

A concretização desse objetivo supõe, obviamente, a necessidade de se investigarem as potencialidades e obstáculos à participação, presentes tanto na unidade escolar quanto na comunidade. A esse respeito, é preciso ter presente que ambos se apresentam como resultados de determinações econômicas, sociais e políticas mais amplas, que têm sido objeto de atenção de número considerável de estudos nos últimos anos. Eu mesmo, num deles (PARO, 2012), tive oportunidade de examinar essas determinações no que elas têm a ver com a administração escolar. O presente trabalho constitui, nesse sentido, prolongamento daquele, na medida em que, tendo presentes os

---

1. O termo "comunidade" não pretende ter aqui um significado sociológico mais rigoroso. Neste trabalho, o estou utilizando para significar tão somente (e por falta de expressão mais adequada) o conjunto de pais/famílias que, por residirem no âmbito regional servido por determinada escola, ou por terem fácil acesso físico a ela, são usuários, efetivos ou potenciais, de seus serviços.

condicionantes sociais examinados nesse trabalho anterior, procura analisar de perto as formas concretas que os produtos de tais condicionantes assumem — bem como a autonomia que apresentam — tanto no âmbito da escola quanto no da comunidade.

No tocante à unidade escolar, o exame das questões referentes às atividades, relações e processos que se dão em seu interior deve ter, de acordo com os objetivos da investigação, a preocupação de buscar, no funcionamento e organização da escola pública fundamental, as perspectivas de uma participação direta da comunidade nas decisões da escola, identificando os obstáculos bem como os elementos facilitadores dessa participação.

Mas, para os objetivos que tenho em mente, estudar a escola em sua constituição interna não basta. Infelizmente, a maioria das propostas e estudos que se têm levado a efeito com vistas à democratização das relações na escola não tem ousado transpor os muros da própria unidade escolar. Se se considera o fato de que a escola é uma instituição estatal e se leva em conta o desinteresse do Estado em resolver os problemas do ensino, ganha importância decisiva a consideração das potencialidades da comunidade na busca e proposição de medidas tendentes a franquear a escola a sua participação. Em termos de estratégia política, não se trata de restringir-se à consideração dos empecilhos à participação que se colocam no interior da escola. É preciso ter consciência de que os avanços que se derem no sentido da democratização das relações no interior da unidade escolar serão função das lutas que se fizerem em toda a sociedade civil. O que se pretende dizer é que tal democratização jamais terá consistência se for apenas "delegada" pelos que representam o poder do Estado, sem a ação da sociedade civil como sujeito social. Por isso, é preciso verificar o que a comunidade pode fazer por si própria no momento presente e quais os obstáculos que se apresentam para que essa sua potencialidade se consubstancie em ações que possam levar a uma participação mais efetiva nas decisões da escola.

Com relação ao aspecto metodológico, pareceu-me que a opção mais acertada seria a de uma investigação que privilegiasse técnicas qualitativas de análise, buscando examinar em profundidade os múltiplos aspectos que envolvem a questão da participação da comunidade na escola. Decidi, então, pelo estudo de caso de cunho etnográfico (ROCKWELL, 1986), escolhendo uma escola pública estadual de 1º grau[2] instalada em bairro de periferia urbana com população de baixa renda, localizado na Zona Oeste do município de São Paulo.

Inicialmente, eu colocava como condição para a escolha da unidade escolar que ela estivesse experimentando alguma tentativa de participação da comunidade em sua gestão. Além disso, considerava desejável que o diretor estivesse envolvido nessa tentativa de participação ou que pelo menos não opusesse sérios obstáculos ao seu desenvolvimento. Pretendia, com isso, isolar a variável "intransigência da direção", para que pudesse pesquisar as dificuldades e potencialidades de participação da comunidade numa situação em que o diretor não se colocasse como obstáculo primeiro e quase absoluto a tal participação.

Todavia, não foi possível atender a todas essas exigências. O trabalho de campo numa escola da Zona Sul que parecia atender aos requisitos mostrou-se impraticável porque, além de haver mudança da diretora, no momento em que a equipe de pesquisa ia iniciá-lo, constatou-se que a escola não oferecia o 1º grau completo, mas só até a 4ª série, sendo o restante em forma de ensino supletivo. Fizeram-se, então, novas sondagens até a escolha definitiva da escola a ser pesquisada. As informações iniciais foram prestadas por uma ex-professora da escola que apresentou um quadro que coincidia com as aspirações da equipe de pesquisa. Entretanto, já na primeira visita de nossa equipe de pesquisa à unidade escolar, ficamos sabendo que, muito embora anteriormente tivesse havido certa participação da comunidade na escola, no momento tal fenômeno não ocorria. Esse fato apresentou a desvantagem de não haver, na escola, uma efetiva participação dos pais, mas ofereceu a oportunidade de contarmos com uma unidade escolar com características muito mais próximas às das

---

2. Este era o nome do ensino fundamental à época da realização da pesquisa. Vide observação no Prefácio à 4ª edição.

escolas da rede em geral. De qualquer forma, o essencial pareceu-me, em princípio, conseguido porque, embora não havendo uma participação significativa, a variável "intransigência do diretor" foi isolada, já que, como eu pretendia, a diretora não se colocava explicitamente contra a participação, apresentando, inclusive, um discurso bastante favorável a ela. Também importante foi a atitude bastante receptiva da diretora ao trabalho da equipe de investigadores, franqueando de forma irrestrita nosso acesso e permanência na escola durante todo o período de que necessitávamos para a investigação.

O trabalho de campo iniciou-se em junho de 1989, encerrando-se em abril de 1990. Durante esse período, com momentos mais ou menos intensos de trabalho na escola e na comunidade, foram realizadas entrevistas e observações, bem como coleta de informações e documentos junto à secretaria da escola. As atividades do trabalho de campo podem ser agrupadas em: sistemáticas e assistemáticas. As primeiras foram aquelas cuja realização estava prevista quando do planejamento do trabalho de campo e cuja execução se deu com o auxílio de roteiros ou esquemas previamente elaborados. As atividades assistemáticas referiam-se principalmente a entrevistas e observações e eram provocadas por fatos ou relações que, não tendo sido previstos, chamavam a atenção do observador, o qual ou apenas registrava o evento ou também intervinha, fazendo perguntas ou participando de conversas.

As observações fizeram-se mais intensamente no âmbito da escola, mas estiveram presentes também na comunidade. Nesta, restringiram-se basicamente à observação do bairro e às condições de moradia das pessoas entrevistadas. Na unidade escolar, as observações realizaram-se não apenas a partir da permanência na escola, acompanhando sistematicamente seu cotidiano dentro e fora da sala de aula, mas também por meio de "participação" em atividades específicas como atendimento de pais, reunião do conselho de escola e reuniões de professores e pais. Toda entrevista com professor era antecedida por uma observação de sua aula por parte do entrevistador. Esse procedimento, afora o conjunto de informações que oferecia para o desenvolvimento normal da pesquisa, incluindo aquelas que possibilitavam o confronto entre o discurso e a prática do professor, propiciava também, ao entrevistador, tomar contato com problemas e características dos alunos que lhe serviam de subsídios para uma conversa mais fluente com o entrevistado.

No interior da escola foram feitas 16 entrevistas, sendo seis com professores, cinco com alunos e cinco com os demais funcionários da escola (diretora, assistente de diretora, secretária, inspetora de alunos e servente). As entrevistas foram todas individuais, com exceção das realizadas com os alunos, em que, além de uma individual, foram feitas três entrevistas em grupos de três e uma entrevista em grupo de quatro, perfazendo, portanto, um total de 14 alunos.

A escolha dos professores para entrevistas procurou garantir que, entre eles, estivessem representados: a) os três períodos de funcionamento da escola (manhã, tarde e noite); b) os professores mais antigos na escola e os mais novos; c) os professores das quatro primeiras séries e os da 5ª à 8ª série e, dentre estes, os que tinham licenciatura plena e os que tinham apenas licenciatura curta ou curso superior incompleto; d) os professores que, no transcorrer do trabalho de campo, foram sendo percebidos como mais afinados ou menos afinados com as atitudes e opiniões da direção da escola.

Os alunos foram escolhidos para entrevistas de modo a estarem representados: a) os três períodos de funcionamento da escola; b) os de sexo masculino e os de sexo feminino; c) os que pertenciam e os que não pertenciam ao conselho de escola; d) os que frequentavam as quatro primeiras séries (e, entre estes, representantes do ciclo básico e de 3ª e 4ª séries) e os de 5ª à 8ª série; e) os que eram considerados indisciplinados e os que eram alunos bem-comportados, na opinião dos professores.

Fora da escola, foram entrevistadas 13 pessoas, sendo sete pais de alunos (dois pais e cinco mães), dois representantes de sociedades amigos de bairro, uma ex-professora residente no bairro, a presidenta da "associação" da favela próxima à escola, uma assistente social que atende à mesma favela, além da supervisora de ensino que atende à escola. Na escolha dos pais a serem entrevistados, procurou-se garantir a representação de: a) pais de dentro e de fora do conselho de escola; b) pais de alunos dos três períodos de funcionamento da escola; c) pais pertencentes e não pertencentes à associação de pais e mestres (APM); d) pais que fossem e pais que não fossem considerados agressivos pela direção ou pelos professores; e) pais que tinham e pais que não tinham participação efetiva na escola; f) pais articulados e não articulados com movimentos populares no bairro.

As entrevistas realizadas foram do tipo semiaberto. Embora contando com roteiro "precário", procurou-se deixar o entrevistado o mais à vontade possível para prestar seu depoimento. Para isso, foram adotadas algumas providências consideradas imprescindíveis para o bom andamento da entrevista. Em primeiro lugar, procurava-se estabelecer uma relação de empatia com o entrevistado, apresentando de forma simples a natureza e os objetivos da investigação. Na abordagem para entrevista dos elementos tanto de dentro quanto de fora da escola, estava sempre presente, de forma direta ou indireta, a concordância da direção para a realização das entrevistas. Por isso, procurava-se deixar bem claro, logo de início, não apenas a desvinculação dos responsáveis pela pesquisa com relação à escola e ao Estado, mas também o sigilo absoluto que seria mantido com relação às fontes de informação. As entrevistas foram todas gravadas em fitas cassete e só tinham início após a aquiescência espontânea do entrevistado. Nenhuma das pessoas abordadas recusou-se a colaborar prestando seu depoimento.

Um segundo aspecto que merece consideração é a adequada utilização do roteiro de entrevista. Muito embora a quase exaustiva enumeração de itens e subitens desse roteiro possa dar a impressão de uma direção única e inflexível à entrevista, não foi esta, em absoluto, sua função. A enumeração minuciosa de temas e assuntos teve o propósito único de trazer à consciência dos entrevistadores as múltiplas questões e aspectos que poderiam estar presentes na fala de cada um dos entrevistados. Com esse elenco quase exaustivo de temas organizados em sua mente, o entrevistador partia para a entrevista em condições de estar atento à variedade de informações e representações que o entrevistado apresentava, a partir de questões mais gerais como: "Fale-me de sua vida.", "O que você acha da participação dos pais na escola?", "Como se organiza o trabalho na escola?", etc. A orientação era no sentido de que o entrevistador falasse muito pouco, procurando estimular o entrevistado a discorrer sobre um ou outro dos grandes temas constantes no roteiro ou um novo tema que acabara de surgir na própria conversa. Embora não se alimentasse a ilusão de uma total neutralização da artificialidade com que a relação entrevistador/entrevistado inevitavelmente se reveste, o que se pretendia, enfim, era que tal relação fosse o menos constrangedora possível para o depoente, de modo que ele pudesse discorrer com certa liberdade sobre cada um dos temas propostos, sem comprometer, entretanto, um mínimo de informação e de opiniões que era fundamental para a realização da investigação.

Outro aspecto, que eu já tinha em mente quando da elaboração do projeto de pesquisa, referia-se à intenção de introduzir nas entrevistas o questionamento de algumas informações e opiniões dos depoentes. Essa medida poderia ser criticada sob a alegação de que isso contribuiria para agravar ainda mais a "imposição de problemática" (THIOLLENT, 1987) que se verifica na relação entrevistador/entrevistado, concorrendo, assim, para uma visão unilateral do fenômeno sob exame. Michel J. M. Thiollent (1987, p. 23-24), todavia, chama a atenção para o fato de que "é justamente o questionamento que deveria superar a unilateralidade da observação do outro ao permitir uma real intercomunicação". O mesmo autor considera que, numa perspectiva crítica,

> o relacionamento é visto como comunicação de informação num determinado espaço sociopolítico configurado em formas que variam segundo as populações, os problemas investigados, sua relação com o poder, os grupos e instituições de pesquisa, os interesses que estão em jogo, etc. Neste contexto, mais do que a precisão de qualquer tipo de medição, o que importa é a pertinência das questões e das respostas formuladas na interação entre os dois polos. Por parte do polo investigador, a "observação" é essencialmente um questionamento. A noção de questionamento é muito mais adequada do que a de observação quando se trata de sociologia não positivista. (THIOLLENT, 1987, p. 23)

Nesta investigação, o questionamento era feito após a conclusão de determinado assunto ou da entrevista propriamente dita e tinha o sentido não de discordar pura e simplesmente das respostas fornecidas pelo entrevistado, mas de problematizar alguns temas por ele abordados, de modo a aprofundar *com ele* a reflexão a respeito do tema e verificar suas opiniões diante de pontos de vista divergentes. Acredito que esse procedimento contribui bastante para o aprofundamento da análise e para a melhor elucidação de alguns pontos de vista dos entrevistados.

Concluídas as entrevistas, a fase seguinte, a de transcrição das fitas, é vista por muitos pesquisadores como não apresentando grandes problemas quanto à melhor forma de ser executada. Em geral, deixam-na a cargo de um profissional que, com maior ou menor fidelidade, maior ou menor competência, transfere para o papel as falas de entrevistador e entrevistado. Minha experiência com esse tipo de procedimento tem demonstrado que ele deixa muito a desejar, em virtude das omissões e incorreções que uma pessoa não familiarizada com a investigação em curso pode vir a cometer. Uma entrevista não se reduz às palavras pronunciadas; muito da complexidade dessa relação social, e da riqueza de informações que se podem dela tirar, corre o risco de se perder se o analista se restringe ao conteúdo da fala. Pausas, exclamações, gestos, hesitações, silêncios, etc. — tudo isso pode ser omitido se quem faz o registro não tem condições de aferir em que dimensão cada um desses comportamentos pode ser relevante para a análise final. Nesse sentido, assim como não pode haver observação sem interpretação, parece que a transcrição de entrevistas deve incluir, necessariamente, um componente interpretativo. Em vista disso, considerou-se a pessoa mais indicada para realizar esse trabalho o próprio entrevistador e assim se procedeu. Desse modo, além de toda a contextualização da entrevista, feita no caderno de campo quando de sua realização, cada entrevistador, no momento da transcrição das fitas, pôde registrar valiosas informações que só ele, como membro da equipe de pesquisa e como pessoa que esteve envolvida na entrevista, poderia fazer.

O que se expõe neste livro é o resultado das análises efetuadas a partir dos dados obtidos. No primeiro capítulo, faço uma descrição sucinta da escola pesquisada, do bairro onde ela está instalada e das pessoas entrevistadas; no segundo capítulo, examino os condicionantes da participação internos à unidade escolar; o terceiro capítulo é uma tentativa de levantar e discutir questões relacionadas ao desempenho da escola e da qualidade do ensino oferecido; finalmente, no quarto capítulo, discuto os determinantes da participação presentes na comunidade e a maneira como os agentes envolvidos veem essa participação.

A natureza da pesquisa realizada recomenda que se adote um tom marcadamente descritivo na apresentação dos resultados. Robert. E. Stake, ao atribuir à pesquisa qualitativa o papel de propiciar ao leitor ou usuário a realização de suas próprias generalizações, afirma:

> Se os dados qualitativos forem adequadamente apresentados, o leitor achar-se-á em condições de aceitar ou rejeitar as conclusões dos pesquisadores, em posição de modificar ou aprimorar suas próprias generalizações. A grande contribuição da pesquisa qualitativa, para a maioria dos seus usuários, é a de proporcionar uma oportunidade para examinar a experiência vicária do estudo de caso com base em experiências anteriores. (STAKE, 1983, p. 22)

Não se trata, obviamente, de reivindicar para o autor uma pretensa neutralidade, que se sabe impossível de ser alcançada.[3] Por mais descritivo que o relatório de pesquisa possa se apresentar, ele não deixa nunca de ser também interpretativo. Seu autor não se anula

---

3. Thiollent (1987, p. 28-29) considera que "a neutralidade inexiste e que a objetividade é sempre relativa. A neutralidade é falsa ou inexiste na medida que qualquer procedimento de investigação envolve pressupostos teóricos e práticos variáveis segundo os interesses sociopolíticos que estão em jogo no ato de conhecer. A objetividade é relativa na medida que o conhecimento social sempre consiste em aproximações sucessivas relacionadas com perspectivas de manutenção ou de transformação. A passagem de uma aproximação a outra não é do tipo aperfeiçoamento ou pormenorização da informação coletada. Sempre exige deslocamentos e rupturas de perspectivas."

completamente para deixar falarem os fatos. A subjetividade se faz presente desde o primeiro momento, quer na seleção do conteúdo considerado relevante, quer na necessária problematização que se adota na tentativa de levar o usuário a melhor compreender os fenômenos apresentados. Assim, parece que o essencial é que se esteja consciente da presença do componente subjetivo a perpassar o discurso, evitando-se dissimulá-lo em objetividade. Por isso, no presente trabalho, esforcei-me por expor os resultados da pesquisa de modo a exibir ao mesmo tempo dados brutos e interpretações, na perspectiva de poder, com isso, possibilitar ao leitor a consideração de interpretações alternativas às minhas (STAKE, 1983, p. 26).

O caráter qualitativo da investigação remete, ainda, a uma consideração a respeito da questão da representatividade. O que torna relevante um estudo de caso não é, certamente, a representatividade estatística dos fenômenos considerados. As palavras de Guy Michelat a este respeito são bastante esclarecedoras:

> Numa pesquisa qualitativa, só um pequeno número de pessoas é interrogado. São escolhidas em função de critérios que nada têm de probabilistas e não constituem de modo algum uma amostra representativa no sentido estatístico. É, sobretudo, importante escolher indivíduos os mais diversos possíveis. E, na verdade, [...] é o indivíduo que é considerado como representativo pelo fato de ser quem detém uma imagem, particular é verdade, da cultura (ou das culturas) à qual pertence. Tenta-se apreender o sistema, presente de um modo ou de outro em todos os indivíduos da amostra, utilizando as particularidades das experiências sociais do indivíduo enquanto reveladores da cultura tal como é vivida. (MICHELAT, 1987, p. 199)

Assim, por menor que seja a representatividade de um indivíduo em relação ao conjunto, o importante é que ele valha pela sua "exemplaridade". O fato de, no caso em estudo, encontrar-se presente determinado fenômeno ou particularidade do real, não significa que tal ocorrência seja generalizada, nem se trata de prová-lo; trata-se, isto sim, de procurar a "explicação" adequada para tal ocorrência, o que nos permitirá dizer apenas que, em acontecendo tal fenômeno, sua explicação é a que oferecemos ou na qual apostamos.

Todavia, abrir mão de uma pretensa representatividade "linear", em termos quantitativos, não significa ignorar a determinação da realidade mais ampla sobre o caso em estudo. No dizer de Elsie Rockwell (1986, p. 47),

> ao realizar um estudo etnográfico, em vez de supor o estudo de "uma totalidade" (holística), aborda-se o fenômeno ou processo particular como parte de uma totalidade maior que o determina, em alguma medida, e com o qual mantém determinadas formas de relacionamento.

Trata-se, portanto, como já anunciei de certa forma no início desta introdução, de se examinar o "caso em estudo" — ou seja, a escola e a comunidade —, procurando não apenas apreender seus relacionamentos internos, mas fazê-lo a partir de suas relações com a sociedade da qual ele é parte.

Capítulo I

O BAIRRO, A ESCOLA E AS PESSOAS

1 O Bairro

Localizado na Zona Oeste, nos limites do município de São Paulo, acha-se o bairro de Morro Alegre.[1] Sua topografia é bastante irregular. Da parte plana, recortada pela avenida principal, saem inúmeras ruas que conduzem às diversas "vilas" e "jardins" que compõem o bairro. É percorrendo uma dessas ruas, de pavimento e iluminação precários, que se atinge a Vila Dora, onde fica a Escola Estadual de 1º Grau (EEPG) Celso Helvens.

Segundo informações fornecidas por Mári, antiga professora da escola e moradora do bairro, que fez um estudo deste com seus alunos, Morro Alegre formou-se a partir da década de 1950, com o loteamento de uma antiga fazenda.

---

1. Para garantir o sigilo das fontes de informação, são fictícios os nomes do bairro e das localidades, bem como da escola e de todas as pessoas envolvidas na pesquisa.

A configuração física das moradias acaba, em certo sentido, identificando os segmentos sociais que habitam o bairro. Um dos grupos é constituído pelos que habitam casas de alvenaria, construídas em várias etapas, com tijolos comuns ou blocos de cimento e compostas por um quarto ou dois, sala, cozinha e banheiro. Esses são os moradores mais antigos, que contam, misturando saudade e satisfação pelas melhorias obtidas, como foi difícil a primeira fase do bairro, com a falta de luz, calçamento, transporte coletivo e água. Esta última tinha de ser obtida numa bica distante, pois a água encanada demorava a chegar à parte mais alta da Vila Dora, onde se localiza a escola.

Outro grupo populacional é constituído pelos que habitam as três favelas existentes no bairro de Morro Alegre e que se formaram a partir do início dos anos 1970, tendo crescido de forma bastante acelerada nos últimos anos. Dessas três, a favela de Vila Dora é a que fica mais próxima à escola, localizando-se bem defronte a esta, distante apenas cerca de 400 metros. Grande parte dos alunos da EEPG Celso Helvens é oriunda daí. Seus moradores têm encaminhado lutas específicas, organizando-se em movimentos distintos dos do bairro. Funciona aí o Centro Comunitário Favela da Vila Dora, espécie de associação de moradores, cuja presidenta é Helena, principal liderança das lutas da favela. Arruamento, creche e centro técnico são reivindicações já atendidas em parte. Assim, a favela já possui água encanada, eletricidade e Posto de Assistência Médica (PAM) municipal, além de uma creche conveniada com a prefeitura, cuja diretora é a própria Helena. Nas proximidades da favela há uma creche direta da prefeitura municipal, a Creche Nossa Senhora Aparecida. No mesmo terreno dessa creche, funciona o Centro da Juventude, antiga Orientação Socioeducativa ao Menor (Osem), que abriga crianças em idade escolar fora do horário normal de aulas, oferecendo atividades recreativas e ajudando na realização das lições de casa. Presentemente, o governo federal está construindo um centro técnico, onde deverão se desenvolver cursos profissionalizantes de datilografia, corte e costura, cabeleireira, culinária e artesanato.

O terceiro grupo de moradores é definido pelos prédios de apartamentos e sobradinhos. Essa população é o que chamam de "classe média" e parece estabelecer relações secundárias e, às vezes, conflituosas com os moradores dos grupos anteriores. Os comerciantes representam um contingente importante desse grupo. São considerados a elite do bairro, distinguindo-se por seu prestígio e capacidade de barganha e pressão junto ao poder público. Os principais veículos dessa pressão são o Clube dos Lojistas do bairro e a Sociedade Amigos do Morro Alegre (Sama).

Por fim, a oeste da EEPG Celso Helvens, separada da Vila Dora por um vale, mas bastante visível da escola, pois se localiza numa colina próxima dali, está a Chácara Suíça, condomínio residencial de alto padrão cujos moradores parecem estar totalmente alheios à dinâmica do bairro. Esse parque residencial é sempre mencionado pelos alunos da escola como "o lugar onde moram os ricos".

Estendendo-se pelo vale até os limites da Chácara Suíça, sobrevive uma pequena mata, parte ainda da antiga fazenda que deu origem ao bairro, de onde saem as cobras que, de tempos em tempos, invadem as casas e o terreno da escola quando o mato está crescido. Essa pequena mata é também espaço de aventuras para a garotada da vila.

Vila Dora é dotada de infraestrutura urbana básica: as vias principais de acesso são asfaltadas e as redes de água, luz e esgoto estendem-se por toda a vila. Todavia, os serviços públicos não deixam de ser deficitários, especialmente na favela de Vila Dora, onde não existem ainda serviços de esgoto e as ruas estão sem calçamento e bastante esburacadas. Ruas não pavimentadas há também em outras partes da vila, onde se encontram, ainda, córregos não canalizados e terrenos baldios utilizados como depósitos de lixo. Uma das maiores deficiências em termos de serviços básicos é o sistema de transporte coletivo, extremamente insuficiente e alvo das maiores queixas da população.

As opções de emprego local estão restritas praticamente ao setor terciário: comércio e bancos. De trânsito bastante intenso e precariamente sinalizada, a principal avenida do bairro do Morro Alegre possui grande quantidade de pequenas lojas, várias agências bancárias, imobiliárias de padrão médio, mercadinhos, bares, etc. No bairro encontra-se instalada uma única indústria de porte, que fabrica pré-moldados de concreto para a construção civil. Mas há considerável número de pequenas oficinas, marcenarias, vidraçarias, padarias, etc.

Equipamentos culturais e esportivos, como teatros, cinemas, centros esportivos, bibliotecas, inexistem em Vila Dora. As peladas do domingo são salvas em alguns poucos campos de várzea organizados pelos moradores.

Quanto à rede escolar pública, além da EEPG Celso Helvens, Vila Dora conta com a Escola Municipal de Educação Infantil (Emei) Maria José e com a Escola Municipal de 1º Grau (EMPG) Souza Neto. Há também a EMPG São José que, mesmo localizada numa vila vizinha, fica bastante próxima de Vila Dora e da Celso Helvens. Com relação ao 2º grau, apesar de haver no bairro duas escolas estaduais de 1º e 2º graus (EEPSG) que poderiam atender os alunos de Vila Dora, a EEPSG Leopoldo Flores e a EEPSG Miguel dos Santos, os pais reclamam da distância, que dificulta muito o acesso de seus filhos.

Em termos de movimentos populares e associações de moradores, além do Centro Comunitário Favela de Vila Dora, que as pessoas costumam chamar genericamente de Associação da Favela, existem ainda duas sociedades amigos de bairro (SABs) e um conselho popular que exercem influência mais direta junto aos moradores da Vila Dora.

Uma das mais conhecidas é a Sociedade Amigos das Vilas Unidas do Morro Alegre (Savuma). Sua principal característica é ser dirigida por um grupo de pessoas articuladas com os interesses populares e que, segundo elas, não participam do jogo político clientelista que as administrações conservadoras esperam e pressionam as SABs a realizar. Por isso, a Savuma passou por tempos difíceis durante a gestão do prefeito Jânio Quadros, que propositadamente se negava a atender às reivindicações do bairro levadas por ela. A atual diretoria assumiu o comando da associação em 1985, mas a atuação mais intensa se iniciara já em 1982, a partir de reuniões que o vigário da igreja local fazia com lideranças da paróquia para discutirem textos litúrgicos. No período pré-eleitoral, as pessoas passaram a examinar os programas dos partidos políticos. Uma parcela significativa do grupo concluiu que o Partido dos Trabalhadores (PT) era o que mais afinava com as aspirações populares, tendo sido os representantes desse pensamento que acabaram eleitos para ocupar a diretoria a partir de 1985.

A partir de 1989, passou a ter grande repercussão no bairro a Sociedade Amigos do Morro Alegre (Sama), entidade fundada em 1958, mas que ficara inativa de 1972 até meados de 1989, quando uma nova diretoria ligada ao Clube dos Lojistas foi composta, passando a utilizar o órgão de imprensa desse clube, o *Jornal do Morro Alegre*, para divulgar suas ideias e "realizações". Embora os diretores da Sama procurem negar, constata-se uma completa "simbiose" entre a Sama e o Clube dos Lojistas. O próprio jornal teve a edição de seu primeiro número coincidindo com a (re)fundação da Sama. Embora esta associação tenha conseguido rápida divulgação entre os moradores de Vila Dora — por conta do jornal, que é distribuído gratuitamente para grande parte da população —, os interesses a que está vinculada parecem ser os do grupo de moradores de classe média do bairro, pequenos e médios proprietários e comerciantes do local.

Tem influências também em Vila Dora o conselho popular, cujo âmbito de atuação é todo o bairro do Morro Alegre. Organizado por militantes do PT, esse conselho é recente, tendo-se constituído logo após a eleição da prefeita Luiza Erundina, em 1988. No interior desse conselho destaca-se a comissão de educação, da qual faz parte Mári, ex-professora da Celso Helvens e que foi por mim entrevistada. Segundo ela, a maneira de atuar e os objetivos do conselho fazem com que ele tenha uma característica marcadamente popular, diferenciando-se bastante das tradicionais SABs, que buscam o atendimento de reivindicações mais localizadas e de forma clientelista. O conselho popular, ao invés, procura romper com o paternalismo em sua atuação, objetivando a efetiva participação da população na busca consciente de fins que beneficiem todo o bairro e não este ou aquele setor localizado.

2 A Escola

A EEPG Celso Helvens foi inaugurada em 31 de dezembro de 1980 e começou a funcionar em 1981. Em 1989, a matrícula total foi de 652 alunos. Sua construção, como veremos com maiores detalhes no capítulo IV, parece não se ter devido a nenhuma reivindicação específica de movimento popular organizado, tendo surgido, ao que tudo indica, em função de estudos de expansão da demanda por escolas feitos pela Secretaria da Educação do Estado de São Paulo.

A escola localiza-se em amplo terreno retangular com área de aproximadamente 12 mil metros quadrados. A área construída é de 976 metros quadrados, restando uma grande superfície do terreno, objeto de reivindicações da população junto ao governo estadual para que se construa ali uma creche. Quando o mato fica alto nessa área, ratos e cobras são atraídos para aí, causando transtornos para alunos e pessoal da escola. O terreno é cercado em todo o seu perímetro por um muro de 1,72 metro de altura. Embora alto, esse muro não cumpre inteiramente sua função de ocultar as dependências da escola, já que ele fica no nível da rua, enquanto a escola se localiza na parte alta do terreno.

O acesso às dependências da escola é feito por um grande portão de ferro. O edifício é térreo, acompanhando a formação do terreno em desnível e se constituindo em três módulos interligados, de concreto aparente. O primeiro módulo a que se tem acesso logo após a entrada abriga as dependências, por assim dizer, "administrativas" da escola. A porta de entrada dá acesso a um pequeno *hall* de distribuição, a partir do qual se chega, à esquerda, a um pequeno corredor que separa, de um lado, as salas da diretoria e da assistente de diretora e, em frente a estas, as duas salas da secretaria, que são interligadas por uma porta. Na sala da diretoria fica o telefone, com extensão na sala da assistente de diretora. A conta telefônica é paga pela delegacia de ensino, mas há um grande controle para que não se ultrapasse determinado número de pulsos mensais. Por isso, há a cobrança de uma pequena taxa pela sua utilização para fins pessoais. Um banheiro para uso de pessoal da escola fica localizado no fundo do corredor, ao lado das duas salas da secretaria. Em uma dessas salas trabalha a secretária e na outra, as duas escriturárias. Nesta última há um guichê de atendimento à comunidade que dá para o *hall* de entrada.

À direita do *hall* há uma porta que dá entrada a uma sala retangular de aproximadamente 6 metros de comprimento por 5 de largura. Dividida ao meio, no sentido de seu comprimento, por uma estante de livros que vai quase até o teto, serve, de um lado, como sala dos professores e, do outro, como biblioteca. Os livros colocados à disposição dos alunos são, em sua maioria, de literatura infantojuvenil brasileira ou didáticos de 1º grau. Mal organizados, são distribuídos nas prateleiras de acordo com o assunto. Porém, pela inexistência de um responsável, dificilmente voltam à prateleira de origem depois de utilizados. A falta desse encarregado é o motivo alegado pela diretora para justificar a impossibilidade de os alunos retirarem livros, uma vez que o controle torna-se muito difícil. O fato de a mesma sala ser destinada a dois fins traz consequências desagradáveis tanto para os professores quanto para os que utilizam a biblioteca. O encontro dos primeiros no espaço a eles reservado acaba por atrapalhar, de certa forma, a consulta ou leitura na biblioteca, pois o barulho proveniente da natural conversação entre professores é ouvido na sala; por outro lado, os professores também são incomodados, uma vez que a presença de alunos na mesma sala pode inibir a discussão de certos temas, além de levá-los a falar baixo para não atrapalhar quem está lendo no ambiente ao lado. É na "biblioteca" que são realizadas as reuniões do conselho de classe e do conselho de escola. Tanto aí quanto na "sala dos professores", as mesas são compostas por carteiras colocadas umas ao lado das outras.

Paralelamente a esse primeiro módulo, mas sem ligação direta com ele, há um segundo, menor, que comporta apenas salas de aula, em número de quatro, e se localiza num nível um pouco mais baixo.

Mais ao fundo, dando acesso a esse segundo módulo e em nível ligeiramente acima do primeiro, há um terceiro módulo com dimensões bem maiores que os anteriores. Aí se encontram seis salas de aula, além do pátio, dos sanitários dos alunos, dos locais para preparar e servir a merenda e das dependências do zelador.

As salas de aula da escola, num total de dez, são mal conservadas tanto no que tange à limpeza — em função do baixo número de funcionários operacionais — quanto no que se refere a sua manutenção estrutural, ou seja, estão pichadas, com muitas carteiras e vidros quebrados, portas sem fechaduras, além de quadros-negros em estado precário.

Os sanitários dos alunos distribuem-se em dois conjuntos, um para as meninas e outro para os meninos. À semelhança das salas de aula, estão constantemente sujos, além de mal equipados: faltam lâmpadas, maçanetas nas portas, papel higiênico e material de limpeza. O mesmo não acontece com o banheiro destinado aos professores e funcionários, que está sempre limpo e mais bem equipado.

Uma pequena área coberta serve de refeitório para os alunos, embora, para tanto, conte apenas com uma mesa de aproximadamente três metros de comprimento e um de largura. Os alunos se servem em pé, porque não há cadeiras. A merenda é elaborada numa pequena cozinha disposta num dos lados daquela área. Em seu interior há um espaço com mesa e cadeiras que serve de refeitório para funcionários e professores.

Não foi possível compreender muito bem o que aconteceu com respeito à casa do zelador que, segundo Jorgina, inspetora de alunos, foi "desmanchada de um dia pro outro sem explicação nenhuma".

Hoje o zelador e a esposa vivem em dois cômodos improvisados. Um desses cômodos deveria ser sala do dentista e outro, sala do médico. Foram adaptados para zeladoria, mas as salas não têm banheiro privativo, sendo necessária a utilização dos banheiros dos alunos.

Ao lado do terceiro módulo há uma quadra poliesportiva cimentada, mas sem cobertura. Apesar de não demarcada, constitui-se no único equipamento utilizado pela escola para recreação e desporto dos alunos. Iluminada, para garantir sua utilização pelas classes noturnas, tem em sua lateral uma pequena arquibancada de alvenaria.

Em termos de equipamento didático, o que existe na escola vai pouco além do quadro-negro e do giz: restringe-se a um projetor de *slides*, utilizado por professores de 5ª a 8ª séries; um aparelho de som e um gravador que podem ser utilizados por todas as séries; uma bola e uma corda, para uso apenas das crianças das séries iniciais e nas aulas de Educação Física; e, por fim, vários bambolês e alguns brinquedos do tipo quebra-cabeça, dominó, jogo de memória e assemelhados, para alunos de 5ª a 8ª séries.

Os aparelhos mais caros são, na verdade, pouco utilizados e todo um esquema de segurança é armado pela direção da escola com o intuito de impedir que sejam roubados. O esquema consiste em despistar da própria comunidade o local em que os objetos realmente se encontram, o que não impediu o roubo de um aparelho de televisão logo após sua doação pela família do patrono da escola.

Durante todo o período de observações na escola, nós, da equipe de pesquisa, não presenciamos a utilização dos jogos didáticos, apesar de estarmos presentes nos mais diferentes horários. Diante da ausência de aulas, por falta de professores, era comum encontrar os alunos brincando espontaneamente na quadra ou em outros ambientes, mas nunca envolvidos em atividades ludicamente dirigidas que exigissem o uso de tais materiais.

As dez salas de aula da escola são ocupadas por 21 turmas de alunos em três turnos de funcionamento, sendo dez de manhã, oito à tarde e três à noite. O Quadro 1 apresenta a distribuição das classes de acordo com as séries e os respectivos horários de funcionamento.

QUADRO 1 — EEPG Celso Helvens
Distribuição das classes segundo as séries e turnos de funcionamento

TURNOS	MATUTINO		VESPERTINO		NOTURNO	TOTAL
HORÁRIO / SÉRIES	7h15 às 12h30	7h15 às 11h30	13h30 às 17h05	13h30 às 18h45	19h15 às 22h35	
1ª	2	—	—	—	—	2
2ª	5	—	—	—	—	5
3ª	—	3	—	—	—	3
4ª	—	—	3	—	—	3
5ª	—	—	—	2	—	2
6ª	—	—	—	1	1	2
7ª	—	—	—	1	1	2
8ª	—	—	—	1	1	2
TOTAL	7	3	3	5	3	21

Fonte: Secretaria da escola.

Como se percebe, o ciclo básico (CB — 1ª e 2ª séries) tem um período maior de aulas, ou seja, uma hora e meia a mais que as 3ªs e 4ªs séries do 1º grau. Observa-se também que a utilização de todas as salas da escola no período da manhã pelo CB e pela 3ª série obriga o funcionamento da 4ª série no período vespertino.

O atendimento ao público em geral se dá durante todo o período diário de funcionamento da escola e é feito pelos escriturários. Porém, informações sobre o aluno são fornecidas apenas pelo professor responsável pela classe daquele, em horário de aula ou em reuniões de pais. Essa dinâmica é justificada pela secretária: "Não adianta marcar horário; eles não obedecem mesmo... Nós atendemos até em hora de almoço."

O quadro funcional da escola é composto por 44 pessoas, sendo uma diretora, uma assistente de diretora, uma secretária, duas escriturárias, duas inspetoras de alunos, quatro serventes, um zelador e 32 professores. Além disso, embora com presença não muito regular, há um guarda destacado pela Polícia Militar para servir na escola no período das 14 às 22 horas.

Na verdade, a diretora, juntamente com a assistente de diretora e as funcionárias da secretaria, compõem uma espécie de corpo técnico-administrativo da escola. Todas têm jornada de 40 horas semanais de trabalho em turnos alternados, de modo a garantir a presença constante de alguém responsável pela escola durante seu funcionamento diário.

O pessoal operacional é composto por quatro auxiliares de serviço (serventes), contratadas sob o regime da Consolidação das Leis de Trabalho (CLT), com jornada semanal de 40 horas. Uma das serventes exerce a função de merendeira durante os períodos matutino e vespertino. Além dessa merendeira, há, no turno matutino, mais uma servente e, no vespertino, mais duas. À noite — período em que o trabalho é menor, pois há apenas três classes em funcionamento — trabalha apenas uma servente, que cuida da limpeza das salas.

Dos 32 professores que atuam na escola, 13 são chamados polidisciplinares, lecionando nas séries iniciais do 1º grau: sete no CB e seis nas 3ªs e 4ªs séries. Além desses sete polidisciplinares, há ainda, no CB, dois professores de Educação Física e um de Educação Artística.

Da 5ª à 8ª série lecionam 16 professores nas diversas disciplinas, como mostra o Quadro 2. Segundo esse mesmo quadro, perto de um terço do total é constituído por professores que não possuem licenciatura plena de ensino superior ou ainda estão cursando a faculdade.

QUADRO 2 — EEPG Celso Helvens
Distribuição dos professores de 5ª a 8ª série,
segundo sua formação acadêmica

DISCIPLINAS	COM LICENCIATURA PLENA	SEM LICENCIATURA PLENA	TOTAL
Português	2	—	2
Matemática	2	—	2
História	1	1	2
Geografia	1	1	2
Ed. Moral e Cívica — OSPB	1	1	2
Biologia / Ciências	2	—	2
Inglês	—	1	1
Educação Física	2	—	2
Desenho Geométrico	—	1	1
TOTAL	**11**	**5**	**16**

Fonte: Secretaria da escola.

O Quadro 3 permite verificar a quantidade de professores efetivos e admitidos em caráter temporário (ACTs) em cada um dos níveis do 1º grau. Como se percebe, a proporção de docentes contratados em regime temporário é extremamente alta quando comparada com os efetivos, especialmente da 5ª à 8ª série.

QUADRO 3 — EEPG Celso Helvens
Situação funcional do corpo docente

NÍVEIS	EFETIVOS	ACTs	TOTAL
Ciclo Básico	4	6	10
3ª e 4ª séries	3	3	6
5ª a 8ª série	4	12	16
TOTAL	**11**	**21**	**32**

Fonte: Secretaria da escola.

Como os demais professores da rede de escolas públicas estaduais de ensino básico, os professores da EEPG Celso Helvens têm previsto determinado tempo em sua jornada semanal de trabalho para ser dedicado especificamente a atividades extraclasse, como preparação de aulas e correção de provas. Esse tempo, como mostra o Quadro 4, varia de acordo com a jornada semanal de trabalho e com a série ou nível escolar no qual atuam. O coordenador do CB deve ser um docente de 3ª ou 4ª série que, mesmo lecionando o número de aulas dessas séries (15 horas semanais), ganha por uma jornada de CB (30 horas semanais, que correspondem a 22 horas-aula e 8 horas-atividade), para compensar seu trabalho adicional de coordenador.

QUADRO 4

Jornada semanal de trabalho dos professores da rede pública estadual de ensino do estado de São Paulo

NÍVEIS	JORNADA	HORAS-AULA	HORAS-ATIVIDADE
Ciclo Básico	30	22	8
3ª e 4ª séries	20	15	5
5ª a 8ª séries (parcial)	20	16	4
5ª a 8ª séries (completa)	24	18	6
5ª a 8ª séries (integral)	32	24	8

Fonte: Lei Estadual nº 444, de 27/12/1985 (SÃO PAULO, 1985) e Decreto Estadual nº 24.632/1986 (SÃO PAULO, 1986).

3 As Pessoas

Ao longo dos próximos capítulos, estarei me referindo com frequência às pessoas entrevistadas durante a pesquisa, reportando-me a suas atitudes e opiniões. Para melhor situar o leitor a esse respeito, faço aqui uma breve apresentação de cada uma dessas pessoas.[2]

3.1 DIREÇÃO

Maria Alice – diretora

É solteira, tem 39 anos e vive com o irmão, também solteiro, que é engenheiro. Em 1968 mudou-se da terra natal — cidade pequena do interior do estado, na região de São José do Rio Preto — para a capital, para cursar a faculdade. Fez o curso superior de Letras (Inglês), com licenciatura plena, na Pontifícia Universidade Católica de São Paulo (PUC-SP). Em 1978, prestou concurso para a rede pública estadual, onde já era professora de Inglês em regime de ACT, e passou em primeiro lugar. Orgulha-se disso. Decidiu voltar para o interior para se casar, mas o noivado foi desfeito. Fez curso de Pedagogia com habilitação em Administração Escolar em São José do Rio Preto e voltou para São Paulo em 1980, lecionando em colégio estadual de grande porte na Zona Oeste da cidade. Prestou concurso para diretora, sendo aprovada. Escolheu, então, uma escola em cidade do Vale do Ribeira e atuou aí como diretora durante o ano, removendo-se em seguida para Americana, cidade próxima a Campinas, onde trabalhou como diretora durante oito meses. Mas continuava residindo em São Paulo. Em 1985, por concurso de remoção, transferiu-se para a EEPG

---

2. Como era de esperar, não se trata de apresentar aqui um conjunto padronizado de dados pessoais a respeito de cada entrevistado. Como se recorda (ver Introdução), as entrevistas não tinham o propósito de coletar os dados de forma pré-organizada, deixando, em vez disso, que o entrevistado, a partir de uma pergunta ou proposição geral ("Fale-me de sua vida.", por exemplo), selecionasse e apresentasse as informações da forma que lhe fosse mais conveniente. Por isso, a apresentação dos vários entrevistados reflete, em certa medida, a heterogeneidade de dados verificada na situação da entrevista, apresentando diferenças no que diz respeito tanto ao volume quanto à natureza das informações arroladas.

Celso Helvens, onde trabalha até hoje. Tendo feito a habilitação de supervisão escolar em Guarulhos, prestou concurso para supervisora de ensino e foi aprovada, mas não pôde assumir porque, quando foi chamada, pouco tempo após o concurso, ainda não tinha três anos como diretora, pré-requisito para o cargo de supervisor de ensino. Sobre sua carreira na escola pública e sua decisão de se candidatar a um cargo de diretora, Maria Alice declara:

> Toda minha formação era voltada [...] para ser uma excelente professora de Línguas. E eu, de repente, joguei tudo isto fora e parti para a direção de escola. Um pouco empurrada pelo salário, que era um pouquinho melhor. Todo mundo dizia: "Se você quiser fazer carreira no magistério é isto. Pelo bendito Estatuto, você tem que, depois ... você chega, você vai a diretor, depois a supervisor e você termina aí."

Desde o primeiro contato, Maria Alice mostrou-se bastante simpática à pesquisa, tendo-se colocado inteiramente à disposição para fornecer todas as informações necessárias ao andamento do trabalho de campo. Franqueou totalmente a escola para a coleta de informações, quer para observações, quer para entrevistas, apresentando os membros da equipe de pesquisa aos funcionários, professores e alunos e facilitando nosso acesso aos pais e demais pessoas ou instituições que estivessem a seu alcance. Manteve-nos permanentemente informados a respeito das datas e horários de reuniões de professores, de conselho de escola, etc. Sabia também manter-se à distância para não interferir nas atitudes e opiniões nem no critério de seleção das pessoas a serem entrevistadas. Assim, sempre que solicitávamos, deixava que nós mesmos tivéssemos o primeiro contato com os pais, alunos ou outras pessoas para as quais considerávamos que nossa apresentação pela diretora poderia inibir ou modificar as opiniões.

Bastante extrovertida e com muita facilidade de comunicação, Maria Alice esteve bem à vontade na entrevista, discorrendo longamente e sem constrangimentos sobre todos os assuntos que sugeri. Por conta dessa comunicabilidade, e também porque eu pretendia obter o máximo de informações, dada a importância da função que exerce na escola, seu depoimento foi também o mais longo, tendo de se processar em duas ocasiões, num total de mais de quatro horas de entrevista.

Rosilene – assistente de diretora

É solteira e mora em São Paulo há 22 anos, tendo vindo de Fortaleza, onde nasceu e frequentou a escola até a conclusão do ensino de 2º grau. Então, teve de se mudar para São Paulo por conta da ocupação de seu pai, que era superintendente da Receita Federal e foi transferido, trazendo toda a família. Rosilene tem seis irmãos e, com exceção do mais novo, que está em vias de iniciar o ensino superior, são todos formados, sendo um advogado, um engenheiro, um professor, um químico e uma advogada.

Chegando a São Paulo, Rosilene fez o curso de Ciências Biológicas nas Faculdades Farias Brito, em Guarulhos. Posteriormente, fez complementação pedagógica, com habilitação em Administração Escolar, na Faculdade Campos Salles, em São Paulo. Trabalhou no Instituto Butantã, tendo ingressado como estagiária e aí ficando durante um ano e meio, mas teve de sair por falta de verba para a área em que atuava. Em seguida, iniciou sua carreira na área de Educação, na qual está há 15 anos, cinco dos quais dedicados à docência. Inicialmente deu aula de Biologia, depois também de Ciências. Diz que sempre gostou dessas duas disciplinas e que "adorava a prática de sala de aula". Após dois anos como professora, efetivou-se por meio de concurso, trabalhando mais três anos em colégio do bairro do Morro Alegre, onde passou a exercer as funções de assistente de diretora muito antes do que imaginava. Diz que, quando lecionava, tinha expectativas de trabalhar na parte administrativa, mas somente para um futuro muito distante. Foi como assistente de diretora dessa escola que veio a travar contato com Maria Alice, nas reuniões e encontros que se realizavam na delegacia de ensino.

Dois problemas, entretanto, levaram Rosilene a afastar-se de suas atividades como assistente de diretora no colégio mencionado. Um deles foi o fato de ter sofrido um microaneurisma, do qual ainda não se restabeleceu por completo, ocorrendo de esquecer fatos ou nomes e de sentir, às vezes, dificuldades de reter as coisas que lê. O outro problema foi o conflito que teve com dez marginais que invadiram sua escola e ela, como responsável pela direção naquela noite, teve de chamar a polícia. A partir de então, esses marginais passaram a fazer-lhe ameaças, tendo inclusive agredido seu irmão mais novo. Forçada, por essas circunstâncias, a deixar seu trabalho na escola, Rosilene foi trabalhar no setor de Cadastro Funcional da Divisão Regional de Ensino (DRE) Oeste, de onde saiu, no final de 1988, para ocupar a vaga de assistente de diretora na Celso Helvens, a convite da diretora Maria Alice.

Durante o trabalho de campo, Rosilene foi sempre muito gentil e solícita conosco, dispondo-se a colaborar em tudo o que fosse possível. Durante a entrevista, mostrou-se bastante desembaraçada, discorrendo abertamente e sem restrições sobre todos os assuntos sugeridos. Continua muito preocupada tanto com o microaneurisma sofrido, que ainda lhe provoca alguns "brancos" na memória, quanto com as ameaças feitas pelos marginais, que a impedem de ter um trabalho mais aberto na comunidade, temendo ser descoberta por eles. Por conta desses problemas, teve, inclusive, de fazer um acompanhamento psicológico.

Rosilene reside numa vila próxima ao bairro de Morro Alegre e diz que, antigamente, pertencia à "classe média alta", mas que hoje em dia, com a crise econômica do país, é "classe média, só".

Suas funções na escola são mais ligadas à parte escritural e diz que tem muita facilidade de trabalhar com a legislação. Afirma que gosta muito de sentir-se útil em tudo o que esteja fazendo e que não pretende continuar indefinidamente como assistente de diretora, nem deseja chegar a diretora. Sua aspiração é voltar a trabalhar na área de Biologia e Ciências, quer dando aulas — e até já está enviando seu *curriculum vitae* para escolas particulares —, quer fazendo pesquisas no campo da Biologia que mais gosta, que é o de aberrações cromossômicas.

3.2 FUNCIONÁRIOS

Kazuko – secretária

De origem japonesa, Kazuko é separada do marido e tem dois filhos. Iniciou suas atividades na Celso Helvens como escriturária, passando depois a secretária. Antes disso, exerceu funções de escritório em outras instituições, inclusive numa indústria de produtos eletrônicos, onde esteve empregada durante dez anos. Trabalhou como escriturária também numa imobiliária e depois numa escola particular. Embora nessa escola ganhasse mais do que iria ganhar no Estado, optou por deixá-la em função de estabilidade. Assim, com 42 anos, fez o concurso para escriturária no Estado e começou "tudo de novo". Trabalhou, então, numa DRE, transferindo-se, um ano depois, para uma escola próxima à Celso Helvens; em seguida, foi para uma escola da Fundação Estadual para o Bem-Estar do Menor (Febem), no cargo de secretária, pois ganhava quase o dobro. Fechando a escola da Febem, voltou para sua anterior função de escriturária na escola do bairro, transferindo-se em seguida para a Celso Helvens na mesma função. Quando aí chegou, a diretora já era a professora Maria Alice, que, posteriormente, passou-a à função de secretária para ocupar a vaga deixada pelo secretário anterior.

Kazuko só fez o curso de 2º grau mais recentemente, concluindo-o em 1985. Logo em seguida, prestou concurso vestibular para Pedagogia na USP, mas não passou na segunda fase porque chegou atrasada, acabando por fazer o curso vago em Marília.

O relacionamento de Kazuko com as pessoas não parece ser muito tranquilo; ela mesma reconhece ser "meio nervosinha". Em seu relato, transparece certa dose de ressentimento com todas as experiências de trabalho que teve. Durante a entrevista era, às vezes, reticente, ficava emocionada com facilidade e chorou por várias vezes quando tocou em assuntos problemáticos. Mostrou-se também bastante insegura em suas funções de secretária, dizendo ser muito cobrada e subestimada pela diretora. A este propósito, parece não esconder de ninguém a mágoa que tem em relação à professora Maria Alice. Por várias ocasiões ela fez críticas à diretora, colocando-se como sua vítima, como quando diz: "Eu acho que todo mundo tem que ter chance na vida, né. Não sei... As pessoas acham que, se a gente não tem experiência, não é pra aprender [...]. Me aceitou pra depois ficar pisando na gente."

No capítulo II voltarei a falar sobre esse conflito.

Jorgina – inspetora de alunos

Trabalha durante oito horas diárias na escola e diz que acha muito difícil conciliar os afazeres domésticos, o cuidado com os filhos e o trabalho. Tem dois filhos, um de 11 e outro de 6 anos, e mora distante da escola. O mais velho está estudando numa escola da prefeitura num bairro próximo do Morro Alegre e, por isso, vem para a escola de ônibus com a mãe e volta de perua escolar. Jorgina tem o 2° grau completo, tendo feito também mais dois anos de curso de magistério em nível de 2° grau, mas não pôde continuar os estudos por falta de tempo. Diz que o problema maior é a falta de lugar para deixar os filhos. Seu marido trabalha num frigorífico e também não lhe sobra tempo para ajudar nessa tarefa.

Durante a entrevista, Jorgina apresentou suas ideias com bastante segurança e mostrou estar muito ciente de todos os assuntos da escola. Seu relacionamento com o corpo discente é bastante intenso. Em certa ocasião, presenciei Jorgina ajudando uma das escriturárias a identificar um conjunto de fotografias de alunos que estavam sem os nomes. Diante de minha admiração por sua facilidade em dar nomes e particularidades de cada um dos alunos, Jorgina disse que os conhece muito bem e sabe o nome da totalidade dos quase 700 alunos da escola.

Embora ela pareça discreta ao tratar dos assuntos da escola com as demais pessoas que aí trabalham e estudam, demonstra ter consciência da posição estratégica que sua função lhe proporciona no que diz respeito ao contato muito próximo que tem com as fontes de informação e com as relações que se dão no interior da escola. Jorgina tem opiniões bem definidas a respeito de problemas e situações que se fazem presentes na escola. No que se refere a sua função, por exemplo, acha que a diretora é muito branda no tratar com os problemas de indisciplina e que deveria ser mais rigorosa e enérgica com os alunos. Reclama também que a professora Maria Alice deveria dar-lhe mais autoridade para tratar os problemas disciplinares que ela enfrenta.

D. Margarida – servente (merendeira)

Negra,[3] alta, com um ar de respeitosa timidez, a presença calma de d. Margarida, servindo café ou atendendo na cozinha, deu a impressão de pessoa sempre dócil, disposta a servir a todos com quem se relaciona. Na escola, onde começou a trabalhar em 1981, exerce as funções de merendeira. Antes disso, trabalhava como cozinheira numa casa de família.

A entrevista foi realizada na própria cozinha da escola, onde, pouco antes, encontrava-se Aparecida, outra servente que, ao saber que d. Margarida seria entrevistada, ressaltou, com muita fluência, a importância dos funcionários operacionais para a manutenção e o andamento da escola. Timidamente, então, d. Margarida sugeriu que se entrevistasse Aparecida, pois esta era "mais falante". A comunicação foi dificultada pela linguagem utilizada pela entrevistadora, que nem sempre era entendida por d. Margarida. Pessoa humilde, que nunca frequentou escola e mal sabendo assinar o nome, dona Margarida

---

3. Numa sociedade como a nossa, em que o preconceito contra o negro, embora velado, não deixa de ser uma pungente realidade, a inclusão dessa condição na apresentação de determinada pessoa não pretende ser, de forma nenhuma, um ato de discriminação, mas uma medida necessária para não sonegar ao leitor um dado da realidade que tem implicações, quer no papel que tal pessoa desempenha no ambiente social em estudo, quer em seu próprio autoconceito, quer ainda na maneira de relacionar-se e no modo como as outras pessoas a veem e com ela se relacionam.

respondia às perguntas por meio de expressões estereotipadas do tipo "a educação é amor", "a professora e a diretora são como mães".

Durante a entrevista, chegou uma avó de aluno que, parecendo ter grande intimidade com d. Margarida, permaneceu em silêncio acompanhando a entrevista, ressaltando, quando esta terminou, a dedicação da merendeira que, segundo ela, já chegou até a comprar tempero com o próprio dinheiro para que os alunos pudessem comer.

D. Margarida parece resignar-se a seu trabalho: "Estando com as panelas, eu estou feliz... Eu nasci para ser cozinheira mesmo." Mas, ao falar da importância de seu trabalho na escola, dá a impressão de que procura convencer-se a si mesma: "Às vezes eu acho que não, se não fosse a gente, o banheiro ficava sujo, o pátio ficava sujo..."

3.3 PROFESSORES

Leda – professora da 3ª série e coordenadora do ciclo básico

Mora no bairro do Morro Alegre desde 1977. Nasceu no estado de Santa Catarina, tendo vivido dois anos no Paraná e vindo depois morar em São Paulo. Aqui chegando, fez o curso normal (antiga formação de professores em nível colegial) no vizinho município de Osasco. Logo após concluir o normal, ingressou no magistério primário na rede estadual, em Osasco, onde trabalhou durante dez anos, vindo depois, por meio de concurso de remoção, para a EEPG Celso Helvens, onde está desde 1982. Um ano após a conclusão do curso normal fez o curso de Pedagogia, com habilitação em Administração Escolar, na Faculdade Campos Salles, na capital.

Leda tem três filhos, sendo um em idade pré-escolar e dois frequentando o ensino de 1º grau. Destes, um estuda na 4ª série de uma escola particular do bairro e o outro na 1ª série na EMPG Souza Neto, que fica próximo à Celso Helvens. Seu marido também é professor e dava aulas na escola municipal onde seu filho estuda, mas agora está "readaptado", por motivo de saúde (estafa), prestando serviços junto à sede da Secretaria da Educação.

Leda sempre trabalhou em escola pública, mas durante certo período deu aulas também em escola particular e em uma escola do Serviço Social da Indústria (Sesi). Diz que desde pequena pensava em ser professora. Seu pai sentia-se orgulhoso por esse desejo seu. Afirma que, antigamente, para os pais, ter uma filha professora "era uma coisa fantástica".

Diz que veio de outra escola de periferia para a Celso Helvens pensando que haveria melhora, mas isso não aconteceu, porque aqui também deparou "com uma clientela bem difícil".

Em setembro de 1983, a antiga diretora da escola afastou-se e a assistente de diretora não quis assumir o cargo. Leda, então, foi convidada a assumi-lo, ocupando-o até julho de 1985. Também em 1989, de janeiro ao início de abril, Maria Alice precisou tirar licença para cuidar da mãe que estava doente e Leda a substituiu na direção.

Por conta dessa experiência de Leda como diretora da escola, foi feita uma segunda entrevista com ela, visando a colher mais informações sobre o assunto. Na primeira entrevista, ela se apresentou um tanto tensa, parecendo preocupada com seu próprio desempenho na entrevista. Na segunda, quando já tinha travado vários contatos com a entrevistadora, Leda estava muito mais "solta" em seus relatos e opiniões, ocorrendo uma relação mais descontraída entre entrevistadora e entrevistada.

Sônia Regina – professora de 2ª série

Faz parte do grupo de professores "novos" da escola. Iniciou seu trabalho aí no início de 1989, vindo de uma escola pública estadual de Carapicuíba — município vizinho a Osasco, na Região Metropolitana da Grande São Paulo —, onde era assistente de diretora. Sônia mudou-se para um bairro de "classe média" vizinho ao Morro Alegre e pensava em ingressar na Celso Helvens com a intenção de, logo a seguir, assumir a função de assistente de diretora. Nessa ocasião, o cargo de assistente de diretora ficara vago e a única professora da escola com habilitação em Administração Escolar — pré-requisito para a ocupação do posto — era a professora Leda, que não pretendia assumi-lo. Sabendo disso, Sônia Regina acreditava que, se ela se tornasse professora da escola, poderia exercer a função de assistente de diretora. Isso, entretanto, não aconteceu, porque a professora Maria Alice resolveu chamar Rosilene para ocupar o posto, constituindo, assim, um conflito que será mais bem examinado no capítulo II.

Sônia Regina é casada e, à época da entrevista, estava grávida de seu primeiro filho. É natural de uma pequena cidade do interior paulista onde cursou 1º e 2º grau em escola pública, vindo para São Paulo em 1979, onde fez dois anos do curso de magistério em nível de 2º grau e, em seguida, estudou nas Faculdades Capital, fazendo o curso de Letras; depois disso, fez, em Batatais, curso vago de Complementação Pedagógica com habilitação em Administração Escolar.

Em classe, quando eu observava sua aula, Sônia Regina demonstrou conseguir um bom relacionamento com os alunos, atendendo a todos de forma bastante cordial. Afirma que gosta muito de trabalhar com comunidade, mas que na Celso Helvens nunca se envolveu com isso porque a diretora não fomenta a participação. Revela que, oito anos atrás, fundou com a comunidade uma escola municipal em Osasco. Diz que começou com uma sala e no ano seguinte já eram oito. Mas, depois disso, "entrou a política", com um vereador local querendo apenas inaugurar a escola e ganhar dividendos políticos para seu nome. Em virtude disso, desistiu.

Glauce – professora de Matemática (5ª a 8ª série)

Parece uma pessoa bastante descontraída. Tanto na entrevista quanto na aula de 7ª série por mim observada, estava sempre exibindo um sorriso e tratando as pessoas de forma bastante amistosa.

Pelos poucos sinais que pude perceber, parece pertencer a uma camada de renda elevada. Vem à escola de Escort, mora na City Pinheiros, bairro com finas residências e cujos terrenos são dos mais valorizados na cidade de São Paulo, e seu marido é gerente comercial de uma empresa multinacional. Além de professora é maratonista, mas, por ocasião da entrevista, não vinha treinando porque estava grávida de seu primeiro filho.

Glauce chegou à Celso Helvens em 1986. Segundo afirma, vem-se removendo de escola em escola para ficar cada vez mais perto de sua residência. É licenciada em Matemática e está fazendo curso de Pedagogia na Faculdade Carlos Pasquale, que ela mesma considera uma escola "furada". Pretende ser diretora de escola e diz que está trabalhando no magistério porque adora criança e gosta muito de ensinar.

Walter – professor de Geografia (7ª e 8ª séries)

É jovem e transpira jovialidade em suas relações. Tem 22 anos, usa *blue jeans*, camiseta e tênis. Na camiseta, a figura do "Che". Com os alunos, relaciona-se como igual. Não tem constrangimentos. Na entrevista, fala sem parar, ficando difícil até para a entrevistadora fazer as perguntas e conseguir que ele seja menos genérico e menos "fluido" em suas respostas. Procura ser irreverente com os assuntos e demonstra certo exibicionismo por meio de trejeitos e afirmações pessoais. Sua namorada é a professora Ângela, que dá aula de Educação Artística e também foi entrevistada.

Um grupo de meninas da 8ª série interrompe a entrevista, afirmando estar demorando demais, e fazem insinuações por Walter e a entrevistadora estarem sozinhos na biblioteca. Uma das alunas era Maria Cristina, que, em sua entrevista, havia falado várias vezes no professor. Mais tarde, numa segunda interrupção, as mesmas garotas o chamam de lado, dizendo que precisam conversar com ele a sós. Quando terminam, Walter volta afirmando que as garotas estavam com ciúmes e foram pedir a ele para que pudessem ficar na biblioteca também. Sente-se certa satisfação incontida, por parte do professor, diante dessa paixão platônica das meninas. Perguntado como lida com isso, afirma que gosta. A impressão que se tem é que estimula isto deliberadamente. Na primeira entrevista, não foi possível dar conta do assunto e é marcada uma segunda em que haverá menos dispersão.

Walter estuda Ciências Sociais na PUC-SP, cursando o 2º ano. Pretende ser historiador. Começou a lecionar na Celso Helvens recentemente (em 1989), durante a greve dos professores. Antes disso, trabalhava no escritório de uma metalúrgica, mas detestava sua ocupação. Diz que gosta muito de ser professor, o que não é compreendido por seu pai: "Meu pai é um cara embrutecido; ele é operário e não entende a minha opção em ser professor. Ele acha que eu devia estar num emprego fazendo nota fiscal." Demonstra muito prazer em sua atividade de professor e gosta de dizer que sua aula é bastante diferenciada das demais, o que de fato é verdade, como veremos no capítulo III.

Walter parece ser uma pessoa muito necessitada de contato humano. Recentemente, engajou-se no MR-8, grupo político que milita no interior do Partido do Movimento Democrático Brasileiro (PMDB). Mas é difícil saber se se tratou de uma opção política adequada a seu ponto de vista ou se ele se engajou no primeiro grupo que mostrou aceitá-lo e que lhe ofereceu condições de expandir-se, de manifestar-se. Mora no próprio bairro, o que parece aproximá-lo dos alunos. Trabalha para sobreviver e não esconde certo rancor diante das dificuldades que vem enfrentando.

Ângela – professora de Educação Artística (7ª e 8ª séries)

Tem aproximadamente 22 anos e começou o curso de Educação Artística na Faculdade de Belas Artes de São Paulo, mas não conseguia pagar as mensalidades e, então, transferiu-se para a Faculdade

Marcelo Tupinambá, onde está cursando o 2º semestre. Além de professora, é bancária. Assim, estuda de manhã, trabalha no banco à tarde e dá aula três noites por semana. Entrou para a Celso Helvens pouco depois de seu namorado, o prof. Walter. Como havia vaga de professor de Educação Artística na escola, ela resolveu assumir as aulas porque já "estava a fim de experimentar o campo" da docência. Mora com os pais, está pensando em casar-se e comprou, com o namorado, uma casa que está precisando de reforma. Assim, dar aula representa também uma forma de aumentar sua renda.

Considera os alunos da escola muito pouco estimulados para o ensino. Conta que conversa bastante com seu namorado sobre os problemas da docência e que ele também se encontra desanimado diante dos resultados que vem obtendo com os alunos.

Maria Lídia – professora de Geografia (5ª a 8ª série)

Diversamente do restante do pessoal da escola, a professora Maria Lídia foi entrevistada em sua própria residência. Ela mora relativamente distante do bairro do Morro Alegre, num cubículo nos fundos da casa de seu pai, com quarto, banheiro e uma salinha de 2 metros quadrados, onde funciona também seu "salão de cabeleireiro". A casa de seu pai também é pequena e muito simples. No quintal funciona uma pequena marcenaria, onde trabalham seus irmãos. Na entrada estava estacionada a Brasília de seu filho.

Maria Lídia é desquitada e cuida do pai, idoso. Na entrevista, falou emocionada de sua vida, de quanto a recente morte de sua mãe, vítima de câncer, a tinha abalado, e de seu trabalho como cabeleireira para a complementação do salário. Várias vezes a entrevistadora teve de desligar o gravador pois, ao falar de sua vida pessoal, começava a chorar.

Em 1974 concluiu o supletivo de 5ª a 8ª série, iniciando, logo em seguida, o supletivo do 2º grau, mas teve de parar, só retomando mais tarde e concluindo em 1979. Em 1985, prestou vestibular para Estudos

Sociais na Faculdade Franciscana, sem saber que era licenciatura curta, e durante o curso participou de mobilização por sua divisão em História e Geografia. Começou a dar aulas na Celso Helvens em 1989, tendo de interromper durante certo período por conta da morte de sua mãe.

Maria Lídia aparentou ser pessoa amargurada pelas dificuldades que enfrentou e ainda enfrenta em sua vida. Mas, durante a entrevista mostrou-se solícita e tranquila, deixando fluir suas dúvidas e contradições. Parece pessoa bastante esforçada. Dada a dificuldade que encontra em sua experiência docente, mostrou-se interessada na pesquisa, em seu resultado e divulgação. Mostrou à entrevistadora diversos livros escolares de 2º grau que procura ler para dar conta do conteúdo de sua disciplina, que admite não dominar. Fez críticas a nossa estrutura social e mostrou um livro de história cubana e o programa oficial do Partido Comunista cubano, trazido de Cuba para ela por uma freguesa.

3.4 ALUNOS

Gerson, Gabriela e Rosângela (2ª série B)

São alunos da professora Sônia Regina. Os três são negros e têm 9 anos de idade.

Gerson é o de cor mais escura. É de compleição física miúda para sua idade. Durante a aula, pareceu ser perfeccionista, não se perdoando quando errava. Parece ser bastante esforçado e fica nervoso com facilidade. Na entrevista, falou sem parar, contando vantagens e descrevendo sonhos mirabolantes como se fossem realidade. Afirmou, por exemplo, que sua casa "é mais grande do que essa escola aqui". Tem dois irmãos e uma irmã. Seu pai é motorista de ônibus intermunicipal e sua mãe é empregada doméstica. Está na Celso Helvens desde a 1ª série, que diz ter repetido duas vezes.

Gabriela é a mais clara dos três. Magrinha, cabelo sarará, parece a mais quieta, mas também indica certa tensão na entrevista, o tempo todo enrolando o cabelo com os dedos, parecendo não estar tão à vontade quanto os demais. Quando solicitada a falar, porém, expressa-se com desembaraço. Foi indicada para a entrevista pela professora Sônia Regina, que a considera boa aluna. Tem quatro irmãos, sendo um mais novo do que ela. Já repetiu a 2ª série e 1989 é seu primeiro ano na Celso Helvens, porque se mudou para o bairro nesse ano. O pai é motorista de ônibus e a mãe é faxineira. Gabriela é a única do grupo de alunos que mora em rua asfaltada. Diz que a casa é grande, de tijolo, e tem cinco cômodos.

Rosângela é a maior dos três. Bastante expansiva, diz que gosta de estudar, mas repetiu a primeira série uma vez. Seu pai trabalha na USP como motorista e sua mãe é costureira e também "faz bolo de festa". Diz que, às vezes, ao sair da escola, vai para o trabalho da mãe e volta à meia-noite. Afirma que a casa onde mora é de tijolo e tem três cômodos. Pela sua descrição, a casa tem três pavimentos: "embaixo é o porão, onde tem gente morando", em cima mora sua família e mais em cima moram outras pessoas.

Marcelo, Rafael e Mônica (4ª série A)

Marcelo estuda na Celso Helvens desde a 1ª série e já repetiu a 2ª uma vez. Tem três irmãos, sendo que um estuda na 7ª série da mesma escola. A família mora no bairro há muito tempo e seu pai "se criou" no Morro Alegre. Marcelo afirma que seu pai o incentiva a estudar para "não ficar como ele". Diz que quer ser polícia militar e fazer faculdade. O pai trabalha na Sanbra como fiscal de veículos e a mãe "trabalha em casa". A mãe concluiu o antigo primário e o pai estudou até a 3ª série.

Rafael diz que entrou "atrasado" para a escola, mas não sabe (ou não quer) dizer por quê. Já foi reprovado duas vezes. Tem quatro irmãos. Seu pai é metalúrgico e sua mãe cuida da casa.

Mônica está na Celso Helvens desde a 1ª série e nunca foi reprovada. Tem uma irmã e um irmão. Este último é deficiente físico e mental. Não sabe a escolaridade de seus pais. O pai conserta fogão e compra e vende cavalos e sua mãe trabalha em casa.

Milton e Nei (7ª série B – noturno) e Rita (8ª série – noturno)

Os três alunos levaram a entrevista com bastante seriedade. Pareciam preocupados em expor claramente suas ideias e satisfeitos em participarem da entrevista. Assim, quando a entrevistadora percebeu que a fita havia parado, não tendo gravado parte da conversa, ficaram um tanto desapontados, especialmente Nei. Milton ponderou que a conversa em si era importante, independentemente de haver sido gravada ou não. Consolo da entrevistadora.

Milton e Rita se apresentaram mais tranquilos que Nei. Este parecia apreensivo, preocupado em apresentar uma imagem de aluno brincalhão, mas interessado pelo estudo. Algumas respostas suas pareciam formuladas em função dessa preocupação, no sentido de apagar a impressão que dera durante as aulas observadas, em que ele brincava e falava o tempo todo, às vezes para chamar a atenção. Nei é xerocopista na Cetesb e levanta às 6 horas da manhã para trabalhar. Demonstra uma relação "utilitarista" com a escola, considerada por ele ruim, mas com espaços para brincadeiras. A visão pragmática aparece também no interesse pelo diploma, considerado importante para ele, que trabalha numa empresa "de futuro", onde tem a proteção política do presidente, amigo de seu pai que, por falta de diploma, não pôde ascender politicamente.

Rita e Milton pareciam sinceros quanto à postura de bons alunos, na coordenação dos "bagunceiros" e no interesse pelo estudo. Milton faz parte do conselho de escola. Conta que foi escolhido por Rosilene como representante porque os outros alunos desistiram da escola. Participou apenas de uma reunião. É *office-boy* e diz que, depois do trabalho, mal dá para tomar um banho e jantar antes de vir para a escola. Demonstrou ser pessoa que busca refletir sobre sua experiência, referindo-se com frequência a essa reflexão: "tenho pensado sobre isso..." Sua crítica à escola e aos professores é mais impessoal, tentando atinar com as causas dos problemas. Parece identificado com o estudo e, apesar de esperar, por parte da escola, uma preparação para o trabalho, começa a duvidar da capacidade desta em atender a sua expectativa. Afirma que, hoje, os cursos técnicos de curta duração são mais eficientes que o 2° grau.

Rita é comerciária, trabalha há dois anos como balconista e tem de levantar às 6 horas da manhã para ir ao emprego. Afirma que estudar e trabalhar "é uma barra... Eu, quando saio do serviço, chego em casa [tão cansada]... Não perco a aula porque tenho vontade de estudar." Depois fica na dúvida e acrescenta: "Ao mesmo tempo, não quero vir." Aborda os problemas segundo uma relação mais afetiva, criticando os professores mais diretamente e afirmando uma atitude de recusa com relação à escola, ao fazer comparações com a escola onde estudou anteriormente, que considera melhor.

Maria Cristina (8ª série A – vespertino)

Maria Cristina mora no bairro desde que nasceu e está na Celso Helvens desde a 1ª série, tendo repetido a 5ª série "por motivo de saúde". É representante dos alunos no conselho de escola, tendo a professora Maria Alice sugerido que a entrevistássemos por ser uma menina muito atenciosa. É negra, alta, bem arrumada e popular na escola. Sentiu-se prestigiada por ser entrevistada e, durante o trajeto de sua classe até a biblioteca, respondia satisfeita às perguntas que outras crianças faziam a ela a respeito dos motivos pelos quais havia sido escolhida.

Seu professor de História apareceu e lhe perguntou a respeito do caderno dele, ao que ela respondeu que havia terminado a cópia das questões para ele. Virando-se para a entrevistadora, chamou-o de "chato" e revelou que o professor pedia a ela para fazer seu diário de classe, pois ela tinha boa letra. Quando o professor de Geografia, várias vezes citado por ela, passou no corredor, ela parou e ficou seguindo-o com os olhos, como que para fazer-se notar. Ao perceber que ele não a tinha visto, chamou-o e acenou-lhe, dizendo em seguida para a entrevistadora: "Este é o Walter."

Sônia, Neusa, Lucila e Luana (8ª série A – vespertino)

Luana incorporou-se ao grupo da entrevista depois que esta já havia começado. Por isso, seus dados pessoais acabaram não sendo registrados.

Sônia entrou para a Celso Helvens no início de 1989, vindo da "Miguel dos Santos". Sua família mora no bairro há pouco tempo. Sua mãe é doméstica e seu pai, vigia noturno. Tem mais três irmãos, sendo um mais velho que ela. É Sônia quem cuida dos dois menores e da casa enquanto sua mãe trabalha fora. A mãe lhe diz que é para se preocupar mais com a escola, porque, com relação à casa, o que não der para ser feito durante a semana as duas dão conta no fim de semana. Sônia é morena clara, cabelos compridos, bem arrumada e bastante desinibida.

Neusa mora no bairro desde muito pequena e estuda na Celso Helvens desde a 1ª série. É morena e se veste muito humildemente. Tem sete irmãos, sendo um casado. Em casa, ajuda a mãe na limpeza doméstica. Seu pai é motorista de ônibus e a mãe não trabalha fora, pois tem de ficar em casa para cuidar das crianças e dos afazeres domésticos. Neusa faz questão de dizer que frequenta a umbanda para se opor aos movimentos da Igreja de que "seu" Pedro, da Savuma, participa.

Lucila é negra, veste-se bem e, no início da entrevista, mostrou-se um pouco tímida, mas depois se descontraiu e participou normalmente da conversa. Também mora no bairro desde pequena e desde a 1ª série estuda na Celso Helvens. Seu pai é laboratorista de análises clínicas; sua mãe é dona de casa e Lucila a ajuda nas tarefas domésticas.

3.5 PAIS DE ALUNOS

D. Rosa Maria – mãe de Paula, da 6ª série

Meu primeiro contato com d. Rosa Maria foi na própria escola, onde ela havia ido com o sr. Renato, seu esposo, a uma reunião de pais. Nessas reuniões, além de sua dinâmica geral, um dos aspectos que observávamos em particular era o comportamento de alguns pais, objetivando entrevistá-los depois, em suas próprias casas. Assim aconteceu com d. Rosa Maria, que concordou prontamente com meu pedido e, durante a entrevista, pareceu-me bastante à vontade, respondendo a minhas questões de forma descontraída e cordial.

D. Rosa Maria mora numa casa de alvenaria, numa rua estreita, sem calçamento, esburacada. A aparência externa da casa não difere das demais ao redor: mal-acabadas, sem aparentar conforto interno, construídas em várias etapas com material de construção diverso em cada uma delas; às vezes com um portão ou janela de tábua bruta, sem pintura, não inspirando muita segurança. A alguns metros acima da casa de d. Rosa Maria, na mesma rua, começa a favela da Vila Dora, com ruelas estreitas e barracos de tábuas se amontoando uns ao lado dos outros. A entrada para a casa de d. Rosa Maria é feita por uma porta de madeira que dá acesso a uma garagem interna, onde está estacionada uma *Variant* antiga. Do lado esquerdo, há o bar de propriedade do casal. É o típico botequim de periferia. O interior da casa é bastante espaçoso, com quatro níveis que se acomodam às irregularidades do terreno. No primeiro nível está a garagem e o botequim; no segundo, ao qual se chega por uma escada de madeira rústica, mas sólida, há um pequeno *hall* e um quintal; no terceiro nível está a cozinha e a copa; no quarto há a sala de estar e dois dormitórios. Os móveis, simples, parecem novos e estão em bom estado.

Além de Paula, d. Rosa Maria tem mais uma filha, de 30 anos, solteira, que é advogada e está "estudando para juíza", e um filho que trabalha na polícia militar. D. Rosa Maria diz que estudou pouco — fez o antigo curso primário até o 2º ano — porque os pais achavam que "as filhas mulheres não precisam estudar". Paula, de 12 anos, está na 6ª série, mas não tem ido muito bem na escola. D. Rosa Maria acha que o principal problema é que sua filha é muito miudinha e não reage diante da bagunça feita pelos outros alunos maiores que ela.

Sr. Roberto – pai de Flávio, da 6ª série, e de Rosa, da 4ª série

Conheci sr. Roberto na mesma reunião de pais da 6ª série em que abordei d. Rosa Maria e Sr. Renato, pais de Paula. Sr. Roberto mora a alguns metros de d. Rosa Maria, do lado oposto da mesma rua. Ao contrário da casa de d. Rosa Maria, que possui vários pisos para cima do nível da rua, a do sr. Roberto fica num nível abaixo da rua. É uma casa humilde, bastante pequena, com uma salinha, dois dormitórios e uma cozinha também pequena. Na sala, os móveis são simples e velhos: duas poltronas, um sofá e uma televisão. O odor interno é de ambiente úmido. A aparência externa é a das demais casas da rua e condiz com o seu interior: casa mal-acabada, de construção precária, apesar de ser de alvenaria.

O sr. Roberto tem oito filhos: cinco da primeira esposa e três da segunda. Os primeiros estão todos casados, com exceção do mais novo, com cerca de 17 anos, que sofreu um acidente recentemente e está temporariamente morando com o pai. Dos três mais novos, dois estão estudando na Celso Helvens: Flávio, 12 anos, na 6ª série, e Rosa, 11 anos, na 4ª. Denise, a mais velha dos três, com 14 anos, estudava também na 7ª série, mas, durante a greve, saiu da escola porque sua mãe começou a trabalhar fora e ela teve de ficar para cuidar da casa.

Sr. Roberto é analfabeto, tem 47 anos e trabalha na seção de expedição de mercadorias de uma fábrica localizada num bairro próximo ao Morro Alegre. É natural do estado de Pernambuco e parece representar boa parte do migrante nordestino, sem instrução formal, que valoriza a educação escolar e vê a escola como instituição soberana, a professora como segunda mãe, as crianças tendo de obedecer aos adultos de forma irrestrita. Sua aparência rude, com as marcas de muito trabalho pesado, esconde, entretanto, uma personalidade amável, que trata seus filhos com cortesia e respeito. Pude observar esse comportamento do sr. Roberto tanto na maneira carinhosa com que dialogava com Flávio sobre seu desempenho na escola, durante a reunião de pais, quanto no modo afável com que tratava Denise, chamando-a a auxiliá-lo nas informações que prestava durante a entrevista. Sua história de vida, marcada por acontecimentos que o levaram ainda muito jovem a cuidar de seus irmãos mais novos, dividindo com sua mãe os afazeres domésticos para que os irmãos pudessem frequentar a escola, talvez explique em parte essa maneira afetuosa com que ele trata as pessoas. É com seu carregado sotaque nordestino e seu jeito de contador de histórias que ele relata:

> Papai, quando morreu, eu fiquei com nove anos de idade [...] E ficou três irmãos: uma sentada no chão, com um ano e pouco meses, e ficou mais dois, e ficou mamãe, mamãe doente. Pra trabalhá pra os outro. Nesse meio-tempo aí eu completei dez anos [...] Eu ganhava dois mil réis o dia. Mamãe, um dia, foi lavá uma roupa de minha madrinha e, naquela frase, ela ganhava mil e quinhentos durante o dia, lavando, só um dia todinho sentada numa pedra, lavando uma trouxa de roupa desse tamanho. Eu falei pra ela: "Esses três menino em casa não pode ficá, mamãe. Ou sai eu trabaiá ou vai a senhora." "Mas, meu filho, você sozinho não dá..." Eu disse: "A gente se livra de qualquer jeito." E desse dia pru diante eu fui dono de casa até a data de hoje. [...] Eu, como não sei lê nem escrevê, apenas aprendi uma poca de conta num sei de que jeito, vivo bem sastifeito só por uma coisa que tenho três irmão estudado e hoje tenho oito filho, nenhum é analfabeto. Só saiu da escola o que não quis estudar.

D. Júlia – mãe de Ricardo, da 8ª série e Geni, da 2ª série

D. Júlia faz parte do conselho de escola e tem relações com o Clube dos Lojistas do bairro. É associada da Sama e da Savuma e ultimamente tem participado da primeira, mas não da segunda. Tem dois filhos na Celso Helvens: Ricardo, de 15 anos, e Geni, de 9. Além destes, tem uma filha de 20 anos, Marta, que é deficiente auditiva.

A surdez dessa filha parece ser motivo de grande sofrimento para a mãe, que realiza todos os esforços a seu alcance para compensar sua situação de deficiência.

D. Júlia é moradora antiga do bairro, residindo aí há 21 anos, desde que veio do Rio Grande do Norte, seu estado natal, logo depois de seu casamento. Sua casa é próxima à escola e fica nos fundos de um terreno que tem toda a parte da frente ocupada por um amontoado de ferro para utilização em construção de cimento armado. No dia da entrevista, estava um senhor, aparentando ser bastante idoso, fazendo uma armação de ferro, próximo ao portão. A entrevistadora pensou tratar-se do pai ou do sogro de d. Júlia, mas esta afirmou ser seu marido. D. Júlia foi chamada pela filha mais nova na vizinha, onde ela se encontrava vendendo produtos de beleza, que é sua atividade profissional. A entrevista se deu na cozinha, que parece fazer também as vezes de sala, já que a casa é muito pequena, contendo apenas dois cômodos e o banheiro, que é fora da casa.

A apresentação de sua situação de pobreza e, mais ainda, a presença do marido, que ela disse ser alcoólatra, parecem ter constrangido d. Júlia diante da entrevistadora. Mas, na entrevista, falou tranquilamente, não parecendo preocupar-se em dissimular suas opiniões, embora, em alguns momentos, parecesse preocupada em colocar-se como uma mulher esclarecida, "forçando" um pouco na argumentação.

D. Isabel – mãe de Sérgio, 7ª série

D. Isabel é presidenta da APM da escola, muito embora seu filho tenha abandonado os estudos durante a greve do magistério. Além de Sérgio, tem outra filha, Miriam, que estudava em outra escola e que também desistiu durante a greve. D. Isabel é empregada doméstica e mora no bairro desde 1970, quando se casou e, com o marido, começou a construir um cômodo que deu origem a sua casa atual. Durante sua fala, enfatiza o fato de ser proprietária da casa onde mora.

O dia de trabalho de d. Isabel é bastante atarefado. Além de cuidar de sua própria casa e de trabalhar como empregada doméstica durante o dia, sai com frequência à noite para exercer alguma atividade na comunidade eclesial de base (CEB). Aí, também aos sábados e domingos, participa de reuniões, faz limpeza da capela, ajuda na missa, etc.

Ao falar de seu cotidiano, d. Isabel entra espontaneamente na questão das (duras) condições de vida do bairro e das "lutas" dos moradores. "A vida do bairro é uma vida de luta, viu. Muita luta, viu." Em sua fala, o termo "luta" quer denominar as lutas do dia a dia da população para sobreviver, diferente das lutas populares como ação coletiva, que ela chama de "movimento".

D. Marta – mãe de Fernanda, 2ª série, Neide, 3ª série, e Miriam, 4ª série

A entrevista com d. Marta custou a se realizar. Na primeira vez em que foi abordada em sua casa, disse que estava de saída para uma reunião na escola. Marcou-se para outra ocasião. No dia e hora marcados, fui recebido por uma das crianças, que informou ter ela ido levar um dos filhos ao médico. Após tê-la procurado por mais duas vezes em sua casa, a entrevistadora conseguiu finalmente encontrá-la e realizar a entrevista. O contato inicial foi difícil. D. Marta estava reticente e queria a qualquer custo que a entrevista fosse feita na escola, pois, segundo ela, assim a diretora havia dito que aconteceria, embora, em conversa com a diretora, esta tivesse informado à entrevistadora que havia apenas oferecido a escola para a realização da entrevista. Entretanto, logo após o início da conversa, d. Marta foi-se descontraindo e ficou bem à vontade durante todo o restante da entrevista, falando com bastante desembaraço.

D. Marta é membro do conselho de escola e da APM. É mãe de seis filhos, sendo dois adotivos. Além dos filhos, cuida de várias crianças da vizinhança cujas mães saem para trabalhar fora. A casa em que mora, de alvenaria, parece espaçosa e bem-acabada, com dois quartos, sala, cozinha e banheiro. Na frente há um modesto jardim onde fica estacionado o carro modelo *Brasília* da família. De seu modo de falar e das prioridades estabelecidas para sua vida, foi possível sentir nela, mais do que o desejo de gozar de melhores condições materiais, a vontade de desfrutar de um certo *status* próprio de setores médios da pequena burguesia. Neste sentido, desejava ver sua filha de 8 anos ingressar na carreira de modelo e disse não trabalhar fora em função de ter de se dedicar a si própria, à família e a outras atividades (como ginástica, que em verdade não pratica).

Terminada a entrevista propriamente dita, d. Marta passou a contar detalhes de sua vida: o sacrifício que teve para manter sua segunda filha viva, pois, quando pequena, teve paralisia infantil; a ocasião em que, num momento de desespero, juntamente com seu marido, deu uma enorme quantidade de medicamento à criança, numa tentativa felizmente frustrada de aliviar, pela morte, seu sofrimento; as gestões desenvolvidas para comprar um carro novo e uma casa na praia (apesar de morar em casa alugada); bem como a festa que programava para comemorar o 15º aniversário de seu filho mais velho, para o qual convidou a própria entrevistadora.

Ao apresentar à entrevistadora os filhos e o irmão que cria, d. Marta demonstrou certa diferenciação ao falar da criança deficiente, salientando, na presença desta, que "era uma monstrinho quando nenê" e pedindo que a garota mostrasse a formação tortuosa de sua caixa torácica.

D. Rute – mãe de Rubens, 1ª série, e Edson, 5ª série

D. Rute é pessoa expansiva e alegre. Tem dois filhos e, na ocasião da entrevista, estava grávida do terceiro. Um de seus filhos é hemofílico e o medo da Aids está sempre presente. Seu marido é torneiro mecânico e ela empregada doméstica.

Sobre sua vida, diz: "minha vida é normal, como pobre... batalhando [...] Trabalho porque não gosto de ficar implorando pro marido pra ter minhas coisinhas... que mulher tem." Reforça a todo instante, enquanto fala sobre sua ocupação, o quanto se sente bem ao exercê-la, uma vez que todos os patrões a ajudam quando ela precisa.

Mora numa casa extremamente simples, de dois cômodos: uma sala ampla, dividida por uma cortina, que serve de sala e quarto (onde dorme toda a família de quatro pessoas) e uma pequena cozinha; o banheiro fica fora da casa.

D. Rute estudou até a 5ª série do 1º grau em uma escola do bairro. Na Celso Helvens, foi membro do conselho de escola em 1988, voltando depois a sê-lo em 1990. Na ocasião da entrevista, fazia parte do "grupo de ajuda", conjunto de mães que, segundo a diretora, se dispõe a prestar serviços esporádicos na escola, organizando festas, providenciando alguns consertos, etc. Entretanto, durante o período em que transcorreu o trabalho de campo, conseguiu-se localizar só d. Rute como fazendo parte desse "grupo".

D. Rute é muito popular na escola e parece ser muito querida pela diretora. Na entrevista, teceu várias considerações positivas a respeito de seu bom relacionamento com a professora Maria Alice: "Ela me chama para participar..." "Ajudo em tudo que posso, porque a Maria Alice é como mãe para mim." "Ela sabe que sou diferente das outras mães."

Francisco – pai de Lourdes, 1ª série, e Luísa, 7ª série

Francisco é membro do conselho de escola e seu nome foi várias vezes mencionado nas entrevistas como pessoa que, segundo minha avaliação, tem uma atuação diferenciada, seja por suas ideias mais avançadas, seja por discordar em muitos aspectos do ponto de vista da direção, de professores e de outros pais. É pessoa bastante falante, com certa consciência dos interesses dos trabalhadores, os quais ele procurou defender com bastante veemência; mas, da observação que fiz de seu desempenho numa reunião do conselho de escola, ficou-me a impressão de que, embora muito sincero e reivindicador, não parece ter muita capacidade de negociar e convencer seus pares a respeito de seus pontos de vista. D. Rute, a respeito de sua atuação no conselho de escola, diz que "ele só falava, falava, falava e não fazia nada".

O BAIRRO, A ESCOLA E AS PESSOAS

Francisco é natural de uma cidade do interior de Minas Gerais, de onde veio para São Paulo logo após o golpe militar de 1964, porque a fazenda de seu pai havia falido. Em São Paulo, estudou no Liceu Coração de Jesus, militando no grêmio estudantil durante quatro anos. Foi preso por dez dias, no período da repressão, em função de sua participação numa manifestação estudantil. Atualmente é funcionário do Posto do Correio da USP, militante do Sindicato dos Trabalhadores da USP (Sintusp), da Savuma e do PT.

A entrevista foi realizada no próprio local de trabalho de Francisco. Ao ser procurado em sua residência, sua esposa entusiasmou-se com o motivo da entrevista, mas disse que seria difícil encontrá-lo em sua casa, uma vez que estava organizando um comitê de apoio ao "nosso candidato" (referindo-se ao adesivo de Lula colado no carro da entrevistadora).

Francisco mora numa rua sem calçamento, em uma casa inacabada feita de blocos de cimento. Ao procurar a casa de Francisco, a entrevistadora deu com um grupo de mulheres reunidas na calçada, quase em frente à residência dele, que afirmaram desconhecê-lo. Entretanto, uma garotinha de cerca de 6 anos, que ali também estava, disse que seu pai se chamava Francisco. Um pouco desconcertadas, as mulheres justificaram que, se tivesse sido perguntado pelo nome da mãe, elas teriam informado, porque tinham esquecido o nome do pai, o que não parecia ser bem a verdade, dada a popularidade de Francisco por ali. A impressão que ficou é de que elas se assustaram quando a entrevistadora disse que procurava o sr. Francisco para conversar a respeito de sua atuação no bairro e no conselho de escola.

3.6 SUPERVISÃO DO ENSINO

Deise – supervisora de ensino

Deise é supervisora efetiva em outra delegacia de ensino, mas, como mora perto da delegacia em que se encontra agora, pediu transferência para esta, sob cuja jurisdição encontra-se a EEPG Celso

Helvens. Na verdade, ela está nesta delegacia de ensino como substituta e, para poder ocupar essa vaga, acabou ficando com as escolas "mais problemáticas", porque as outras já haviam sido escolhidas por outros supervisores quando ela chegou.

É formada em História Natural (atual curso de Biologia) na USP. Diz que gostava muito de lecionar: "Eu nunca pretendi sair de uma sala de aula, porque eu acho que meu trabalho dentro de uma sala de aula era realmente de bastante valor." Mas foi convencida pela diretora de sua escola a assumir uma vaga de assistente de diretora. Foi nesta condição de assistente de direção que prestou o concurso de supervisor de ensino, efetivando-se, então, no cargo. Fez o curso de Pedagogia em Guarulhos, nos fins de semana, mas diz que levou a sério, embora esteja convencida de que, se não levasse, seria aprovada da mesma forma. Afirma que não foi o que aprendeu no curso que lhe deu condições de ser uma boa supervisora de ensino, mas sim sua prática como diretora de escola. Considera que essa prática, aliada ao bom senso, é o que importa para ser um bom supervisor. Não obstante isso, valoriza bastante a formação acadêmica e acha importante para o supervisor uma boa formação em Psicologia.

Durante a entrevista, quando era para falar de coisas mais graves, ou seja, para criticar o sistema de ensino e o Estado, Deise pedia para desligar o gravador. O mesmo acontecia com outra supervisora que estava por perto durante a entrevista e que não falava absolutamente nada com o gravador ligado. Na verdade, as coisas que Deise dizia não eram assim tão comprometedoras, já que podem ser consideradas críticas bastante comuns a respeito da baixa qualidade do ensino, da não funcionalidade do sistema, etc.

3.7 MEMBROS DE ENTIDADES DE BAIRRO E OUTROS

Sr. Pedro – presidente da Savuma

Veio do interior do estado de Minas Gerais, onde morava na roça, por volta de 1963/1964. Morou durante certo período no bairro da

Lapa e, em 1965, comprou o terreno onde mora, fez um cômodo e mudou-se para lá. Casou-se em 1968 com d. Ana e moram até hoje no mesmo local. É marceneiro e trabalhou nessa profissão em três ou quatro firmas em São Paulo. Da última, depois de 18 anos de serviços, foi demitido após liderar uma greve. A partir de então, passou a trabalhar por conta própria, atividade que exerce até hoje.

Sr. Pedro é muito conhecido na Vila Dora e suas imediações devido a sua intensa militância na Savuma e na Igreja. As pessoas, em geral, admiram muito seu espírito de luta e sua dedicação abnegada à causa popular. A SAB que dirige há quatro anos, estando já em seu segundo mandato, aparece nas conversas muito ligada a seu nome, as pessoas frequentemente referindo-se à Savuma como à sociedade amigos de bairro do "seu" Pedro.

Quando era operário, o sr. Pedro participou intensamente do movimento sindical. Diz que, como conversava muito com o pessoal (colegas de fábrica), sempre traziam os problemas a ele, para ouvir sua opinião. Assim, por seu temperamento e pela orientação pastoral da Igreja, que era no sentido da inserção na sociedade e na resolução de seus problemas, foi-se tornando um militante do sindicato da fábrica. Perguntado se chegou a fazer parte da diretoria, afirma que não, que sempre foi da base, "militante mesmo". Várias vezes chegou a parar a fábrica toda "só na base da conversa com o pessoal". Sr. Pedro é também filiado ao PT, tendo ligação com o diretório como membro, mas nunca exerceu aí funções de direção. Sua esposa também participa de movimentos de bairro e de atividades da Igreja, estando mais ligada a esta última. Embora já tenha um neto, Sr. Pedro tem filhos ainda em idade escolar.

D. Célia – diretora cultural da Sama

Mora numa vila adjacente ao Morro Alegre. O lugar onde mora fica relativamente próximo a uma avenida de grande movimento e de intenso comércio, mas é estritamente residencial, com casas térreas e sobrados de médio padrão, indicativos de uma população de "classe média".

Embora já tivéssemos conversado por telefone e d. Célia tivesse se entusiasmado com os objetivos da pesquisa, prontificando-se muito solicitamente a conceder a entrevista, pareceu-me que, no início de nossa conversa em sua casa, ela estava um tanto surpresa e assustada. Talvez tivesse outra expectativa a respeito de minha aparência pessoal. Por isso, procurei ser o mais simpático possível, conversando sobre trivialidades até que ela se sentisse bastante à vontade, o que de fato acabou por acontecer, estabelecendo-se certa empatia e muita facilidade de falar, opinar, dar informações e fazer comentários.

D. Célia é aposentada do Estado. Na EEPG Leopoldo Flores, localizada no bairro de Morro Alegre, lecionou Estudos Sociais, História e também Educação Moral, além de ter sido orientadora de Educação Moral e Cívica. Exerceu também aí as funções de assistente de direção e depois se tornou diretora efetiva. Fez o curso de Pedagogia, com habilitação em Administração Escolar, na Faculdade Oswaldo Cruz. Hoje, mesmo aposentada de um de seus empregos, leciona Geografia numa escola municipal de 1º grau.

É associada da União de Especialistas de Educação do Magistério Oficial do Estado de São Paulo (Udemo) e do Centro do Professorado Paulista (CPP), mas não tem participado recentemente das atividades dessas entidades. Já participou do diretório do PMDB, mas hoje não quer mais saber de política partidária. Como diretora cultural da Sama, d. Célia, além de participar das atividades gerais da associação, organiza campanhas, festividades e outros eventos culturais. Demonstra certo orgulho quando diz que o presidente e o vice-presidente da Sama foram seus alunos, em 1972, na EEPG Leopoldo Flores.

Helena – presidenta do Centro Comunitário da favela de Vila Dora

Embora a entidade que dirige se denomine Centro Comunitário da Favela de Vila Dora, Helena é comumente identificada como "presidenta da Associação da Favela" ou simplesmente "presidenta da Favela". Ela é pessoa bastante conhecida no bairro e dedica-se intensamente a suas atividades de presidenta do centro comunitário e de diretora da creche que pertence à própria "associação".

Helena é aposentada por questões de saúde desde 1979, quando começou a participar dos movimentos populares. É analfabeta e há seis anos está na presidência da "associação". "Sou separada do marido, tenho três filhos [...] e sempre assim, trabalhando na comunidade, levando as pessoas doentes para o hospital, encaminhando para tirar documentos..."

A entrevista com Helena foi realizada em dois momentos: um antes e outro depois da reunião que os movimentos de Saúde de Pinheiros, de que Helena faz parte, tiveram com o secretário municipal de Saúde. A reunião havia sido convocada pela Administração Regional de Pinheiros e a entrevistadora acompanhou Helena no evento. Também aí, entre os participantes da reunião, Helena mostrou ser muito popular, sendo cumprimentada pelo próprio secretário, que a chamou pelo nome.

Helena é negra e extremamente simples ao relacionar-se com as pessoas, embora, às vezes, goste de utilizar alguns chavões de "militantes", mesmo confessando, de saída, não ser vinculada a nenhum partido político. Não obstante sua simplicidade, demonstra, às vezes, certa vaidade diante de sua popularidade e, pode-se dizer, até mesmo certa necessidade de afirmação pessoal, como quando comenta e pergunta à entrevistadora se ela havia lido a matéria publicada recentemente no jornal da Sama em que aparecia uma foto sua com entrevista e reportagem sobre sua atuação comunitária, ou como quando, na reunião acontecida na Administração Regional de Pinheiros, nos momentos que antecediam a reunião e nos intervalos, colocava-se claramente em locais onde pudesse ser notada e sentava-se na primeira fila durante as atividades da reunião.

Marlene – assistente social no PAM da favela de Vila Dora

Mora na região de Pinheiros e foi entrevistada no próprio PAM onde trabalha. Quem apresentou a entrevistadora a Marlene foi Helena, "presidenta da favela", que entrou no posto como se fosse sua própria casa, sendo muito bem atendida. Deu para perceber que ela e Marlene são amigas e se tratam como iguais.

Marlene é casada há um ano, mas vive com seu companheiro há cinco. Não tem filhos porque ainda não teve "coragem". Formou-se na PUC-SP em Serviço Social em 1980; fez também o curso de Administração Hospitalar na Fundação Getúlio Vargas. Além desse emprego de assistente social, tem outra atividade profissional: é sócia de sua mãe numa loja, onde trabalha inclusive durante o fim de semana. Tem regime de seis horas diárias de trabalho no PAM, mas "confessa" que, na verdade, trabalha menos que esse tempo, como a maioria dos profissionais de Saúde, que "necessitam ter dois ou três empregos para sobreviver". Devido a seu acúmulo de trabalho, não consegue participar de muitas atividades com a população, como gostaria, já que a maioria das reuniões é à noite.

Sua primeira experiência profissional foi num hospital conveniado com a prefeitura municipal, que cuida de pessoas em estado de recuperação ou com sequelas de doenças, do qual foi demitida por discordar das irregularidades cometidas pelo hospital, que jogava comida fora e sonegava remédios aos pacientes. Disse que esse hospital estava fechado quando se iniciou a administração de Jânio Quadros na prefeitura e que só foi aberto porque o diretor era amigo de Jânio. Depois disso, Marlene trabalhou num pronto socorro municipal, onde procurou desenvolver trabalho vinculado à comunidade e realizou uma experiência junto a uma escola da região. Finalmente, passou a trabalhar no PAM de Vila Dora, onde procura desenvolver seu trabalho em torno de projetos e de grupos de discussão com adolescentes, hipertensos, diabéticos, etc. Em conjunto com outros profissionais, trabalha também junto a grupos organizados do bairro, na discussão e encaminhamento dos problemas de infraestrutura urbana: contaminação de água, esgoto na favela, distribuição do leite, desnutrição, etc.

Marlene parece gostar muito do que faz, identificando-se com seu trabalho na área de Saúde. Frequentemente, diz que o que faz é "gostoso" e valoriza também sua ação junto à população, enfatizando o reconhecimento da comunidade por esse trabalho. Diz que é esse reconhecimento e a esperança de que essa população possa organizar-se e lutar por seus direitos o que a anima e estimula, já que, em termos salariais, praticamente não existe recompensa, porque ganha muito pouco, o correspondente a pouco menos de dois salários mínimos em novembro de 1989, quando a entrevista foi realizada.

Mári – ex-professora da EEPG Celso Helvens

Moradora do bairro do Morro Alegre, leciona em um Centro Específico de Formação e Aperfeiçoamento do Magistério (Cefam). Seu nome é Marineide, mas é conhecida e chamada por todos de Mári. É professora de História e começou a trabalhar no magistério em 1978. Foi professora na EEPG Celso Helvens de 1984 a 1988 e foi por sua indicação que fomos à escola conversar com Maria Alice sobre a possibilidade de fazermos aí o trabalho de campo da pesquisa. Na entrevista que tive com Maria Alice, esta teceu muitos elogios a Mári e a seu trabalho no período em que esteve na escola. Mári diz que, quando lecionava na Celso Helvens, havia um conjunto de professores que levavam adiante um trabalho de maior aproximação com os pais de alunos. Quando ela deixou a escola, em 1988, foi para trabalhar no Cefam e logo em seguida a maioria desses professores progressistas que havia na escola também saiu.

A conversa com Mári foi, para mim, de extrema importância para o desenvolvimento da pesquisa, já que se trata de pessoa bastante familiarizada com os problemas da educação escolar e, ao mesmo tempo, muito envolvida com a prática dos movimentos populares. Por isso, nossa conversa se estendeu para muito além da entrevista propriamente dita, debatendo temas e examinando questões a respeito dos interesses populares diante da escola pública que muito contribuíram para um maior alargamento na compreensão das relações que envolvem a escola e a participação da população em sua gestão.

Mári é membro do conselho popular, criado em sua região logo após a eleição de Luiza Erundina para a prefeitura de São Paulo. O conselho é constituído por comissões que tratam dos diversos temas que são objeto de discussão e segundo os quais se organizam as lutas da população. Mári faz parte da comissão de educação e tem trabalhado junto à comunidade, inicialmente, no sentido de saber quais são as carências, reivindicações e sugestões da população a respeito da educação escolar. Na ocasião da entrevista, final de outubro de 1989, o trabalho estava, de certa forma, parado, porque toda a militância, inclusive Mári, que é também filiada ao PT, estava engajada na campanha de Lula para a Presidência da República.

O trabalho de Mári junto à população tem muita relação com o que é desenvolvido pela "SAB do sr. Pedro". Mári diz que, quando professora da Celso Helvens, utilizava em aula o jornal que era publicado pela Savuma.

Capítulo II

A ESCOLA POR DENTRO:
OS CONDICIONANTES INTERNOS DA PARTICIPAÇÃO

A elucidação dos condicionantes presentes no interior da instituição escolar pode ser feita, numa aproximação preliminar, a partir da consideração dos seguintes aspectos: 1) a estrutura organizacional da escola em seu caráter legal; 2) a real distribuição hierárquica dos que atuam no interior da unidade escolar; 3) os mecanismos de ação coletiva aí presentes; 4) as relações interpessoais; 5) o atendimento aos pais e membros da comunidade; 6) o processo ensino-aprendizagem propriamente dito. Neste capítulo, levo em conta esses vários aspectos, com exceção do último, que será tratado no capítulo III. É importante salientar, ainda, que, ao apresentar os resultados das observações e entrevistas realizadas durante a investigação, serão consideradas as opiniões e expectativas dos depoentes de dentro e de fora da escola a respeito dos temas tratados. Dessa forma, além dos aspectos acima apontados, lidarei com as representações dos agentes envolvidos, o que não deixa de significar importante elemento condicionador da disposição das pessoas em envolver-se num processo de participação.

1 A Estrutura Formal da Escola

Ainda que não tenha perfeita correspondência com a realidade de uma instituição, a estrutura legal desta condiciona, em grande medida, as práticas e relações que aí se dão, traçando como que um ideal institucional, para o qual se supõe convergirem, e ao qual se devem conformar todas essas práticas e relações. Em vista disso, para elucidar as relações que se dão no interior da unidade escolar e explicitar os mecanismos aí presentes que facilitam ou entravam a participação, é preciso apresentar, ainda que em largos traços, a estrutura da escola prevista na legislação específica. Para isso, utilizarei basicamente o Regimento Comum das Escolas de 1º Grau do Estado de São Paulo, daqui em diante indicado abreviadamente como Regimento, ou Regimento Comum, aprovado pelo Decreto nº 10.623, de 26/10/1977 (SÃO PAULO, 1977a), com as modificações posteriores, em especial o artigo 95 do Estatuto do Magistério, Lei Complementar nº 444, de 27/11/1985 (SÃO PAULO, 1985), que trata do conselho de escola.

A Figura 1, a seguir, dá-nos uma aproximação da maneira como se organiza formalmente a escola pública estadual de 1º grau no estado de São Paulo.

São previstos seis grupos de atividades como componentes da estrutura funcional da escola: 1) direção; 2) apoio técnico-pedagógico; 3) apoio administrativo; 4) assistência ao escolar; 5) instituições auxiliares da escola e 6) corpo docente.

1) A **direção** é composta por: diretor, assistente de diretor e conselho de escola. De acordo com o Regimento (art. 5º), "a direção da escola é o núcleo que organiza, superintende, coordena e controla todas as atividades desenvolvidas no âmbito da unidade escolar".

O **diretor** é o executivo escolar. Ele deve organizar, coordenar e superintender as atividades na escola, bem como subsidiar o planejamento educacional. Entre suas atribuições consta, ainda, a de "promover a integração escola-família-comunidade" (art. 7º, VIII). Como chefe da unidade escolar, o diretor é o responsável último pela esco-

A ESCOLA POR DENTRO

FIGURA 1 — Estrutura funcional da escola estadual de 1º grau do estado de São Paulo

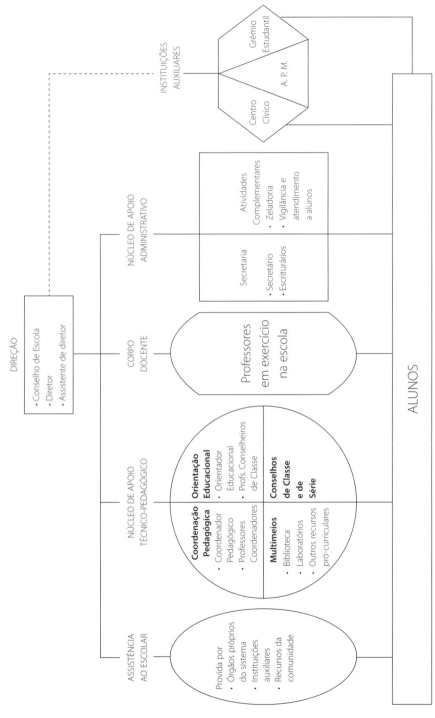

Fontes: Decreto Estadual nº 10.623, de 26/10/1977 (SÃO PAULO, 1977a) e Lei Complementar nº 444, de 27/11/1985 (SÃO PAULO, 1985).

la, cabendo a ele "responder pelo cumprimento, no âmbito da escola, das leis, regulamentos e determinações bem como dos prazos para execução dos trabalhos estabelecidos pelas autoridades superiores" (art. 48, II, a).

O **assistente de diretor**, coadjuvante do diretor "nas atribuições que lhe são próprias" (art. 8º, III), deve "responder pela direção da escola no horário que lhe é confiado" (art. 8º, I), bem como "substituir o diretor da escola em suas ausências e impedimentos" (art. 8º, II).

O **conselho de escola** aparece no Regimento de 1977 com caráter consultivo, mas torna-se deliberativo em 1984, por força da Lei Complementar nº 375, de 19/11/1984 (SÃO PAULO, 1984), e ganha a atual conformação legal pelo mencionado art. 95 da Lei Complementar 444, de 27/11/1985. Segundo esse artigo, o conselho de escola tem caráter deliberativo, devendo ser eleito no primeiro mês letivo de cada ano; sua presidência cabe ao diretor e conta com o mínimo de 20 e o máximo de 40 componentes, números estes fixados de forma proporcional ao número de classes do estabelecimento de ensino. Sua composição deve obedecer à proporção de 40% de docentes, 5% de especialistas da educação, excetuando-se o diretor, 5% dos demais funcionários, 25% de pais de alunos e 25% de alunos. Com isto, ter-se-ia uma pretensa paridade entre elementos da escola (50%) e usuários (50%) fazendo parte do conselho. Essa paridade, entretanto, é falsa, já que o diretor, presidente nato, não entra no cálculo da proporcionalidade dos membros da escola que compõem o dito conselho.

O conselho da escola deve realizar pelo menos duas reuniões ordinárias por semestre e tem como atribuições:

I — Deliberar sobre:
a) diretrizes e metas da unidade escolar;
b) alternativas de solução para os problemas de natureza administrativa e pedagógica;
c) projetos de atendimento psicopedagógico e material ao aluno;
d) programas especiais visando à integração escola-família-comunidade;
e) criação e regulamentação das instituições auxiliares da escola;

A ESCOLA POR DENTRO

f) prioridades para aplicação de recursos da escola e das instituições auxiliares;

g) a indicação, a ser feita pelo respectivo Diretor de Escola, do Assistente de Diretor da Escola, quando este for oriundo de outra unidade escolar;

h) as penalidades disciplinares a que estiverem sujeitos os funcionários, servidores e alunos da unidade escolar;

II — Elaborar o calendário e o regimento escolar, observadas as normas do Conselho Estadual de Educação e a legislação pertinente;

III — Apreciar os relatórios anuais da escola, analisando seu desempenho em face das diretrizes e metas estabelecidas. (art. 95)

2) O **núcleo de apoio técnico-pedagógico** é composto por: coordenação pedagógica, orientação educacional, multimeios, conselho de série e conselho de classe.

As atividades de **coordenação pedagógica** devem, em tese, ser exercidas pelo coordenador pedagógico e pelos professores coordenadores. O primeiro não existe na Celso Helvens, sendo também muito pequeno o seu número na rede pública estadual de ensino.[1] Sua função seria a de coordenar, acompanhar, avaliar e controlar as atividades curriculares, no âmbito da escola (Regimento, art. 15). Importante salientar que, dentre as atribuições do coordenador pedagógico, consta a de "interpretar a organização didática para a comunidade" (art. 16, XII). O professor coordenador tem sua função de coordenação restrita ao âmbito de determinada área curricular. Na EEPG Celso Helvens, há, apenas, a professora coordenadora do ciclo básico que é a professora Leda.

A **orientação educacional** compreende as atividades exercidas pelo orientador educacional e pelos professores conselheiros de classe. O orientador educacional apresenta-se em quantidade extre-

---

1. Informações obtidas junto ao Departamento de Recursos Humanos da Secretaria da Educação do Estado de São Paulo (Drhu) dão conta da existência, em julho de 1990, de 117 coordenadores pedagógicos numa rede de aproximadamente 5.500 escolas públicas estaduais de 1º e 2º graus.

mamente reduzida na rede pública estadual,[2] não estando presente na Celso Helvens. Entre as atribuições dos professores conselheiros de classe previstas no Regimento, é interessante destacar a de "incentivar a participação de pais e alunos nas promoções da escola" (art. 21, V). Na EEPG Celso Helvens, os professores conselheiros de classe são escolhidos por seus alunos e têm como atribuições participar do conselho de classe e dirigir as reuniões de pais que se fazem bimestralmente com a finalidade de apresentar a avaliação dos alunos aos pais.

As atividades consideradas de **multimeios** compreendem: biblioteca, laboratórios e outros recursos pró-curriculares. Nem laboratórios nem outros recursos pró-curriculares existem na escola pesquisada. A biblioteca existe, conforme registrado no capítulo anterior, mas não há bibliotecário, muito embora no Regimento seja previsto um rol suficientemente extenso de atribuições para esse funcionário.

Os **conselhos de série** dizem respeito às quatro primeiras séries e os **conselhos de classe**, às quatro últimas séries do 1º grau. Ambos são presididos pelo diretor ou outro membro por ele designado. Integram, ainda, tais conselhos, o coordenador pedagógico, o orientador educacional e os professores da mesma série, no caso dos conselhos de série, e os da mesma classe, quando se trata dos conselhos de classe. Na Celso Helvens, esses conselhos são chamados genericamente de conselhos de classe, o que, de resto, parece ser praxe nas escolas da rede pública estadual em geral (MURAMOTO, 1991, p. 47). Os conselhos reúnem-se bimestralmente e tratam fundamentalmente das questões relativas à avaliação do rendimento escolar e ao comportamento discente, decidindo sobre promoções e reprovações de alunos e sobre medidas a serem tomadas visando ao melhor desempenho escolar destes.

---

2. Segundo informação fornecida pelo Drhu, em julho de 1990 era 11 o número de orientadores educacionais existentes em toda a rede pública estadual de 1º e 2º graus, de aproximadamente 5.500 escolas.

A ESCOLA POR DENTRO

3) O **núcleo de apoio administrativo** engloba o conjunto de funções destinadas a oferecer suporte operacional às atividades-fim da escola e é composto pela *secretaria* e pelas *atividades complementares*.

À **secretaria** cabe cuidar da documentação, escrituração e correspondência escolar, organizando e mantendo atualizados os registros da escola, bem como prestar esclarecimento sobre legislação e escrituração a servidores e alunos e "atender pessoas que tenham assuntos a tratar na escola" (art. 33, II, m). A secretaria compreende o secretário e os escriturários. A estes incumbe executar as atividades que, no âmbito das atribuições da secretaria, lhes forem determinadas pelo secretário, a quem "cabe a responsabilidade básica de organização das atividades pertinentes à secretaria e a supervisão de sua execução" (art. 34).

As **atividades complementares** compreendem a zeladoria e a vigilância e atendimento a alunos. As atribuições da zeladoria dizem respeito à manutenção, conservação, vigilância e guarda das dependências, instalações e equipamentos da escola, além da execução de serviços de copa e de limpeza. Ao zelador cabe a guarda das chaves do edifício, a execução de pequenos reparos, a distribuição e supervisão de tarefas de limpeza, bem como outros serviços rotineiros da unidade escolar. Os serventes têm atribuições que se referem à limpeza, ao preparo e distribuição de café e da merenda, à execução de pequenos consertos, à prestação de serviços de mensageiros e ao auxílio na manutenção da disciplina. As atividades de vigilância e de atendimento a alunos são exercidas pelos inspetores de alunos, a quem cabe cuidar da movimentação e da orientação quanto às normas de comportamento, bem como de seu atendimento em caso de acidente ou enfermidade, e ainda atender aos professores nos pedidos de material escolar e nos problemas de disciplina e assistência aos alunos.

4) Com relação à **assistência ao escolar**, o Regimento estabelece que "a escola, na medida dos recursos disponíveis, proporcionará assistência social, econômica, material e alimentar, médica e odontológica aos seus alunos carentes" (art. 42, *caput*). Determina, da mesma

forma, que "a assistência ao escolar será provida por órgãos próprios do sistema com a cooperação de instituições auxiliares e recursos da comunidade".

5) As **instituições auxiliares** estão previstas no Regimento com o tríplice objetivo de "colaborarem no aprimoramento do processo educacional, na assistência ao escolar e na integração família-escola--comunidade" (art. 43). O Regimento estabelece, ainda, a obrigatoriedade de duas dessas instituições: a *APM* e o *centro cívico*. Este último, de caráter tutelar, na medida em que exigia a orientação de um professor, torna-se praticamente letra morta quanto a sua obrigatoriedade no corpo do Regimento, a partir da institucionalização dos **grêmios estudantis** pela Lei Federal n° 7.398/1985 (BRASIL, 1985), que conferiu autonomia aos estudantes de 1° e 2° graus para organizarem seus grêmios como entidades representativas de seus interesses, "com finalidades educacionais, culturais, cívicas e sociais" (Lei Federal n° 7.398/1985, art. 1°). É importante salientar que, muito embora o art. 95 da Lei Complementar n° 444/1985 estabeleça como atribuição do conselho de escola deliberar sobre "criação e regulamentação das instituições auxiliares da escola", este preceito legal fica prejudicado no que se refere ao grêmio estudantil, já que, pela Lei Federal n° 7.398/1985, sua criação e organização é um direito dos estudantes, o que é reconhecido pela Secretaria da Educação em seu Comunicado SE de 31/3/1986 (SÃO PAULO, 1986b). Assim, de acordo com o Comunicado Conjunto Cenp-CEI-Cogsp, de 29/9/1987 (SÃO PAULO, 1987), ao conselho da escola cabe registrar em ata a criação e implantação do grêmio estudantil e enviar uma cópia à delegacia de ensino.

A **associação de pais e mestres** teve seu funcionamento disciplinado pela Lei Estadual n° 1.490, de 12/12/1977 (SÃO PAULO, 1977b), e seu estatuto padrão estabelecido pelo Decreto Estadual n° 12.983, de 15/12/1978 (SÃO PAULO, 1978). São sócios natos da APM os pais de alunos, os estudantes maiores de 18 anos e o pessoal escolar, podendo ainda ser admitidos outros sócios entre os membros da comunidade, a critério do conselho deliberativo. Pelo estatuto padrão, a APM será administrada pelos seguintes órgãos: assembleia geral, constituída pela totalidade dos associados, presidida pelo diretor da escola e reunindo-se pelo menos uma vez por semestre; conselho deliberativo, composto por, pelo menos, 11 membros; diretoria executiva, composta por nove membros e da qual não pode fazer parte o diretor da escola, embora possa participar das reuniões com poder de voz, mas não de voto; e conselho fiscal, composto por três membros.

6) O **corpo docente** é composto por todos os professores com exercício na unidade escolar. Além da regência de classe e atividades correlatas, os professores têm atribuições previstas no Regimento que dizem respeito à participação na elaboração do plano escolar, à atuação como professor coordenador e como professor conselheiro de classe e à participação dos conselhos de série ou de classe, bem como do conselho de escola, da APM e de "atividades cívicas, culturais e recreativas da comunidade" (art. 47, XI). É, ainda, atribuição dos professores "manter permanente contato com os pais dos alunos ou seus responsáveis, informando-os e orientando-os sobre o desenvolvimento dos mesmos, e obtendo dados de interesse para o processo educativo" (art. 47, X).

Ainda segundo o Regimento, a programação do processo de escolarização deve ser feita por meio do plano escolar, a ser elaborado pelo pessoal técnico, administrativo e docente da escola, sob a coordenação do diretor, sendo este assessorado pelo coordenador pedagógico (arts. 92 e 93). Do plano escolar devem constar, no mínimo: o diagnóstico da realidade escolar, incluindo a descrição e avaliação das características da comunidade e da clientela escolar, bem como dos recursos disponíveis, os objetivos e metas da escola; a definição da organização da escola, levando em conta a distribuição dos alunos por turma, carga horária, distribuição das matérias por série, critérios de avaliação e horário escolar; e, finalmente, a programação de todas as modalidades de atividades no interior da instituição escolar, ou seja, as atividades curriculares e as de apoio técnico, administrativo, de assistência ao escolar e das instituições auxiliares.

2 A Distribuição do Poder e da Autoridade no Interior da Escola

Muito do que acabamos de ver a respeito da organização formal da escola pública pode ser considerado como verdadeira ficção na realidade prática da EEPG Celso Helvens. Inexistem coordenador pedagógico e orientador educacional, podendo-se dizer quase o mesmo das funções que lhes dizem respeito, a não ser pela presença do coordenador do ciclo básico, que alcança apenas duas das oito séries do 1º grau, e dos professores conselheiros de classe, cuja função de orientação é praticamente nula. Além disso, a assistência ao escolar é igualmente precária, o funcionamento da APM é inteiramente insatisfatório e, de multimeios, existe apenas a biblioteca, praticamente inoperante devido à falta de quem se incumba do atendimento.

Mas há algo na escola que se aproxima muito do modelo ideal prescrito pelo Regimento: a forma hierarquizada de se distribuir a autoridade. Em termos das pessoas e das funções que lhes correspondem, temos, no topo, a diretora, como autoridade máxima, secundada pela assistente de diretora, que a substitui no horário em que ela não se encontra na unidade escolar, assumindo também sua autoridade diante da escola; nos níveis intermediários, os professores, os funcionários do setor técnico-administrativo e os demais funcionários que, mais ou menos nesta ordem, detêm ainda grande autoridade sobre o nível inferior; finalmente, no degrau mais baixo, os alunos, a quem só cabe obedecer.

Isto não significa, obviamente, que o exercício da autoridade nos diferentes níveis se dê sem atritos em todas as relações entre pessoas e grupos que interagem na escola. Os conflitos existem e espero identificá-los mais claramente a partir da apresentação das observações realizadas na escola e dos depoimentos dos entrevistados a respeito do exercício, aí, da autoridade e do poder.

Preliminarmente, porém, parece-me conveniente dizer algumas palavras sobre os conceitos de autoridade e de poder, bem como sobre a relação entre ambos. Para os propósitos deste trabalho, parece-me suficientemente adequado tomar a autoridade como "a probabilidade de que um comando ou ordem específica seja obedecido" (WEBER, 1967, p. 17). Já o "poder significa a probabilidade de impor a própria vontade, dentro de uma relação social, mesmo contra toda resistência e qualquer que seja o fundamento dessa probabilidade" (WEBER, 1979, p. 43). Na medida, então, em que o poder consiste numa potencialidade de influir no comportamento alheio, pode-se dizer que ter poder implica, mesmo que apenas potencialmente, dispor de certa autoridade. A recíproca, entretanto, não é necessariamente verdadeira: o fato de alguém ser investido de autoridade, ou seja, probabilidade de ter cumpridas determinadas ordens, não significa que essas ordens representam a *sua* vontade. A autoridade de que um gerente é investido para comandar um grupo de subordinados, por exemplo, pode derivar de um poder exterior a ele: dos proprietários da empresa, na iniciativa privada, ou do próprio Estado, no caso de uma instituição estatal. Sua autoridade é utilizada, nesses casos, para impor a vontade de outrem, embora não esteja descartada uma relativa autonomia no exercício de sua função de gerente, desde que não contrarie a vontade de quem detém o poder do qual deriva sua autoridade (PARO, 2012, p. 89-102).

É importante observar também que, nas estruturas burocráticas, como acontece no serviço público estadual, toda autoridade implica responsabilidade, sendo esta tanto maior quanto maior for a autoridade delegada. Na EEPG Celso Helvens, esse fenômeno manifesta-se da seguinte forma: os indivíduos em posições hierárquicas mais elevadas tendem a ver seu cargo ou função como um fardo muito pesado e pouco compensador, enquanto os que ocupam os níveis inferiores consideram que têm pouca autonomia para tomar decisões. Os primeiros ressaltam o excesso de responsabilidade; os segundos, a escassez de autoridade. E parece que tanto uns quanto outros têm razões para assim pensarem.

2.1 SOBRE O EXERCÍCIO DA AUTORIDADE NA ESCOLA

Maria Alice, a diretora, acha que o módulo legal de funcionários da escola está defasado, não apenas por conta da escassez de funcionários, mas também pelas dificuldades em se substituir algum que deixa a escola. Neste caso, não há substituição imediata, tendo de se aguardar um ano e meio para fazê-la. Há o Programa de Municipalização e Descentralização do Pessoal de Apoio Administrativo das Escolas Públicas da Rede Estadual (Promdepar), por meio do qual é possível contratar pessoal administrativo, sendo que a escola conta até com uma escriturária contratada por esse sistema. Esse programa da Secretaria da Educação repassa verbas para as prefeituras (só no interior) ou para as APMs. O programa oferece o dinheiro e a APM contrata, arcando com as atividades de contratação, pagamento e recolhimento de impostos. Mas, segundo Maria Alice, tudo isso, que deveria ser realizado pela APM com os serviços do contador, como este sumiu, acaba ficando por conta da diretora: "Então, eu é que tenho que ficar estudando a CLT para ver se eu recolhi Iapas, o PIS, o FGTS, a Contribuição Sindical [...], os impressos — que são terríveis para você achar —, Justiça do Trabalho e por aí afora..."

Por isso, Maria Alice acha que deveria haver uma distribuição do trabalho mais racional na escola:

> Por exemplo: não pode existir um diretor numa escola pra administrativo, pedagógico e tudo ao mesmo tempo... Não dá. Então, cê põe o coordenador pedagógico — ele é fundamental dentro da escola — e deixa o diretor para o administrativo, tá. Se ele não gosta disso, ele vai ser coordenador pedagógico. [...] É muito séria a questão. Não dá... Nós temos que fazer um pouco de tudo e não fazemos nada... Isso sintetiza nesta frase: temos de fazer um pouco de tudo e não fazemos nada bem feito.

Com relação à estrutura escolar, Maria Alice acha que é preciso dar maior autonomia à escola. A autonomia atual é falsa, ela não

A ESCOLA POR DENTRO

existe. Os pais, professores, alunos e funcionários mais interessados em participar não conseguem ainda ser ouvidos. Para que houvesse autonomia, seria necessário que as instâncias superiores possibilitassem a execução daquilo que foi decidido no conselho de escola. Ela dá o exemplo da casa do zelador que, por decisão do conselho de escola, não seria demolida, mas as ordens superiores determinaram a demolição. Parece, pela sua fala, que a necessidade de participação internamente, na escola, não vai além daquilo que já existe institucionalmente, ou seja, a necessidade de obediência às deliberações do conselho de escola e uma atuação mais efetiva deste. Enfatiza, por isso, a necessidade de participação de todos os setores aí representados.

> Não dá pra deixar só o diretor com esse ônus de tocar uma escola. Não dá, porque o diretor tem uma vivência dele. Eu, por exemplo, [...] — é crucial essa questão — eu não pertenço a esta comunidade, tá. E a minha formação é completamente outra, meu círculo de vida é outro. Isso aqui é o meu serviço. Eu trago muita coisa pra cá que é da minha vida... e que eu acho que é bom, mas eu posso trazer também muita coisa que é ruim. [...] Então, eu acho que tem que ter um pouco de minha cabeça e um pouco da cabeça dos pais, que, embora ignorantes, vão ter um pouquinho do filtro da minha cabeça para ajudar tocar, tá, a redigir uma coisa, a filtrar aquilo que dá ou não dá. Tem que ter aluno, porque é o aluno que entra nesses banheiros imundos, é o aluno que tá sofrendo um problema com algum professor [...] de perseguição [...], é o aluno que sabe: "D. Maria Alice, puxa, mas a gente não faz nada aqui. [...]" E tem que ter professor também, pra até dizer: "Puxa, direção, ou pai, ou aluno, cês tão me perturbando, ou não tá, ou... [...]" Então, eu acho que tem que ser via conselho mesmo. Agora, do jeito que tá não adianta porque nós estamos nos reunindo, estamos decidindo coisa e essas coisas, nem todo mundo tá... [participando].

Rosilene, a assistente de diretora, tem opinião muito semelhante à de Maria Alice a respeito da estrutura administrativa da escola e da necessidade de um número maior de funcionários. Segundo ela, essa estrutura é falha porque existem coisas que exigem um trabalho de conjunto e o conselho de escola tem sido insuficiente para isso, visto não haver uma ligação mais estreita entre os componentes do conselho e os setores que eles representam, "porque acaba sendo sempre a opinião daquela pessoa, daquele membro que se diz representante do pai, que se diz representante de aluno, que, na realidade, não é verídico". Rosilene acha que a estrutura de poder na escola estaria bem se o conselho funcionasse de tal forma que, antes de suas reuniões, houvesse uma discussão prévia entre representantes e representados, mas isso exigiria espaço físico, que a escola não tem, e envolvimento dos pais, o que também não tem havido. Com relação à carência de pessoal, diz que tanto o orientador educacional quanto o coordenador pedagógico seriam indispensáveis na escola. Cita o exemplo de um professor que recentemente deu "E" (insatisfatório) de avaliação para a classe inteira, o que não teria acontecido se houvesse um coordenador para orientá-lo.

Quanto à estrutura de poder, Rosilene considera que nem sempre o diretor tem realmente o poder que parece possuir, porque há tanta coisa que ele pretende fazer na escola e não pode fazê-lo por depender de condições que não são fornecidas pelos órgãos superiores, como verba, por exemplo. Com isso, o diretor fica sempre "amarrado", como acontece com relação ao processo pedagógico, no qual o diretor poderia ter uma grande influência, mas não tem tempo para se dedicar. "O diretor não tem tempo para nada." Conclui Rosilene, com relação ao poder do diretor, que, considerando as condições reais de trabalho na escola, "o diretor é um escravo; se você pensa realmente, ele é um escravo..."

Kazuko, a secretária, afirma, num primeiro momento, que a estrutura da escola é democrática, já que podem participar também os pais de alunos. Mas, em seguida, acrescenta que, na verdade, a comunidade não participa "porque não é participativa". Conclui, então, que "a escola é democrática, mas não é tanto assim: convoca-se a reunião do conselho de escola, mas só vêm uma ou duas mães". Kazuko — que, como veremos no item sobre relações interpessoais, tem muitas restrições ao modo como a diretora a trata — parece estar se referindo a essas relações quando critica a falta de compreensão por parte de "alguns diretores" que acabam colocando o bom andamento da escola acima das necessidades e dificuldades dos servidores.

A falta de pessoal na Celso Helvens também é registrada por Kazuko, que propõe que todas as escolas tenham coordenadores pedagógicos porque, atualmente, quem fica com essa parte é o diretor. Segundo ela, isso não está correto, mesmo no caso em que ele tenha sido professor, porque pode acontecer, por exemplo, de um professor de Inglês fazer Pedagogia e vir a ser diretor: "e as outras áreas, como é que fica?" Mas o problema de Kazuko parece não se resolver com a mera existência de um coordenador pedagógico, nos moldes em que se dá hoje a formação acadêmica na habilitação de Supervisão Escolar do curso de Pedagogia, já que tal formação não inclui o domínio de várias matérias do currículo escolar. Haveria que se pensar, portanto, em "coordenadores de área" que tivessem formação pedagógica e domínio do conteúdo específico da matéria, disciplina ou área de estudo cuja coordenação ficasse a seu cargo.

A inspetora de alunos Jorgina, embora concorde com a atual estrutura da escola, reclama uma maior delegação de autoridade da diretora para o inspetor de alunos e mesmo para o professor, para que estes possam lidar com a disciplina dos alunos com maior segurança:

> O diretor teria, lógico, que mandar. Afinal de contas, ele está dirigindo uma escola, ele tem que saber do problema da escola inteirinha para poder dirigir [...] Mas acho que teria que ser dada, assim, uma determinada autoridade, para o professor também, não só ao inspetor de alunos. O professor também fica podado muitas vezes no que ele vai fazer, né. Eu acho que o diretor deveria dirigir conjuntamente. Não deveria dirigir sozinho a escola, não.

Jorgina acha também que o inspetor de alunos deveria participar das reuniões da APM e das outras reuniões. Na reunião de professores do final do ano, em que se decide sobre a avaliação dos alunos, por exemplo, "o inspetor de alunos teria que estar presente porque, direta ou indiretamente, ele tá ligado com o aluno também. A gente nunca é chamado. Nunca."

D. Margarida, a merendeira, não consegue expressar uma opinião inteiramente definida a respeito da estrutura da escola. Diz que, antes do conselho de escola, o poder era mais centralizado nas mãos do diretor e que agora "todo mundo participa junto". Percebe-se nela, entretanto, uma completa ignorância da maneira como funciona o conselho de escola na Celso Helvens. É esse desconhecimento que parece levá-la a expressar-se por meio de lugares-comuns a respeito da participação, como quando afirma: "Estamos numa democracia, não é?... Todo mundo dando opinião... É um conjunto; todo mundo querendo acertar."

Leda, coordenadora do ciclo básico e que já ocupou o cargo de diretora da escola — por quase dois anos em 1983/1985 e por alguns meses em 1989 —, hesita em apreciar a estrutura da escola, acabando por afirmar que a atual é boa, embora se devesse consultar mais os pais. Com relação aos conflitos que ela mesma identifica entre diretor e demais membros da escola, ela os acha normais, já que não existem somente na escola, mas também na empresa, sendo inerentes às relações chefia-subordinado. Assim, considera que o conflito "é da humanidade", sempre que existe chefe e subalterno este último reclama da autoridade daquele. "Isso é normal; sempre tem que existir... não sei... Acho que uns sabem contornar o problema, outros são um pouco, assim, mais severos, mais autoritários [...] eu acho que sempre existiu isso." Diz que, em sua experiência como diretora, nunca se colocou como chefe. Mas, mesmo assim, apesar de ter compreensão, às vezes tinha que impor, "porque o pessoal abusa".

Leda ressalta que o grupo fundamental na escola "é o professor", mas existe uma "falta de crédito no professor", no sentido de que o Estado ("o governo") não trata o corpo docente com o devido prestígio e consideração. Faz menção, ainda, à questão da falta de continuidade do trabalho na escola, devido à instabilidade do corpo docente. Conta que, em 1984, um grupo de professores iniciou um trabalho de integração das atividades docentes a partir do problema da disciplina, mas, em 1985, a maioria removeu-se.

Daí, no ano seguinte trocou-se os professores, porque o problema da escola é esse: quando você tá com um plantel bom, normalmente esse professor pede remoção — claro, pra mais perto de casa, pra facilitar e tal, mas acaba desestruturando aquele trabalho que estava sendo feito.

Os demais professores entrevistados, com maior ou menor ênfase, colocam restrições à autoridade exercida pelo diretor. A professora Sônia Regina acha que o poder na escola não pode ficar nas mãos de uma única pessoa. Diz que todos os assuntos deveriam ser discutidos numa forma de colegiado e aprovados entre todos. Ressalta que, entretanto, para cobrar algo, a pessoa tem de cumprir também com sua parte e, "então, muitas vezes as pessoas preferem nem cobrar". Acrescenta que, para uma maior participação na escola, seria necessário alguém que auxiliasse o diretor, cuidando apenas da parte burocrática, deixando-o livre para cuidar das questões referentes ao pedagógico e à participação na escola. A professora Glauce diz que a divisão do poder do diretor com o conselho de escola não existe na prática e que isso só se efetivaria se todas as pessoas que compõem o conselho atuassem de fato, o que não acontece.

O professor Walter, num discurso contraditório em que aparecem posições críticas entrelaçadas com explicações que revelam certa ingenuidade e até preconceitos, afirma que o diretor deveria ter uma função pedagógica e não meramente administrativa e que "a escola é alguma coisa muito falocrática: o homem manda na escola". Para ele, há "o poder masculinizado" e "não tem ternura na escola", porque nunca é o feminino que prevalece. Diz que esse autoritarismo se difunde para a sala de aula e relata suas dificuldades ao entrar para a rede pública e constatar "a resistência dos pe-uns"[3] diante das mudanças, tanto organizativas quanto curriculares, que coloquem em questão sua posição. A regra vigente aí é que "se você não for ditador, você não é professor". Isso, segundo Walter, acaba gerando certo tipo

---

3. P1, ou professor 1, é o docente da 1ª à 4ª série do 1º grau, com habilitação específica de magistério em nível de 2º grau.

de comportamento nos alunos que dificulta a vigência de posturas mais libertárias por parte do professor:

> De vez em quanto, você tem que ser muito filho da puta mesmo e falar pro aluno: "Ô, eu sou professor e você aluno; fica aí." Por mais que doa você tomar certas atitudes como esta, você acaba sendo obrigado a fazer, porque eles não estão preparados para ter liberdade de expressão.

A professora Maria Lídia mostra-se de certa forma atemorizada com relação à obediência de ordens na escola e procura seguir as normas de maneira rigorosa. Revela à entrevistadora que ficou nervosa com minha presença em sua classe quando eu observava sua aula. Temia repressão política e achava que eu poderia ser algum agente infiltrado. Diz que, depois, em casa, pensou que "não deveria ter aceito essa pessoa em sala de aula só porque a diretora falou". Critica a direção em algumas atitudes que ela considera autoritárias, como o trancamento do portão para que os alunos não saiam e a negação de licença-nojo para uma professora cujo pai havia morrido. Para ela, as escolas são dos alunos, "só que eles não sentem isso, eles querem estragar, quebrar" e eles devem pensar: "'não é minha; se fosse minha, eu não estaria preso aqui'". Relata que "não tem ordem" para dispensar aluno antes de dez minutos para o sinal e que, certa vez, ao terminar uma prova, um aluno pediu dispensa e ela não deu. O garoto sentou-se no fundo da sala e a ficou xingando. Ela se dirigiu a ele, dizendo: "'fica calmo, a culpa não é minha: se eu te dispensar, eu e você seremos prejudicados.' E eu falei: 'Por que você tá com tanta pressa de ir embora?' E ele disse: 'Porque tô com fome.'" Com esse relato, Maria Lídia explica a situação embaraçosa em que se acha o professor, quando responsável, em última instância, pelo repasse do autoritarismo da escola para o aluno. Ela afirma que os alunos teriam o direito de escolher o professor e que, no caso dela, se as crianças não aceitam, ela não tem o direito de impor sua presença em classe.

Dos alunos entrevistados, alguns têm posições definidas a respeito de certas práticas atinentes ao exercício da autoridade na escola, enquanto outros revelam não ter muita capacidade para analisar o fenômeno. Os alunos da 4ª série discorreram a respeito do problema de falta de funcionários e do pouco empenho dos serventes em suas atribuições, problema levantado por Mônica, que afirma que, se fosse diretora, sua primeira providência seria a exigência de trabalho por parte das serventes. Rafael e Marcelo concordam em parte com Mônica. O primeiro conta que, recentemente, os alunos limparam a sala e lavaram o corredor; diz que isso não é trabalho de aluno, mas há poucos funcionários. Perguntados se já levaram o problema para a diretora, respondem que não e Marcelo diz que, se falasse com a diretora, não iria acusar as funcionárias, porque elas já fazem o que podem. Sobre a hipótese de falar com Maria Alice, Mônica diz que tem receio de fazê-lo. Indagada qual a causa desse medo, responde:

> Ah, não sei. Não é que eu tenha medo. É que eu fico meio receosa. Por exemplo, se eu falo pra ela, não precisa ficá nervosa comigo [...] Pode ser que fique (como é que eu digo?)... fique... fique zangada, não sei. Eu não tenho medo, mas é que falá com ela, se ela me dá uma patada?

É interessante observar que, mesmo com a informação de Jorgina, a inspetora de alunos, de que Maria Alice é muito "mole" com os alunos (ver o item 3.2 "Funcionários", capítulo I), há certo pavor das crianças com relação à diretora, sugerindo a hipótese de uma "cultura do medo à direção". A expressão desse medo ficou patente, por exemplo, no episódio presenciado por uma das entrevistadoras, em que uma aluna esperava chorando na diretoria porque fora chamada pela diretora por conta de desentendimentos que sua mãe tivera com uma professora. Isto pode ser, em parte, produto de uma real demonstração de rigor de Maria Alice no trato com os alunos. Mas esta visão de maior rigor fica atenuada, quer por observações que fiz no relacionamento da diretora com alunos, quer pelo testemunho de outras pessoas na escola, em que a postura não impositiva da diretora ficou evidenciada. Porém, essa "cultura do medo" parece ser produto também de uma quase total falta de informações e de contato mais próximo da diretora com o alunado, que estaria propiciando a permanência, na mente dos alunos, da visão estereotipada do diretor de escola severo e autoritário.

Nei e Milton, da 7ª série, e Rita, da 8ª, acham que falta a participação dos pais na escola e que isto está ligado ao tipo de direção existente, que deveria exigir a presença dos pais e não o faz. Maria Cristina, da 8ª série, defende a estrutura centralizada da escola porque acha que "o sistema de diretor é o melhor", mas reclama que "falta muita compreensão do diretor com o que a gente pede", embora ela concorde que há falta de recursos para que a diretora possa atender mais satisfatoriamente os alunos. Reclama maior participação dos pais no conselho de escola, cuja função, segundo ela, seria a de ajudar a dirigir a escola e não de dirigi-la. Diz que alguns pais participam, mas, ao citar o exemplo da troca de lâmpadas realizada por alguns pais, parece identificar essa ajuda apenas com a execução de tarefas. Diz que, entretanto, essa colaboração não é geral, já que "muitos pais acham que o governo é que deveria fazer isto". Ao falar sobre a democracia na escola, chama a atenção para as atitudes dos alunos, que ela considera omissos, e ilustra com o caso em que os alunos foram repreendidos por terem estourado uma bola, durante um jogo: "Todo mundo que tava jogando foi embora. Só ficou eu, que nem tava jogando [...] Ninguém teve culpa [...] Se todo mundo ficasse no lugar, falasse... Mas começa assim: fica todo mundo se escondendo."

As opiniões dos pais de alunos a respeito da estrutura de autoridade da escola variavam, nas entrevistas, desde a aceitação irrestrita até a postura de discordância total.

D. Isabel, diretora executiva da APM, parece estar satisfeita com a estrutura administrativa da escola. Com suas palavras, ressalta a função protetora e gerencial da diretora, com a qual concorda. Acha que a função do diretor é muito difícil e que "é essa mesma que desempenha a Maria Alice [...]: é tá aí né, batalhando, ver como é que está, como, se está tudo em ordem, ver o que é que tá faltando, o que é que não falta".

D. Júlia, que é membro do conselho, diz que a atuação deste é muito importante e que, se o diretor atende às determinações que o conselho impõe, isso pode ajudar bastante na direção da escola, "porque, é lógico, ele é a cabeça da escola; a gente não pode passar além dele. Mas ele tem que também dar um pouco de molejo e atender à exigência que os pais pedem, também." Diz, ainda, que ela está tentando desenvolver com os pais a atitude de procurar o conselho de escola, porque eles têm receio de expor os problemas à diretora.

D. Marta, membro do conselho e da APM, faz sérias críticas à direção, relatando que, em muitas situações, as mães procuram uma professora que já foi diretora para resolver os problemas da escola: "Uma arrogantezinha, que as pessoas têm até medo dela [...] mas vai nela." Diz que é quem responde pela escola na ausência da Maria Alice. Fica difícil saber se ela se refere a Leda, que já foi diretora na escola, ou a Rosilene, que é assistente de diretora. Acrescenta, com respeito a essa pessoa, que "todo problema da escola quem resolve é ela [...] A Maria Alice tá sempre por fora." D. Marta diz que, se tivesse condições de chegar e dizer abertamente o que pensa, criticaria a ausência de Maria Alice e seu consequente desconhecimento do cotidiano da escola, "porque 'eu que sou mãe, membro do conselho, tô aqui e sei [...] A senhora, que é diretora da escola e pode falar, não tá aqui e não fala.'" Segundo d. Marta, as mães em geral pensam como ela.

D. Rute, que tem muito bom relacionamento com Maria Alice e que costuma colaborar em muitas atividades da escola, relata um fato que parece revelar alguns aspectos da relação de autoridade do diretor na escola pública. Dois professores, à revelia de Maria Alice, organizaram uma excursão com os alunos da Celso Helvens, mas tiveram de arrumar outro local para a saída do ônibus, já que a diretora, não querendo se responsabilizar, não permitiu que eles saíssem da escola. Isto demonstra que, a despeito da oposição da diretora, uma atividade de interesse coletivo acaba por se realizar com o empenho e a dedicação das pessoas interessadas; porém, demonstra também que, na escola, a última palavra é dada pela diretora: sendo ela a "responsável" pela escola, os outros componentes não utilizam a unidade escolar de forma que lhes seja conveniente.

As posições de Francisco a respeito da autoridade na escola costumam ser mais radicais que as de seus colegas pais de alunos. Para ele, os professores são "correia de transmissão" da domesticação da população veiculada pelo Estado. "A categoria de professores está mal informada, ela não discute, elas são muito dona da verdade [...]: 'Não, porque eu fiz uma faculdade, tenho competência. Não é qualquer um que chega até onde eu cheguei.'" Tem restrições também à diretora, que ele considera um entrave à democratização da escola. Em sua opinião, não deveria haver "chefe", "devia ser um grupo que administrava: pais, professores, alunos e inclusive o pessoal da limpeza da escola, que são marginalizados". Francisco percebe a falta de autonomia das escolas e a centralização das decisões nos órgãos administrativos superiores, que ele indica como "o MEC": "As escola são mal administradas porque é com uma pessoa só." "Ela [a diretora] tá a serviço de uma determinada coisa chamada MEC." Diz que tem muitas divergências com Maria Alice, mas que ela é uma pessoa "conversável".

A professora Deise, supervisora de ensino que atende à EEPG Celso Helvens, acha que, se a escola pública estivesse funcionando como está previsto formalmente, estaria ótimo. Mas isso não acontece porque, no conselho de escola, por exemplo, a participação dos pais é muito pequena. Diz que, antes, a responsabilidade do diretor era muito grande, ele tinha de decidir tudo; hoje, ele distribui isso para os membros do conselho de escola. Mas "isso teoricamente", acrescenta ela, dizendo que, na verdade, em virtude da posição dos pais, o conselho não é deliberativo, mas "aceitativo". Diz também que, do modo como está estruturada, a escola pública é de todos e de ninguém, porque todo mundo manda, mas ninguém manda nada. "De repente, nós repartimos a responsabilidade e não ficamos responsáveis por nada." Acredita que essa situação se dá por falta de cobrança, porque cada um se vê sem necessidade de prestar conta do próprio trabalho e por isso não se importa muito com o que faz.

A ESCOLA POR DENTRO

Marlene, a assistente social no PAM da favela de Vila Dora, baseia-se em suas experiências na área da Saúde para opinar a respeito da estrutura administrativa da escola pública:

[...] Na própria escola existe uma hierarquia violenta. A diretora é quem manda e ponto. [...] Existe uma ordem de mando, uma hierarquia violenta na Educação, mais que na Saúde. Então, se a diretora não liberar, não der o aval... Tudo esbarra no diretor. Pra a gente entrar na escola: "Ah, precisa falar com o diretor." [...] é uma coisa muito opressiva, muito fechada a escola.

Por isso, ela é a favor da administração colegiada da escola, com participação de pais, professores, funcionários e alunos.

D. Célia, diretora cultural da Sama, diz que, quando exercia o cargo de diretora de escola pública, o conselho não era ainda deliberativo, mas ela conseguia dirigir com a concordância dos professores. Afirma que, na escola atual, a última palavra ainda é do diretor, mas ela é a favor do conselho de escola deliberativo porque "divide as responsabilidades". Mas a essa divisão de responsabilidades ela põe uma restrição, aparentemente de ordem técnica: é preciso que os membros eleitos sejam pessoas capazes. Não basta, portanto, serem eleitos.

Diante da questão da estrutura de poder vigente na escola pública, Helena, a "presidenta da favela de Vila Dora", mostra-se inteiramente convencida de que a escola, como serviço público, precisa ser apropriada pela população. "A escola não tem mais o que dizer que é casa do povo. Então, tem mais é que usar mesmo [...] pra tudo que for necessário: pra festa, pra reunião..." Mári, que já foi professora na Celso Helvens, sente a necessidade de que a população questione o poder do professor e do diretor na escola pública. Diz que essa discussão ainda não existe porque a participação no conselho de escola é ainda muito precária. Refere-se também ao grupo de professores que buscava na escola uma maior participação e um trabalho mais coerente de educação pública, do qual fazia parte e que já fora mencionado por Leda em sua entrevista. Diz ter tido notícia de que, ao saírem esses professores da escola, o trabalho não teve continuidade. Cita esse episódio para tirar uma conclusão de grande importância para a compreensão da escola pública, hoje. Segundo Mári, nossa escola "não estrutura nada, ela não consolida nada, está nas pessoas. Então, as pessoas saem e acaba tudo mesmo." A escola não trabalha uma filosofia educacional que seja dela e à qual as pessoas que entram tentem se adaptar.

Mári diz que sua utopia é a autogestão, em que não exista um diretor pairando sobre os outros e em que alunos, professores, pais e funcionários participem do poder de decisão. Não sabe como chegar a isso, mas é o ideal. Ressalta, entretanto, que isso não implica abdicar de uma filosofia da educação. Há decisões que são do professor e ela não abre mão. Gostaria que chegasse a um ponto em que o pai viesse discutir a visão de escola com o professor, mas

> isso eu não negocio com o pai que quer o hino e o herói, isso e aquilo [...] Acho que isso tem que ficar claro também [...], que tem alguém que tá, que tem mais preparo, que tá com a responsabilidade de organizar o processo pedagógico na escola [...] Embora o pai tem que acompanhar, tem que interferir. Mas tem coisa que é uma decisão minha: que tipo de visão de História [recorde-se que Mári é professora de História]. Posso até [...] abrir uma discussão sobre isso, mas eu acho que o pai não vai dizer assim pra mim: "olha..."

Ou seja, Mári considera que há questões de princípio de que não pode abrir mão, sob pena de ver violada sua própria liberdade individual.

É interessante observar que, ao comentarem a autoridade no interior da escola, as pessoas acabam remetendo sempre à figura do diretor, seja para apoiá-lo seja para criticá-lo. É esperado que assim aconteça, pois ele é o responsável último pela unidade escolar e a autoridade máxima diante de todos que aí atuam. Parece, portanto, de grande importância, para a compreensão da real distribuição da autoridade no interior da escola, examinar mais de perto o papel que desempenha aí o seu diretor.

2.2 O DIRETOR NO PAPEL DE GERENTE

Embora aos olhos de muitos o diretor apareça como detentor de um poder ilimitado, a autoridade que exerce lhe é concedida pelo Estado, a quem ele deve prestar conta das atividades pelas quais é responsável. Diante disso, parece conveniente iniciarmos o exame do papel do diretor de escola pela consideração da maneira como se expressam, na unidade escolar, as determinações dos órgãos superiores do sistema.

A questão da autonomia da escola para realizar seus objetivos foi posta para a diretora, que respondeu com uma exclamação: "Ah! Mas não tem autonomia *mesmo*. Essa autonomia, ela pode ser sonhada, ela pode... Mas jamais, no esquema atual, nós vamos conseguir... Jamais, jamais. E, mais uma vez, com essa última greve, ficou provado isso." Ela se referia à greve de 82 dias realizada pelo magistério público estadual, que se encerrara recentemente sem o atendimento das reivindicações dos professores e durante a qual o governo Quércia utilizou-se de todos os mecanismos a sua disposição para reprimir os servidores envolvidos, exigindo que os diretores delatassem aqueles que tinham aderido à greve. Maria Alice diz que, depois dessa greve, nos meios escolares, "é um desalento só [...], é um desencanto só, é uma decepção só, é um pessimismo... Porque é com isso que a gente aprendeu a conviver, tá? Com negativas, com 'não pode', com 'não dá'." A diretora considera que, sob todos os aspectos, a greve foi uma "tragédia. Que tragédia!" E, ao expor sua visão sobre os resultados do movimento, deixa transparecer em sua fala como, num momento desses, o Estado acaba por mostrar sua verdadeira face autoritária.

> Então, eu senti assim: voltamos derrubados pras aulas, no sentido de que o governo ficou, enquanto o pessoal tava parado, arrumando todo um esquema pra derrubar mesmo. E conseguiu. Soltou resolução em cima de resolução [...] Ficamos pasmos de ver que esperteza em termos

de, sabe, trabalhar com o legal, ali: solta tal resolução, cancela o coordenador de CB, torna sem efeito o afastamento pela 202... Que é um absurdo isso. O cara tá afastado sem vencimento, de repente, tem... O próprio governo deu esse afastamento, o próprio governo corta. A pessoa tá em Maceió e tem de voltar correndo... Sabe, então, foi uma atrás da outra.

Falando sobre o modo de agir do Estado na ocasião, Maria Alice afirma que tudo

> foi muito bem articulado. Acho que teve gente pensando os dois meses de greve como é que ia derrubar de uma vez a turma. E ficou provado, pra nós, que, quando eles querem, a coisa sai no D. O. [...] Quando o governo quer mexer a favor, isso sai muito rápido e muito bem feito e muito bem estruturado, que não tem saída. O diretor não tinha mais saída. Pra você ter uma ideia (isso aqui é muito confidencial): meu BF [boletim de frequência] voltou duas vezes, assinado por mim e pela delegada. Uma guerra de nervos, onde se dizia: "Voltou porque você tem que mexer." E eu olhava pra aquilo e falava "Mas mexer em quê? A frequência tá aqui."

Maria Alice diz que os órgãos superiores do Estado recusavam os boletins de frequência que eles considerassem não conter todas as faltas de professores e os devolviam exigindo que os diretores registrassem "todas as faltas". Mas, argumenta Maria Alice, "eu tive gente aqui trabalhando normalmente e essas pessoas estava escrito 'frequente'. Eles não aceitavam isso. Lá na cúpula. Acho que eles não tiveram nem a cabeça para analisar que escolas pararam parcialmente..." É interessante observar que os membros do governo afirmavam que a greve era parcial, mas quando essa realidade se apresentava nos boletins de frequência, as próprias autoridades estaduais não aceitavam. Talvez pela consciência de que, com o baixo salário recebido, os professores não tinham mesmo outra opção senão entrar todos em greve.

Parece que é principalmente nos momentos de crise (numa greve, por exemplo) que a situação de conflito do diretor de escola pública

A ESCOLA POR DENTRO

explicita-se com maior clareza, visto que ele se vê situado entre as reivindicações do professor e dos usuários da escola e as exigências do Estado que o pressiona a "cumprir a lei". Às vezes, essa pressão parece levar o diretor de escola à condição de verdadeiro desespero. Reportando-se ainda à situação embaraçosa que vivenciou por ocasião da greve do magistério, Maria Alice relata:

> Então, tinha um bendito de um quadro que foi passado via telefone, dia a dia, que a Cogsp tinha e que não batia com o BF, mas você não conseguia entender o que não batia e não tinha ninguém que te explicasse. E só falavam assim: "Tem que mexer, tem que mexer senão vai ficar bloqueado na [Secretaria da] Fazenda [o pagamento dos salários]." Eu nunca assisti uma reunião que me deu maior desconforto e tristeza na minha vida, de ver que [com voz embargada] eu tenho que sair disso... Porque tá me pedindo pra fazer coisa que eu não entendo. Tão exigindo de mim que eu faça agora... [...] coisa assim: "FAÇA", sabe. "Você não está entendendo, FAÇA porque você tem que dar um jeito de desbloquear o computador porque..." Mas onde já se viu? Como é que posso fazer uma coisa que eu não consigo explicar?

Mais adiante, falando das reuniões de diretores de escola realizadas na delegacia de ensino para tratar das determinações superiores a respeito da greve, Maria Alice menciona o caso de uma das diretoras que acabou por sucumbir diante da pressão do Estado:

> Foi um inferno, foi um inferno. Tinha diretores que entraram em pânico. Cê já viu uma pessoa em pânico? Eu nunca tinha visto. A moça ficou estatelada e ela dizia: "Maria Alice, pelo amor de Deus, me ajuda! Me ajuda, colega, me ajuda!" E eu: "O que que eu faço com essas forças?..." Os olhos estatelados, a pressão a 21, que depois tivemos que chamar um médico. Quer dizer, a moça desconjuntou toda. Então, eu fico pensando: "Ai, meu Deus do Céu! O que que é isso?" O rescaldo pra nós, diretores foi, assim, bárbaro.

Perguntei a Maria Alice se a angústia que diz sentir em seu cargo não teria a ver com esse duplo e contraditório papel do diretor, que é, ao mesmo tempo, Estado e reação contra o Estado, ao que ela respondeu que "isso é o cerne da questão": "Eu sou aquele que vou lá e tenho que cobrar; ao mesmo tempo eu sou pago um salário irrisório, porque eu também sou uma trabalhadora aqui dentro e também sou tratado pelo próprio Estado... [...] Eu vivo sempre uma duplicidade de funções." Diz que é bom ser contestada pelos pais e professores porque esse conflito é fecundo. Mas o que não é bom é viver nessa duplicidade de funções.

A professora Leda, que já dirigiu a escola, assim se refere à situação de ambivalência do diretor:

> Eu coloco assim, que o diretor é aquele sanduíche [...] Por exemplo: é mãe que vem pressionando o diretor, por causa que a professora agiu de tal forma [...]; é o professor que pressiona o diretor porque não tomou determinadas atitudes com o aluno, com a mãe do aluno e tal; é a delegacia, é a supervisão [...]. O diretor realmente é sacrificado de todos os lados. Então, é ele que, às vezes, eles colocam o diretor como responsável por tudo que acontece na escola.

Onde o Estado se faz mais visível e contundente em sua pressão sobre a escola é na maneira burocratizada com que se relaciona com a uni-

A burocracia estatal

dade escolar. O elemento mais notável dessa burocratização é o acúmulo de trabalho que ela acarreta à direção e à secretaria. Ao justificar sua falta de tempo para atender os pais, Maria Alice aponta para a grande quantidade de papéis sobre sua mesa e diz: "Porque estou sempre assoberbada com essas maravilhas que você está vendo aqui em cima. É recado em cima de recado. Olha! Olha! Isso aqui foi ontem na delegacia. Tinha ido há dois dias atrás e eu já tinha trazido um monte. Olha o que já juntou."

Afirma também que é muito difícil ter uma noção do critério de julgamento e avaliação dos escalões superiores: "Quando você menos espera (você fala: 'Ah, isso aqui jamais eles vão aceitar.') eles aceitam. E quando você fala assim 'Isso aqui, nem pensar, ninguém nem vai ver isso; pode mandar assim mesmo', ele devolve."

As palavras de d. Célia, da Sama, expressam, de forma resumida, o que há de unânime nas opiniões do pessoal da escola a respeito da papelada em que a direção se vê enredada: "A burocracia é tão grande que o diretor acaba perdido no meio da parte burocrática, realmente [...] É muito papel, é muito documento que vem da delegacia... e tudo assim: pra ontem." Deise, a supervisora de ensino, exclama: "Nós vamos morrer afogados debaixo de tanta papelada. É isto. É verdade. É muita papelada." Diz que as determinações se sucedem, umas contrariando as outras, e ao diretor acaba não restando tempo para cuidar dos problemas da escola.

> De repente, você termina de fazer, vem uma outra ordem pra fazer a mesma coisa, pra fazer a mesma coisa. "Mas eu já fiz." — "Não, mas este é outro questionário." — "Mas tá falando sobre o mesmo assunto." — "Não, não importa; é pra completar." Que completar... É só feito com outras palavras...

Com isso, o diretor acaba tendo a crença de que não se irá utilizar nem um nem outro, já que não existe qualquer retorno para ele, ou, quando vem (raramente), já não interessa mais.

A dimensão que assumem as exigências burocráticas foi ilustrada por Maria Alice com um fato que acabava de acontecer na ocasião em que fazíamos as entrevistas. Conta que esteve na delegacia de ensino, onde deixou, escrito lá mesmo, o calendário de reposição de aulas, que já fora, inclusive, homologado e publicado no *Diário Oficial*. No entanto, há um recado sobre sua mesa, que ela lê: "'A supervisora ligou e disse que mandará o calendário que foi feito à mão na delegacia para que seja refeito em uma folha *grande*' — cê tá escutando? — 'datilografada e terá que ser entregue na segunda-feira pela manhã. O professor João Luís irá trazer pela tarde o calendário.'"

Isto parece indicar uma grande preocupação com a forma no atendimento das exigências burocráticas. Maria Alice diz que, às vezes, por causa de uma vírgula, volta um documento e o pagamento de um funcionário deixa de ser feito. Mas tal meticulosidade parece não estar tão presente quando se trata do conteúdo. Perguntada se é possível um diretor, apostando na ineficiência do controle, apresentar documentos e formulários que, não obstante a correção da forma, contenham dados falsos, sem que isso seja percebido pelos órgãos superiores, Maria Alice responde: "Eu lhe digo que tem colegas que fazem isso." Pergunta: "E dá para fazer?" Resposta: "Dá; em algumas coisas, dá."

Assim, parece que toda a parafernália burocrática, com a qual os funcionários dos escalões superiores tanto se preocupam, de nada serve para coibir irregularidades:

> Por exemplo: pagamento — nós estamos fazendo, agora, função até dessa reposição... Quem tá vendo, Vítor, se o pagamento está sendo fajutado ou não? Se uma escola quiser fajutar... Por exemplo, falar que ela veio ou que ela não veio, ela pode. [...] Eu sei de gente [...] que parou a escola dois meses e, de repente, o calendário de reposição começou em 15 de maio. Uai! E o que ficou pra trás?

Preocupado em saber até onde ia a eficiência da burocracia estatal em fiscalizar as ações da escola, apresentei à diretora a seguinte hipótese: se uma escola falhar completamente no pedagógico, mas aprovar sempre os alunos, de modo que eles saiam no final da 8ª série totalmente analfabetos, há meios de as instâncias superiores detectarem? Resposta: "Só pega se houver [...] reclamação dos pais... E ainda maciça." Esta opinião, que é compartilhada por outros professores da escola, parece indicar que a fiscalização exercida não está apta a detectar a falta de correspondência entre o declarado e o efetivamente realizado na escola. Mas a situação é diferente quando a escola *declara* baixa produtividade. No dizer de Maria Alice: "Por exemplo, quando que você poderia sofrer uma [advertência]? Se você mandar um índice de repetência muito grande." Já Deise considera que, apesar da ineficiência do controle burocrático, não é difícil avaliar as escolas, porque o que se pede delas com relação ao nível de ensino é muito pouco.

Rosilene, assistente de diretora, mostra-se indignada com o montante e a natureza das atividades que a escola precisa executar para dar conta dos trâmites burocráticos estabelecidos pelos órgãos superiores. Além da leitura do *Diário Oficial* e outras rotinas que considera desnecessárias para o bom funcionamento da escola, Rosilene cita a questão do controle da merenda escolar. Diz que, cotidianamente, tudo o que é dado ao aluno precisa ser registrado e mandado para a delegacia de ensino no final do mês. Afirma que o relatório é bastante detalhista e apresenta exigências desprovidas de qualquer sentido lógico: "O que é mais absurdo: nas folhas de merenda existe uma coluna com códigos (que cada merenda tem um código) [...] O que eu acho o cúmulo do absurdo é que no final de tudo [...] você tem que fazer a somatória de todos esses códigos. Nunca vi somatória de códigos."

Diretora, assistente de diretora e pessoal da secretaria compartilham da sensação de que realizam tarefas sem sentido e da crença de que toda a papelada exigida ficará depositada em alguma instância da Secretaria da Educação, sem que ninguém utilize para nada. Isto transparece na fala de Rosilene, que lamenta o fato de ter estudado durante tanto tempo para realizar tarefas como recortar jornal e controlar merenda.

> Você fica desperdiçando tempo pra fazer isso daí. Controle de merenda [...] dia sim, dia não, carimbando tíquete de pão e leite pra mandar pra panificadora. Final de mês, fazer um relatoriozinho para a panificadora... Por isso que eu falo: dá a impressão que você não faz nada... Você começa a ver que você faz coisas absurdas [...], levantamento de material da escola... Às vezes sou obrigada até a limpar carteiras, menina passa mal... Você se prende a diários, você se prende a papeletas, você se prende a relatoriozinhos no começo da merenda, [...] fazer levantamento de estoque de merenda [...] Você faz não sei quantos anos de faculdade pra fazer isso daí? E é isso que a gente faz: recortar essas coisas do D. O., ficar colando aí...

A respeito da causa de todas essas exigências, as pessoas na escola não têm resposta definitiva, mas, em geral, parecem aceitar que o absurdo não tem mesmo uma explicação e que os funcionários dos escalões superiores emitem essas determinações talvez porque não têm nada o que fazer. Indagada sobre a origem dos problemas, Deise, a supervisora de ensino, responde apontando para o alto: "Não sei, eu tenho a impressão que é lá." Diz que as coisas são pedidas sem critério e que isso deve ser porque as pessoas nos órgãos superiores "têm que justificar um trabalho e, como têm que justificar um trabalho [...], vão mandando". Outra causa é a instabilidade do pessoal em virtude da mudança de governo. Diz que não há continuidade e cada um que chega, por mais capaz que seja, quer mostrar seu trabalho, jogando fora tudo o que foi feito antes.

É importante observar que, mesmo sendo um dos veículos dessas exigências consideradas descabidas, Deise reafirma a maioria das críticas feitas no nível da unidade escolar e reclama a necessidade de se "levar a sério" aquilo que o diretor faz, dando retorno imediato daquilo que lhe é exigido.

As soluções apresentadas na escola passam todas pelo reconhecimento de que o diretor precisa ficar livre das exigências burocráticas para cuidar melhor do aspecto pedagógico do ensino. A professora Sônia Regina diz que a parte burocrática deve ser deixada toda para a secretaria e que era nesse sentido que ela agia no período em que foi diretora. D. Célia, que também já foi diretora, acha que muito trabalho burocrático que é feito na escola deveria ser feito na delegacia de ensino. Perguntada se, em lugar de cada escola despender tempo com atividades como procurar diariamente no *Diário Oficial* o que lhe diz respeito, não seria muito mais racional e econômico que a delegacia de ensino ou DRE fizesse esse serviço, distribuindo as informações para as escolas. Rosilene concorda e afirma que isso é muito possível porque nessas instâncias há pessoal e recursos disponíveis para a realização de tais tarefas. Maria Alice reporta-se ironicamente a esses recursos que, em seu entender, são utilizados para objetivos pouco relevantes:

> Agora é tudo computadorizado e ela [a delegacia] já passou um gráfico de nossa escola pra gente — dos dois anos, hein! E veio parabenizando

cada diretor. Olha que demagogia! Pro diretor, como coisa que foi o diretor que fez aquilo, não é? São os professores e os alunos que foram estudando e aprendendo... [Continua, com ironia] "Parabenizando a sua escola [...] porque a sua escola está entre os 70 ou 75,09% que mantiveram o nível bom de aprovação." Tá? Assinado pelo Chopin Tavares de Lima [secretário da Educação] [...] Aí, no dia que ela fez essa distribuição, as coitadas das diretoras, as mais ingênuas (têm umas mais ingênuas, iniciantes de carreira): "Ahn!!! Minha escola está entre os 60... A tua tá nos 71 vírgula zero..."

As palavras de Maria Alice parecem indicar uma postura do Estado que tende a considerar o diretor como sendo, de fato, o responsável último pelo funcionamento da unidade escolar, já que cumprimenta a ele em vez de ao conjunto de funcionários e alunos da escola. Em acréscimo, parece não perceber ou não querer perceber que, em virtude das precárias condições oferecidas à escola pública e das exigências burocráticas que o próprio Estado estabelece, resta ao diretor muito pouco tempo para cuidar dos aspectos pedagógicos.

Além do pouco tempo para dedicar-se ao pedagógico, Maria Alice reclama da ausência de assistência e orientação neste sentido por parte da delegacia de ensino. "Supervisão é zero pra

A supervisão do ensino

nós. São muito amigos, muito legais e tudo, mas em termos de acréscimo pra nós..." Diz que, para exercer suas funções no âmbito pedagógico, o diretor de escola pública precisaria ter o respaldo constante da delegacia de ensino, quer por meio da supervisão direta, quer mediante frequentes reuniões de estudo, com outros diretores e com pessoal da delegacia, em que houvesse troca de experiências com os primeiros e orientação da parte dos segundos. Isso, segundo ela, não se dá na prática, pois a própria ação do supervisor de ensino se restringe ao administrativo: "O pedagógico nem se cogita. Se faz, de vez em quando, uns encontros, a nível de [delegacia] com os professores. Tava tudo programado, várias paradas e tal; com a greve, foi tudo suspenso e tudo cortado. Corta o quê, primeiro? O pedagógico."

Maria Alice diz que gosta muito da delegacia de ensino, revela que recentemente chorou em sua sala e que a delegada lhe disse para angustiar-se menos, pois as mudanças na educação são mesmo lentas, enquanto Maria Alice queria ver resultados imediatamente; sugeriu--lhe que conversasse mais com os professores e que fosse, como diretora, o que fora como professora. "Aí eu falei que não tinha tempo de ser aquilo que eu já fui."

Rosilene também considera a supervisão pedagógica de extrema relevância, mas diz que o que a delegacia de ensino mais exige da escola por meio da supervisão é a parte administrativa. A delegacia "cobra papel" e "pede ontem pra hoje". Diz que existe o plano de ensino na escola, mas nunca a supervisora chegou à escola para consultá-lo e verificar como estava andando o processo pedagógico. Às reclamações feitas pelas diretoras de escola, a delegada responde que vai procurar melhorar, mas nunca acontece nada.

Já a professora Leda ressalta a grande ajuda que lhe prestou uma supervisora de ensino na ocasião em que dirigia a escola. Essa supervisora, embora desse toda a assistência necessária para dar conta do administrativo, preocupava-se, em primeiro lugar, com o pedagógico, ajudando a diretora e fazendo reuniões com os professores para orientá-los em suas dúvidas. Mas diz que, menos de um ano depois que ela assumiu a direção, foi mudada a supervisora e a nova era "mais burocrática [...]; professor, ela não queria nem ver... Porque a maioria dos supervisores não querem nem ver professor na frente." Diz também que há muita troca de supervisor: no período de pouco menos de dois anos em que ocupou interinamente o cargo de diretora, passaram pela escola quatro supervisores.

Por ocasião da pesquisa de campo, havia, na rede pública estadual, a experiência dos monitores, que eram professores da própria rede, especialistas em uma das seguintes áreas: Português, Matemática, Ciências, Educação Física, Educação Artística e ciclo básico. Lotados em suas próprias escolas, esses monitores prestavam serviços na delegacia de ensino, visitando e dando assessoria pedagógica às escolas de tal delegacia. Segundo a supervisora de ensino, os monitores de sua delegacia são muito animados, "fazem todo o trabalho de atendimento [...] a todas as escolas da delegacia" e funcionam muito bem. Nas entrevistas realizadas na EEPG Celso Helvens, esta questão dos monitores não esteve muito presente. Numa das poucas vezes em que foi referida, na entrevista com a assistente de diretora, a opinião exposta não reforçou a impressão dada pela supervisora de ensino. Rosilene diz que precisou de uma monitora para auxiliar numa questão na área de Ciências e não conseguiu nada e que, para ela, essa monitoria não funciona.

A frequência com que a supervisora visita a escola, segundo as informações aí obtidas, é muito baixa. Jorgina, inspetora de alunos, diz que, durante o ano de 1989, até o dia em que foi entrevistada, 24 de agosto, a supervisora esteve na escola por três vezes apenas. Diz que isto talvez se devesse à greve, que foi muito longa. De qualquer forma, esta frequência é muito baixa diante do que afirma Deise, a supervisora de ensino. Diz ela que, além das vezes em que é chamada, visita semanalmente todas as escolas a seu encargo (cinco particulares e duas públicas).

Segundo Deise, o trabalho do supervisor de ensino é de oito horas diárias, incluindo um plantão semanal na delegacia; mas, mesmo podendo escolher seu horário, o supervisor acaba trabalhando muito mais do que seu tempo regular. Diz que, quando visita a escola, obedece a uma rotina: "verificação de prontuários de alunos, históricos escolares, cumprimento do plano de escola, transferência de alunos, equivalência de estudos..." Afirma que seu relacionamento com os diretores de escola pública se dá sem atritos, de forma pacífica, talvez porque ela se identifique muito com os problemas da direção. Diz que não faz inspeção e que essa imagem do supervisor como inspetor já deixou de existir. Acha que o balanço entre o administrativo e o pedagógico por parte do atendimento do supervisor é muito pessoal: depende de cada supervisor. Mas reconhece que há uma parte do administrativo que o supervisor "tem que fazer mesmo, com prazos determinados", e que há também outra parte do dia a dia em que se vai tratar dos problemas da escola. Entretanto, quando perguntada se dá tempo de fazer a orientação pedagógica, afirma categoricamente: "Não dá. [...] Você pode até fazer, mas [...] você vai despender por sua própria vontade mais tempo, porque você quer."

Pressionado pelas exigências burocráticas e desamparado pelos órgãos do sistema no que tange à supervisão pedagógica, o diretor se vê sem tempo nem condições para cuidar dos assuntos que dizem respeito diretamente ao processo ensino-aprendizagem. Essa dificuldade transparece na fala de Leda sobre sua experiência como diretora na escola:

Sem tempo para o pedagógico

> Você tenta, às vezes, ouvir, conversar; mas não dá, não tem condições. Normalmente a gente pede pro professor quebrar o galho e tentar resolver da melhor forma possível na classe porque, normalmente, a gente não tem condições de resolver caso por caso [...], só os mais graves [...]. Senão, você não faz outra coisa na escola senão resolver problema de... de classe.

Também segundo Maria Alice, sua participação no campo pedagógico restringe-se ao exercício de sua função nos conselhos de classe e a intervenções esporádicas junto ao corpo docente. Nas reuniões de conselhos de classe, a diretora diz que procura sempre discorrer sobre questões que devem ser encaminhadas a respeito de alunos e professores. "Agora, eu só trabalho com aquilo que é mais gritante, [...] que choca em termos pedagógicos, que é um absurdo." Na mesma linha de coibir os "absurdos", costuma chamar em sua sala, para conversar ou chamar atenção, os professores que, por si sós, não tomam medidas para solucionar seus problemas. Cita como exemplo o professor que chega sempre atrasado, ou que tem problemas no trato com alunos, ou que não sabe sequer fazer um diário de classe.

Esta maneira de agir da diretora parece levar a que as pessoas da escola a vejam como alguém que valoriza demais o administrativo em detrimento do pedagógico. Jorgina, inspetora de alunos, diz:

A Maria Alice é uma pessoa que ela se preocupa muito com papéis [...]. Ela é muito burocrática. Ela é uma pessoa extremamente burocrática. Certinha, bastante certa. Nossa! Ela, assim, em termos de responsabilidade com dinheiro de aluno, da escola, ela é pessoa, assim, extremamente correta. Então, ela se preocupa muito. Vamos supor, a delegacia pede um papel hoje, ela quer que esse papel seja entregue hoje. Eu acho que aí entra a coisa: o papel tá funcionando bonitinho; agora, a parte humana tá deixando pra depois.

Sônia Regina também critica o que considera um excessivo zelo pelo burocrático por parte da diretora, dizendo que cobra dela uma maior atividade do conselho de escola porque acha que, na escola estadual, o diretor preocupa-se com a burocracia. Diz que, onde era diretora, valorizava o pedagógico e o comunitário, mas a burocracia ficava para trás. Segundo ela,

> o bom administrador é aquele que distribui funções; aquele que administra; a própria palavra diz. O pedagógico é aquele que coordena. Eu acho que as duas coisas caminham juntas; não dá pra ficar separado [...]. Mas, muitas vezes, o diretor está sobrecarregado com aquela parte administrativa, quando, na verdade, o administrativo não é só burocrático. Eu acho que os diretores, eles se esquecem dessa parte; eles se ligam muito àquela parte de papelada, burocrática [...].

Mári, ex-professora da escola, que aí já trabalhava quando Maria Alice assumiu a direção, concorda com as medidas visando à maior disciplina de professores e funcionários tomadas pela diretora. Diz que, antes de Maria Alice chegar à Celso Helvens, a inspetora de alunos, por exemplo, que deveria ficar no pátio tomando conta da criançada, tinha de ficar na sala dos professores "rodando material no mimeógrafo" para professores. Então, Maria Alice colocou as coisas em seus devidos lugares, tendo de ser bastante forte para fazer isso, porque as pessoas resistiam a medidas disciplinadoras do trabalho. Mári diz que deu muito apoio a sua atuação e que ela promoveu uma abertura no conselho de escola, propiciando a discussão de problemas que antes não havia. Confirma que Maria Alice "é assim de chamar a atenção de professor que falta sistematicamente, de chamar o professor, de falar alguma coisa", mas que isso é mesmo necessário para evitar abusos.

Rosilene também apoia as atitudes da diretora e diz que, pelo fato de Maria Alice ser muito exigente,

> eles acham que ela é... não é flexível, não tem flexibilidade com nada. Às vezes ela é até agressiva na forma como ela coloca as coisas pros professores, né. Então, [...] ela passa a ser vista pelos professores [...] como uma pessoa realmente indesejada, às vezes. Percebo isso assim. Mas, por outro lado, se os professores analisarem, eles veem que ela tem razão, realmente, em suas atitudes. Porque, se ela não agir assim, a escola não vai funcionar.

Rosilene diz que se acha, ela própria, rigorosa e exigente, mas não tem tido problemas na escola, porque é "muito flexível". Gosta das coisas certinhas, as pessoas têm de cumprir suas obrigações, mas procura ouvir os colegas.

A partir de suas vivências como professora e como diretora, Leda procura exprimir o ponto de vista das duas posições, dizendo que, quando se é professor, se critica demais o diretor, exigindo uma série de providências que só depois, como ocupante do cargo de direção, se percebem as dificuldades para realizá-las. Diz que é preciso distinguir entre autoridade e autoritarismo e que, de certa forma, "o diretor tem que ser um pouco autoritário, porque se ele não for um pouco autoritário vira bagunça, vira mesmo... vira bagunça". Perguntada por que é tão difundida a visão de que os diretores escolares são autoritários, diz que não sabe explicar, mas acha que é "porque realmente eles se sentem assim: responsáveis pela escola; então, eles acabam sendo autoritários por essa responsabilidade..."

Embora se possam identificar ocasiões em que o diretor revela sua "preferência pessoal" pelo "administrativo", parece que, na maioria dos casos, não faltam motivos alheios a sua vontade para justificar o destaque que ele é obrigado a dar às chamadas atividades-meio em prejuízo das atividades-fim. Mas o assunto não é tão simples e comporta outras interpretações. Mári, por exemplo, acha que se o diretor tiver de optar, deve ser pelo pedagógico e não pelo administrativo, sendo um desperdício ficar perdendo tempo com a parte burocrática que qualquer um pode fazer. Conclui que "esse pessoal deve gostar do que faz, porque eles não se impõem, por conta própria, outro tipo de coisa". Mas a própria supervisora de ensino considera que a direção é a posição mais difícil da carreira do magistério, porque o diretor é pressionado por todos os lados. "Ele tem que resolver as coisas naquele momento [...], de imediato. E todo mundo espera que ele resolva da melhor maneira possível." Parece irônico que a supervisora de ensino exiba essa consciência do assunto, já que, na escola, a própria supervisão de ensino é tida como um dos elementos que em nada contribuem para diminuir os encargos do diretor.

Em nossas observações na escola, presenciamos a diretora sempre atarefada, empregando seu tempo na unidade escolar predominantemente com atividades que possam garantir pelo menos um mínimo de funcionamento do estabelecimento de ensino: pagamento de professores, atendimento da supervisora, instruções para a secretária, atendimento de professores e alunos, providências diante da falta de água no estabelecimento, atendimento de mãe de aluno. O conjunto de problemas a resolver e a fisionomia de preocupação da diretora, nesses momentos, parecem confirmar a figura de mártir descrita por boa parcela de diretores da rede pública estadual.

Outro elemento que contribui para a visão que as pessoas têm da diretora é sua postura diante do problema da disciplina. Neste assunto parece perdurar, no interior da Celso Helvens, a

Diretor: juiz e carrasco

concepção tradicional de que o diretor é alguém para se temer, por ser a última instância disciplinar. A velha forma "vai falar com a diretora", como ordem ou como ameaça, parece estar presente na prática de sala de aula. Alguns alunos parecem introjetar, em certa medida, esta concepção e temer, por isso, o contato com Maria Alice. Outros, entretanto, demonstram não ter nenhum receio de castigos ou repreensões por parte da diretora.

O "medo à diretora" na Celso Helvens parece ser função muito mais do imaginário dos professores e inspetoras de alunos, que é passado aos estudantes, do que de uma rigidez de Maria Alice a respeito da disciplina. Na mesma entrevista com alunos da 4ª série em que Mônica diz temer a diretora, Marcelo afirma que não há motivo para isso, porque ele fala com ela e não acontece nada de mau. Do lado dos professores, é muito frequente a queixa quanto à maneira pouco severa com que a diretora trata os alunos "indisciplinados". Ângela, por exemplo, ao defender, por parte da direção, medidas disciplinares que vão até a suspensão do aluno que cabula a aula, parece sugerir que as medidas tendentes a garantir a disciplina e a ordem a qualquer preço devem ser tomadas pela diretora.

A professora Leda diz que, quando era diretora, os professores normalmente a procuravam para resolver problemas de disciplina, raramente por problemas ligados às questões de ensino. Diz que "a disciplina dos alunos" era o que mais a ocupava e que há épocas em que o diretor parece um inspetor de alunos.

Na fala dos pais de alunos também sobressai essa concepção de que o diretor é o responsável último pela ordem na escola, em todos os sentidos. E ele deve mantê-la com rigor e severidade quando necessário. D. Júlia acha que o diretor deve "ser enérgico, manter a ordem", incluindo na função de direção, além do diretor, outros funcionários da escola. Na fala de d. Rosa Maria, o papel do diretor é identificado com o de um fiscal. Diante do problema de disciplina em classe, pergunta, mais de uma vez: "Aonde tá a diretora, que não vê isso? Tem diretora na escola, pra quê? Não qué estudá, expulsa, põe pra fora, manda pra diretoria, faz qualquer coisa."

A falta de severidade da diretora é identificada por d. Rosa Maria com a própria ausência da pessoa da diretora nos locais em que há problemas. Diz, por isso, que não conhece a diretora, nem a assistente de diretora: "A diretora, não sei, parece que eu vi ela uma vez.

Acho que é uma loirinha; não é, não?" Também não conheceu a diretora anterior e justifica:

> É porque... A diretora é mesmo que ser um padre: só fica entocada dentro da toca e não sai pra conversar [...] Então, eu acho que a diretora teria que vim também, né, entrar na sala dos professores no dia da reunião e "vamos ver o que dá certo, o que você tem pra recramá; o que ocê quer?" Eu seria a primeira a abrir a boca e gritá.

Já "seu" Roberto encontra uma maneira de aliar a ternura na forma com o rigor no conteúdo, em sua concepção de como agir o diretor de escola pública: "Olha, eu acho que ele tem que ter uma frase amorosa, com calma, com paciência, tratar de amor e carinho todo mundo. Mas ter uma lei rigorosa."

No período noturno, quando mencionam a ação da direção da escola nos problemas do dia a dia, os alunos estão se referindo à assisten-

A assistente de diretora

te de diretora, que é a responsável pela escola nesse período. A esse respeito, também aí não foram detectados grandes problemas quanto à severidade da direção para com os alunos. Mas houve um caso relatado na entrevista com os alunos de 7ª e 8ª séries noturnas. Contaram eles que, em represália à "guerra de bolachas" realizada por alunos do noturno, Rosilene suspendeu o lanche de todos, numa atitude que eles consideraram arbitrária porque, pela culpa de alguns, todos acabaram pagando. Rita, da 8ª série, acha que a diretora (Rosilene) deveria ter conversado com os responsáveis e não ter punido indiscriminadamente. Diz que ela, Rita, mais alguns colegas entram na cozinha quando não há ninguém e pegam o lanche. Acha um absurdo suspenderem o lanche quando a maioria dos alunos trabalha e vem para a escola sem comer.

A assistente de diretora, na EEPG Celso Helvens, parece agir em perfeita sintonia com a diretora. Maria Alice demonstra gostar muito do trabalho e da competência de Rosilene e a considera seu "braço direito". Por sua vez, Rosilene demonstra dedicar admiração e lealdade a Maria Alice. Esta conta que, quando chegou à escola, a assistente de diretora anterior, Ana Maria, continuou em sua função por mais quatro anos, até que se aposentou, em 1988, já que a professora Leda — assistente de diretora que exercia as funções de diretora substituta quando Maria Alice assumiu o cargo — resolveu voltar para a sala de aula. Segundo Maria Alice, Ana Maria "tinha pouquíssima experiência na escola; ela era um objeto de adorno". Então, Maria Alice colocou-a em sua sala e passaram a trabalhar juntas; ficaram grandes amigas "e foi uma excelente profissional".

Rosilene veio da EEPG Professor Leopoldo Flores e sua entrada na escola como assistente de diretora não foi muito tranquila, já que a professora Sônia Regina também pleiteava o cargo. Sobre o caso, há mais de uma versão. Rosilene diz que, por volta de setembro/outubro de 1988, mesmo lotada na Professor Leopoldo Flores, estava trabalhando na DRE-7 Oeste, na seção de cadastro funcional, quando Maria Alice telefonou-lhe convidando-a para trabalhar na escola. Perguntou, então, a Maria Alice, se não havia nenhuma professora da escola em condições de assumir o cargo e que estivesse interessada em substituir a assistente de diretora que ia se aposentar. Como Maria Alice lhe informasse que não, Rosilene disse que poderia contar com ela. Mas Rosilene só poderia assumir o cargo após a publicação, no *Diário Oficial*, da aposentadoria de Ana Maria, antiga assistente. "A não ser que fosse convocada junto à [...] delegacia [de ensino] para prestar serviço junto à escola." A delegada concordou com a convocação e ela ficou na escola a partir de janeiro de 1989. No início de fevereiro, houve remoção de Sônia Regina para a escola. Embora a papelada de remoção tivesse chegado à Celso Helvens no final de 1988, ela não se desligava oficialmente de sua escola de origem até o primeiro dia letivo de 1989, ou seja, 13 de fevereiro. Ainda segundo relato de Rosilene, Maria Alice havia-lhe informado que, bem antes de Ana Maria sair, Sônia Regina tinha procurado a escola e dito que iria remover-se para aí porque estava interessada em ocupar o lugar de assistente de diretora, nem que fosse por meios políticos.

Maria Alice chegou a ligar para sua escola de origem na ocasião e teve péssimas informações a respeito de sua estada como assistente de diretora naquela escola. Rosilene diz que o conhecimento que Maria Alice tinha de si não era de amizade simplesmente, mas de cunho profissional, já que, como assistente de diretora da Professor Leopoldo Flores, encontrava-se sempre com Maria Alice no âmbito da delegacia de ensino. Devido ao processo burocrático, a papelada de Rosilene, até o dia da entrevista (24 de agosto de 1989), ainda estava correndo, não tendo ainda sido publicada sua convocação. Assim, no início de 1989, com o afastamento temporário de Maria Alice para cuidar de sua mãe enferma, Rosilene ficou uns dias como professora convocada pela delegacia de ensino, respondendo pela direção até que, em início de fevereiro, a professora Leda concordou em assumir a direção durante o afastamento de Maria Alice, para colaborar com esta. Sobre o problema gerado pela intenção de Sônia Regina assumir a assistência de direção, Rosilene diz que Maria Alice apresentou o caso no conselho de escola, na presença das duas, ela e Sônia Regina, e o conselho aprovou.

Maria Alice apresenta a mesma versão de Rosilene. Diz que "tinha uma professora nova aqui, que chegou nova, interessada na assistência; deu uma certa brigazinha para poder ficar a Rosilene, porque a Rosilene era indicada por mim; porque a gente conhece o trabalho de Rosilene". Informa que esta já estava trabalhando na escola quando a proposta foi para o conselho de escola "e os pais estavam adorando, os alunos também. Então, ela teve um referendo de toda a comunidade; só não tinha dessa moça."

A professora Glauce não concorda com essa versão. Diz que Rosilene "foi posta", que "não houve eleição coisa nenhuma". Afirma que ninguém foi consultado, que havia uma professora (Sônia Regina) com condições de assumir a assistência de direção e que não foi escolhida porque não era dos bons olhos da diretora. Diz que esta tem certa influência sobre os pais mais carentes que participam do conselho de escola, mas, se Sônia Regina quisesse ir adiante, teria ganho a causa por vias legais.

O Estatuto do Magistério (SÃO PAULO, 1985), em seu Anexo I, estabelece as seguintes condições para a nomeação do assistente de diretor:

> Licenciatura plena em Pedagogia com habilitação específica em Administração Escolar, ser docente e ter no mínimo 3 (três) anos de exercício no Magistério Público Oficial de 1º e/ou 2º Graus da Secretaria de Estado da Educação do estado de São Paulo, pertencer, de preferência, à Unidade Escolar e ser indicado pelo Diretor e, quando oriundo de outra unidade escolar, ser também aprovado pelo conselho de escola.

Com base nessa legislação, Maria Alice argumenta:

> Essa menina alegava que ela era daqui, que ela tinha prioridade sobre a indicação de Rosilene. Então, a minha colocação foi a seguinte: que um dos requisitos é "*de preferência*", não obrigatoriamente, ser da casa. Está escrito na lei isto: preferencialmente. Agora, um outro requisito que está na lei é que não dá pra abrir mão da indicação do diretor [...]. Você tem que estar afinado com o trabalho da pessoa; não é a cara da pessoa, é o trabalho. Então, tem que ser uma pessoa que você conheça há anos, né. Que você fala: "É um trabalho digno de você dividir com o outro." Isso aí eu expliquei tudo pra ela e aí ela ficou convencida da questão.

Mas, em sua entrevista, Sônia Regina não se mostrou convencida dessa versão. Segundo ela, o Estatuto do Magistério reza que, não havendo ninguém que preencha os requisitos e que esteja interessado (mas só neste caso), o diretor pode convidar alguém de fora. Afirma que chegou à escola em 1989 e mesmo assim concorreu à vaga como alguém de fora. Confirma ter recorrido à Savuma para ver o que seus diretores poderiam fazer por ela, que pretendia ocupar o cargo de assistente de diretora. Conclui que "não deu certo; simplesmente não deu"; a diretora preferiu outra pessoa, "trouxe outra pessoa de fora, da mesma forma, sendo eu efetiva da casa".

Na Ata da Reunião de 25 de abril de 1989 do conselho de escola, consta o seguinte sobre o assunto:

A ESCOLA POR DENTRO

Outro assunto também discutido pelo conselho de escola foi a aprovação da nova Assistente de Direção Rosilene Pombo. A direção fez um relato a respeito da indicação, ressaltando as qualidades da indicada e seu ótimo *curriculum* e leu a fundamentação legal de sua indicação no estatuto do Magistério. A indicação foi então aprovada pelos membros do conselho de escola com muitos elogios à pessoa da mesma feitos principalmente pelos alunos e mães que participavam do conselho.

Formação acadêmica

As funções que desempenha e os problemas que precisa resolver, à frente da direção da escola pública, remetem à questão sobre a adequada formação do diretor para desempenhar suas atividades. O Anexo I do Estatuto do Magistério estabelece os seguintes pré-requisitos para prestar concurso público de títulos e provas a que o candidato ao cargo deve submeter-se:

Licenciatura Plena em Pedagogia com habilitação específica em Administração Escolar, ter no mínimo 5 (cinco) anos de exercício em função docente e/ou de especialista de educação de 1º e/ou 2º Graus, no caso de Ingresso, e 3 (três) anos de efetivo exercício no cargo de docente e/ou especialista do magistério Público Oficial de 1º e/ou 2º Graus da Secretaria de Estado da Educação de São Paulo, no caso de Acesso. (SÃO PAULO, 1985)

Embora considere de boa qualidade o curso de Letras e a habilitação de Supervisão Escolar que cursou, quando indagada sobre a qualidade de seu curso de Administração Escolar, Maria Alice responde: "Ai! Fraquíssimo! Em termos, assim, de aprofundamento de estudos, *na-da*, nada a ver com o dia a dia de um administrador escolar da rede pública. Nada, nada, nada mesmo." Não consegue lembrar-se de nenhum autor que tenha estudado ou lido durante sua habilitação em Administração Escolar. Rosilene e Sônia Regina também não se lembram dos autores estudados. Mas Maria Alice recorda-se e elogia bastante a bibliografia utilizada no concurso para diretor. Sônia Regina, que também já prestou esse concurso, também se lembra da bibliografia. Maria Alice considera de extrema relevância o contato com autores críticos e com textos de muito boa qualidade que a preparação para o concurso lhe proporcionou. A diretora declara ser uma pessoa que sempre procura atualizar-se, realizando cursos de aperfeiçoamento e de extensão, vários deles patrocinados pela própria Secretaria da Educação. Diz que muitos desses cursos foram bastante importantes para sua formação, mas que, ultimamente, as coisas têm-se repetido muito e, por isso, ela anda um pouco afastada de tais cursos. Quanto à formação acadêmica, feita por meio de habilitação em Administração Escolar nos cursos de Pedagogia, como pré-requisito para prestar concursos de diretor, ela considera muito fraca. "Essa formação do diretor, em termos teóricos e tal, não existe..." Refere-se principalmente aos chamados cursos vagos de Pedagogia e diz que há uma funcionária na escola que está fazendo um desses cursos numa cidade do interior do estado. Ri ironicamente da situação e diz que *uma vez* a cada dois meses, ela vai fazer as provas... Uma vez a cada *dois* meses... E já está concluindo."

Perguntei a Maria Alice qual deveria ser a formação do diretor para atender às funções que lhe são atribuídas pelo Estado e para manter a escola pública tal qual ela se encontra hoje. Eis sua resposta:

> Do jeito que ela está, você pega um secretário de escola [...] — olha, nem vou dizer com uma capacidade de redação, que nem precisa (só um ou outro caso). Então, cê pega um secretário de escola que tenha um pouquinho de liderança, seja um pouco mais esperto, tem um pouquinho de traquejo, e bota ele aqui. [...] Um pouquinho de bom senso [...], ele vai, ele vai. Não precisa de Pedagogia, ele não precisa de nada. Ele vai... [...] Ah! e esse um pra essa escola... uma grandessíssima dose de paciência [...]; mas uma dose de paciência sem limites. E compactuar com o estado geral das coisas; não querer as coisas certas, deixar tocar, deixar rolar. Essa pessoa seria ideal para o jeito que as coisas estão. Porque ela não teria conflitos, não causaria conflitos e a coisa andaria [...].

Este desabafo tem a ver, obviamente, com as precárias condições de trabalho na escola pública e com as funções possíveis ao diretor nesse contexto. Também está de acordo com a observação de Sérgio Avancine, baseada em pesquisa realizada em bairro periférico da Zona Sul de São Paulo, a esse respeito: "A diretora da escola, pós-graduanda em Educação, chega mesmo a explicitar a sensação de 'não poder fazer nada' do que vem estudando, tal a precariedade em que se apresenta a escola pública." (AVANCINE, 1990, p. 137) Em termos das teorias que estariam por trás da prática diária dos diretores hoje, Maria Alice acha que o que existe é "um certo bom senso por parte de alguns e o improviso quase que constante por parte de todos".

Mas, para uma escola que realmente funcionasse, atingindo objetivos educacionais, considera que o diretor deveria ser uma pessoa muito bem preparada. Em termos de formação acadêmica, bastaria que fosse professor, não sendo necessário o curso de Pedagogia, porque a bibliografia do concurso, sendo boa, prepará-lo-ia melhor. Quanto à necessidade de experiência anterior, responde incontinente: "Ah! tem que ter; isso eu concordo. Carradas de anos, tá? [...] Teria que ter, assim, ó: uns dez anos pelo menos, na rede estadual."

Rosilene também valoriza o conhecimento como requisito para um bom diretor de escola, especialmente porque isto lhe dá maior segurança e possibilita conquistar a confiança dos professores. Enfatiza o conhecimento administrativo, razão pela qual defende a formação em administração escolar. Outrossim, diz que não é importante dominar apenas os aspectos legais, mas principalmente os aspectos pedagógicos porque "legislação é importante, mas você pode consultar; agora, a parte pedagógica, não. O senhor tem que saber, o senhor tem que ter o domínio sobre ela..."

Sônia Regina também revela a necessidade de formação do diretor em Administração Escolar. Deise, a supervisora de ensino, considera que a parte administrativa não é tão necessária porque quem se encaminha para a direção é porque gosta e tem jeito para isso. Para ela, a formação do diretor é importante porque ele ocupa o cargo mais difícil da carreira do magistério; por sofrer pressões por todos os lados, o diretor tem necessidade de conhecer bastante psicologia para melhor relacionar-se com as pessoas. Assim também pensa d. Célia, que afirma não ter utilizado grande parte do que estudou na habilitação em Administração Escolar, mas acha que, mesmo assim, alguns conteúdos teóricos são necessários e os que mais utilizou em sua prática como diretora foram aqueles relacionados à Psicologia, especialmente os que tangem às relações humanas. Deise salienta também que o diretor precisa conhecer muito sobre desenvolvimento da criança e teorias de aprendizagem. Para ela, a comunidade é "muito carente, afetivamente falando, e as crianças estão muito abandonadas"; por isso, não basta a merenda. Elas precisam encontrar apoio e esse apoio elas devem ter na pessoa do diretor. Por isso, ele deve ser dotado de uma boa formação em orientação educacional.

Mári, ex-professora da escola, é a única que põe em primeiro plano a necessidade de uma formação política mais ampla, que inclua o conhecimento profundo da sociedade e dos fins da escola pública. A par disso, desconsidera a necessidade de formação em Administração Escolar e até mesmo em Pedagogia, declarando-se favorável a que o professor se forme em sua área ou disciplina e, em seguida, realize curso de pós-graduação para a direção escolar.

De maneira geral, as pessoas entrevistadas, quer de dentro, quer de fora da escola, tenderam a valorizar a formação teórica prévia do diretor, ressalvando sempre que essa formação deveria dizer respeito muito mais ao objeto de trabalho presente na unidade escolar do que a princípios, métodos e técnicas administrativas. Essa concepção deve estar relacionada à aversão que as pessoas acabam por tomar aos procedimentos burocráticos que emperram a realização dos objetivos educacionais, o que transparece claramente na fala de Jorgina, inspetora de alunos: "Administração vem do conhecimento que ele [o diretor] tem de educação. Ele vai administrar crianças [...]. Ele não pode administrar papéis, nada... É pessoa, gente, gente."

Outro aspecto bastante recorrente nas entrevistas foi a tendência em associar a formação do diretor a traços de personalidade. A esse respeito, duas qualidades estiveram muito presentes: ter *bastante* paciência — característica ressaltada especialmente pelas depoentes que já exerceram funções de diretora — e ter firmeza e tato no exercício da autoridade — que, na linguagem mais direta de d. Rosa Maria, mãe de aluno, consiste em "saber mandar".

Hoje, um dos assuntos mais polêmicos no que diz respeito à administração da escola pública refere-se à maneira pela qual se provê o cargo de diretor. *Grosso modo*, podemos distinguir três

Processo de escolha

formas para esse provimento: nomeação, concurso e eleição. A nomeação pura e simples pode dar-se ou com a exigência prévia de qualificação específica e um mínimo de experiência, ou por questões político-clientelistas, ou uma combinação dos dois critérios. De qualquer forma, ela encerra sempre um alto grau de subjetividade, propiciando um sem-número de injustiças e irregularidades, já que não existe um critério objetivo, controlável pela população, que, além de garantir o respeito aos interesses do pessoal escolar e dos usuários, possa também evitar o favorecimento ilícito de pessoas, ferindo o princípio da igualdade de oportunidades de acesso ao cargo por parte dos candidatos. Por esses motivos, a nomeação para o cargo de diretor de escola é, com razão, condenada por todos aqueles interessados na boa gestão da escola pública.

No estado de São Paulo há uma tradição de muitos anos que estabelece legalmente a exigência de provimento do cargo de diretor por meio de concurso público de títulos e provas. Por esse motivo, políticos e estudiosos da área da Educação costumam realçar o avanço de São Paulo com relação a outros estados da federação, em que seus diretores de escola são nomeados sem concurso público. Por outro lado, nos últimos anos têm surgido argumentos vigorosos em favor da eleição do diretor da escola pública, produto, em parte, do exame mais crítico que se tem feito da escola, sua organização e seu papel na sociedade. Certos estados acumulam experiência de alguns anos, outros estão em vias de implementá-la e parte deles fez constar em suas Constituições a norma de provimento por meio de processo eletivo. No estado de São Paulo, entretanto, permanece a norma dos concursos, tendo sua Constituição se omitido a respeito da exigência de eleição.

Nas entrevistas, o assunto era introduzido perguntando-se ao depoente como ele achava que devia ser feita a escolha do diretor e a justificativa de sua resposta. A alternativa de nomeação pura e simples não foi defendida por nenhum dos entrevistados, tendo as respostas se restringido à escolha por concurso ou por eleição. Procurou-se desenvolver a conversa sempre no sentido de fazer surgirem todos os argumentos de que o entrevistado dispunha a favor de sua opção e contrários à opção alternativa. Em muitos casos procurou-se, depois de apresentadas as razões do entrevistado, defender a opção oposta, com a finalidade de verificar sua posição diante de novos argumentos.

O conjunto dos argumentos a favor dos concursos e das eleições pareceu-me, além de muito rico, bastante semelhante aos argumentos presentes quer na literatura sobre administração escolar, quer nas discussões que se têm travado tanto no meio acadêmico quanto no interior da rede de escolas públicas. Creio que a apresentação desse material poderá contribuir para fazer avançarem tais discussões.

A diretora da Celso Helvens diz que, como nunca teve o "rabo preso", advoga a manutenção dos concursos para a escolha do diretor. Percebe-se, nesta justificativa, uma defesa da moralidade dos concursos e uma oposição a práticas subjetivas de escolha. Este pensamento parece estar bastante difundido na população: os cargos públicos não podem ser distribuídos por apadrinhamento político, tendo-se de garantir a democratização do acesso a eles; a forma mais avançada de fazê-lo é por meio de concursos públicos. No sistema público estadual paulista, esta é também a forma legal. Em 31 de janeiro de 1991, segundo informações fornecidas pelo Departamento de Recursos Humanos da Secretaria da Educação (Drhu)[4], havia na rede de escolas públicas estaduais de 1º e 2º graus 4.558 diretores de escola efetivos concursados, dos quais 347 estavam afastados das unidades

---

4. Agradeço à Sra. Conceição Aparecida Silva Capelli, diretora técnica do Drhu, pela gentileza das informações fornecidas.

e 96 em licença de saúde, restando, portanto, 4.115 diretores concursados efetivamente exercendo o cargo de diretor nas escolas. Em 26 de junho de 1991, era de aproximadamente 5.491 o total de escolas de 1° e 2° graus da rede estadual com cargos de diretor passíveis de provimento por concurso público. Assim, subtraindo-se 4.115 de 5.491, temos um total de 1.376 escolas com assistentes de diretor "interinamente" no cargo de direção, ou seja, 25% dos diretores em exercício nas escolas não são concursados, mas nomeados. Essa porcentagem costuma variar em decorrência da política do governo para os concursos, da intensidade com que os diretores são atraídos para prestarem serviços em outros órgãos do próprio governo estadual e da frequência com que se aposentam ou entram em gozo de licença. De qualquer forma, a impressão que prevalece é a de que o concurso é adotado para a totalidade dos casos. Isto parece estar contribuindo para evitar que ocorra em São Paulo o que aconteceu em outros estados com a abertura política verificada desde início da década de 1980. Em alguns desses estados, a prática generalizada e explícita da nomeação e a inexistência de um sistema de concursos públicos que se antepusesse como argumento meramente técnico ao anseio por mudança parecem ter contribuído para a manutenção da discussão sobre o problema no âmbito político, concorrendo, assim, para a passagem para um processo de escolha do diretor por meio de eleição, em vista da resistência da sociedade civil ao sistema de nomeação até então vigente.

Embora concorde com os concursos, Maria Alice acha que, da forma como são realizados, não se prestam com eficiência à real aferição da competência do candidato. Por isso, propõe que, por mais inviável que pareça, se proceda, além da prova escrita, a um período de observação do candidato pelo examinador por uns 20 dias em seu trabalho para, só assim, atribuir-lhe uma nota ou conceito correspondente a sua capacidade. Mas não concorda em substituir o concurso por processo eletivo.

> [...] eleição não. Eu não concordo em eleição de jeito nenhum, porque tudo o que eu já vi de eleição... Meu Deus do céu, nosso país taí pra

dizer se eleição resolve alguma coisa. Do jeito que ela sempre foi colocada aqui nesse país? Veja, veja: nós não tamos contentes nem com deputado, nem com prefeito, nem com vereador das cidades, nem com vice, nem com presidente da República, com ninguém. Certo? Senador e tudo... Então, pelo amor de Deus! A coisa é muito... Essa representatividade do segmento que votou... É muito difícil.

Ponderei que a escolha de pessoas que não defendem o interesse da população talvez não se deva ao fato de se votar demais, em nosso país, mas precisamente porque, entre muitas outras razões, não temos uma tradição do exercício do voto como meio de escolha de nossos representantes. Acrescentei que, se as práticas da realização da democracia são imperfeitas, talvez se trate de lutar por aperfeiçoá-las e não de renunciar a elas. Maria Alice concorda com meus argumentos, dizendo-se favorável à eleição para os cargos para os quais ela já é prevista, mas discordando, mesmo assim, da eleição do diretor, que deve continuar a ser provido por concurso.

Rosilene também é favorável ao concurso porque acha que o diretor deve ter "um conhecimento" para isso. Nos casos em que não há o diretor efetivo, ela "até concorda" com a eleição, desde que os candidatos tenham a habilitação em Administração Escolar, sendo que os eleitores seriam os professores e os pais de alunos. Posição semelhante tem Sônia Regina, que é favorável ao concurso, mas gostaria que, além do exame escrito, houvesse uma entrevista com o candidato. A respeito da eleição, diz que acha uma boa ideia, desde que a comunidade tivesse conhecimento sobre o assunto e participasse efetivamente da eleição, para a qual poderiam candidatar-se apenas professores com curso de Pedagogia e habilitação em Administração Escolar. A respeito de qual seria a melhor opção, diz que, "no momento, ainda teria que ser concursado. A comunidade não está preparada — e nem mesmo os professores — a se eleger. Não está. Tá muito manipulado." À pergunta "que condições, então, teríamos que ter para que a eleição se desse adequadamente?", responde: "Teria que voltar para a comunidade."

Esse argumento que, nas discussões sobre o assunto, tem surgido com frequência muito maior do que se poderia imaginar, merece dois comentários. Em primeiro lugar, o recurso à comunidade não parece resolver nada se, de princípio, ela não pode participar, pelo voto; a não ser que se adote uma posição paternalista, segundo a qual os professores (que, no caso da argumentação de Sônia Regina, também não estão preparados) iriam tutelar os pais e "catequizá-los" para o exercício da "democracia". Em segundo lugar, a alegação de que a comunidade não deve votar ou porque não está "preparada" ou porque não sabe votar encerra uma perversidade muito grande porque, como a comunidade só aprende a votar votando, nunca aprenderá (porque não vota) e, assim, nunca deverá votar (porque não sabe).

Mas essa alegação da incapacidade de a população escolher o melhor (ou o menos ruim) é bastante recorrente na discussão sobre a escolha do diretor de escola e parece estar sempre presente, com maior ou menor ênfase, em todo discurso contrário à eleição. Na EEPG Celso Helvens, várias pessoas fizeram uso desse argumento. Glauce, por exemplo, é a favor do concurso porque a eleição não daria certo, por conta da influência política de deputados, vereadores, etc. Perguntada por que é contrária à eleição, já que ela mesma relatara uma experiência em que a eleição funcionou "maravilhosamente" numa escola municipal de "classe alta", diz:

> A realidade é outra, Vítor. [Lá funciona porque] as pessoas são mais esclarecidas, os pais são mais esclarecidos, são mais atuantes. [...] Quanto mais educação, quanto mais cultura tem o povo, mais ele sabe dizer o que ele quer, mais ele *sabe* o que ele quer (entendeu?) e mais ele sabe atuar em cima daquilo que ele quer, né. Ele direciona aquilo que ele quer. Em contrapartida, as pessoas mais simples, elas têm uma atuação menos em cima dessa situação. Eu acho que ele [...] não conseguem exercer algum poder em si. Então, fura o esquema.

Para Deise, supervisora de ensino, a escolha do diretor deve levar em conta o conhecimento e a experiência porque essa é a função de maior importância e responsabilidade; por isso, é pelo concurso para provimento do cargo.

> Eu não sou muito esse negócio de escolha pela comunidade, não, sinceramente falando, porque eu acho que por aí começa com aquela parte de política, envolvimento político e nem sempre a comunidade está aparelhada pra saber escolher o melhor para sua escola. De repente, ela é manipulada e escolhe um cidadão que...

Acha que o concurso é a melhor solução também porque aí "todos vão lutar em condições de igualdade e que vença o melhor, ou os melhores". Esta argumentação revela uma preocupação com os interesses dos candidatos à direção, na medida em que atenta para a democratização das oportunidades de acesso. E isto, saliente-se, é importantíssimo; daí a ilegitimidade da nomeação pura e simples, que não leva em conta essa igualdade de oportunidades. Mas parece que tal visão dá conta de apenas uma parte da questão, já que não indica nenhuma preocupação com os interesses dos que irão "submeter-se" à direção escolar, ou seja, os trabalhadores do estabelecimento de ensino e a imensa massa de usuários da escola pública.

A quase totalidade dos pais entrevistados concorda com a eleição como forma de escolha do diretor. A única exceção ficou por conta de d. Isabel, diretora executiva da APM, que alegou ser a favor do concurso porque ele identifica se a pessoa "sabe mesmo", ao passo que, com a eleição, pode acontecer de ser escolhida uma pessoa que não tem capacidade técnica para exercer o cargo. Todavia, diante da questão colocada pela entrevistadora sobre a real possibilidade de um concurso medir as capacidades exigidas para o cargo, d. Isabel fica em dúvida: "Se bem que isso, às vezes, vale, às vezes, não vale. Às vezes, tem pessoas que vai lá, faz a prova, é escolhido e não entende bulhufas da coisa. E, às vezes, um leigo aí, que não é nada, não sabe de nada, ele pode ser um ótimo diretor, né? Isso é variável, né?" O impasse, entretanto, não a faz mudar de opinião e ela parece agarrar-se ao concurso como a um fetiche que tem o poder de avaliar, soberanamente, se o candidato é competente ou não: "Mas, ainda sou pelo concurso [...] Qualquer coisa, 'bom, mas você fez o concurso, você foi escolhida para aí, né. Você tinha capacidade pra fazer.'"

O impasse enfrentado por d. Isabel parece revelar bem a insegurança que, às vezes, se verifica na tomada de decisão a respeito do concurso como alternativa para a escolha de candidatos a cargos de modo geral. A esse respeito, embora imperfeito, parece que o concurso se apresenta como excelente meio para verificar a capacidade técnica das pessoas para assumirem determinados cargos. Antes, portanto, de se renunciar a essa alternativa, que tem demonstrado ser, se não a única, pelo menos a mais eficiente maneira de se escolher os mais capacitados tecnicamente, trata-se, muito mais, de se aperfeiçoarem os procedimentos adotados na realização dos concursos, apurando as técnicas de medida do desempenho e incluindo entrevistas, estágios probatórios e outros mecanismos que lhe incrementem a eficiência.

Todavia, quando se trata da escolha do diretor da escola pública, no Brasil, o que falta trazer ao campo da discussão é o questionamento do tipo de desempenho que se espera do futuro ocupante do cargo. A esse respeito, se se trata de manter a escola no estado precário de atendimento em que se encontra, os depoimentos examinados algumas páginas atrás reforçam a hipótese de que do diretor não se precisa exigir muito mais do que escolaridade de 2º grau, um pouco de capacidade intelectual para aprender a lidar com a papelada, muita paciência para lidar com a burocracia e "administrar" a infinidade de problemas que terá de enfrentar no dia a dia, além de disposição para permanecer conivente com o *status quo*. A aferição da capacidade para esse tipo de desempenho do diretor parece que dispensaria o próprio concurso, nos moldes em que ele é realizado hoje, em que se exige formação em Pedagogia com habilitação em Administração Escolar e o domínio de uma bibliografia mínima apresentada nos editais do concurso. A não ser que, além de manter o *status quo* na escola, se pretendesse, com o concurso, também escamotear a realidade, reduzindo o problema da precariedade da escola pública a uma questão técnica apenas. Acredito que a atual sistemática de concursos tem-se prestado a esta função político-ideológica: obscurecer as profundas causas políticas da inépcia da escola, reduzindo-a a uma dimensão meramente técnica; como se, ao diretor, bastasse uma competência técnico-administrativa que o capacitasse a bem gerir os recursos a sua disposição (que recursos?), promovendo, assim, o "bom funcionamento" da escola.

Mas, com isso, estou entrando na consideração de uma nova dimensão do problema, que me parece excessivamente minimizada quando se opta exclusivamente pelo concurso como forma de selecionar os mais capacitados tecnicamente. Trata-se da dimensão política, de fundamental importância na consideração do estado atual de nossas escolas públicas e na proposta de superação dessa situação. Essa dimensão política impõe-se diante da constatação da presença, na escola, de condições objetivas inadequadas à realização de seus fins educacionais, provocadas pela falta de recursos de toda ordem, produto não da escassez de tais recursos, mas da falta de vontade política dos que detêm o poder do Estado para prover educação de boa qualidade para a imensa massa da população dependente do serviço público.

Dessa constatação emerge a necessidade e a premência de um controle cada vez mais efetivo das ações do Estado pela sociedade civil, em especial pelos usuários da escola pública. Esse controle é condição essencial ao funcionamento de uma sociedade que pretenda democratizar-se. A questão central é, pois, buscar formas de pressionar o Estado para que ele utilize os recursos de todos no atendimento das necessidades básicas da população. Ressalte-se que, no caso do acesso ao saber escolar, trata-se de reivindicar não apenas que os recursos sejam utilizados para a viabilização do ensino, mas também que tal ensino se dê, na forma e no conteúdo, de acordo com os interesses das classes trabalhadoras, que são as usuárias da escola pública.

Quando se trata de escolher um diretor que, a par do conhecimento técnico, precisa exibir um compromisso político com os interesses dos usuários, parece que não basta o concurso público como forma de escolha. Esse concurso presta-se muito bem para aferir os aspectos relativos ao desempenho técnico e é importante que ele continue existindo; não, certamente, nos moldes atuais, em que, especialmente pela natureza da formação exigida, supõe-se a necessidade de um saber estritamente "administrativo", quando, pelas necessidades da escola e por seu objeto de trabalho, se devesse privilegiar o pedagógico. Mas, para levar em conta a dimensão política do cargo, parece-me imprescindível a consideração de um processo eletivo de escolha, com a participação de todos os interessados no processo escolar: pais, professores, funcionários, alunos e comunidade.

A entrevista com Mári, ex-professora da Celso Helvens e com intensa prática política na escola pública e nos movimentos do bairro, foi bastante proveitosa para a discussão da alternativa de eleição para o provimento do cargo de diretor. Mári começa dizendo que, embora no âmbito de seu partido político (PT) a eleição do diretor seja coisa "tranquila", ela própria ainda tem muita dúvida a esse respeito. Declara-se a favor do concurso, mas acha que este deveria encontrar uma forma de selecionar os que tivessem mais competência pedagógica e maior compromisso com a escola pública. Quando coloco a inviabilidade de um concurso que possa captar o compromisso político, já que isso só se capta na prática política, Mári mostra-se embaraçada e confessa estar pensando mais seriamente nesta questão pela primeira vez, o que não deixa de ser intrigante, tratando-se de pessoa tão ligada à escola pública e às lutas pela democratização dos serviços públicos. A hipótese que tenho é a de que a aparência de justiça e "moralidade" dos concursos públicos consegue aplacar até mesmo os espíritos mais inconformados com o *status quo*. Mári continua dizendo que, se a população estivesse preparada para sabatinar o futuro diretor, isto seria o ideal. Mas, ao falar, se dá conta de que isto reforça precisamente os argumentos em favor da eleição, pois só tem sentido a população sabatinar o candidato se ela tiver poder de escolhê-lo ou rejeitá-lo. Diz, então, que a eleição é uma ótima medida como alternativa para a nomeação pura e simples, mas que não é a mesma coisa num lugar onde já está organizado um sistema de concurso. Acrescenta que, apesar dos aspectos positivos, o principal problema com a eleição é o risco de se elegerem as pessoas mais reacionárias, que tivessem melhores condições de manipular a comunidade. Também o sr. Roberto, pai de alunos, que é favorável à eleição, manifesta preocupação semelhante: "Agora, aí pode ter os pais também que possam querer um diretor pra apadrinhar o filho dele. E o diretor, amanhã ou depois, vai cair num fracasso."

Essa preocupação de Mári é muito comum entre pessoas com um real compromisso com os destinos da escola pública. Entretanto, é preciso considerar que este é um risco presente em todo processo democrático e que pouca coisa podemos fazer a não ser acreditar que a prática da democracia é um caminho que se faz caminhando e que o embate das ideias e a explicitação das contradições são mais propícios à superação dos conflitos do que o fazer de conta que eles não existem. Ademais, a prática do concurso também não afasta o risco de escolher "os mais reacionários", já que não coloca (nem pode colocar) como exigência o compromisso político. Além disso, sendo o único critério de escolha, o concurso oferece condições propícias para o exercício do autoritarismo do diretor, já que, ao legitimar uma escolha "impessoal", estabelece um vínculo (com permanência garantida pela estabilidade do cargo) entre o diretor e o Estado, o que exclui o compromisso direto e explícito, possível por meio de processo eletivo, com aqueles que o elegeram para um mandato e que estarão a controlar seu desempenho, podendo não o eleger para o próximo.

Uma das razões mais apontadas pelos entrevistados que optaram pela eleição como a melhor forma de escolha do diretor foi a oportunidade de conhecimento prévio e familiaridade com o candidato que este sistema possibilita. A professora Maria Lídia, por exemplo, diz que, com esse tipo de escolha, "iria ser eleito um diretor que todo mundo conhece e o aluno, a mãe de aluno, podia chegar e conversar abertamente; porque, de uma maneira geral, o diretor é um pouco temido".

D. Margarida, merendeira, não sabia que havia concurso e surpreendeu-se diante da hipótese da eleição, mas salientou que o ideal é escolher para diretor "quem a gente trabalha junto, a gente já conhece". Opinião semelhante expressa d. Júlia, mãe de aluno, para quem a existência de concurso também era desconhecida: "Olha, eu acho que o diretor deveria ser escolhido, assim, pelos pais, mas como a delegacia de ensino, ela não concorda com isso, a delegacia de ensino, ela vai na escola, ela inscreve lá o diretor, eles mandam aquele diretor que eles pretendem mandar e pronto." É a favor da eleição porque aí os pais podem "escolher o diretor que seja aquele professor que a gente conheça há muitos anos [...] aquele professor que a gente vê que ele trabalhe mais, que ele se esforce mais pelo trabalho da escola, que ele se esforce mais pelo trabalho do bairro".

Para que assim ocorra, d. Júlia apresenta uma exigência que apareceu também na fala de outros entrevistados: que o diretor resida no próprio bairro da escola. Isso é necessário, segundo ela, "porque o diretor de uma escola, ele sendo daquele bairro, ele sabe a opinião da população [...] Agora, um diretor que mora lá na cidade, ele tá aqui só durante o dia, porque o dia a dia não é só durante o dia..."

Jorgina, a inspetora de alunos, também considera que, para candidatar-se, a pessoa deve morar no bairro, porque ela precisa conhecer os problemas da comunidade. Deise, a supervisora de ensino, já acha que o fato de residir fora do bairro não causa problema nenhum para o desempenho do diretor porque, se ele tem vontade e aptidão, ele "veste a camisa da escola". Maria Alice também não aceita a tese de que o diretor deve pertencer à "comunidade" da escola. Para ela, o fato de residir longe do bairro ao mesmo tempo dificulta e facilita seu trabalho. Tem consciência de que é uma pessoa diferente da comunidade da Celso Helvens, mas considera que contribui para as pessoas porque, "em muitas de minhas colocações, é uma cobrança diferente da que eles fariam e tá trazendo um alerta pra outra postura de vida..."

Com relação aos pré-requisitos para concorrer às eleições, as opiniões são divergentes: alguns consideram que qualquer pessoa poderia candidatar-se, outros colocam a exigência de um conhecimento prévio e outros ainda acrescentam ao conhecimento a experiência docente. Entre os primeiros está Helena, a "presidenta da favela de Vila Dora", que acha o estudo importante, mas diz que há pessoas que não têm estudo e poderiam estar aí ajudando a melhorar. Cita a si própria como exemplo de quem mal sabe assinar o nome, mas dirige a creche e o centro comunitário.

A maioria, entretanto, considera necessário que o candidato exiba uma formação anterior que lhe dê condições para lidar com as questões escolares. Jorgina acha que é importante o conhecimento pedagógico, que seria verificado previamente por meio de concurso, tendo os candidatos de ser portadores de diploma de ensino superior na área de Educação, não necessariamente com formação específica em Administração Escolar. Para concorrerem, os candidatos deveriam apresentar uma plataforma de realizações e os planos para a escola, que seriam examinados durante a campanha.

Os entrevistados que colocaram como pré-requisito também a comprovada experiência no magistério, como foi o caso de Francisco, pai de aluno, justificaram com a necessidade de uma maior vivência com os problemas escolares.

Com relação à origem do candidato, seja ele um professor ou um funcionário de escola ou mesmo um pai ou uma mãe de aluno, houve pouca restrição por parte dos entrevistados favoráveis à eleição, a não ser aquelas que dizem respeito aos pré-requisitos de conhecimento, formação acadêmica e experiência.

Quanto aos eleitores aptos a eleger o diretor, os que optaram por este sistema não fizeram, em geral, grandes restrições a que pais, professores, funcionários e, em alguns casos, mesmo os alunos, escolhessem diretamente o futuro ocupante do cargo. Mas d. Célia, da Sama, que já foi diretora, é a favor da eleição do diretor apenas pelo conselho de escola, de preferência por tempo indeterminado, para que ele possa ter tempo para fazer alguma coisa, podendo seu mandato encerrar-se também a critério do conselho de escola, que deliberaria sempre com base numa ampla consulta à comunidade.

A respeito da escolha do diretor, é importante assinalar que algumas pessoas não defendiam de imediato a eleição simplesmente porque nunca sequer pensaram nessa possibilidade e aceitam a realidade como está. Mesmo considerando que algo não vai bem, não têm consciência dos aspectos estruturais, contentando-se em culpar as pessoas ou o "governo" que não toma providências, punindo os maus funcionários. É o caso de d. Rosa Maria, que, não tendo informações sobre como é provido o cargo, concorda com o concurso quando lhe disse que assim é previsto por lei; mas, colocada a hipótese da eleição, entusiasma-se pela ideia: "Não era bacana, até? É. Cê sabe que era bacana mesmo. Bacana porque, daí, se a gente via que o diretor não tava fazendo o que os pais queria, os pais podia tirar ele, daí dois anos, e botava o outro."

Quando se pretende introduzir mudanças na escola pública, por mais certos que estejamos de seu caráter democrático (ou precisamente por isto), é preciso que essa introdução também se faça de *forma* democrática. Esta norma parece aplicar-se muito bem à questão da eleição de diretores. Pouca coisa parece tão nociva à ideia de eleição como instrumento da democracia do que sua imposição de cima para baixo pelas autoridades governamentais, sem a participação de todos os envolvidos no processo: professores, pais, direção, funcionários e alunos. Por isso, para que não se cometam injustiças (especialmente no que tange aos direitos adquiridos pelos diretores), para que a eleição não se coloque como uma panaceia e para que o processo conte com a adesão de importantes setores da escola e da comunidade, é importante que a participação na tomada de decisões se refira tanto ao conteúdo quanto à forma de implementação da medida proposta.

Embora seja a mais alta posição hierárquica no interior da unidade escolar, tendo um horário flexível e um salário maior que o das pessoas que comanda, o cargo de diretor de escola não é considerado compensador por nenhuma das pessoas entrevistadas que já ocuparam essa posição.

"Prestígio" e "recompensa"

Para enfatizar os problemas e dificuldades que tem de enfrentar constantemente, Maria Alice afirma que seu trabalho é "lavagem cerebral". Ela verifica isso quando consegue afastar-se um pouco da escola para fazer um curso, por exemplo, e volta animada e com novas ideias, mas, com pouco tempo de trabalho na escola, tudo se perde novamente:

> De repente, com uma semana disso daqui, eu vou empilhando os textos que vêm para ler, tá; eu vou guardando na gaveta, porque é o funcionário, porque é o telefone, porque quebrou a lâmpada, arrebentou o reator, está saindo fumaça, e por aí afora; aluno está se matando, entrou marginal, pulou o muro... Acabou. Em uma semana aquilo tá... [...] Trabalho de diretor de escola na rede pública (não estou exagerando: converse com qualquer diretor) é *lavagem cerebral*, é deixar o cara a zero, sugar o que tem e o que não tem... Fala assim: "Agora cê tá bem... sabe, lavado, não tem mais nada na tua cabeça? Isso. Então você continua tocando a escola."

A professora Leda também lamenta a exaustão a que leva o trabalho de diretor, do caráter solitário da função e da falta de recompensa que corresponda ao sacrifício. Diz que, quando se é professor, sonha-se em chegar à posição do diretor, mas, "quando cê chega na direção, você vê que não é nada daquilo que você imaginava. Cê ia ficar folgadona, cê ia ficar tranquila, ia chegar à hora que quisesse, ia sair à hora que cê quisesse." Afirma que, embora o horário seja mais flexível, o trabalho do diretor é muito maior. Diz também que "a escola é um monte de problemas e não tem como solucionar, atualmente"; por isso, acha que ser diretor "é esquentar demais a cabeça, é ficar doente". Afirma que, enquanto ocupava a direção, tinha de ir quase toda semana ao pronto-socorro e que ainda carrega "uma gastrite nervosa até hoje, por causa daquela época". Diante disso, acha que "o valor monetário que você ganha é tão pouco [...] que não vale a pena realmente... não vale a pena realmente".

Maria Alice também menciona problemas de saúde, assim respondendo quando lhe perguntei a respeito da relação do seu trabalho com sua vida pessoal:

> Bem, eu só digo o seguinte: nós somos (eu falo em geral porque eu vejo os meus colegas) extremamente tensos, pessoas desconfiadíssimas de tudo, porque a gente, sabe, está acostumada no lusco-fusco, um

problema tão grande, entra um sai outro, fala uma coisa, não cumpre, vai pra lá, volta pra cá. Cê vai ficando, assim, uma pessoa desconfiada, *amarga*, extremamente amarga, né, pessimista... até doente, tá, fisicamente somatizando "n" coisas e com mil problemas; temos hipertensão em quase metade dos diretores da [delegacia de ensino]; todo mundo é hipertenso (eu ainda não sou, mas vou acabar sendo).

Acha-se uma pessoa "muito alegre", mas não encontra tempo para brincar: "Eu gosto de brincar com a meninada [...] É meu jeito, meu Deus do céu: eu gosto! E eu não tenho tempo pra isso nem nada. Às vezes, eu dou as minhas brincadas e tudo, mas isso é lá e cá. Normalmente, eu tô ali no batentão, resolvendo..."

A respeito de sua realização profissional como diretora, Maria Alice diz que, quando começou, em 1984, "tinha muito orgulho de ser uma diretora de escola estadual; me sentia muito orgulhosa mesmo", mas "ultimamente, de [19]86 pra cá, eu tenho receio de colocar, no círculo onde eu convivo, até no prédio onde eu moro (eu sou do conselho do prédio) [...] é uma pilhéria só, é um caçoísmo geral, ninguém acredita mais nisso, tá. Acha que a gente é um louco de estar nisso daqui." Diz que está pensando em atualizar seus conhecimentos de Inglês e voltar a dar aulas particulares, por achar que vai "ter um pouquinho mais de reconhecimento..."

Perguntada se a questão do salário tem a ver com o prestígio, Maria Alice responde: "Ai, mas muito; muito... muito. Eu estava ganhando, até o mês passado [junho de 1989], para você ter uma ideia, 850 cruzados [novos] por mês [o correspondente a 8,07 salários mínimos]." Além disso, segundo Maria Alice, a jornada de trabalho é de mais de 40 horas semanais: "Sessenta, porque eu trabalho na minha casa, eu vou atrás de verba, o meu carro tá um frangalho de carregar coisarada pra lá e pra cá, de fazer compra e tudo... Verba que vem, você tem que se virar: carregar vassoura, balde, por aí afora dentro do carro..."

Continua dizendo que a defasagem salarial está enorme, o prestígio caiu bastante; considera que nem é tanto pelo prestígio, mas pela falta de reconhecimento da sociedade.

Não é prestígio, é reconhecimento, tá. Cê tem 16 anos de serviço pro Estado, fiz uma opção de ficar só nisso, sou uma pessoa que trabalho, que sabe, não falto com o meu batidão aí diário... E, olha, a mesma coisa com meus funcionários todos, tá. Tenho uma pena danada desse pessoal que trabalha oito horas por dia... O pessoal daqui dessa escola trabalha, o administrativo e uma boa parte dos professores também. Agora, tem uma parte que não quer saber de nada com nada. [...] Gente que trabalha 40 horas por semana, até mais e ganha 280 cruzados [novos] [2,33 salários mínimos] como escriturário. É um absurdo.

Quanto ao papel da mulher como diretora:

Nós somos operárias, como qualquer operário de uma metalúrgica que sai de casa de manhã com sua marmitinha e chega de noite e ela tem que lavar roupa, ela tem que fazer comida, ela tem que preparar comida de amanhã, e ela tem que lavar o banheiro porque o banheiro tá sujo, né. Eu, abrindo o jogo, eu, por exemplo, há dois anos que não tenho faxineira nem empregada, nem nada.

Maria Alice contrapõe essa diretora com a figura da diretora "bem casada" que, segundo ela, constitui a metade de sua delegacia de ensino:

Então, esse pessoal "bem casado", eles estampam uma figura do diretor antigo, muito bem arrumado nas reuniões, carro do ano... [...] então, por exemplo, quando você tem uma reunião, à vezes... vou falar sério: eu e um grupinho lá, a gente se sente mal. Uma pessoa que vive dessa profissão, nós somos em quatro ou cinco que tá fazendo malabarismo para viver disso e que já não tá conseguindo mais e tá partindo pra outra... Agora, a turma que é bem casada leva numa boa.

Essa situação parece explicar, pelo menos em parte, o fato de que, cada vez mais, a direção de escola tem constituído uma profissão feminina, com o que concorda Maria Alice, afirmando que, em sua delegacia de ensino, num total de 28 diretores, só há 2 do sexo masculino.

A ESCOLA POR DENTRO

O desencantamento de Maria Alice diante das dificuldades por que passa para fazer funcionar sua escola com um mínimo de qualidade

O sonho acabado

que seja compatível com a realização de seus objetivos educacionais tem todos os ingredientes de um fim de sonho. Por muitos anos, ela alimentou o desejo de ver realizar-se, sob seu comando, o ideal de uma escola de boa qualidade e a convicção de que isso era possível a partir da dedicação e do entusiasmo, que não lhe faltavam. A educação escolar era, ao mesmo tempo, a forma de ligar-se com o outro, com a sociedade, com os que dela precisavam, e o instrumento de realização pessoal e profissional, requisito básico para sentir-se valorizada e útil aos olhos de todos e de si própria. Agora a sociedade parece rir-se diante de quem ousa colocar um ideal social acima dos próprios interesses pessoais de simplesmente levar vantagem, ganhar mais e projetar-se diante dos demais. Não que Maria Alice não desejasse também essa projeção. Mas que ela fosse o resultado de seu êxito em levar o saber escolar aos que dele necessitam. E o que hoje experimenta é uma enorme frustração, misto da descrença diante do descaso crônico do Estado diante da precariedade da escola e do próprio sentimento de impotência para realizar aquilo que um dia acreditou ser a sua vocação. A consciência dessa realidade leva-a às lágrimas e comove também a mim, que a escuto.

Em todas as profissões deve haver pessoas que chegam a esse tipo de desencantamento. Mas é difícil acreditar que o caso de Maria Alice seja único, ou mesmo tão raro, entre os diretores de escola pública, especialmente entre aqueles (que não devem ser poucos) que um dia sonharam ocupar a posição de chefe de escola porque, entre outras vantagens, estariam assim com o poder de resolver os problemas da escola e propiciar ensino de boa qualidade à população. Não que esse sonho deva ser visto como algo angelical, no qual só há o desprendimento humano e a ausência do desejo de afirmação pessoal e até de domínio sobre grupos. Mas mesmo isto não nos autoriza ignorar que, no projeto de se tornar diretor, pode estar também algo que se identifica com o interesse em servir a uma causa com alto valor social.

Levantei essa questão porque me parece comum, hoje, que professores, alunos, funcionários, pais e até estudiosos da educação escolar passem a enxergar o diretor sob o estigma do autoritarismo e da associação ao Estado para impor sua vontade ao pessoal da escola e a seus usuários, quando o que me parece mais correto é vê-lo como alguém que, como qualquer outro ser humano, está sujeito às determinações sociais mais amplas e, no caso específico da escola, representa apenas um elo na cadeia de poder que condiciona a estrutura de ensino. Parece que o diretor "autoritário" de hoje é o mesmo professor "idealista" de ontem, que abominava o "autoritarismo" dos diretores.

É bom salientar, todavia, que essa questão é aqui mencionada não para desculpar os autoritarismos de todos os matizes presentes nas atitudes do diretor de escola, nem para minimizar a importância de suas consequências, mas para alertar para a necessidade de se conhecer o problema da escola pública em toda sua concretude e dimensões, condição primeira para o encaminhamento de medidas visando a sua superação.

3 Os Mecanismos de Ação Coletiva no Interior da Escola

Na escola pública estadual existem, institucionalizados, os seguintes mecanismos que preveem algum tipo de ação coletiva: conselho de escola, conselhos de classe e de série, associação de pais e mestres (APM), centro cívico e grêmio estudantil. O conselho de escola e os conselhos de classe e de série são partes integrantes da própria estrutura organizacional da escola. A APM é instituição auxiliar de caráter obrigatório, de acordo com o Regimento das Escolas Estaduais de 1º Grau do Estado de São Paulo, o mesmo acontecendo com o centro cívico. Este último, todavia, teve sua obrigatoriedade prejudicada a

A ESCOLA POR DENTRO

partir da vigência da Lei Federal nº 7.398/1985, que instituiu o grêmio estudantil, de caráter facultativo, dando autonomia para a organização dos estudantes nas escolas de 1º e 2º graus (BRASIL, 1985).

No presente item examino a presença (ou ausência) e o funcionamento de cada uma dessas instituições no interior da EEPG Celso Helvens, bem como a visão que delas têm as pessoas entrevistadas.

3.1 ASSOCIAÇÃO DE PAIS E MESTRES

Segundo o artigo 2º do Estatuto Padrão das APMs, estabelecido pelo Decreto nº 12.983/1978, "a APM, instituição auxiliar da escola, terá por finalidade colaborar no aprimoramento do processo educacional, na assistência ao escolar e na integração família-escola-comunidade" (SÃO PAULO, 1978). Mas a diretora da Celso Helvens diz que esses objetivos não passam da letra da lei, onde tudo é bonito, mas não tem correspondência no real.

> É maravilhoso o estatuto da APM: cê já viu!? É lindíssimo! Sai publicado, você gasta um dinheiro pra legalizar, sabe. A cada ano que você faz eleição, você tem que registrar em cartório, sai publicado... O estatuto é belíssimo, se você lê: a integração escola-comunidade, até uma certa gerência dentro da escola...

Quando perguntada sobre quais os objetivos *reais* da APM, Maria Alice toma cuidado, pergunta se pode "dizer a verdade", e desabafa: "O Estado quer a APM [...] pra dar uma falsa impressão de participação: 'Faz de conta que vocês mandam.' Mas na verdade, não manda nada. Esta é a minha impressão. Não manda nada e não tem condições..."

A APM é obrigatória nas escolas públicas estaduais de 1º grau. Mas parece que em muitas delas, como é o caso da Celso Helvens, sua existência é muito mais formal do que real. E isto se dá, segundo Maria Alice, pela dificuldade que a população tem em participar de suas atividades. Como vimos no item 1 "A estrutura formal da escola", deste capítulo, além da assembleia geral, a APM deve ser constituída de um conselho deliberativo (composto por 11 pessoas), uma diretoria executiva (com nove cargos) e um conselho fiscal (com três pessoas), num total, portanto, de pelo menos 23 membros compondo seus diversos órgãos. Segundo Maria Alice, na escola que dirige a APM se reduz a uma mãe (d. Isabel, diretora executiva) e uma professora (Leda, vice-diretora executiva) que movimentam cheques, porque os outros pais e mestres "não fazem absolutamente nada" porque têm de lutar para ganhar a vida, não lhes sobrando tempo nenhum. Por isso "a APM acaba sendo, aqui nessa escola, a cabeça do diretor" (Maria Alice, diretora). A própria d. Isabel, formalmente a diretora executiva da APM, cujo filho até já abandonou a escola, ultimamente só faz assinar os cheques e documentos que Maria Alice lhe pede para assinar. Esta diz, com ironia: "supostamente o diretor executivo da APM faz e mostra para o diretor... Aqui é o contrário: o diretor faz e o fulano assina."

Maria Alice conta que, na última reunião para eleição da APM, compareceram quatro pais para preencherem os 12 cargos disponíveis, tendo sido necessário "eleger" formalmente outros pais que nem estavam presentes e que, portanto, nem sabiam que estavam sendo escolhidos. D. Isabel confirma este fato e diz que é muito difícil trabalhar com os pais, pois eles não participam e nem atendem aos chamados para as reuniões. De sua parte, diz que seu trabalho hoje se resume à assinatura de cheques e outros documentos, mas que, anteriormente, quando não trabalhava fora, ajudava a escola em tarefas de limpeza, já que "o número de serventes é pequeno", ficando durante um ano, diariamente (às vezes o dia todo), ajudando a escola. Comenta que a presença inexpressiva de pais nas reuniões "sempre foi assim" e que, na última reunião, tiveram de reeleger os pais e professores que já faziam parte (formalmente) da APM porque os pais que compareceram "também não tinham condições".

A fraca presença da APM, em termos de participação de pais na escola, é testemunhada pela pouca informação que tem o pessoal escolar e pela ausência de entusiasmo que revelam em relação a seu funcionamento. D. Margarida, a merendeira, diz que a APM "são os pais dos alunos que reúnem para ajudar um pouco a escola no que eles podem". Kazuko, a secretária, responde à pergunta sobre o assunto dizendo: "A APM é assim: a gente faz um bazarzinho, pede dinheiro, compra as coisas, arruma as lâmpadas [...]. A participação é pouca." Por ocasião do trabalho de campo, nem mesmo essas festas e bazares eram mais realizados. D. Isabel diz que, antigamente, a escola promovia muitas festas, os membros da APM ajudavam na organização e o comparecimento das famílias era grande. "Eram festas boas" e muitos pais ofereciam-se para ajudar. Mas hoje Maria Alice suspendeu essas festas, alegando problemas de segurança.

Essa existência meramente formal da APM, encarregada apenas de possibilitar a movimentação do dinheiro, reflete-se também na visão de alguns pais, que poucas informações têm sobre seu real funcionamento. D. Rosa Maria, por exemplo, diz que já ouviu falar da APM, mas não sabe como funciona porque nunca participou. D. Marta também diz não poder responder para que existe a APM e afirma que a "escola é da PM [sic]", diferentemente das "escolas da prefeitura, que é da prefeitura". Já o sr. Roberto fala da APM muito positivamente, mas a visão que tem parece ser a partir da reunião com os pais que se realiza no início do ano.

> Eu tenho a impressões que u'a vez eu fui, que o pessoal... (Fala o círculo de pais e mestre, né?)... Tinha bastante gente e eu assisti também. Foi muito bonito, foi muito legal. O pessoal muito discomportado. Tinha um cidadão que eu nem sei nem quem era ele e não cheguei a conversar com ele não; ele conversou lá com umas pessoa lá, mas eu não sei quem era... [Imagino que tenha sido Francisco que, como veremos mais adiante, costuma ser voz discordante nessas reuniões.] Mas o resto da turma, todinha ela, eu conversei. Saí de lá muito bem sastifeito. Fui recebido por todo mundo [...] Aquele salão ficou completo de gente. Todo mundo um com o outro. Foi aquela festa, foi aquela alegria, todo

mundo conversou, todo mundo deu aquele depoimento, todo mundo chegou a falar. E eu voltei muito bem sastifeito.

Já Francisco, pai de aluno, tem uma posição crítica sobre a APM e, quando se expressa, fala dela de modo geral e do que ele julga serem suas finalidades não manifestas: "A APM é uma forma de tirar a responsabilidade do Estado e jogar nas costas dos pais." Para ele, a APM, quando de sua criação, tinha como objetivo abrir um canal de controle da escola pelo Estado:

> Era uma forma meio sacana de você montar um esquema, e você consegue montar uma pesquisa e saber, de uma forma quase total, como pensa o País. As APMs não foram montadas de graça. A APM tinha um fator determinante político; o presidente da APM era indicado por organização que bancava; acho que o menos importante era o fator ensino.

Diz também que uma das funções da APM era ver como estava o "sistema econômico, ver como as pessoas tavam se aguentando, porque essa APM tinha acabado há muito tempo se as pessoas parasse de pagar".

D. Célia, da Sama, que é também diretora aposentada, diz que professores e pais precisam trabalhar juntos; por isso, é preciso dar melhores condições de trabalho aos professores e estabelecer mais contato com os pais para saber o que eles querem. Como isso não tem acontecido, afirma que está encontrando dificuldades para penetrar nas escolas, no trabalho da Sama que ela está fazendo junto às APMs do bairro,

> porque, quando uma APM começa a ser, assim, atuante, a direção já começa a ficar com receio. Lamentavelmente, isso acontece mesmo. Porque, se a APM começa a tomar conhecimento dos problemas e a direção não é muito firme, ela começa a ficar, assim, com receio. Não é? E isso tem acontecido, a gente sabe.

É interessante observar que Maria Malta Campos (1983), em seu estudo sobre participação na escola, realizado em dois bairros de periferia da Zona Sul de São Paulo, faz observações semelhantes, citando a fala de uma das mães, que declara serem boas as relações da direção com os pais somente no começo, "enquanto eles conseguiram dominar a gente, mas conforme a gente foi crescendo na atividade, a gente tinha mais conhecimento dos trabalhos deles, começou a ver erros, eles começaram a podar" (CAMPOS, 1983, fala de Nelinha, mãe de aluno).

Com a instituição dos conselhos de escola, pensou-se que a APM perdia sua razão de ser, já que o conselho abarcaria todas as suas funções. Isto parece ter sentido, especialmente se atentarmos para as finalidades da APM expressas no artigo 2º de seu Estatuto Padrão (SÃO PAULO, 1978), antes referido, pois o "aprimoramento do processo educativo", a "assistência ao escolar" e a "integração escola-família-comunidade" são finalidades inteiramente compatíveis com as funções do conselho de escola. Perguntada sobre esta questão, Maria Alice responde: "Ah, eles dizem que a APM é para algumas coisas e o conselho de escola é para outras." A APM cuida do dinheiro e o conselho tem a ver com os aspectos pedagógicos, "dá as diretrizes mais gerais", etc. "Mas até agora ninguém conseguiu delimitar."

Na Celso Helvens parece não haver nenhuma ligação entre o conselho de escola e a APM. A própria diretora executiva da APM, d. Isabel, declara não estar a par do funcionamento do conselho de escola porque, desde que começou a participar da APM, deixou de fazer parte do conselho.

Mári acha "que devia acabar a APM e manter o conselho", mas há o problema do dinheiro, porque "o conselho, pela legislação, não pode movimentar dinheiro nenhum". Diz que "tem caso de escola que tem APM muito rica, sobre as quais paira muita dúvida com relação à movimentação de conta, que é uma espécie de feudinho de gente que encastelou na coisa..." Acha também que o conselho de escola é mais democrático porque, além de pais e mestres, tem alunos. Maria Alice, perguntada se acabaria com a APM, responde, rindo:

"Bem, eu não acabaria porque eu tenho que ter uma pessoa pra assinar esses cheques. Mas eu reduziria simplesmente a duas pessoas movimentando cheque, por questões de segurança, porque eu nem quero movimentar isso, porque é muito problemático."

Parece que a APM tem sua existência real ligada mesmo ao dinheiro; sua obrigatoriedade, antes que um dispositivo legal, é uma imposição da própria maneira de o Estado relacionar-se com a unidade escolar. Como a escola não tem autonomia para movimentar recursos financeiros diretamente, a necessidade da APM se impõe como única forma de receber e aplicar recursos provindos de órgãos como a Fundação para o Desenvolvimento da Educação (FDE) ou para movimentar dinheiro resultante de festas, bingos e contribuições dos pais e da comunidade.

Os convênios que a FDE mantém com cada APM fazem com que, na prática, esta tenha de existir, mesmo se isso não seja obrigatório por lei. Um deles é chamado de "convênio manutenção" e consiste na atribuição trimestral de uma verba, de acordo com os ambientes que a escola possui. Na Celso Helvens, atribuía-se, em julho de 1989, NCz$ 333,00 por trimestre para conservação do prédio, o que, em dólares, cotados pelo câmbio oficial, correspondia a US$ 156,78 por trimestre, ou US$ 52,26 por mês. Mas a verba era em cruzados novos, sem correção monetária durante todo o ano, sendo que a escola a recebia no último dia de cada trimestre. Rosilene reporta-se ao estado geral do prédio escolar para dizer que essa verba da FDE é irrisória e que, além disso, é corroída pela inflação e quando vem já não dá para nada. Diz que o prédio está com falta de lâmpadas, sendo que ela própria teve de trazer lâmpadas de casa. "Os banheiros não têm nenhuma lâmpada, nem dos meninos, nem das meninas. Então, à noite, a gente conserva o banheiro fechado; na hora que eles precisam, vão lá, pegam a chave com a funcionária, abrem o banheiro no escuro e entram... Não tem alternativa."

Maria Alice informa também que, para continuar recebendo a verba, tem de se fazer balancetes e relatórios de prestação de contas, o que implica a necessidade de se pagar um contador, "porque toda essa papelada aqui redunda em balancetes, em coisa que você tem que dar... Nós temos CGC[5], somos isentos na parte de imposto de renda e tudo, mas [...], para ficar isento, você tem que entregar na Receita, todo ano, uma declaração de renda..."

Percebe-se que, às vezes, o próprio Estado, diante da miséria da escola pública, parece usar de artifícios para burlar os próprios trâmites burocráticos e, dando a impressão de seriedade, dotar a escola de recursos "extras". Maria Alice relata uma dessas medidas:

> Agora surgiu um projeto mirabolante e eu entrei nesse projeto. São dez escolas escolhidas. Porque a escola está muito bem conservada, então eles resolveram dar um prêmio de mil cruzados novos [cerca de US$ 470,00 em julho de 1989] [...] como prêmio para que eu continue essa boa manutenção, essa boa conservação, e envolve pais e alunos nisso também. [Para receber os cruzados novos foi preciso redigir um] projetinho e tal, em três linhas que tava espremido... É incrível... A minha letra saiu até assim... pra que esse dinheiro saia. [...] Ah! Veja bem. Eu fiz um projeto e esse dinheiro é concedido em função desse projeto. Só que, se eu quiser, eu não preciso usar pra esse projeto [risos]. A hora que o dinheiro chegar, eu posso gastar no que eu quiser.

Mas esses artifícios são vistos com reservas e desconfianças pela escola. É a mesma Maria Alice quem diz:

> Sabe o que é, Vitor [...] é o improviso; é a mentira disfarçada. [...] não é só nessas coisas de FDE, é em quase tudo. "Olha, faça o melhor que você puder, tá. Mas, se depois, ó, se depois não sair assim, não tem problema; daí cê dá um jeito, cê faz por lá, tá?" Dá a impressão, então, que o pessoal tá sendo até legal conosco: [...] "Puxa, né, o diretor, coitado, ele tem tanto a fazer; vamos quebrar esse galho pra ele ou pra escola." [...] Mas isso aí é que tá gerando todo esse rolo... na rede, nas escolas, porque não se leva mais nada muito a sério, porque você não

---

5. CGC (Cadastro Geral de Contribuintes): Antecessor do atual CNPJ (Cadastro Nacional de Pessoas Jurídicas). (Nota da 4ª edição)

sabe aquilo que vai ter retorno ou não vai. Aí cê fala, "não [...], eu faço de qualquer jeito e a coisa passa e, se não passar também [que] grande perda a gente vai ter..."

Voltando à questão da APM, é interessante observar que há pessoas que ainda reservam a ela um papel bastante relevante na organização da escola. A professora Maria Lídia chega mesmo a atribuir--lhe funções que substituiriam as próprias atribuições do conselho de escola. Assim, para ela a APM deveria ser "um conselho para ajudar a organizar a escola [...] e, no final de contas, a APM tá tendo um outro papel na escola: ela serve para arrecadar dinheiro [...] pra dar coisas que o Estado não dá". Na visão de Maria Lídia, à APM caberia até mesmo funções de supervisão pedagógica: "O próprio nome diz, deveria ser uma organização pros pais e professores ajudarem a organizar a escola, discutir os problemas da escola, o que determinado professor tá tendo de problema na sala de aula [...] No momento, tá sendo uma associação de ajuda material."

Uma questão que costuma polarizar as discussões a respeito da APM é a cobrança de taxa dos usuários da escola. A Lei n° 1.490/1977 estabelece, em seu artigo 3°, que do Estatuto Padrão deverá constar a "proibição expressa de fixação de valor ou número das contribuições" (SÃO PAULO, 1977b). O Poder Executivo estadual, ao estabelecer o Estatuto Padrão por meio do Decreto n° 12.983/1978, não deixou de obedecer a essa determinação legal, fazendo constar no artigo 7° do referido estatuto que a contribuição dos sócios será sempre facultativa. Mas, ao mesmo tempo, não perdeu a oportunidade de, no § 1° do mesmo artigo, estimular o pagamento de tal contribuição, apelando para um "dever moral" das pessoas a pagarem por algo que, na verdade, deveria ser sempre considerado um direito seu: "§ 1° — O caráter facultativo das contribuições não isenta os sócios do dever moral de, dentro de suas possibilidades, cooperar para a constituição do fundo financeiro da Associação." (SÃO PAULO, 1978)

Segundo Maria Alice, a taxa de APM nunca foi cobrada na escola. Diz ela que, quando entrou, procurou inteirar-se do nível econômico da população e constatou que era muito baixo: "Fizemos uma sondagem aí com os alunos e vimos que a renda dos pais era mínima mesmo, na base de um salário, um salário e meio. Eu fiz isso uns dois, três anos, depois parei de fazer essa tomada de dados. Mas dá pra perceber pelas próprias crianças." Maria Alice diz que endossou, então, a posição da professora Mári, que era radicalmente contra o pagamento da taxa. Este é também o pensamento da diretora:

> Não, não é por aí que nós vamos melhorar a situação da escola ou não. Cê não pode vincular isso. Se a pessoa quer dar, dá como doação... E nem como doação a gente estimulou mais. Nós fizemos uma opção em [19]86, a partir de [19]86, pra tentar tocar essa escola somente com verbas do Estado. Vêm umas verbinhas da Delegacia também, pra comprar material, pra... Então, nós tentamos isso: [19]86, [19]87, [19]88. É muito difícil [...] Tem época que você não tem dinheiro pra pagar a condução de um funcionário pra delegacia [...] Mas eu consegui durante três anos [...] Agora, esse ano... esse ano... tá um negócio à parte.

Ela lembra que se afastou por três meses, por causa da doença da mãe. "Quando eu cheguei aqui, dia 12 de abril, eu queria que você visse: todo mundo queria que cobrasse taxa de APM. 'Se não pagar, não entra nessa escola.'" Essa posição foi dos pais do novo conselho e de professores, principalmente os novos.

> Mas, assim: "Não! Tem que cobrar, porque essa escola é muito feia, essa escola tem esse ar de pobre, os alunos se queixam disso, que a escola tem ar de pobre." Olha, estranho isso daí. Eu não acho que essa escola tem ar de pobreza, de jeito nenhum. Conheço muita escola em piores condições, tá, e localizada em [...] bairro classe média, melhorzinho [...] "Não, porque aqui tem que ter cortina, porque nós vamos pôr cortinas nas classes." E já começa a pensar em "n" coisas...

Diz a diretora que tentou intervir: "Nós não vamos fazer isso aqui uma escola de rico; pra que isso? [...] Será que vamos ajudar a trazer mais problema aqui pra dentro? Mais conflitos e tudo?" Mas, enfim, a cobrança foi aprovada com caráter facultativo.

D. Júlia confirma que Maria Alice sempre foi contra a cobrança de taxa, alegando que as famílias são muito pobres. É a favor da cobrança e diz que ela e uma mãe sugeriram isto numa reunião do conselho de escola. Fundamenta dizendo que, se o Estado não manda dinheiro suficiente à escola, o pagamento da APM pode ajudar a melhor mantê-la. Diz que Maria Alice é muito "bondosa" e sente pena das famílias "muito carentes": porém, ela não pensa assim, porque muitos pais gastam dinheiro em pinga. Então, se gastam dinheiro com vício, eles podem também contribuir com a APM. Diz que conseguiram convencer Maria Alice, que, porém, estabeleceu uma taxa muito baixa (NCz$ 1,00, mais tarde mudada para NCz$ 2,00). No próximo ano, tentarão "colocar na cabeça dela" a necessidade de aumentar essa quantia. D. Júlia diz também que é ela quem deposita o dinheiro arrecadado em conta bancária, o que não confere com o que afirma Maria Alice: "As próprias mães que incentivaram essa cobrança não apareceram aqui um dia, pra me ajudarem a depositar esse dinheiro no banco e tal..." Diz que d. Júlia foi uma das mais entusiastas que insistiram na cobrança de taxa; afirma também que essa pessoa é bastante atuante no bairro, mas que ação mesmo, no sentido de providenciar a cobrança do que foi decidido no conselho de escola e lavrado em ata, nenhuma. A própria diretora teve de fazer tudo, indo ao banco e providenciando todos os papéis, mas ninguém se dignou, pelo menos até a data da entrevista (10 de agosto de 1990), a providenciar a coleta: nem professores nem pais se dispuseram a isso.

A cobrança ficou estabelecida, mas Maria Alice fez questão que fosse "da forma mais legal possível. Não é dificultando não, mas é assim: o aluno traz o dinheiro se ele quer..." Houve quem quisesse a cobrança compulsória, mas a diretora não concordou: "Não, mas de jeito nenhum; não podemos fazer isso." Houve, então, uma mãe que chegou a dizer no conselho: "'Se a senhora não aceitar [...] a senhora cai fora daqui.' [...] Eu jamais esperava aquele tipo de reação dela, agressivo e tal. Então, eu percebi que... não sei, na minha ausência algumas coisas aconteceram aqui, estranhas."

Maria Alice diz que Leda, que também é contra essa cobrança, a não ser para quem queira, também sentiu essa atitude das mães.

> Mas ela conhece essas mães [...] São mães, olha, são pessoas estreitas, assim, que pensa que, por você cobrar um pouco mais [...] cê vai ter cortininha na sala de aula, vasinho de flor, e sei lá o que, e dizer pra os outros que seu filho estuda numa escola que, *aparentemente*, é de rico. Não quer que o filho seja pobre.

Interessado em saber a representatividade dessas mães, em termos econômicos, no conjunto de usuários da escola, perguntei se eram mães tão pobres quanto a população, ao que Maria Alice respondeu: "Pobres, superpobres, ignorantes, com 'n' problemas, 'n' problemas... [...] Bastante ignorantes, assim, em termos [...] culturais e tudo, sabe [...] Só que, *aparentemente*, engajadas, sabe, em movimentos: 'porque vamos fazer...' Eu sinto tudo um blá-blá-blá desgraçado. Da boca pra fora."

Maria Alice acha que os pais, às vezes, fazem propostas incabíveis:

> Por exemplo, taí uma coisa que eu acho, assim, cê cobrar taxa da APM porque todas as escolas ricas cobram: isso aqui é escola de pobre e isso tem que ficar escola rica. Sabe... A cortina eu concordo, por causa de barrar o sol... Mas eu não concordo em pôr vasinho, em pôr florzinha nem nada, porque eu acho que não é por aí.

A convicção da diretora de que a escola deve manter-se apenas com os recursos do Estado é tanta que até mesmo doações espontâneas ela procura não incentivar. Às vezes o filho de Celso Helvens, patrono da escola, faz doações, mas Maria Alice diz que não gosta "de ficar pedindo", embora os pais e o pessoal escolar insistam para que ela o faça, já que a família Helvens é considerada muito rica. É preciso verificar até que ponto esse orgulho pessoal, que pode ter razão de ser do ponto de vista *da pessoa* Maria Alice, justifica-se para uma escola pobre, cujos usuários não teriam esse constrangimento de pedir. De qualquer forma, esse filho do patrono já colaborou com uma série de coisas: arrumou o piso das classes, colocou cortinas na parte administrativa, acertou a rede elétrica, arrumou a quadra, etc. Também oferece anualmente um prêmio para o melhor aluno de cada classe. No último ano, foi uma mochila e uma cesta de natal, mas a diretora resolveu dar a mochila para o melhor aluno e a cesta foi "sorteada"; na verdade, foi feito um arranjo de modo que os alunos não percebessem que o mais pobre de cada turma é que foi "sorteado".

Mári tem uma posição contrária ao pagamento porque a escola é pública. Então, o grupo de professores que ela integrava na Celso Helvens sustentou essa posição e apoiou Maria Alice em sua decisão de não cobrar taxa. Por outro lado, considera que, quando se opta pelo não pagamento e o Estado não dá recursos e "você vê faltar tudo na escola, é uma coisa doída isso". Cita o caso do Cefam, que é um projeto considerado "a menina dos olhos" da Secretaria da Educação e está precisando cobrar APM para pagar uma faxineira que limpe a escola. Fica numa posição entre: a) deixar faltar tudo, deixar explodir, denunciando e fechando a escola e b) ficar dando um jeito a todo momento. Sua posição é por fazer festa, porque pelo menos se tem a vantagem do lazer e da aproximação dos pais à escola. Acha que se deve brigar contra o pagamento, mas que também não se pode deixar a escola sem recurso mínimo para seu funcionamento.

Deise, a supervisora de ensino, acha que, na verdade, não se deveria cobrar a taxa de APM, mas a escola não tem conseguido funcionar sem ela. Diz que ela cobrava e defende a cobrança porque aquilo acaba revertendo em coisas que os alunos querem e que o Estado jamais daria. "Claro, não uma participação obrigatória. Também, não é porque eu recebi o teu dinheiro que eu vou aplicar só em teu filho." Diz que o dinheiro da APM lhe possibilitava fazer certas coisas que as outras escolas estaduais não têm: comprar papel higiênico, ter um estoque de absorvente para as alunas não terem de ir embora quando se sentissem incomodadas. Outra medida foi a compra de escova e pasta de dentes para todos os alunos do ciclo básico, chamando o dentista para ensinar todos, de classe em classe, porque só assim se tem razão de se mandar os alunos escovarem os dentes, já que a maioria não tem escova nem pasta.

A secretária Kazuko é favorável ao pagamento da APM, mas "só para quem quisesse [...] porque tem gente que não pode como eu". Na escola em que suas filhas estudam é obrigatório, "porque lá a comunidade é muito boa. Não é como aqui, que é muito pobre." A professora Maria Lídia, por sua vez, acha que, mesmo facultativa, a cobrança encerra problemas, porque o jeito como é pedida a taxa faz com que seu pagamento se torne quase obrigatório, pois "o aluno também sente sua obrigação de dar".

D. Margarida, a merendeira, é a favor da obrigatoriedade da contribuição, mas adequando-a às possibilidades das pessoas: "Se eles podem dá uma contribuição, porque tem escola que tem muita despesa... Isso é um dinheiro que ajuda e às vezes reverte na própria... Eu acho que devia ser obrigatório... A verba que o governo manda não dá. Os que não pode, ou paga menos ou dá uma contribuição de uma outra forma."

A decisão de cobrança de taxa, mesmo facultativa, teve a propriedade de criar expectativas nas pessoas a respeito dos benefícios que traria. Em conversa com um grupo de alunos da 8ª e da 3ª séries, um deles diz que "a APM tá melhorando. Antes era muito ruim, os alunos não davam dinheiro." Mas "esse ano vai ter excursão, tá melhorando". Outro diz: "O dinheiro é pra gente mesmo, pra comprar carteiras novas." Segundo esse mesmo aluno, os pais não davam dinheiro antes porque a escola não pedia.

O caráter facultativo da cobrança parece não ser medida definitiva, pelo menos na visão de algumas pessoas que insistem em torná-la obrigatória. Na reunião de professoras do ciclo básico para a formação de classes para o ano letivo de 1990, foi levantada a necessidade dessa obrigatoriedade. Alguém diz que "quem não trouxer o dinheiro não fará matrícula" e todas as demais concordam, mesmo ressaltando ser a diretora contrária a isso.

O que se percebe é que a cobrança de taxa de APM parece ser um problema ainda não resolvido a contento no interior da escola. Por isso, na maioria das entrevistas, a conversa sobre APM imediatamente se vincula à questão da cobrança de taxa. A ausência dessa cobrança, associada à falta de recursos de toda ordem, parece levar muitas pessoas a acreditar que, cobrando-se a taxa de APM, serão solucionados os múltiplos problemas de falta de recursos, sem atentarem, assim, para o fato de que a comunidade dificilmente teria condições materiais de suprir a ausência do Estado. Embora não exista uma presença unânime dessa visão entre as pessoas entrevistadas, ela aparece, com maior ou menor radicalidade, em vários depoimentos. Ela surge com clareza, por exemplo, na entrevista com as alunas da 8ª série. Quando o assunto foi introduzido no grupo, as alunas imediatamente o relacionaram com a cobrança de taxa, à qual três das quatro presentes são favoráveis. Uma delas, Sônia, parece esquecer-se da discussão que acabara de se fazer acerca da falta de verbas na escola, quando houve concordância unânime do grupo de que isto se devia à omissão do Estado. Diz Sônia, então, que o motivo de a escola estar na atual situação é a não cobrança da taxa, dado que tal iniciativa era prática constante em sua escola anterior. Sua declaração gera a discordância de Luana, que diz que muita gente não tem condições de pagar, "gente que mora na favela". Mas Neusa contesta esta afirmação, dizendo: "Quando os professores obriga a comprar material, eles não se viram e compram? Por que não podem fazer a mesma coisa?" É importante salientar que as três alunas favoráveis à obrigatoriedade da taxa parecem conviver muito bem com esta concepção e com a visão de que cabe ao Estado (governo) e não aos pais responderem pela manutenção da escola. Percebe-se isto quando, logo após a afirmação a respeito da obrigatoriedade da taxa, a entrevistadora volta a perguntar a quem compete manter a escola, aos pais ou ao Estado, e as alunas respondem sem nenhuma estranheza que é a este último. Poder-se-ia avançar a hipótese de que, raciocinando sem grandes problemas no nível do ideal e do real, consideram a obrigação do Estado como o ideal (não realizado e não passível de mudança de atitudes) e, como real, a necessidade de manter a escola com recursos próprios, dos pais (mais próximos da realidade escolar, de quem se pode exigir porque, afinal, usufruem os seus serviços).

D. Rute, a mãe que é bastante ligada à diretora e que costuma prestar muitos serviços à escola, também parece superestimar a importância da APM: "A coisa mais importante que eu acho é a APM da escola." Acredita que, por meio de cobrança de taxa, podem-se resolver todos os problemas de falta de recursos e se ter uma escola muito melhor. Considera que sua percepção da importância da APM deve-se à participação que teve em reuniões promovidas pela Secretaria da Educação, em que outras escolas que possuem APM atuante mostraram quanta coisa boa pode-se fazer dentro da escola. Em função disso, salienta a relevância da contribuição da APM para adquirir equipamentos, vídeo, material de limpeza, "tudo! Porque eu não vou esperar só pelo governo, porque eu sei o que o governo dá. O governo dá aquela migalha. Mal e má dá pra mantê a escola."

> [...] Um cruzado de cada criança vai juntando, vai dá bastante dinheiro, né. Então, eu acho que dinheiro da APM dá pra você fazer festa, uma gincana... Que nem: festa junina, festa de Natal... Aí nessa escola não tá havendo mais isso. Então, a escola tá afundando. Antes que ela afunde, totalmente, eu quero subi ela.
>
> [...] Eu acho que serve: uma excursão, porque eu acho que o estudante não vai só estudar, estudar, estudar. Eu acho importante porque a criança gosta.
>
> [...] Aqui é uma escola pequena. Tem escola que é maiores e são tudo bem tratada, plantas, sabe, aquela coisa bem feita, parece um colégio pago, bem bonito, bem caprichado...
>
> [...] A criança gosta de festa, gosta de brinquedo. Então, olha, um mínimo que seja, uma petequinha que cê dê pruma criança, no dia das crianças, eles vão ficar satisfeito. É festa, né.

A fala de d. Rute parece sugerir certa articulação entre o pagamento da APM e o amor próprio do usuário, que gostaria de ter uma escola da qual pudesse sentir orgulho. Tal articulação não escapa a algumas pessoas que trabalham na rede pública. A supervisora de ensino Deise, além das razões anteriormente apontadas para a cobrança de taxas, diz que "é uma coisa também gostosa do pai saber: 'Eu estou colaborando, então eu vou também exigir.'" A professora Sônia Regina fala de sua experiência quando diretora e diz que, quando pagam, os pais sentem-se importantes e passam a valorizar mais a escola.

> E é interessante, porque eu percebo que os pais parece que, quando eles dão lá uma taxinha, eles parecem que valorizam mais. Olha! Eu acho interessante, eu acho que é a falta mesmo de esclarecimento por parte deles. Eles adoram mesmo participar, dar, oh, com maior prazer. Se encontra a gente no ônibus, por exemplo, quase quer pagar a passagem...

Os vários argumentos a favor e contra a existência da APM, com sua função arrecadadora de recursos da população, colocam-nos diante de um sério dilema. Por um lado, não há dúvida nenhuma de que a população deve ter o direito à educação escolar de boa qualidade, sendo, portanto, uma perversidade cobrar (por meio da APM) por um serviço pelo qual ela já pagou, quer por meio dos impostos, quer por meio da exploração inerente às relações capitalistas de produção. Por outro lado, depara-se com a realidade de uma quase totalidade de pais, alunos, professores e funcionários favoráveis à cobrança da taxa, com a finalidade de remediar um pouco o descalabro da situação escolar. Esse impasse parece delinear uma situação limite para a qual não cabem soluções simplistas. Mas é de se perguntar se a cobrança (facultativa, obviamente) de taxa, neste caso, não poderia conter certo potencial de participação não divisado pela própria diretora da Celso Helvens. Ou seja, em que medida não se poderia trabalhar com a hipótese de que o envolvimento de pais e mestres na cobrança da taxa e na gerência dos recursos não poderia constituir o embrião de uma participação mais efetiva na escola? Digo isto porque senti, entre pais, professores e alunos com quem me relacionei durante o trabalho de campo, um anseio por agarrar-se a algo por que valha a pena participar. A situação precária da escola fere seu amor próprio e eles gostariam de ter uma escola da qual pudessem orgulhar-se. Um vaso de planta para enfeitar uma sala ou um ambiente, a participação em um desfile aonde tantas outras escolas vão, uma peteca ao menos, como presente numa festa de Dia de Criança, a "cortininha na sala de aula" ridicularizada pela diretora, uma excursão ao Play Center, tudo isso são coisas que as mães, principalmente, valorizam, e que não me parece justo ignorar, sob o pretexto velado ou explícito de que são "coisas de escola rica", de que as crianças e os pais da escola pública, por serem pobres, não têm o direito de desfrutar.

3.2 CONSELHO DE ESCOLA

De acordo com o art. 95 do Estatuto do Magistério, "o conselho de escola, de natureza deliberativa, eleito anualmente durante o primeiro mês letivo, presidido pelo diretor da escola, terá um total mínimo de 20 (vinte) e máximo de 40 (quarenta) componentes, fixado sempre proporcionalmente ao número de classes do estabelecimento de ensino" (SÃO PAULO, 1985).

O mesmo artigo, em seu § 1º, estabelece a composição do conselho, que deve ter 40% de docentes, 5% de especialistas de educação excetuando-se o diretor, 5% dos demais funcionários, 25% de pais de alunos e 25% de alunos. Os membros do conselho devem ser escolhidos mediante processo eletivo, entre seus pares (§ 2º), sendo que cada segmento representado no conselho deverá eleger também dois suplentes (§ 3º). O § 4º estabelece que "os representantes dos alunos terão sempre direito a voz e voto, salvo nos assuntos que, por força legal, sejam restritos aos que estiverem no gozo de capacidade civil".

Na EEPG Celso Helvens, o conselho de escola é composto por 21 membros: a diretora, oito professores, a assistente de diretora, uma

O processo eletivo

funcionária, cinco pais e cinco alunos. Segundo Maria Alice, o processo eletivo dos representantes dos alunos começa com ela passando de sala em sala, perguntando quem quer candidatar-se. Após um período de preparação por parte dos candidatos, todos os alunos são reunidos na quadra, onde se processa a eleição, por meio de voto secreto. Maria Alice diz que as crianças gostam bastante do processo, e "fazem muita brincadeira com a coisa".

No segundo semestre de 1989, dos cinco alunos do conselho de escola, três já haviam desistido da escola devido, principalmente, à evasão do noturno, que se deu com maior intensidade em virtude da greve. Para substituí-los, a diretora convidou outros três alunos das mesmas séries. Embora esse expediente esteja inteiramente em desacordo com o espírito e a letra da lei, que prevê o processo eletivo como meio de prover os cargos de membros do conselho, não foi o único de que tivemos notícia durante o trabalho de campo na escola. Em abril de 1990, ao abrir a primeira reunião do novo conselho de escola, a diretora mencionou as dificuldades ocasionadas pela forma burocrática de formar o conselho de escola e disse que teve, inclusive, de violar algumas regras legais para constituí-lo. Acrescentou que, por não ter tido condições de fazer eleições, ela mesma tinha procurado saber quais pais queriam trabalhar no conselho de escola.

A professora Mári também salientou a dificuldade de convencer os pais a se candidatarem para as vagas do conselho, o que faz com que nunca haja disputa nas eleições. A professora Leda diz que é muito difícil conseguir o número de pais estabelecido por lei para serem representantes no conselho de escola: "Você tem [...] quase que laçar o pai [...] Eles não querem ter compromissos com a escola." Uma supervisora de ensino que assistia à entrevista com Deise afirma que o processo de escolha dos pais nas escolas públicas do Estado "é até eletivo, mas eletivo depois de uma certa prévia". Antes da data da eleição, são convidados todos os pais, mas aqueles pais que o diretor conhece melhor, além de convidados, são como que "convocados" para a reunião de eleição, exercendo-se sobre eles uma pressão maior para que possa haver componentes do conselho de escola e para que sejam aqueles conhecidos e mais atuantes. Como acaba indo uma minoria para a eleição, não há muita probabilidade de não serem esses os "eleitos".

D. Júlia, mãe de aluno e membro do conselho de escola, diz que

> a escolha das mães [...] é assim: a d. Maria Alice reúne o pessoal no pátio da escola, e tem aquela palestra com a gente e pergunta quem quer participar no conselho de escola. Então, vai aquelas mães mais confiante, às vezes vai até umas meio indecisa, e levanta a mão, fala que quer participar. Aí é convocada uma reunião à noite, faz aquela reunião por voto, faz aquela eleiçãozinha lá dentro por voto, né.

A sequência de sua fala parece indicar que sua eleição tenha-se dado por mera casualidade: "Aí aconteceu que as duas vezes eu estava junto."

A dificuldade de se encontrarem pais que estejam disponíveis para integrar o conselho de escola faz com que algumas pessoas aí permaneçam por vários mandatos. D. Marta explica que foi escolhida pelos pais mediante processo eletivo e que foi eleita para quatro gestões, porque "sempre falei o que tava errado". Para satisfazer seu ego essa justificativa pode bastar; mas, quando se sabe que são tão poucas as pessoas que se candidatam, é de se pensar que este fator também deve ter pesado na escolha.

D. Rute também pertenceu a mais de uma gestão do conselho de escola, mas na ocasião da entrevista (setembro/1989) parecia sentir-se discriminada: "Este ano não gostei: porque não me convidaram. [...] Elas tiraram eu este ano." Isto pode ter acontecido simplesmente porque não compareceu à reunião de eleição ou porque, como ela costuma dizer, as mães a consideram "puxa-saco da diretora". De qualquer forma, em 1990 d. Rute voltou a fazer parte do conselho.

Se o preenchimento das vagas no conselho de escola já é difícil, podem-se imaginar as dificuldades encontradas para que os pais eleitos compareçam às reuniões e se comuniquem com todos os seus representados. Segundo a secretária Kazuko, as reuniões são amplamente convocadas, mas, mesmo assim, apenas duas ou três mães comparecem. A grande maioria dos entrevistados, especialmente os que trabalham na escola, acusou a falta de ligação entre os pais que pertencem ao conselho e os demais. Maria Alice faz sua apreciação do assunto dizendo:

A divulgação das reuniões

> Daí, essa pessoa que se elege... Ai, é um horror. Porque ele não tem tempo para falar com os pais [...] Esses cinco pais (que raramente aparecem os cinco; geralmente aparecem três pais no conselho, são três mães que têm vindo, os homens até sumiram), eles não têm tempo de falar com as outras mães sobre o que se passa ali. Então, nas reuniões do conselho, elas ficam muito ali, entre nós... Eu divulgo pros alunos, eu divulgo pra os professores e eles ficam... Agora, a comunidade mesmo não está sabendo. Porque são 700 pais [Este número de Maria Alice é aproximado. Na verdade, em 1989 matricularam-se 652 alunos], não são? Então, esses cinco tinham que passar para 700. Agora, que hora, quando, como? Por mais que fale "tá às ordens, venham aqui na escola, quer usar uma sala, duas salas, usa; é só me dar um alô, o dia que vocês querem vir, se reunir...", não vêm. Eles têm suas vidas particulares, seus problemas de fome, de... de tudo, de aluguel, de moradia, por aí afora.

O artigo 95 do Estatuto do Magistério, em seu § 7º, estabelece que o conselho de escola deve reunir-se, ordinariamente, duas vezes por ano e, em caráter extraordinário, quando convocado pelo diretor ou mediante proposta de, pelo menos, um terço de seus membros. A diretora diz que, no dia anterior à sua entrevista de 18 de julho de 1989, houve uma reunião do conselho de escola para tratar da reposição de aulas, após a greve. Entretanto, nem todos parecem ter entendido tal reunião como sendo

A frequência das reuniões

do conselho de escola, porque a professora Sônia Regina, em sua entrevista, em 21 de agosto de 1989, diz que só participou de uma reunião do conselho de escola, no início do ano, quando foi aprovada a indicação da assistente de diretora e que, "de lá pra cá, não houve nenhuma reunião". Mesmo com minha insistência para saber se realmente não houvera nenhuma reunião mais recentemente, Sônia nega. No dia seguinte, durante a entrevista de Jorgina, a inspetora de alunos, quando esta relatava algumas reuniões do conselho havidas ultimamente, a professora Sônia Regina, que ouvia a conversa na sala ao lado, interveio para dizer que as reuniões de que Jorgina falava foram reuniões de professores e não de conselho de escola. Mesmo a inspetora de alunos dizendo que ficou sabendo do ocorrido pela d. Marta, que teria participado, Sônia insiste em seu ponto de vista, apresentado em sua entrevista, de que, desde o início do ano, não houve mais nenhuma reunião do conselho de escola, quando deveriam ocorrer quatro por ano (na verdade, o estatuto, como já vimos, estabelece duas por ano). O interessante é que a própria d. Marta, mãe de aluno mencionada por Jorgina, afirmou em sua entrevista, em outubro, que em 1989 só houvera uma reunião; provavelmente ela tenha-se referido à realizada em julho. A professora Glauce também declara que só houve uma reunião do conselho de escola em 1989. Mas menciona uma realizada no final do primeiro semestre, em que foi discutido o pagamento da APM. Maria Cristina, aluna da 8ª série e membro do conselho, diz que durante todo o ano houve duas reuniões, ambas no início do ano, e que a reunião sobre a reposição de aulas era para todos e não reunião do conselho de escola. O exame das atas do conselho de escola indica reuniões em 24 de abril e 8 de julho de 1989.

O que os depoimentos parecem evidenciar é que não há concordância sobre o que é e o que não é reunião do conselho de escola. Isso talvez seja produto da pouca relevância que têm representado as reuniões do conselho no contexto do funcionamento da escola.

O pouco conhecimento ou a completa ignorância a respeito até de sua existência por parte de alguns entrevistados é outro motivo que leva a acreditar numa presença pouco marcante do conselho de escola na Celso Helvens. Algumas pessoas declaram nunca terem ouvido falar no conselho, como é o caso de d.

A falta de envolvimento e de participação

Rosa Maria, mãe de aluno, que diz nem saber o que é isso. O professor Walter desconhece o funcionamento e até a existência, segundo ele, por estar há pouco tempo na escola. A mesma justificativa apresenta a professora Maria Lídia, que, tendo entrado na escola em julho, diz, em setembro, por ocasião da entrevista, desconhecer sua existência: "Não sei nem como funciona." D. Margarida, a merendeira, não se mostra muito entusiasmada e revela não ter conhecimento preciso sobre seu funcionamento, mas informa que os funcionários votaram em Kazuko para representá-los no conselho. Outro que não sabe como funciona nem o que faz o conselho de escola da Celso Helvens é o sr. Roberto. Em seu caso, este fato ganha maior importância, já que ele costuma, em revezamento com sua esposa, comparecer às reuniões de pais e a outras atividades a que é chamado a participar na escola. Ele revela que, na outra escola, sua mulher participava, mas na Celso Helvens, onde as crianças estudam desde o início do ano, nunca foi informado nem ouviu falar do conselho de escola.

Maria Alice diz que, quando percebe uma decisão que implique algo mais sério, convoca o conselho de escola. Considera "que o conselho está funcionando um pouco melhor que a APM em termos de participação". Diz que "professor não vem muito não [...], quando vem, vem meio empurrado, mas participa". Já Deise acredita que, em geral, os professores que são membros do conselho de escola na rede pública estadual participam sim, e que "geralmente os membros do conselho são aqueles da oposição". E é inclusive por isso que funciona, pois "um bom governo é aquele que tem uma boa oposição também".

Milton é um dos alunos que fazem parte do conselho sem ter sido eleito. Com a desistência dos que foram eleitos, Rosilene o escolheu para fazer parte do conselho de escola. Participou apenas de uma reunião. Perguntado sobre o interesse dos colegas pelas atividades do conselho, responde que não percebe esse interesse. Diz que tem um interesse pessoal em participar do conselho e das atividades da escola e que os alunos em geral não têm essa preocupação porque não se interessam mesmo nem pela escola nem pelo estudo. Na greve dos professores, participou de três passeatas. Perguntado se procurou envolver os colegas, responde que não, porque acha que eles não se interessariam.

A professora Mári diz que Maria Alice, na ocasião em que assumiu a direção da escola, tentou juntar também os alunos, mas estes dificilmente conseguem ser sujeitos, indo mais nos objetivos dos professores. Acha que, em geral, os pais também acabam assumindo o discurso dos professores. A professora Glauce expressa opinião semelhante ao dizer que as pessoas que têm facilidade de comunicação, dominam certo discurso, como a diretora e os professores, acabam se impondo nas reuniões do conselho de escola, porque os pais, humildes, não sabem sequer como expressar seu ponto de vista, quanto mais brigar por eles, argumentando. Por isso, os pais do conselho acabam sendo manipulados pela direção. Esse fenômeno apareceu muito claramente na reunião do conselho que observamos no início de abril de 1990. Mesmo com a discordância de um ou outro pai, diretora e professores conseguiram sempre fazer prevalecerem seus pontos de vista, conseguindo o assentimento da maioria dos alunos e pais. A professora Glauce acha que um dos principais motivos da baixa participação dos pais no conselho é a recusa da escola em considerar suas reivindicações. "Ah, também, Vítor, os pais não gostam de vim, né; porque eles vão vir, eles não vão ser muito ouvidos, entendeu? Eles já se sentem diminuídos pela própria condição deles..."

A professora Sônia Regina acha que, embora em termos legais o conselho de escola seja soberano, as pessoas não sabem disso e o diretor, na maioria das escolas, se prevalece da baixa participação de alunos e pais decorrente dessa ignorância a respeito da real importância do conselho de escola para manter o poder em suas mãos.

Segundo a professora Leda, o conselho de escola não funciona, especialmente em escola com "clientela" do tipo que há na Celso

Helvens, porque os pais "não têm, assim, cabeça; então, o professor leva [...] os pais. O professor falou, os pais não falam mais nada." Para expressar sua pouca crença e ilustrar como o conselho de escola acaba dando em nada nas escolas públicas, Leda conta o caso de seu marido, também professor, que, tendo um filho na escola municipal onde trabalha, começou a participar como representante de pais no conselho deliberativo que recentemente se instalara nas escolas do município. Diz ela que, no início, ele estava bastante entusiasmado com a medida, acreditando que isso iria trazer grandes mudanças, mas que, após três reuniões, passou a descrer, como ela, da possibilidade de se fazer alguma coisa realmente nova, em vista da pouca participação dos pais. Para Leda, a questão do não funcionamento do conselho de escola deve-se a que "o povo não está preparado". O "povo" não reflete e não questiona; é conduzido e manipulado. Afirma também que, na maioria das vezes, as cobranças dos pais não se fazem em cima do fundamental, ou seja, que

> aquilo que precisa ser cobrado da escola, do professor, eles não chegam a cobrar. Então, eles aceitam muito passivamente tudo que a escola dá pra eles. Por exemplo, agora, a mesma coisa; por exemplo: o governador chega lá e fala assim: "merenda tá ótima, tal..." Eles vêm na escola, eles veem que não tá aquilo que o governador diz. Então, é hora dos pais se reunirem e falar: "Não, espera lá; mas não está vindo... Cadê? Onde está ficando essa merenda?"

Sobre a participação dos pais, Leda acha também que eles põem obstáculos para não se envolverem: "'Ai, mas têm muitas reuniões? Como é que é? Que horas que são essas reuniões? Que dias? O que que é que eu tenho que fazer?' Entende? Então, pra eles isso é um compromisso; não é uma 'não, eu vou participar porque eu vou ajudar a escola'."

Entre as razões que os pais (e principalmente as mães) apresentam para não fazerem parte do conselho de escola, Leda aponta a falta de tempo, o horário das reuniões, o fato de o marido não permitir e o receio de não corresponderem à responsabilidade.

Também d. Júlia enfatiza o "desinteresse" dos pais. Ao ser perguntada sobre as dificuldades que o conselho de escola encontra para desempenhar seu papel, responde:

> As dificuldades do conselho é os pais; entendeu? Porque tem aqueles que acham, assim, que colocá o filho na escola, a responsabilidade é do professor e do diretor. Se convoca pra uma reunião, eles não vão. Então, o que dificulta é isso. Se você convoca, é dez pais, vai cinco; se é noite, "Ah, porque chegou cansado, porque tem que jantá [...]" Não têm, assim, aquele interesse do filho: "Vamo lá na escola sabê [...] o que é que tá acontecendo, o que que eu preciso ajudá." [...] É difícil mesmo; a gente luta, mas lutá com o público é difícil.

Helena, presidenta do Centro Comunitário da Favela de Vila Dora, consegue examinar a ausência dos pais nas reuniões do conselho sem imputar-lhes uma culpa ou falha moral. Para ela, os motivos do desinteresse da mãe de família podem estar no cansaço do trabalho doméstico, ou não: "Tem uma hora que ela tá assistindo televisão ou descansando o corpo." Ou seja, as pessoas optam pelo lazer ou descanso em suas horas livres e é normal que assim aconteça.

Na tentativa de analisar por que a população participa pouco do conselho de escola, Francisco, além de apontar importante fator desse afastamento dos pais, consegue revelar, numa frase, a distância que existe entre o mundo da escola e o mundo dos trabalhadores: "As pessoas têm medo de falar errado na frente da diretora."

Algumas entrevistas revelam que a participação no conselho de escola da Celso Helvens já foi mais intensa em anos anteriores. A professora Mári diz que, quando ela trabalhava na escola, Maria Alice implementou o funcionamento do conselho de escola, chamou os pais e procurou organizá-lo. A diretora diz que o conselho "começou muito com a participação de professores e pouca de pais e alunos. Agora tem muito pouca participação de professores [...] e cresceu a participação de alunos e a participação de pais." A julgar, entretanto, pelas informações que colhemos no trabalho de campo, parece que o crescimento da participação dos pais e alunos, se houve, não foi significativo para apagar a impressão geral de baixa participação. Na mesma direção dos depoimentos até aqui examinados, que corroboram esse pequeno envolvimento dos pais, d. Marta afirma que a participação hoje é menor se comparada com outros anos. "Há três anos atrás, pra votação, enchia a biblioteca; esse ano tinha três pessoas na classe." Nas reuniões do conselho de escola, "há quatro anos atrás, todos falavam, um por um".

A visão das pessoas sobre o papel do conselho de escola, sobre sua razão de ser, tem a ver com a própria disposição dos indivíduos para participarem e com a orientação de tal participação. A esse respeito, parece haver um grande número de pessoas que veem o conselho de escola como uma espécie de sucedâneo da APM, por meio do qual se podem organizar festas e providenciar outras coisas que faltam no currículo escolar propriamente dito. Essas pessoas, diante da questão sobre a real função do conselho de escola, expressam-se de forma mais ou menos vaga, sem nunca privilegiar nele um caráter mais deliberativo, de tomada de decisões sobre os assuntos substantivos da escola. A fala de d. Júlia, mãe de aluno, é, de certa forma, representativa dessa visão, quando ela diz que o conselho "é uma coisa pra benefício da própria escola [...] para melhoria da escola, pra discutir o que que os alunos precisa, né. É festa, discutir festa, programar as festas que têm na escola. Pra melhoria da APM da escola, também. Então, é uma coisa, assim, é benefício da própria escola."

Outra posição presente, especialmente entre os pais, é a de que o conselho de escola é uma maneira de se conjugarem os esforços dos pais, funcionários em geral e alunos para ajudarem a escola. D. Marta, mãe de aluno que denuncia a dificuldade de se tomarem decisões no conselho de escola, diz que "as funções do conselho de escola, eles fala pra gente fazer alguma coisa pra escola". Partindo de d. Marta, a expressão dessa concepção é muito significativa, porque ela parece fundamentar-se em sua própria prática de vários anos como membro do conselho. Sua frase parece retratar bem algo que acontece nas reuniões do conselho. Na que observamos em abril de 1990, a diretora despendeu considerável parte do tempo em conclamar os pais a que ajudassem na execução de atividades que concorressem para suprir a falta de pessoal e de recursos, como capinar o terreno da escola, consertar a rede de eletricidade, pintar as salas.

Mas há também concepções críticas a respeito das reais funções do conselho de escola. Algumas poucas pessoas parecem ver na instalação dos conselhos de escola um estratagema político do Estado. A versão mais extremada dessa posição é manifestada por Francisco que, dizendo que "ninguém faz nada de graça", afirma que a criação do conselho de escola pelo ex-governador Franco Montoro tinha objetivos eleitoreiros, visando a contribuir para levá-lo à Presidência da República, "só que o tiro saiu pela culatra. Como os peemedebistas era muito preguiçoso, quem acabou participando era petista. Então, em vez deles pegar um cara pra bater palminha, eles pegaram pra encher o saco."

Outra concepção que emergiu dos depoimentos é a de que o conselho de escola pouca coisa pode mudar na escola. É mais ou menos assim que pensa Jorgina, para quem o conselho de escola não tem funcionado no sentido de mudar para melhor a escola, pelo menos durante o período em que participou no conselho. Nunca se chegava a uma decisão que redundasse em medidas efetivas. Diz que, quando se discute, por exemplo, a questão da baixa qualidade do ensino, o pai cobra empenho do professor e este se defende alegando que ganha pouco e precisa trabalhar em mais de um lugar; o aluno quer que o professor se desmanche, mas o professor diz que assim não é possível trabalhar. Nunca se chega a um acordo. Jorgina diz que, após a instalação do conselho de escola deliberativo, não houve "mudança absolutamente em nada" em termos de orientação da escola. Ficou tudo a mesma coisa.

Mas há também a concepção que, sendo crítica a respeito das limitações do conselho de escola, consegue enxergar contradições que — quando exploradas adequadamente — podem levar a resultados positivos para a escola. Assim pensa a professora Mári que, mesmo achando que o conselho de escola se encontra no âmbito da democracia meramente formal, considera promissor o próprio fato de haver um espaço para discussão e a oportunidade até de se colocar contra a diretora, inclusive fazendo aprovar medidas contrárias à posição desta. Um exemplo foi a decisão a respeito de um calendário de reposição. "Eu me lembro que, numa dessas, foi uma vez que nós conseguimos, juntos, com os pais, mudar a maneira como ia ser feita a reposição."

Pode-se imaginar, todavia, a falta que têm feito professores como Mári para ajudar os alunos no enfrentamento de diretora e professores no conselho de escola, se se tomar como exemplo a discussão, pelo conselho, do calendário de reposição de aulas de 1989, em 17 de julho, véspera da primeira entrevista com Maria Alice. É a própria diretora quem relata que, nessa sessão do conselho de escola, os alunos "estavam, assim, muito agressivos. Eles não concordavam com o calendário de reposição aos sábados. E eu já tinha até preparado a ata, como se tudo fosse dar certinho." Depreende-se desta fala que a diretora esperava, com a reunião do conselho, a mera formalização do processo. Continua relatando Maria Alice que, diante da "intransigência" dos alunos, ela interrompeu a sessão e convidou todos os alunos do noturno para discutirem a questão. Esta atitude da diretora parece desvelar sua concepção acerca do conselho de escola: se ele aprova, confirma, reitera os atos da direção, tudo bem, suas "decisões" são acatadas; se isto não acontece, lança-se mão de outros expedientes que, por mais democráticos que possam parecer, não deixam de constituir medidas casuísticas para dobrar a discordância dos alunos que, afinal, se supõem *representantes* do corpo discente. O que os alunos queriam era uma aula a mais no final do horário normal. Segundo a diretora, isso era muito difícil porque é muito tarde para os alunos tomarem ônibus. Por isso, a reunião terminou sem uma solução.

> Aí, uma das mães do conselho disse simplesmente: "Senhora quer saber o que que eu acho daquela menina? A senhora toca três dias de suspensão nela; é isso que a senhora deve fazer [...] Solta o calendário e tá

encerrado; quem quer quer, quem não quer não quer." A outra mãe: "É isso mesmo." Quer dizer: aquele autoritarismo. Quer dizer: elas querem de mim uma atitude dessas. Eu sou sempre cobrada aqui para ser quanto mais autoritária possível. É um povo que condena o autoritarismo, vamos supor, da minha parte: se eu chegar e falar: "o calendário vai ser assim e todo mundo tem que seguir", nossa! Eu vou ser crucificada [...].

É importante observar que, se este episódio revela, por parte dos pais, a expectativa de uma atitude impositiva da diretora com relação aos alunos, deixa transparecer também que, por parte da diretora, o autoritarismo só é percebido quando os pais sugerem medidas de força, e não quando a própria diretora, diante de uma situação que discrepa de seu ponto de vista, busca outros meios (dissolução da reunião do conselho de escola e convite para todos os alunos participarem), na expectativa de mudar o resultado.

De certa forma, a atitude da diretora com relação aos alunos é revelada também por Maria Cristina, aluna da 8ª série e membro do conselho. Diz ela que não tem sido bem-sucedida ao levar o que "os alunos pensam" ao conselho, especialmente quando se trata de reivindicação de excursões ou de festas: "A diretora, falar em excursões para ela, ou uma festa que a gente quer fazer aqui na escola, ela não quer, por causa da greve, ela fala que tem que estudar, que já fizemos greve, ficamos duas semanas em greve; então, a gente quer mais o quê?"

D. Marta diz que só Maria Alice convoca as reuniões do conselho de escola, porque os pais têm medo de convocar. Francisco acha que o conselho de escola não tem condições de chamar uma reunião: "Quem chama reunião é a diretora; então, você fica à mercê da diretora. E quando eu quero discutir a diretora?" Para ele, o conselho de escola se preocupa com assuntos absurdos, como proibir entrada de minissaia. "O conselho deveria se restringir ao sistema de ensino."

D. Marta volta-se contra o funcionamento do conselho de escola, dizendo que este, na Celso Helvens "é só pra dizer, só pra dizer que tem conselho". Segundo ela, os problemas que apresenta referentes à merenda e à atuação das funcionárias operacionais da escola não são sequer tocados nas reuniões do conselho de escola, pois as mães têm medo de represálias. Conta que um membro do conselho (uma das mães) reclamou da sopa servida e que "essa mulher não tem mais vez de abrir a boca na escola porque ela falou isso. [...] Não podia falá." As serventes pensaram que havia sido ela a autora do comentário e, já no dia seguinte, a interpelaram na porta da escola. Diante disso, d. Marta pergunta: "A gente pode decidir alguma coisa?" Diz que pretende sair do conselho de escola porque "eu quero ajudá e eles não deixam". "A gente não pode falar nada, porque se você fala, é do tipo da presidência, a gente é castigada [...], no outro dia cedo as serventes cai em cima de você." Esse discurso se contrapõe, de certa forma, à fala de d. Rute, que afirma que durante as reuniões podem falar o que quiserem; porém, é muito falatório e pouca ação por parte das mães.

Um dos principais fatores que impedem que o conselho de escola se transforme num instrumento de democratização das relações no interior da escola é a falta de ligação entre representantes e representados, especialmente no que se refere a pais e alunos. A professora Mári afirma que, quando trabalhava na Celso Helvens, sugeriu à diretora que distribuísse com antecedência as pautas das reuniões do conselho de escola e que conseguiu também que os alunos se reunissem para levar às reuniões seu ponto de vista coletivo. Mas Maria Cristina, aluna da 8ª série, diz que, hoje, o fato de a pauta ser organizada pela direção, sem divulgação antecipada para os representantes, impede a discussão prévia com os demais alunos, porque ninguém sabe ao certo o que será discutido.

Falta de ligação entre representantes e representados

D. Rute, que já pertenceu ao conselho de escola por vários anos, ao falar de sua ligação com os demais pais sobre os assuntos do conselho, demonstra que essa relação é bastante débil, acontecendo de forma mais ou menos espontânea, sem uma ação proposital e organizada. Diz ela que as informações para a comunidade se davam de modo informal: "O pessoal perguntava: 'Pô, o que comentaram lá no conselho?' Aí, eu comentava com eles."

Kazuko acha que só formalmente e escola se organiza de maneira democrática, já que, de fato, o poder não é descentralizado, em virtude da falta de participação de grande número de pais em suas reuniões. Sua sugestão para superar essa situação é que o conselho de escola seja aberto para todos os pais: "eles pegam os filhos e vêm".

Mári considera o conselho de escola um grande avanço em termos de democratização da escola pública, mas acha que é preciso melhorar sua qualidade. Afirma que mesmo a medida de distribuir previamente as pautas se mostra, na maioria das vezes, inócua, porque tanto os pais quanto os alunos têm muitas dificuldades de se reunir para discutirem com antecedência suas posições. Por isso, está convencida de que é preciso criar uma forma de propiciar as condições adequadas para que os pais discutam juntos seus problemas comuns. Acredita que uma boa forma de fortalecer o conselho como órgão defensor dos interesses da população na escola seria a formação dos conselhos populares que, a esse respeito, constituiriam o local privilegiado de encontro dos pais para discutirem as questões relevantes antes de levá-las ao conselho de escola.

Em 4 de abril de 1990, estivemos observando a primeira reunião do ano do conselho de escola da EEPG Celso Helvens. A sessão começou

Fragmentos de uma reunião

com o conselho de escola completo, faltando apenas a secretária Kazuko, cuja presença foi anunciada pela diretora para mais tarde, o que acabou não acontecendo. A ausência de uma representante dos professores foi preenchida por uma suplente. Das pessoas entrevistadas, permanecia no conselho, além da diretora e da assistente de diretora, a professora Leda, Francisco, pai de aluno, e Kazuko, a secretária. D. Rute voltava ao conselho de escola após ter ficado ausente durante o mandato de 1989. A aluna Maria Cristina, as mães de alunos d. Júlia e d. Marta, bem como a professora Sônia Regina, que pertenciam ao conselho em 1989, não foram reconduzidas para o ano de 1990. Parece oportuno apresentar aqui alguns momentos dessa reunião, com a finalidade de oferecer uma ideia aproximada de sua dinâmica e de algumas forças em conflito que aí se explicitam.

Os momentos que antecedem a reunião já parecem reveladores da distância que se estabelece entre o pessoal da escola, de um lado, e pais e alunos, do outro. As professoras conversam animadamente; pais e alunos estão calados. As professoras estão sentadas de um lado, alunos e pais, de outro; diretora e assistente, entre os dois grupos. Inicia-se a reunião com Maria Alice solicitando que as pessoas se apresentem individualmente aos demais. Após essas apresentações iniciais, a diretora afirma que em 1990 "vamos decidir juntos" e justifica o atraso na realização da primeira reunião do conselho, que se deveu à dificuldade de compô-lo, quer pelo não interesse dos pais, quer pela necessidade de organizá-lo de modo a atender às exigências legais. Denuncia a forma "burocrática" de composição do conselho de escola, dizendo que, "ao invés de eleger, é melhor escolher os que se propuserem [a fazer parte]. Não adianta fazer coisa legal no papel, se não funciona." Informa, então, que professores e alunos foram eleitos, os pais não. Apresenta a seguir os obstáculos de ordem burocrática pelos quais a escola tem de passar e a falta de professores para darem aula: "Foi muito difícil colocar a escola andando este ano", muito mais do que nos anos anteriores, porque não há professor que queira "vir trabalhar aqui nesta lonjura."

A dificuldade de conseguir docentes é logo associada a outros problemas. Diz que "estamos passando por uma fase difícil" e que o problema mais sério é de segurança. Há alguns dias a escola foi assaltada, tendo sido roubadas a TV, que fora doada recentemente pela família Helvens, e uma máquina de escrever velha. Os ladrões defecaram no fundo da sala e, conforme se deduz, "fizeram xixi no copo e jogaram para cima". Diante do ocorrido, depois de apartes e considerações dos presentes, especialmente dos professores, decide-se por não aceitar a doação do videocassete prometido pela família Helvens. Uma das professoras (Maria Luísa, da 2ª série) relata que já foi assaltada duas vezes em 29 dias e que, recentemente, houve uma tentativa de roubo na escola, que foi detectada pelo filho do zelador.

A ESCOLA POR DENTRO   183

Ao apreciar o assunto, Maria Alice atribui a causa de tudo à crise econômica, que leva as pessoas a agirem assim. A maneira como ela "desculpa" as pessoas por agirem dessa forma dá a impressão de que está responsabilizando os próprios pais, mas ao mesmo tempo "compreendendo" a razão de seus atos. Seu discurso soa como uma peroração moralista e, embora ela não diga explicitamente, parece pretender levar os pais a concluírem que, pela comunidade a que serve, a escola não merece ter certas regalias.

A certa altura da discussão, Francisco pede para passar para outras questões, dizendo que a diretora mostra um quadro terrorista da escola, no que é contestado pelos professores, especialmente Rosilene e Maria Luísa. Francisco diz que Maria Alice só está apresentando problemas e que o que ele quer são soluções. Numa referência velada a Francisco, a diretora diz que o conselho precisa resolver o problema, mas que "não podemos ficar aqui filosofando... Não me venham com filosofia, por favor."

A questão do curso noturno produz discussão acalorada. A diretora fala sobre a falta de docentes nesse período, em virtude de os professores não quererem trabalhar à noite por conta da agressividade dos alunos, especialmente dos da 7ª série, e também por causa da falta de segurança da escola durante a noite. Na fala da direção e das professoras parece estar sempre presente que a culpa pelos alunos "agressivos" e pela insegurança da escola se deve à comunidade. A discussão se prolonga com as professoras apresentando discurso nitidamente contra os pais. A diretora anuncia que futuramente não haverá alternativa senão extinguir uma classe do noturno. Esta atitude parece confirmar, de certa forma, a denúncia feita pela secretária Kazuko, em sua entrevista, de que Maria Alice tinha intenção de "acabar com o noturno". Os pais, especialmente Francisco, dizem que é preciso cobrar providências do Estado. No calor da discussão, até mesmo o Estado, tão criticado nas entrevistas, é defendido pelas professoras em sua discussão com os pais. Uma delas, Maria do Rosário, diz que "governo não é pai de todos". D. Rute, que é nitidamente favorável à direção e se considera diferenciada dos demais pais, diz que, "se todos os pais pagassem, a escola estaria melhor". Enquanto todos falam, Maria do Rosário volta-se para a diretora e diz: "Sabe o que que é, Maria Alice; é que essa comunidade não ajuda a escola." D. Rute reage, dizendo que ela, d. Rute, colabora; mas também critica a comunidade. Reportando-se à precariedade da escola e ao salário dos professores, Francisco diz que o problema é que "os professores, na maioria, são pelegos; o Estado joga dinheiro pela janela e os professores dão razão". Diz que ele mesmo se mostrou hostil à greve dos professores porque "tem muito professor que é pelego". A professora Maria Luísa pergunta o que é pelego e Francisco responde: "Pelego é aquele professor que os colegas estão em greve levando porrada lá no Palácio dos Bandeirantes[6] e ele está aí dando aula, furando greve." As professoras presentes nada respondem, algumas aparentemente vestindo a carapuça.

Em outro momento da reunião, o assunto em pauta é a obrigatoriedade do uniforme. A disputa verbal se dá entre d. Rute (a favor) e Francisco (contra). Os argumentos de d. Rute dizem respeito à identificação das crianças e à segurança que o uniforme proporciona, bem como ao fato de que a escola ficaria mais colorida. Francisco diz que escola "não é exército; pra que uniforme?" Declara-se a favor apenas no caso de as crianças aprovarem a medida. Para isso, reivindica a realização de um plebiscito entre os alunos. A intervenção de alguém dá oportunidade a que a diretora introduza a questão da participação e diga que, na reunião com os pais realizada no início do ano, pessoas estranhas à escola "entraram e quebraram tudo aqui". Estabelece-se uma confusão, com as pessoas falando ao mesmo tempo. A professora Maria Luísa consegue dominar o tumulto e concluir que a única solução é levantar o muro da escola. A discussão volta para a questão do uniforme, com Maria Alice dizendo que, na reunião do início do ano, ficou decidida sua utilização. Francisco contesta, mas a diretora diz que foi feita uma votação e a maioria quis o

---

6. Alusão à repressão policial do governo Quércia ao movimento dos professores, no dia em que estes tentaram ir em passeata até o Palácio do Governo.

uniforme, e que Francisco ficara incumbido de fazer uma reunião com os alunos. Este afirma que tentou realizar essa reunião, mas os alunos lhe informaram que a diretora já havia determinado que a partir do dia tal deveriam vir de uniforme. Maria Alice volta a argumentar sobre a importância do uniforme como identificação dos alunos porque, sem ele, a polícia entra e não sabe se é da escola ou não. Francisco parece imbuído de um espírito de contestação, mas não consegue rebater os argumentos em favor do uso do uniforme, ao qual declara não ser contrário em princípio, dizendo "não ser a favor nem contra", mas acha que "o correto seria que essa geração tivesse a liberdade de optar". A postura de Francisco é beligerante; parece não se preocupar em criar oposição de todo o grupo. Mesmo os pais parecem não gostar de seu discurso "político"; um deles fala em voz baixa para a pessoa ao lado: "Não venho mais em reunião com esse homem." Seu discurso em favor da liberdade de manifestação dos jovens não é aceito pela maioria dos presentes, que o contrapõe com argumentos que ressaltam as vantagens do uniforme. Um dos pais afirma que na empresa se usa uniforme, ao que Francisco responde que a escola não é empresa. O pessoal da escola (diretora, assistente e professoras) coloca-se radicalmente contra o ponto de vista de Francisco. Maria Alice dirige-se aos alunos presentes, pedindo sua opinião. A impressão que se tem é que ela sabe a posição favorável dos alunos e recorre a eles porque precisa contar com seu apoio contra as intenções democratizantes de Francisco. Uma aluna diz que o uniforme é melhor porque diferencia as crianças dos que a polícia procura. Outra confirma isso e diz que o uniforme é melhor porque não precisa mudar de roupa todo dia. As professoras dizem que há muita coisa mais importante para discutir em vez de ficar nessa questão que já foi decidida. Fico com a impressão de que professoras e direção lutam não tanto para defenderem a medida, mas muito mais para não cederem no campo das liberdades democráticas. Se não, por que não permitirem que os alunos decidam livremente sobre a melhor medida a respeito do uniforme, já que, segundo todos os prognósticos apresentados na reunião, a grande maioria seria favorável ao seu uso?

Nota-se também uma flagrante incapacidade da diretora para lidar com o conflito. O mais impressionante é que a simples reivindicação de que os alunos sejam ouvidos, formulada por Francisco, consegue fazer com que a discussão se arraste por cerca de uma hora sem que se chegue a uma solução. A direção e as professoras não conseguem lidar com uma questão aparentemente tão simples e o elemento complicador parece ser a necessidade de uma postura democrática para se admitir a consulta aos alunos. A única arma efetiva que têm é encerrar este assunto e partir para o próximo. Maria Alice diz que o problema vem da sociedade e "a gente quer resolver aqui dentro, o que não é possível". A reunião é bastante movimentada. Quase todos participam. A professora Maria Luísa intervém, com voz alta, dominando o ambiente: "Francisco: liberdade sem libertinagem!" Eu, que estou presente, sinto uma espécie de calafrio com a presença do velho chavão que "fundamenta" todas as medidas de censura e cerceamento da liberdade. Mas algo ainda mais dramático estava por vir. Um dos alunos pede a palavra para dizer que, se o aluno for atropelado e não tiver o uniforme, ninguém vai saber quem ele é, e acrescenta: "Que nem: se eu estiver na guerra e o 'seu' Francisco não tiver uniforme, eu vou matar ele." Aplausos gerais. As manifestações de apoio chegam quase à histeria. O acontecimento é bom pretexto para passar para outro assunto.

O momento final da reunião do conselho também merece ser aqui lembrado. Terminado o rol de assuntos que pretendia ver discutido, a diretora encerra a sessão, agradecendo a todos pelo comparecimento. As pessoas levantam-se para sair. Um pai e uma mãe, sentados ao meu lado, se mostram surpresos. "Uai, acabou!?" Seu espanto é porque tinham "umas coisas para discutir" e a diretora encerrou a sessão sem eles poderem levantar tais assuntos. Mas foi precisamente isso que aconteceu. A diretora chegou à reunião com uma pauta organizada por ela — talvez com a ajuda de professores — e a submeteu à discussão. Em momento nenhum perguntou aos pais se havia algum assunto de seu interesse que gostariam de ver examinado. Numa sociedade em que o autoritarismo se petrifica nas atividades mais rotineiras do dia a dia, não é de estranhar que essa omissão de espaço para os membros do conselho de escola levantarem seus próprios problemas tenha passado desapercebida pela própria diretora. Mesmo com suas reiteradas afirmações de que valoriza a participação e que gostaria que os pais estivessem mais presentes na tomada de decisões, talvez não consiga perceber o quanto suas próprias atitudes — porque integradas num cotidiano "naturalmente" autoritário — contribuem permanentemente para cercear essa participação. As demais professoras também parecem ter visto com muita naturalidade o fato de serem tratados apenas os assuntos trazidos pela direção. Provavelmente, o relato que farão da reunião do conselho de escola será o de que, com a exceção de um pai que vive "filosofando", os pais em geral não participam muito das reuniões.

Embora a participação de pais e alunos nas decisões do conselho de escola nem sempre se faça da forma intensa que muitos poderiam esperar, o fato de ser aí o local onde se tomam ou se ratificam decisões

Conselho de escola: lugar em que se explicitam conflitos

de importância para o funcionamento da unidade escolar tem feito com que esse órgão se torne a instância em que se explicitam e procuram resolver importantes contradições da vida escolar.

Um dos problemas tratados no conselho de escola e que se apresentou de forma mais recorrente nos depoimentos coletados na escola foi a greve do magistério público estadual, que paralisou as atividades por 82 dias no primeiro semestre de 1989. O movimento teve apoio manifesto de pais e alunos, contando inclusive com a participação em passeata por parte de alguns deles. Um fato como esse, que envolve pelo menos a tomada de posição dos vários grupos em relação na escola (pais, alunos, direção, funcionários, professores), parece ser de importância na medida em que cada um dos grupos pode entrar em contato mais estreito com os interesses e aspirações dos outros, ao mesmo tempo em que busca afirmar sua identidade e expressar seus interesses. O apoio dado por pais e alunos no início do movimento levou a direção e os professores a acreditarem que tinham carta branca inclusive para organizarem a reposição de aulas após o término da greve. Por isso, como vimos anteriormente, a diretora julgava que, na reunião do conselho convocada para discutir o assunto, seu calendário de reposições seria, sem mais problemas, aprovado integralmente pelos representantes dos alunos. Como se recorda, estes não concordaram e a diretora abriu a reunião para o conjunto dos alunos do período noturno. A fala de Maria Alice relatando (e opinando sobre) o que aconteceu a seguir deixa transparecer bem a polarização dos interesses imediatos entre o corpo discente e a escola, representada na ocasião pela direção e os professores.

> Olha, aí que você vê o que que é o exercício da democracia. Cê tem que tá muito bem preparado, quando você realmente quer ouvir todas as partes e não só uma delas [...] Bom: os professores estatelaram os olhos que ficou desse tamanho, porque ninguém conseguia mais segurar a massa ali, né. Porque os alunos falavam coisas absurdas, tal como "vocês fizeram, vocês arrumem". Eu falei, então, "Pera um pouquinho: e aquele apoio que... do início da greve, aquele apoio de algumas reuniões que foi feita... era um falso apoio, então? Vocês apoiavam o professor até um certo ponto, dali pra frente vocês não apoiavam?"

Maria Alice relata quanto os professores tinham avaliado errado a situação e como "ficaram bastante chateados, porque viram que esse apoio não é esse apoio que eles pensavam que fosse... e que eu sempre achei que não era." Mas a própria diretora procura explicar a razão pela qual, em parte, esse apoio se desvanece.

> Por exemplo: toda greve aqui, o pessoal some, debanda, não faz reunião com eles, não dá satisfação dos passos que vão sendo feitos. Depois, quando chega no final e dá um desfecho desse, que tem dois meses pra repor, só pode dar nisso: vinte e tantos sábados... Aí, eles se rebelam, lógico, não tem dúvida; ele não tava tão junto com o professor quanto o professor pensou.

Outra questão digna de menção é a percepção, também pelos pais, da diferença de comportamento político existente entre professores de 5ª a 8ª série, que participaram maciçamente da greve, e os de 1ª a 4ª, que, em geral, não aderiram a ela, situação esta que mereceu, na reunião do conselho de abril de 1990, o comentário cáustico de Francisco a respeito do "professor pelego", que os Professores 1, presentes em bom número na reunião, engoliram em seco, sem ousar nenhuma réplica.

Mas, o que importa realçar aqui não é tanto o fenômeno da greve que, em sua complexidade e riqueza de desdobramentos, mereceria, só por si, análise muito mais alentada e profunda que não é meu propósito desenvolver neste trabalho. O que parece relevante destacar no momento é o papel que desempenha o conselho de escola no contexto das relações sociais que se entrecruzam na realidade escolar; a greve do magistério, por sua grande visibilidade, está sendo usada como exemplo para ilustrar a importância do papel do conselho. Vemos, portanto, que este aparece, num primeiro momento, como foro de discussão, já que, precisando do apoio de alunos e pais, os professores, por meio desse órgão, explicitam suas reivindicações e conseguem a simpatia "oficial" de seus representantes; num segundo momento, o conselho de escola apresenta-se também como foro de decisão, no qual os interesses contraditórios vêm à tona, por exemplo, por ocasião da aprovação do calendário de reposições.

Um aspecto que realça esse papel do conselho de escola é o fato de o apoio à greve aparecer, às vezes, na fala de pais e alunos, no contexto da resposta à pergunta sobre as funções do conselho. D. Júlia, por exemplo, solicitada a avaliar o trabalho do conselho de escola, remete a sua participação pessoal, relatando seu envolvimento na greve de 1988, em que foi "participá da passeata deles [...] e eles fizeram elogio depois no outro dia na classe dele [seu filho]. [...] Então, os colegas dele falou que eu era a mãe do ano; foi um barato." Além da dimensão mais propriamente humana, que revela o quanto um simples elogio (sincero) pode fortalecer o ego de uma mãe e fazê-la sentir-se orgulhosa de seus atos, esse depoimento, ao ser apresentado em resposta a uma indagação sobre o conselho, parece revelar também a capacidade que d. Júlia tem de extrapolar as atividades desse órgão como um fim em si mesmo, relevando a atividade exterior a ele, o que pode significar uma concepção do conselho de escola como foro de debate e de decisões, mas também e especialmente como instrumento para se alcançarem ou se provocarem atividades que o transcendem.

3.3 GRÊMIO ESTUDANTIL

Como já vimos, na Celso Helvens não há nem centro cívico nem grêmio estudantil em funcionamento. As pessoas entrevistadas foram unânimes em afirmar a inexistência desses órgãos e de qualquer movimento recente no sentido de instalá-los. Meses depois da coleta de dados, em agosto de 1990, em conversa pelo telefone sobre a não revogação explícita da obrigatoriedade do centro cívico, Maria Alice afirmou que havia, sim, o centro cívico na escola, mesmo durante o ano de 1989. Todavia, essa afirmação não coincide nem com as informações colhidas na escola, inclusive com as prestadas pela própria diretora, nem com o Plano Escolar de 1989, que omite completamente a existência de centro cívico e grêmio estudantil.

Os alunos da 7ª e 8ª séries noturnas, ao serem entrevistados, demonstraram não conhecer sequer o papel ou a função de um órgão como o centro cívico ou o grêmio estudantil. Milton, da 7ª série, afirma que na Celso Helvens não há grêmio porque a escola é pequena e que "isso acontece mais em escola grande". Mas os três reconhecem que nunca tiveram contato com outros estudantes ou escolas a respeito dessa questão. O assunto, entretanto, não parece ser desconhecido da totalidade dos alunos. Em conversa com alunos da 8ª série noturna, estes mencionaram uma escola de que dizem saber da existência do grêmio. Um dos alunos acrescenta que lá "eles participa de tudo", mas na Celso Helvens não há entidade dos alunos.

As alunas da 8ª série vespertina também afirmam não ter conhecimento da existência atual de grêmio estudantil ou centro cívico, dizendo que o que conhecem sobre o assunto foi por intermédio de um professor que tentou organizar um na escola, mas que elas já sabiam de antemão que não daria certo, como de fato não deu, porque os alunos não participariam. Mas Neusa, uma das alunas, dá notícia de ter havido, durante certo tempo, um grêmio que, para ela, não adiantava nada, pois o pessoal "era que nem prefeito: prometia e não cumpria". As outras meninas não se lembram dessa experiência, mas Lucila acha de muita importância o grêmio, "porque a gente pode discutir e tentar resolver problemas da escola".

Deise, a supervisora de ensino, é responsável pelas questões que dizem respeito ao grêmio estudantil em sua delegacia de ensino. Ela acha que o grêmio seria de muita relevância se existisse, de fato, como era antigamente. "Era realmente maravilhoso." Ressalta que o grêmio era independente, mas auxiliar da escola.

> Hoje, geralmente, o grêmio, quando começa a querer surgir dentro de uma escola, ele surge com a intenção, infelizmente, com a intenção de lutar contra a direção, ou pra expulsar tal professor, ou pra mandar embora... "Então vamos fazer um abaixo-assinado..." Então, eles acham que é pra isso que funciona o grêmio. Então, desvirtua um pouquinho [...] o espírito do grêmio estudantil. Eles não estão pensando em fazer... "Ah, vamos fazer um festival de música." Ou: "Vamos fazer um baile, ou uma gincana."

Acrescenta que, com o grêmio, os alunos não têm como objetivo a parte cultural; "isso só vem depois, como decorrência". Diz que, em seu trabalho na delegacia de ensino, tem observado que, quando os estudantes vêm pedir orientação sobre o grêmio, esse aspecto da contestação está sempre presente e que ele se manifesta, por exemplo, quando os alunos querem saber se, com o grêmio estudantil, eles poderão fazer abaixo-assinado reivindicando coisas da escola.

A fala de Deise parece revelar não apenas o preconceito com relação às intenções dos estudantes, mas também as restrições que põe à efetiva participação dos alunos na escola. Ou seja, participar pode, mas desde que seja apenas da execução, como "auxiliar" da escola. Parece-me que, em meio a tanta reclamação contra a não participação das pessoas na escola, essa tendência dos alunos deveria ser bem-vinda e não repelida sob a alegação de que os estudantes utilizarão o grêmio somente para contestação.

A única iniciativa que verificamos na Celso Helvens em termos de organização dos alunos, assim mesmo muito restrita e bastante incipiente, foi anunciada por Marcelo, aluno da 4ª série que, na entrevista que deu em companhia de dois colegas de classe (Rafael e Mônica), anunciou a criação do Partido Conservador Escolar (PCE). Trata-se de um grupo de cinco alunos cujo objetivo é trabalhar pela manutenção da escola por sua "conservação", daí o qualificativo "conservador" de seu nome. Marcelo diz que ficou pensando: "essa escola aqui tá à beira de falir, já" e, então, após conversar com mais quatro colegas de confiança, levou sua ideia primeiro para a professora e depois para a diretora. A ideia do PCE surgiu, segundo Marcelo, daquilo que parece ter sido o antigo centro cívico da escola. Diz ele que "antes" havia chapa de alunos que assistia às reuniões dos professores. Esse grupo era como o "prefeito da escola e a diretora era o presidente"; existia "um monte de chapas" e "os alunos votavam que nem eleição". A conversa com a diretora sobre a ideia do PCE parece ter sido uma experiência marcante para Marcelo:

> Eu sempre queria tê uma chance de falá com a diretora, mas antes eu tinha medo. Tinha vergonha de falá com ela, mas na hora que nóis tinha saído já, tava saino, aí eu falei com ela. Falei com ela que eu queria montá um partido, já dei até o nome de cara. Antes já tinha até pensado no partido, já.

Marcelo é o presidente do "partido" e há também um vice-presidente para quando ele falta. Diz que a diretora confia mais neles agora, "ficou com confiança, com crédito". O que pretendem é "tentá erguê a escola". Marcelo conta como o PCE tem desempenhado seu papel: "Bom, nós estamos que nem conselheiro da diretora." Rafael brinca: "os conselheiros da rainha", alusão à telenovela *Que rei sou eu?*, em cartaz na TV, na ocasião. Marcelo continua: "Às vezes nóis dá ideia, às vezes ela dá ideia. O primeiro passo que nós fizemos é fazê cartaz e colocá no banheiro. Rancaram e colocaram dentro do... do vaso [...] Agora nós vamo hasteá a bandeira tudo dia. Nóis coloca a hora que nóis entra e tira às 5 horas."

Perguntado sobre como os demais alunos receberam a ideia do PCE, Marcelo acaba revelando que eles "não acham nada" porque "eles nem sabe direito". Ou seja, afora os cinco integrantes do "partido", praticamente ninguém sabe de sua existência na escola, nem mesmo os dois colegas de Marcelo que participaram da entrevista. À brincadeira da entrevistadora, de que o PCE parece um partido secreto e que eles só contaram de sua criação para a diretora, Marcelo complementa: "e pra professora, né". Diante da pergunta a respeito das razões por que não divulgaram o PCE entre colegas de classe, Marcelo responde:

> Ah, eu, eu não tenho segredo. O pessoal não se interessa muito por isso, não. Uma vez nóis tava limpano, o pessoal tava chamando nóis de empregado. Fiquei quieto, não achei nada [...] porque o grupo que eu escolhi, fiquei pensando antes de escolher, porque, já pensou se eu pegasse um aluno mau e gozasse da minha cara? Tive que pensá, né, qual que tem capacidade pra isso.

3.4 CONSELHOS DE CLASSE

Por se tratar de uma reunião de diretora e professores com o objetivo de avaliar o desempenho escolar dos alunos e propor soluções para as deficiências observadas, o conselho de classe (ou de série) deveria constituir um momento de reflexão e de experiência coletiva de trabalho orientado para a prática pedagógica. Maria Alice diz, por sua vez, que "é uma das coisas que eu ainda acho que [...]

é um trabalho muito bem feito aqui dentro. A gente leva horas analisando uma classe", procurando dar encaminhamento para os problemas pedagógicos e de comportamento dos alunos.

A observação de um conselho de classe, entretanto, deu-me uma visão menos otimista do processo. Não obstante a seriedade e o empenho de Maria Alice e das demais professoras nessa reunião, tive a impressão de que o conselho de classe é mais uma das instâncias da escola pública em que as adversas condições de trabalho (especialmente a falta de tempo dos educadores escolares), bem como as exigências burocráticas a que se tem de atender, acabam por impedir a realização satisfatória dos objetivos proclamados.

Segundo o Regimento Comum das Escolas Estaduais de 1º Grau do Estado de São Paulo, além do diretor, o conselho de classe, como já vimos no item 1 "A estrutura formal da escola", deste capítulo, deve ser integrado pelo orientador educacional e pelo coordenador pedagógico (ambos inexistentes na Celso Helvens), bem como pelos docentes da mesma classe a que se refere o conselho. Segundo Maria Alice, costuma tomar parte também um funcionário que faz as anotações.

Na reunião que presenciamos, não havia esse funcionário e a sessão, presidida pela diretora, era secretariada por uma das professoras. Também não se tratava propriamente de conselho de classe, mas de classes, já que na reunião — frequentada não por todos os professores, mas por um professor "conselheiro" de cada classe — iam sendo tratados, sucessivamente, os assuntos de cada turma, da 5ª à 8ª série. Os "conselheiros de classe", na Celso Helvens, são docentes escolhidos pelos alunos em cada turma para cuidarem das atividades concernentes ao conselho de classe e para atenderem os pais nas chamadas reuniões bimestrais de pais.

A diretora começa a sessão distribuindo para cada "conselheiro" uma enorme ficha que contém as avaliações de todos os alunos daquela classe nas diversas disciplinas do currículo. As avaliações são atribuídas por letras de A a E, correspondendo cada uma a um conceito: assim, A corresponde a "excelente", B a "bom", C a "satisfatório", D a "sofrível" e E a "insatisfatório". São objeto de exame e discussão no conselho de classe apenas os casos de conceitos D e E, sendo que, nos demais, considera-se que houve aprovação.

Os professores discutem entre si e com a diretora a razão que levou cada aluno a ter conceito insuficiente no bimestre. Na ficha de cada classe há uma coluna destinada a se lançarem as "causas prováveis do mau aproveitamento" de cada aluno em cada disciplina e outra onde são arroladas as "propostas de solução" para cada caso. Já existem, catalogados pela escola, rótulos tanto para as causas prováveis do mau aproveitamento quanto para as propostas de solução que os membros do conselho de classe atribuem de acordo com cada caso. Assim, como exemplo das primeiras, registrei: "ausência em excesso", "falta de pré-requisitos", "não cumprimento das tarefas escolares", "aprendizagem lenta", "aluno irrequieto". Como propostas de solução, há fórmulas como: "compensação de ausência", "aconselhamento ao aluno", "entrevista com os pais" e "recuperação". Apenas um ou outro caso escapa dessas situações, que se repetem a cada bimestre.

Embora a simples enumeração desses rótulos possa fornecer material para alentadas considerações por parte dos estudiosos da Didática, meu propósito aqui não é encaminhar essa discussão, mas tão somente sugerir como um mecanismo de trabalho coletivo no interior da escola pública, pretensamente destinado a dar conta de importantes questões pedagógicas, acaba por reduzir-se, em grande parte, a um conjunto de procedimentos mais ou menos ritualizados, que muito longe ficam de apresentar toda a riqueza de um trabalho conjunto de pessoas empenhadas em atingir objetivos sociais.

Em termos de supervisão do ensino, o preenchimento de uma ficha detalhada, com grande volume de dados e regras minuciosas quanto ao seu preenchimento, pode ser atribuído à necessidade de um quadro completo do alunado da escola, que possibilite a análise e a tomada de decisão por supervisores e outros técnicos no âmbito da delegacia de ensino e de outros órgãos superiores do sistema de ensino. Entretanto, se levarmos em conta que, em virtude das condições em que é feita e por conta das exigências burocráticas a que também tem de se submeter, a supervisão do ensino restringe-se praticamente aos aspectos administrativos (ver, neste capítulo, item 2.2, "O diretor no papel de gerente"), somos forçados a crer que muito dificilmente esse conjunto de dados será sequer verificado com propósitos pedagógicos.

No que concerne ao aprimoramento interno do processo de ensino na escola, a forma como se desenvolvem os trabalhos do conselho de classe e o tipo de preocupações expressas pelos agentes envolvidos dão a impressão de que as "causas prováveis do mau aproveitamento" e as "propostas de solução" serão, em grande medida, apenas alguns rótulos registrados numa ficha para atender a exigências burocráticas, com pouca consequência prática para o aperfeiçoamento do ensino ou para um tratamento mais apropriado a cada caso.

Como os "conselheiros de classe" que participam do conselho de classe são os mesmos que atenderão os pais nas reuniões bimestrais, percebe-se, da parte deles, no momento de suas atividades nesse conselho, além da preocupação em preencher corretamente a ficha de modo a atender satisfatoriamente a uma exigência burocrática, também uma preocupação em buscar elementos para justificar aos pais o desempenho dos alunos e as razões de seu (mau) aproveitamento.

A observação das atividades do conselho de classe permite perceber duas tendências a respeito da maneira de encarar o papel da avaliação escolar. Uma, considerada mais tolerante, que exige muito pouco dos alunos, decidindo as pendências quase sempre em favor da aprovação do aluno. Outra, mais rigorosa, que só permite a aprovação de alunos que atinjam padrões mais ou menos rígidos de desempenho. A esse respeito, o conselho de classe não deixa de constituir um espaço de encontro de posições diversificadas relativas ao desempenho do aluno, que não fica, assim, restrito à avaliação de apenas uma pessoa. Essa perspectiva, entretanto, precisa ser explorada em todas as suas potencialidades, para que as atividades do conselho de classe não fiquem restritas ao mero cumprimento de uma rotina burocrática.

4 Relações Interpessoais

Outro importante condicionante interno da participação na escola são as relações interpessoais que aí se dão. Por meio de seu exame, é possível detectar conflitos, delinear grupos de interesses, identificar aspirações e expectativas que norteiam as ações dos diversos atores; enfim, traçar um quadro em movimento dos contatos humanos por que se pauta a vida na instituição escolar.

Embora as relações interpessoais estejam pelo menos subentendidas em todos os aspectos que dizem respeito à participação na escola, devendo integrar, por isso, as várias partes deste trabalho, considero procedente destacar, neste item, aspectos relevantes das relações pessoais que entre si estabelecem diretora, professores, funcionários, alunos e pais no interior da EEPG Celso Helvens.

A diretora Maria Alice afirma que há muito conflito entre ela e os professores por causa de faltas destes ao trabalho. Considera-se rigorosa com relação ao cumprimento das obrigações por parte dos professores e fica furiosa quando algum deles falta e não avisa com antecedência nem justifica suas ausências. Acha que, assim como presta conta sempre de seus atos (onde está, onde vai, etc.), espera reciprocidade dos professores, não tolerando também a falta de reconhecimento destes quando ela procura contemporizar com alguma falha e a pessoa acaba abusando. Rosilene, a assistente de diretora, também identifica na falta de assiduidade de professores uma das principais fontes de atrito entre o corpo docente e a diretora, porque esta não admite falta e chama a atenção do professor. Mas ressalta que é muito cordial seu relacionamento com Maria Alice, cuja competência e inteligência admira e com quem acha que tem muito a aprender. Pensa que seu bom relacionamento é porque ambas são exigentes e rigorosas. Nota, entretanto, que, embora a relação da diretora com alguns professores seja ótima, com outros não é muito boa, talvez por questão de antipatias pessoais. Estes últimos fazem críticas dizendo que a diretora não faz nada, quando na verdade ela é uma pessoa extremamente dinâmica. Parece que no ano anterior (1988) o relacionamento não era satisfatório, mas atualmente, do que ela tem observado, está muito bom. Diz que os conflitos existem quando o professor não cumpre as obrigações, e cita o exemplo de maus-tratos aos alunos em classe: "Nós temos alguns professores que normalmente costumam agredir o aluno na sala de aula, que batem no aluno. Nós temos recebido reclamações direto."

Jorgina, inspetora de alunos, declara que a relação diretora/ professores

> é meio dura, porque a Maria Alice quer as coisas muito certas, principalmente em termos de papéis, e não acontece de o professor cumprir aquela parte, entendeu? [...] Ela quer que o professor cumpra a parte dele dentro da classe muito à risca e, se existe alguma falha, tem aquele atritozinho, entendeu. Vamos supor: ele manda o aluno demais pra diretora, ela acha que o professor tem que ter mais autoridade. É difícil. É um negócio... quase que não encaixa.

Sônia Regina vê conflitos na relação diretora/professores e imputa isso à possível falta de tempo da diretora para dedicar-se ao pedagógico, já que esta privilegia a parte burocrática. Afirma que os conflitos deveriam ser resolvidos dentro da própria escola e não chamar a supervisora de ensino para resolver o assunto, como aconteceu de Maria Alice fazer, para cuidar do caso de um professor que estava faltando muito e não pôde avisar a escola porque estava doente.

Glauce diz que ela e a diretora se dão muito bem, mas sempre foi um pouco contra o modo de administrar de Maria Alice. Afirma que esta é muito competente, "só que tem essa coisa, né, essa angústia, essa ansiedade que passa para a gente; isso às vezes enche o saco, né". Critica o caráter impositivo de seu relacionamento com os professores que, inclusive, fez com que muitos saíssem da escola. Ressalta, entretanto, que Maria Alice, após tirar uma licença no ano de 1989, está mais aberta em suas posições.

Já Maria Lídia, que está há bem pouco tempo na escola, refere-se ao rigor da diretora como um aspecto positivo: "A diretora é bem rígida; ela quer tudo muito organizado [...]. Eu gosto porque é melhor entrar num lugar que vai te exigir, porque assim você fica mais preparada [...] Senão, faz que nem brasileiro, não quer nada com nada."

Maria Alice reconhece que existe uma diferença de tratamento de sua parte entre o pessoal docente e o administrativo, havendo maior apego a este último, talvez ocasionado pelo fato de o pessoal administrativo e ela ficarem mais tempo juntos na escola. Já com os docentes, ressalta que o atrito se dá com aqueles que estão em falta com a escola e não com os que estão fazendo tudo certo. Acredita que esses problemas de relacionamento acabam se difundindo entre os próprios serventes, que acabam cobrando dos professores aquilo que veem a diretora cobrar.

A professora Mári diz que deu muito apoio à Maria Alice porque esta, quando chegou à escola, procurou colocar ordem na casa, não permitindo que um grupo de professores que dava as cartas na escola continuasse a fazer coisas como "juntar classes" sem nenhum critério pedagógico (reunindo, por exemplo, uma 5ª série com uma 8ª série para dar aulas) e tirar as inspetoras de alunos de suas funções para fazerem trabalhos dos professores, como tirar cópias no mimeógrafo. Maria Alice passou também a chamar a atenção dos professores que faltavam sistematicamente.

Em seus depoimentos, Mári aponta para a constatação de que os professores estavam (mal) acostumados com o modo de proceder de Leda, que deixava tudo acontecer e, por isso, consideravam Maria Alice autoritária. A própria Leda, em sua entrevista, diz que, na época em que estava na direção, tinha um bom entrosamento com os professores, que ela não sabe se devido a ser ela também professora ou porque ela era "muito boazinha", no dizer dos professores. Diz que este é seu jeito e que às vezes é até "meio boba". Tem um relacionamento muito bom com a diretora, cuja capacidade admira porque "é uma pessoa maravilhosa, superinteligente" que deveria estar ocupando cargos melhores ou funções mais adequadas à sua capacidade. "Eu acho até que ela está regredindo aqui na nossa escola."

Mári diz que discordava dos professores em seu relacionamento conflituoso com Maria Alice porque achava "que aquilo que eles estavam colocando não era daquela maneira: quando você começa a reclamar que a pessoa tá pegando no pé, tá não sei quê, mas olha: 'tá pegando no pé porque você tá chegando atrasado...' Eu acho que nem era pra diretora tá tendo que se preocupar com isso."

Maria Alice se revela pessoa cumpridora dos deveres e rigorosa para que os outros também os cumpram. Este "perfeccionismo" contrasta com sua personalidade amistosa, que gosta de agradar e ser também amada. Por isso, pode até chegar ao descontrole quando sente que seu esforço em ser "boazinha" para que as pessoas acertem acaba resultando na reiteração do erro por parte das pessoas que, segundo ela, abusam de sua bondade. É de se perguntar até que ponto esse tipo de conflito entre o dever que precisa ser cumprido por todos, especialmente pelos comandados, e o desejo de facilitar as coisas, evitando conflitos, não está presente, em maior ou menor medida, na atitude da maioria dos diretores escolares. Parece que o diretor precisa sempre representar a coação; ele é o guardião da lei. Mas ao mesmo tempo é humano e percebe, em maior ou menor grau, a irracionalidade e o *nonsense* de um bom número de normas escolares.

Maria Alice acredita que os conflitos que há na escola são localizados, não chegando nunca a comprometer o bom andamento das atividades. Admirou-se que no ano de 1989 não tivesse havido conflito com os professores com relação ao calendário de reposições, como acontece todo ano. Solicitada a dar um exemplo de atrito mais sério que tenha havido entre ela e algum professor, relata o que houve com uma professora que estacionava o carro em local impróprio, do lado de dentro dos muros da escola. Diz ela que certa vez chamou a atenção da professora porque seu carro estava atrapalhando a passagem.

E pediu, inclusive, que entrasse mais devagar por causa das crianças. Ela percebeu que a professora não se importou e deu de ombros.

> Eu senti uma coisa: que quando uma pessoa dá uma de autoritária, é melhor do que ser muito submissa, tá. Tem hora que você tem que... não é nem usar da autoridade, é *ser* autoritário. Ser autoritário é um desvio do uso da autoridade. Mas, eu acho que tem hora que você tem até de ser. Porque você inibe esse tipo de comportamento que é mais nocivo do que o outro, perante as crianças. Teve aluno que disse: "D. Maria Alice, e agora? A senhora vai deixar ela fazer isso?" Ali na porta. Ela chacoalhou o ombro e entrou como quem quer dizer: "o que cê falar, tudo bem, pra mim pouco importa". Aí, eu entrei aqui, comecei a falar com ela, mas eu perdi a cabeça [...]. Dei cada berro! Foi a primeira vez que eu gritei na escola [...] Eu me descontrolei...

Diz que, depois disso, ficou um relacionamento pesado com essa professora, que fez tudo para se remover da escola, mas foi a única que não conseguiu. Maria Alice acha que, no começo do ano, durante sua licença, ela fez um trabalho junto aos professores contra a diretora.

Maria Alice reconhece a própria rigidez no trato dos assuntos da escola e se revela uma pessoa que defende obstinadamente aquilo que acredita estar certo. Ao mesmo tempo, pensa que esse modo de agir seja condicionado pela própria função de diretora, que exige esse tipo de pessoa para manter a escola como está: "Eu sou uma pessoa meio nervosa mesmo pela própria função [...] que exerço. E já não tou mais em conflito com isso. É isso aí. Tem que ser, tá. Eu tenho que fazer funcionar. Não dá pra ficar [...] adulando a Joana da Silva, o Pedro Paulo, porque senão eu fico louca e nada anda."

A supervisora Deise acha que a dificuldade de lidar mais com o corpo docente do que com os demais segmentos não se restringe à Celso Helvens, já que isso acontece na maioria das escolas. Para ela, em todas as escolas públicas "o corpo de professores tem dois grupos: um a favor da direção e outro bem contra a direção".

Deise considera que também os funcionários, especialmente os mais antigos e efetivos, são bastante difíceis de dirigir porque "não têm patrão, na verdade", por causa de sua situação de estabilidade funcional. Maria Alice relata o ocorrido com um funcionário efetivo da secretaria da escola que, quando ela aí chegou, era um problema porque faltava muito e praticamente não trabalhava e, mesmo quando vinha, apenas assinava o nome e saía. Essa situação existia há muito tempo e ninguém tinha coragem de enfrentar. Para a diretora, esse funcionário era "uma pedra no sapato", mas ela não admitiu a situação e "cumpriu a lei", atribuindo faltas e outras penalidades previstas em lei, de modo que, três meses depois, o funcionário resolveu deixar a escola. Kazuko, entretanto, dá a entender que Maria Alice não tinha razão em ficar implicando sempre com esse funcionário, que era ótimo profissional e bastante envolvido com os assuntos do sindicato da categoria.

Diretora e funcionários

As relações entre a diretora e os funcionários parecem dar-se de forma relativamente harmoniosa, fugindo da regra o relacionamento entre a diretora e a secretária. O caráter conflituoso das relações pôde ser notado desde o início das entrevistas e observações na escola. O dia marcado para a entrevista com a secretária foi num período de aparente intranquilidade na escola, dada a recente greve dos professores e a repressão por parte do governo do estado. A supervisora de ensino encontrava-se na escola e a preocupação com a situação podia ser notada no comportamento da diretora, que dissuadiu Kazuko de fazer a entrevista, alegando que as folhas de pagamento deveriam ser entregues até a segunda-feira seguinte. No diálogo travado, com imposição de voz de Maria Alice sobre a secretária, esta tentou argumentar no sentido de que, caso se submetesse à entrevista, não haveria problemas ou entraves em seu trabalho. A diretora, porém, mostrou-se inflexível. Posteriormente, Kazuko informou à entrevistadora que havia adiantado o trabalho em virtude da entrevista; porém, mostrou-se reticente em dizê-lo porque, caso houvesse algum erro, certamente haveria censura por parte da diretora. Logo que esta saiu da sala, Kazuko utilizou-se de expressões do tipo "ela é fogo", "ela é de lua", para qualificar as atitudes de Maria Alice.

Como vimos no capítulo I, Kazuko tece várias críticas à diretora em sua entrevista, mostrando-se bastante magoada com Maria Alice. Relata que tem de trabalhar mais diretamente com a diretora e que,

> no começo, tava tudo bem, uma ajudava a outra, tudo, né. Eu tenho muitas falhas, mas ela não aceitava. Eu não sabia nada, nunca tinha mexido com pagamento [...]. Ela não aceita erros [...]. Ela acha que a gente tem que ter iniciativa; o problema é que, quando a gente faz uma iniciativa, ela não aceita.

Declara também que, quando o serviço é muito, a diretora a impede de conversar e até de atender telefone enquanto não termina. Acha que Maria Alice se arrepende de ter escolhido uma escola na periferia, já que, tendo sido aprovada em segundo lugar no concurso, poderia ter ficado na região central: "Ela fala pra todo mundo que 'aqui não é meu ambiente'."

A professora Glauce acha que o pessoal operacional trabalha sob pressão. Sobre a relação desse pessoal com a diretora, diz que "é ótima, né, porque eles são tão submissos". Sobre a secretária, diz: "Coitada da secretária! Vive chorando pelos cantos. Morro de pena dela. Ai Kasukita. Morro de dó dela. Ai, coitada. Ela pasta um bom bocado."

Maria Alice acha que a razão de seus atritos com Kazuko é basicamente por uma questão de competência. A secretária é para secretariar; "agora, quando a direção passa a secretariar o secretário, alguma coisa está havendo de errado". Concorda que entra muito na área da secretária e justifica: "porque eu tenho que assinar papéis, quem assina sou eu, a última assinatura. Como é que eu posso assinar no branco, né?" Diz que já tentou deixar por conta de Kazuko, mas não deu certo. Diz que "a formação desse pessoal é muito precária". Para ser secretário de escola, é preciso apenas ter o 2º grau e mais nada. "Nada. Nada, nada. Nem datilógrafo o cara não precisa ser."

Rosilene também acha que a causa da relação problemática entre diretora e secretária é a pouca competência desta, cujo desempenho deixa muito a desejar. O estranho é que Rosilene diz que ela própria não tem maiores problemas com Kazuko porque Maria Alice não permite que ela entre na secretaria.

Jorgina, inspetora de alunos, se acha muito podada pela diretora. Conta que, certa vez, um aluno de 7 anos, cuja mãe tomava droga e que vivia batendo em outras crianças, sem que a mãe tomasse providências, foi agredido por um aluno mais velho, após ferir a cabeça deste com uma pedrada. A mãe veio à escola exigindo uma punição mais rigorosa para o aluno mais velho. Jorgina se negou. Depois disso, na rua, o mesmo aluno mais velho ameaçou o mais novo com uma faca e a mãe voltou a exigir que a inspetora denunciasse o aluno para a Febem. Jorgina se negou, alegando que o problema tinha acontecido fora da escola. A mãe agrediu-a, "inclusive deu caso de polícia". Jorgina sentiu que a direção se omitiu nesse momento, deixando de defendê-la corretamente e de, pelo menos, tentar transferir o aluno de escola para não ficar aquele mal-estar com a mãe.

Para Jorgina, a pior função da escola é a de inspetora de alunos porque ela não tem autonomia para resolver os problemas que enfrenta. Se acontece algum caso de indisciplina com aluno, ela acha que, não estando a diretora, seria razoável que a inspetora aplicasse uma punição, mas a direção não permite. Além disso, o aluno não tem respeito nem medo de ser punido porque a diretora não é rigorosa com a disciplina. "Se você fala que vai levar um aluno pra diretoria, ele fala 'ai que bom! Vou tomar um café com a diretora.' Quer dizer, pra eles não é punição."

Jorgina considera que a relação entre diretora e funcionários é boa, mas não deixa de ter problemas. Se, por exemplo, no caso dela, que tem filho, e se hoje ele teve febre durante a noite, ela não poderia adivinhar: então ela falta e manda avisar por telefone. A diretora quer que avise com antecedência. Não sabe se é porque Maria Alice não tem filhos, mas ela não consegue compreender. Jorgina acha "que o diretor teria que ser pai, teria que ser mãe, ele teria que ter uma família constituída pra ver a problemática da vida, assim, em família dele. A pessoa que vive solitariamente, eu acho que ele... aquela casa, aquela quatro parede é muito certinha, é muito bonitinha." Acha que a pessoa que tem filhos possui mais chances de administrar melhor uma escola. Se administra a família dele, ele sabe a problemática do resto porque vivenciou.

Ao falar da intransigência da diretora com relação aos funcionários, Jorgina acaba por revelar um importante aspecto das relações de trabalho na sociedade de classe: "Uma hora que eu falo assim: 'Puxa vida, hoje eu não tô com vontade de trabalhar.' Porque acho que qualquer pessoa tem e... Mas a d. Maria Alice, ela não aceita." Jorgina diz que procura não agir assim, mas pergunta: que problema há se "a pessoa: 'Ah! mas eu tava cansada; resolvi dormir até mais tarde'? Ela não aceita esse tipo de coisa." Esta fala parece estar indicando a relação de exterioridade do funcionário com seu trabalho. De seu ponto de vista, nada mais justo do que dormir um pouco mais. Isto tem uma racionalidade no sentido de preservar seus interesses pessoais imediatos. Mostra isto o quanto o trabalho que faz é "forçado", atende objetivos que não são seus. Mas revela também uma consciência do trabalhador. Não me parece que seja mera "esperteza" de Jorgina. Ela é pessoa esforçada, que não age "dormindo até mais tarde", mas reconhece que teria o direito de assim proceder. "A gente ganha [...] muito pouco pra gente ser muito escravo."

Jorgina reclama também do fato de a escola ficar períodos sem diretora nem assistente de diretora. Isto dificulta muito o trabalho do inspetor de alunos, que fica sem ninguém para recorrer em caso de indisciplina ou outro assunto de sua competência. A diretora fica das 9 às 18 horas e a assistente de diretora, das 14h30 às 22 horas. À entrada dos alunos, às 7 horas da manhã, nunca há nenhuma diretora na escola. Maria Alice também sai frequentemente para reuniões; então, na parte da manhã, a escola fica muito tempo sem direção.

A visão de d. Margarida, merendeira, sobre a relação diretora/funcionárias é de quem vive numa grande família, onde os problemas, quando existem, são superados sem prejuízo para a harmonia do todo.

> É como se fosse de uma mãe de família, de uma dona de casa [...] é como se fosse a mãe de todos. Ela [a diretora] que vai orientar, ela que vai falar a última palavra [...] ela que vai dizer o que tá certo, o que tá errado [...]. Mesmo a mãe precisa ser um pouco rude pro filho entender: assim é a diretora. [...] Ela tá dirigindo uma família mesmo [...] A nossa é muito boa, muito amiga, muito compreensiva, muito amorosa.

As relações entre diretora e alunos pareceram das menos tensas no interior da Celso Helvens. Embora os alunos não deixem de demonstrar seu medo "natural" da diretora, isto parece se dar **Diretora e alunos** muito mais como produto do cargo superior que Maria Alice ocupa e da imagem que fazem os professores, ameaçando o aluno de mandá-lo para a diretoria. Os alunos que travaram contato com Maria Alice, em geral, consideram-na "muito boa" ou "superlegal". Os professores e funcionários reclamam precisamente do fato de considerarem Maria Alice muito "mole" com os alunos. Mas também há alunos como Maria Cristina, que pensam que o relacionamento da diretora com os alunos deveria ser mais intenso: "Acho que a Maria Alice devia falar mais com a gente [...] Ela também deveria procurar a gente. Quando a gente quer alguma coisa, a gente desce, ela recebe. Mas acho que ela devia procurar a gente também, né."

No trabalho de campo, observei uma situação em que se pode apreciar o relacionamento entre Maria Alice e alunos. Estávamos conversando na sala da diretora quando esta foi chamada para resolver um problema de alunos na biblioteca. Ao voltar, relata ela que as alunas haviam jogado a bola e quebrado a lâmpada do pátio. Ela as deixou "de castigo" até que resolvessem o problema, porque precisam ser responsáveis. Só poderão sair para a aula depois que redigirem um texto comprometendo-se a repor a lâmpada. Disse que deixou as alunas lá na biblioteca xingando de tudo quanto era nome. Apesar disso, Maria Alice parecia muito tranquila e senhora da situação. Alguns minutos depois, surge na porta uma aluna, aparentando uns 12 anos, e diz, com ar bastante petulante: "Nós vamos comprar a lâmpada." Quando ela já se vai, Maria Alice a chama: "Ó! Psiu! Garota. Ninguém vai sair agora pra comprar nada. Agora vocês estão em aula. Escrevam o texto. Quero a assinatura de todas se comprometendo a comprar e depois vocês compram. Hoje não. Hoje vocês vão para a aula." Durante esta fala, a aluna contesta, dizendo que ia comprar a lâmpada agora, mas a diretora não aceita. A aluna sai em atitude desafiadora e contrariada, dizendo com raiva "Saco!" A diretora: "E muito educada, ainda!"

As relações entre a diretora e os pais de alunos parecem dar-se sem maiores problemas. Um evento digno de nota é a reclamação de Maria Alice com relação ao comportamento de d. Júlia.

Diretora e pais
Segundo a diretora, durante sua licença, essa mãe andou trabalhando contra ela junto aos professores, no conselho de escola. Houve uma discussão entre ambas a respeito do pagamento da APM e Maria Alice afirma ter sido d. Júlia quem disse: "Ou d. Maria Alice aceita o pagamento da APM ou ela cai fora." Mas a diretora chamou d. Júlia para conversar sobre o assunto, esclarecendo a situação de modo a não restarem ressentimentos entre ambas.

Houve muitas reclamações da diretora e da assistente de diretora a respeito da agressividade dos pais. Mas elas tomaram sempre como ponto de referência conflitos entre os pais e funcionários e professores. Este assunto será retomado no próximo item, quando for abordada a visão da escola sobre seus usuários.

Da parte dos pais, houve poucas reclamações a respeito de atritos com a direção. A própria d. Júlia tece vários elogios a Maria Alice, o que não a impede também de formular algumas críticas, especialmente no que se refere à ausência de diretora na escola para atender as mães. Diz que, às vezes, uma mãe chega a pedir licença no emprego para ir à escola e "a diretora não está, a assistente de diretora não está". Isso ocorre especialmente nas primeiras horas do dia e a mãe não pode ser atendida porque o que ela quer tratar nem as serventes nem a inspetora de alunos têm condições de resolver. Conclui d. Júlia que o distanciamento dos pais é também devido a essa ausência da direção.

Os atritos que existem nas relações entre professores no contexto da EEPG Celso Helvens parecem dar-se a partir de grupos de interesses **Professores entre si** bem definidos, em especial os que se referem ao tempo de trabalho na escola (professores novos *versus* professores antigos) e à categoria docente (P1 *versus* P3[7]). Com respeito ao primeiro aspecto, Sônia Regina diz que há uma separação que é fomentada pela própria diretora que, às vezes, diz: "'Fulano está comigo há seis, oito anos; por isso, eu confio nele.' Dessa forma, discrimina os demais."

Mas a polarização entre grupos de professores parece mais acentuada no que concerne à categoria funcional. Esta separação parece estar sempre presente na escola pública estadual. D. Célia, que já foi diretora, toma como exemplo a escola na qual trabalhava para dizer que a própria organização da escola facilita essa separação: "Veja, o próprio horário já separa", porque o P1 trabalha de manhã e o P3 à tarde, e só se encontram raramente nas reuniões pedagógicas.

Maria Alice diz que sente haver muito conflito entre os professores na escola e justifica:

> Eu sinto um conflito de 1ª a 4ª em relação à 5ª/8ª bastante grande; tanto é que 1ª a 4ª, eles são, eles ainda são um pouco mães e pais dos aluninhos e tal. É um pessoal que pensa mais para tomar uma posição: "Ó, Maria Alice, eu vou deixar essa criança assim..." Sabe? Se envolvem com a criança. E 5ª/8ª o pessoal não se envolve mais com os alunos, não existe mais esse envolvimento. Então, isso gera muito conflito entre eles. Embora se deem aparentemente bem, mas tem uma coisa aí por trás.

---

7. P3, ou professor 3, é o docente com curso superior completo, lecionando no segundo grau ou da 5ª à 8ª série do 1º grau.

A diretora acha que a fonte dos conflitos não se encontra na diferença de *status* entre P1 e P3, mas na própria visão de escola de cada um.

> Eu percebo assim: o pessoal de P1 é um pouco mais velho que o pessoal de P3 (mais velho em termos de idade cronológica mesmo) e pertence a uma outra geração e tem uma outra visão de escola, de trabalho; são mais, assim, submissos um pouco — pra abrir mais o jogo. Por exemplo, se eu proponho uma coisa, tudo bem, eles aceitam sem muita contestação. O pessoal de P3 já fica buscando chifre na cabeça de cavalo pra não aceitar, só porque foi a Maria Alice que propôs. Aí, depois acaba, às vezes, passando com uma pequena modificação que é só pra dizer que foram eles que propuseram, tudo bem, que eu cedi e tal.

A professora Glauce afirma que é nítida a separação entre P1 e P3 e que isso se agrava mais na época de greve. Diz que as P1 são muito acomodadas e acabam até justificando a concepção pejorativa que as demais professoras tendem a ter delas. Neste sentido, Glauce acha injusto que as P1 não entrem na greve, mas acabem se beneficiando em termos de aumentos salariais: "Agora nós temos que repor aula sábado... tô dando nove aulas por dia e elas tão na maciota. E o aumento foi igual para todo mundo."

Mári diz que, quando lecionava na Celso Helvens, havia sim o conflito entre P1 e P3 e que isso se dava essencialmente porque o P1 não entra em greve, ficando fora de qualquer discussão política ou sobre educação. Mas identifica também outro tipo de divisão dos professores, pautada pela concepção que têm sobre a avaliação do rendimento escolar: de um lado, há o grupo dos professores que reprovam e utilizam a avaliação como arma; e de outro, os que refletem mais a respeito do assunto, buscando uma avaliação menos repressiva.

Professores e demais funcionários parecem relacionar-se em relativa harmonia dentro da Celso Helvens. Sônia Regina diz que às vezes há atritos, mas são resolvidos entre si sem maiores traumas. D. Margarida, merendeira, declara enfaticamente que a relação entre funcionários e professores "é ótima... Não é por falar, mas a escola da gente é uma família." Foi por esta razão que não se transferiu de escola quando se mudou para um bairro bastante afastado. "Você sente que tem o apoio de todos, desde a direção... [...] A gente sofre junto, dá risada junto."

Professores e demais funcionários

Mas Jorgina, inspetora de alunos, tem uma visão menos favorável sobre o comportamento dos docentes. Acha que os professores, de modo geral, "têm uma certa distância dos outros funcionários [...] Não sei se porque têm um grau a mais de escolaridade. [...] Numa festinha, por exemplo, a gente sente aquela barreira."

Embora seja muito difícil separar as relações que se dão na sala de aula das que se verificam fora dela, já que todas contêm um componente pedagógico bastante acentuado, procurarei ater-me aqui apenas às relações do último tipo, deixando as primeiras para o próximo capítulo, quando tratar da questão da disciplina.

Professores e alunos

As relações entre professores e alunos acontecem de forma bastante heterogênea na EEPG Celso Helvens, havendo desde as que se dão em perfeita harmonia até as que implicam conflitos mais ou menos sérios. Os conflitos, quando ultrapassam os limites da sala de aula, se dão essencialmente na forma de ressentimentos de ambas as partes por acontecimentos que se deram durante as aulas. Da parte dos professores, os ressentimentos ocorrem com os alunos considerados "bagunceiros", que atrapalham seu trabalho de professor. Do lado dos alunos, as reclamações são contra os docentes autoritários, especialmente aqueles que chegam a bater nas crianças.

D. Júlia, mãe de aluno, afirma que, "no geral, têm professores que realmente têm medo dos alunos, porque têm alunos que são barra pesada mesmo". Cita o problema de alunos que ameaçam os professores, dizendo que vão agredi-los pessoalmente ou danificar seus carros, caso sejam prejudicados com notas. Diz que, agora, com o policiamento, esta questão melhorou bastante.

Porque tava a escola assim que professor não vinha porque tinha medo do próprio aluno e, depois que os guardas estão aí, já melhorou bastante. Porque eu vejo alguns falarem assim: "Ah! agora a gente não pode cabular aula, a gente não pode sair da classe que o guarda já manda a gente pra dentro."

Maria Cristina, aluna da 8ª série, aponta para uma deterioração das relações professores/alunos que acontecem hoje, comparadas com as de seus primeiros anos frequentando a escola, mas não sabe explicar as razões dessa mudança. Neste sentido, afirma que, "quando o aluno faz uma bagunça, uma brincadeira com eles [os professores], sem mais nem menos eles já acham que foi falta de respeito... Mas em outros aspectos eles entendem a gente." Em seu depoimento, Maria Cristina compara o comportamento dos demais docentes com o de Walter, seu professor de Geografia:

> Alguns professores dizem assim, que o aluno deve chegar na escola, sentar, prestar atenção no que o professor diz, mais nada... Mas eu acho que o aluno não é assim. [...] O meu professor de Geo, ele é muito democrático, ele chega, não vai dando aula [...] ele chega, conversa primeiro, vê o que a gente tá a fim de fazer [...]

O depoimento da professora Maria Lídia, que também leciona Geografia, permite ver o outro lado da discriminação, que não se dá apenas por parte do professor com relação ao aluno, mas também no sentido inverso: "Eu sei que eles [os alunos] pensam assim, que eu sou velha, que eu sou feia; eles querem ter muita aula com a professora de Desenho Geométrico; porque ela é novinha, bonitinha. Eles querem ter muita aula com ela, e ficam satisfeitos, e comigo eles ficam bravos."

Na entrevista com alunas da 8ª série, a posição unânime é de que o professor deveria dar matéria, "não ficar nervoso com os outros alunos por causa de um só... Um deveria respeitar o outro." Comparando os demais professores com Walter, afirmam que este não as deixa desanimar. Elas vão completando o que dizem entre si, quando afirmam que Walter é o melhor professor: "Não tem quem não goste dele [...] Ele conversa sobre tudo, brinca."

Parece existir uma atitude de profunda admiração com relação a Walter por parte de suas alunas, o que, nas palavras da entrevistadora Theresa, "acarreta uma relação de apaixonamento, com direito a ciúme explicitamente colocado": na entrevista com esse professor, um grupo de garotas da escola veio pedir a ele que não levasse sua namorada no passeio programado com a classe. Walter atribuiu este tipo de comportamento a uma "carência afetiva [...]. Você vive o herói delas."

A relação de Walter com os alunos é realmente de mútua cordialidade e confiança. Ele revela que os alunos lhe contam até mesmo quando vão praticar algum roubo (a expressão que utilizam é "fazer um burguês"), ao que ele responde que agredir pessoalmente o burguês de nada serve. O que os alunos têm a fazer é se esforçarem para aprender. Walter acredita que a diferença entre seu saber e o dos alunos é uma questão meramente quantitativa: "Se vocês estiverem a fim, daqui a dez anos vocês vão ser o que eu sou."

Nas explicações de Walter sobre seu relacionamento com os alunos transparece seu pensamento de que as relações interpessoais estão impregnadas de conteúdo de classe: o burguês comporta-se de uma maneira, a classe trabalhadora, de outra. Neste sentido, sua relação com os alunos da Celso Helvens é mais tranquila quando comparada com a que existe na outra escola, mais central: "O pessoal de poder aquisitivo mais baixo me aceita melhor." Da parte dos alunos da Celso Helvens, esta interpretação é em parte confirmada pelo depoimento de Maria Cristina, quando se refere a Walter: "Ele fala de tudo, fala de burguesia, é um jovem rebelde [...]. Ele é que nem eu, tem raiva de pobre porque fica quieto."

Nos depoimentos colhidos, tanto das pessoas de dentro quanto das de fora da escola, foram muito frequentes os relatos de atritos entre **Professores e pais** professores e pais. A supervisora de ensino Deise diz em sua entrevista que, na última visita que fizera à escola, na semana anterior, presenciara uma mãe fazendo ameaças de que iria dar facadas nas professoras. D. Júlia diz que algumas mães brigam com os professores porque não admitem que estes chamem a atenção de seus filhos. Para Helena, "presidenta da favela", os conflitos entre pais e professores e entre estes e os alunos derivam do fato de os professores ganharem muito pouco e de terem de trabalhar em várias escolas.

D. Marta, mãe de aluno, diz que nunca teve problemas em seu relacionamento com os professores; "só o ano passado, com a professora desse aí. Ele repetiu de ano por causa dela [...] porque criança tanto em casa quanto na escola quer carinho" e a professora o agredia com beliscões: "Eu sou preta, pobre, mas sei educá."

Embora o objeto do conflito seja, na maioria das vezes, o tratamento dado à criança, esta acaba sendo também a vítima silenciosa desse relacionamento turbulento entre os adultos. Durante o trabalho de campo, uma das entrevistadoras deparou com uma menina chorando, sentada num banco à porta da diretoria. Conversando com a criança, esta lhe informou que estava lá para conversar com Maria Alice porque sua mãe havia brigado com a professora.

D. Rute concorda que, "se tivesse alguém que desse beliscão no meu filho, logicamente que eu iria falá". Mas, na questão do relacionamento entre pais e professores, esta mãe toma o lado destes últimos, argumentando que, nem por ser a população que paga o salário dos docentes, os pais têm direito de se voltar agressivamente contra o professor: "Com educação, a gente consegue tudo. Agora, xingando palavrões horrível, as crianças olhano... que que ela quer? Um futuro pro filho dela, de que jeito, de que maneira, do jeito que ela trata o professor? [...] Eu acho ridículo isso daí."

Entretanto, d. Rute parece analisar o conflito de forma unilateral, enfocando a agressão dos pais como algo gratuito, deixando de percebê-la como possível reação à agressão exercida pela própria escola.

Outra pessoa que parece parcial em suas análises é a professora Leda, para quem a raiz dos problemas de relacionamento entre professores e pais está na comunidade. Para melhorar a escola pública, é preciso mudar primeiro os pais porque eles não entendem o ponto de vista da escola e não se preocupam com isso: "Está se tornando uma rotina, agora, mãe chegar na escola e começar a xingar professor. Tá descarregando; a gente sabe que é uma explosão. [...] Acusam que nós somos vagabundos, sem-vergonha; aí surge aquele palavreado, né."

Afirma Leda que fica, então, uma mágoa nos professores, que já trabalham em condições tão adversas e vem alguém que "ainda pisa mais". Em sua argumentação, Leda minimiza as agressões dos professores contra as crianças, procurando até justificá-las.

> Normalmente, eles vêm reclamar muito que o professor ou não liga pro filho ou se liga é porque brigou, discutiu com o aluno; muitas acabam falando que o professor bateu no aluno; às vezes é um chacoalhão pra ver se a criança acorda e segue, né, o seu caminho. Então, elas vêm, assim, que nem umas onças, né.

Diz que esses problemas estão acontecendo com classes do ciclo básico, do qual é coordenadora, e que a diretora tenta solucioná-los, mas os professores "caem em cima de mim, tentando cobrar alguma atitude". Maria Alice chama as mães por bilhetes, mas estas não comparecem "porque elas sabem que erraram. No fundo, elas sabem; então, elas não aparecem pra, pra uma conversa."

Mas o fato relatado por d. Júlia, ocorrido durante o período da pesquisa de campo, parece ser bem o exemplo de que, quando o caso é devidamente encaminhado pela escola, a mãe interessada comparece, sim, para cuidar do assunto, e o conflito pode acabar sendo solucionado de forma satisfatória para ambas as partes envolvidas. O caso revela também que a intermediação de outras mães pode ser um recurso bastante compensador não apenas para o encaminhamento de soluções, mas também como oportunidade de participação dos usuários nos assuntos da escola. Tivemos notícias dos acontecimentos em vários de seus momentos, inclusive por parte da professora Sônia Regina, envolvida no episódio, que lhe deu uma direção satisfatória. Mas a forma apresentada por d. Júlia em sua entrevista parece-me a mais adequada para tomar conhecimento de maneira sintética dos elementos mais relevantes do caso. Conta ela que, na classe de sua filha, que abriga alunos em sua quase totalidade entre 8 e 9 anos, havia um garoto com 14 anos, indisciplinado e violento, que não respeitava a professora. Algumas mães tinham medo de que ele pudesse "mexer" com suas filhas, porque ele "fazia coisas feias na escola". Um dia, o garoto soltou uma bombinha na escola e a professora (Sônia Regina), que estava grávida, assustou-se muito. Ao conversar com a mãe, esta respondeu que "a professora estava fazendo drama; por causa de uma bombinha ela se assusta". A professora falou com d. Júlia e decidiu chamar todas as mães para discutir o assunto. Antes da reunião, d. Júlia e outra mãe conversaram com a mãe do garoto. Esta disse que trabalhava fora para ajudar a manter a casa e ficava muito ausente da educação das crianças. Com isso, o menino foi ficando rebelde. D. Júlia e a outra mãe compreenderam a situação dela e, na reunião, à qual compareceram apenas cinco mães, a mãe do garoto aceitou a sugestão de transferi-lo de escola "numa boa". D. Júlia orientou-a para o encaminhamento do filho à psicóloga do posto de saúde e o garoto foi transferido para o curso supletivo da prefeitura.

> Eu não sei se ela ficou com raiva da gente. Mas ela agradeceu muito. A gente tratamo ela numa boa [...] ele não está sem estudá; ele está estudando porque, como a professora veio e explicou pra ela: "mãe, não é que a gente queira prejudicá seu filho; é que [...] às vezes ele tá sendo prejudicado, porque ele é um menino de 14 anos, que está estudando com as crianças pequenas. Então, ele quer trocá ideia com uma criança que seja da idade dele."

Os funcionários, em geral, dizem que suas relações com os alunos são boas. No dizer de d. Margarida, a merendeira, "até que os nossos

Funcionários e alunos

aqui, não tem muito o que falar [...] até que eles são bem-comportados". Parece que os alunos mais novos também estão satisfeitos com os funcionários, pelo menos se tomarmos como referência os depoimentos dos entrevistados da 2ª série, que acham que tanto as serventes quanto a inspetora de alunos são muito boas e gostam de brincar com eles.

Mas Mônica, aluna da 4ª série, diz que "tem tanta servente; elas não fazem nada; ficam sentada. É uma coisa que todo mundo repara. Enquanto elas ficam lá em cima bem sentada, descansando, por que que elas não pegam a vassoura e não limpam?"

Maria Cristina, aluna da 8ª série, também critica os funcionários que, segundo ela, reclamam quando solicitados a fazerem a limpeza das salas durante o período intermediário das aulas: "eles acham que a gente que suja, a gente que limpa". Ela faz reparos também à atitude impositiva por parte de serventes e inspetoras de alunos: "O papel deles é tomar conta dos alunos. Tem uma inspetora que eu não gosto dela, a d. Jorgina. Ela pega muito no pé da gente. Assim: 'não pode fazer isto'; 'ei! entra pra classe'." Maria Cristina diz que o tratamento poderia ser diferente: "eles ordenam, eles não pedem, assim, com calma".

Sobre o relacionamento entre pais e funcionários, merecem destaque as posições divergentes de duas mães: d. Rute e d. Marta. A primeira, que costuma fazer pequenos serviços na escola e é defensora declarada da diretora, critica impiedosamente os pais de alunos em suas relações com os funcionários, afirmando que os pais são agressivos e mal-educados, enquanto os funcionários os tratam muito bem. "Eu nunca vi funcionário agredir pai... Agora, pai eu já vi agredir funcionário; isso aí eu não vou mentir." Revela também que há mães que relacionam negro com sujeira para dizerem que a merendeira é suja, quando, na verdade, ela é muito "limpinha".

Funcionários e pais

Já d. Marta tece várias críticas às serventes da escola e ao zelador. Quanto a este, diz que "não zela pela escola", já que "os maconheiro ia pra lá e ele não falava nada". No que concerne às serventes, cuja função, segundo ela, "é limpar a escola, coisa que não existe", d. Marta diz que tem muitos atritos e conta que um deles deu-se em função de agressões aos alunos, na escola, por garotos estranhos, perante os quais as serventes permaneceram omissas, pois eles moravam no bairro e elas os temiam. "Que garantia os filhos da gente têm numa escola dessa?"

D. Marta, que é membro do conselho, demonstra gostar muito de participar das atividades da escola e se oferece para colaborar das mais variadas maneiras, mas sua ajuda é repelida. O enfrentamento dessa recusa se dá em seu relacionamento com as serventes. Talvez porque com estas consegue relacionar-se mais igualitariamente, é com elas que disputa espaço de atuação na escola. Esta disputa é muito desigual e tem sido francamente desfavorável a d. Marta, que reage acusando as serventes de prepotentes. "Parece que elas pisa no ouro; esnoba a gente." Afirma que a diretora trata com igualdade todos que a procuram, "agora, servente, que não é nada na escola, quer ser melhor que a diretora dentro da escola [...] Tem uma lá na escola que se eu fosse alguém eu tirava ela da escola; ela pisa muito na gente."

Nas entrevistas houve muita ênfase, por parte de vários depoentes da escola, a respeito da agressividade dos alunos em seu relacionamento **Alunos entre si** mútuo. Brigas resultando em ferimentos dos envolvidos foram bastante frequentes nos relatos. Entretanto, fica difícil determinar se tais ocorrências são do tipo e frequência comuns entre as crianças em idade escolar, que procuram extravasar sua vitalidade e energia, ou se haveria componentes de maior gravidade, quando comparadas com outros grupos de crianças com a mesma faixa etária. Nas observações feitas, não presenciamos nada de anormal, o que autoriza a acreditar em algum exagero por parte dos depoentes, determinado, talvez, por preconceitos a respeito da "índole agressiva" das crianças mais pobres, especialmente das provindas das favelas.

Os comentários das crianças sobre o assunto também não indicam nada de extraordinário, mas revelam a ocorrência de muitos atritos entre elas. Marcelo, da 4ª série, sintetiza a maior parte das reclamações, ao afirmar que o que predomina em tais conflitos é "a lei do mais forte [...] A lei de quem é mais esperto; os grandes bate no pequeno." Mônica, da mesma série, afirma que "as meninas é legal; só que tem umas da 5ª série que, a gente tá brincando, elas passam por cima da gente". Perguntados em que momento a "lei do mais forte" é mais aplicada, Marcelo e Rafael respondem que é "na hora do recreio", quando os alunos maiores tiram a quadra e atrapalham as brincadeiras dos menores. A explicação que Marcelo dá para o fato de os "grandes" baterem nos outros é que aqueles são revoltados, "precisa ver o que eles qué".

Como era de esperar numa escola em que a participação dos pais praticamente inexiste, as relações pessoais entre eles são também muito pouco frequentes. Afora os encontros casuais ou por conta de **Pais entre si** amizade ou vizinhança, as oportunidades de relacionamento mútuo entre os pais restringem-se àqueles que pertencem ao conselho de escola ou aos que comparecem à reunião para escolha dos representantes desse conselho e aos que frequentam as reuniões de pais.

Mesmo com pouco relacionamento entre os pais, foi possível detectar um caso de ressentimento entre duas mães: d. Rute, que tem presença acentuada na escola, e d. Marta, que gostaria de estar sempre presente em tais atividades. D. Marta reclama do tratamento discriminatório que a escola proporciona a d. Rute, já que esta, sem sequer fazer parte da APM ou do conselho de escola (voltou a integrá-lo em 1990), tem um nível de influência nas decisões e na execução de atividades na escola muito maior do que os demais pais, inclusive do que a própria d. Marta que, pertencendo ao conselho, não tem permissão para realizar muita coisa e ajudar na conservação da escola.

5 Atendimento de Pais e Membros da Comunidade

O atendimento prestado pela escola aos pais de alunos e à comunidade em geral constitui, sem dúvida nenhuma, um dos condicionantes internos da participação na escola. A forma como esse atendimento se dá pode revelar, em certa medida, a natureza das relações da escola com seu ambiente social, bem como indicar em que medida as pessoas e instituições presentes na unidade escolar facilitam ou entravam a participação em suas atividades e nas decisões que aí têm lugar.

5.1 A VISÃO SOBRE OS USUÁRIOS DA ESCOLA

Uma primeira aproximação do atendimento prestado pela instituição escolar aos usuários de seus serviços e aos demais membros da comunidade pode ser o exame da visão que as pessoas têm daquilo que, tanto nos meios acadêmicos quanto no âmbito da escola e mesmo entre alunos e pais, costuma-se denominar de "clientela". O uso dessa palavra já denota, de certa forma, a maneira como a escola encara seus usuários. Marília Pinto de Carvalho faz interessante observação a esse respeito ao afirmar que "'clientela' [...] é uma expressão bastante esclarecedora da visão que o sistema escolar tem da população. Denota a passividade e a indiferença que se espera e se atribui a ela." (CARVALHO, 1989, p. 65)

A concepção relativa aos usuários da EEPG Celso Helvens aparece nos depoimentos desde o momento em que se pergunta a respeito do surgimento da escola. Embora pouca coisa consigam revelar a respeito desse surgimento, os depoentes, em sua maioria, concordam em que, para a Celso Helvens, foram destinados os piores alunos da região. Maria Alice relata que os alunos foram todos "pegos por aí", já que não havia número suficiente para compor as várias séries da escola:

> Eu sei que é assim: existia clientela para a 1ª à 4ª, mas não tinha clientela da 5ª em diante, porque nós temos prefeitura aqui... Então, foi

arrebanhado tudo que sobrava e tinha sido posto fora dessas duas escolas da prefeitura: São José aqui, Souza Neto aqui, e até mesmo o Miguel [dos Santos], que é do estado. Sabe, aquilo que, entre aspas, o "restolho". E formou isso daqui. Então, já formou a escola meio errada. Porque ela não nasce, assim, vamos dizer, na minha opinião, com uma clientela que demanda da realidade, da necessidade. Foi pego daqui, dali, pra formar uma 5ª série aqui, uma 6ª ali, e assim foi tocando. Eram alunos completamente descomprometidos com o processo, com tudo; aluno problemático, que já estava retido três, quatro anos e por aí afora.

A professora Leda concorda com essa versão, afirmando que, quando a escola foi inaugurada, os demais estabelecimentos de ensino da região "selecionaram" os alunos e encaminharam à Celso Helvens os que nelas causavam problemas de disciplina. "Então, ficaram naquelas escolas mais antigas os melhores e enviaram, quer dizer, houve a transferência daqueles alunos que causavam muito problema nessas escolas." Também d. Célia, da Sama, que é moradora do bairro há muito tempo, acredita que a Celso Helvens foi construída para descongestionar duas outras escolas que já funcionavam em quatro turnos e não conseguiam dar conta do número de alunos.

Outro fator apontado como causa da emigração de alunos para a Celso Helvens é a vigência de padrões de disciplina mais rígidos nas demais escolas. Jorgina, a inspetora de alunos, pondera que, embora haja alunos de poder econômico bom na escola, a maioria vem da favela da Vila Dora e, mesmo havendo uma escola da prefeitura pegada à favela, o pessoal de tal escola provavelmente pune com maior rigor os alunos e, por isso, eles vêm todos para a Celso Helvens.

A condição de pobreza dos que frequentam a escola é permanentemente lembrada pelos depoentes, especialmente pela diretora, que utiliza a situação de vida de uma das serventes como exemplo dramático das precárias condições de sobrevivência dos moradores da região servida pela escola.

Ontem eu me espantei... Nossa servente aqui, a Alba, que é muito arrumada. Nunca tinha ido na casa dela. Ela mora aqui perto e ela foi operada e tá de licença. Eu fui vê-la. Eu me espantei! Eu me espantei! Eu fiquei pasma, e as outras também ficaram, que foram comigo. O pessoal até comentou. Ela mora numa casa de dois cômodos. É um quarto e uma cozinha... Servente da escola, veja bem, que a gente transa todo dia numa boa, tal, sabe; divide comida... Dorme ela numa cama de casal e dois beliches do lado. Então, ela e o marido ficam numa arena e os quatro filhinhos (e uma menina já moça), quatro e duas menorzinhas e um pequenininho. Quer dizer, os quatro filhos vendo a mulher e o marido numa arena, né. Porque pra mim me deu a impressão de uma arena. Aquela camona, a Alba deitada lá, que tá operada, aquelas quatro camas, o resto tudo armário em volta e o quarto não tem janela. Pode sentir um drama desse, Vítor? E a cozinha... E o banheiro é lá fora. Me deu um desespero. Aí eu fiquei pensando: puxa vida, se, nas condições... Imagina esses pais...

O estado de pobreza da população é imediatamente articulado com um conjunto de carências (alimentar, afetiva, cultural, etc.) a que estariam submetidos os usuários da escola. Especialmente no discurso do pessoal que trabalha na escola, esse elenco de carências é tido não apenas como obstáculo para a aprendizagem dos alunos mas também como elemento dificultador da participação dos pais nas atividades da escola. Com relação ao primeiro aspecto, a adesão à chamada "teoria da carência cultural", tão bem analisada e criticada por Maria Helena Souza Patto (1990), transparece claramente em muitas declarações, tanto da direção quanto de professores e funcionários. A supervisora de ensino Deise, por exemplo, guia-se nitidamente pelo estereótipo da família pobre desagregada, cujas crianças são privadas do carinho do pai e da mãe, para dizer que tais crianças "são órfãos de pais vivos" e que a ausência do ambiente familiar propício bem como as carências nutricionais da infância levam muitas das crianças que frequentam a Celso Helvens a se apresentarem abaixo do nível de normalidade psicológica exigido para a aprendizagem escolar. "É criança realmente diferente, com algum problema de ordem psicológica, de ordem mental." Jorgina, a inspetora de alunos, que cuida da disciplina fora das salas de aula, diz que "normalmente, nessa comunidade nossa, as crianças infelizmente são inconversáveis". Ela acha que isso pode ser "pelo fato da vivência deles dentro de casa, que eles não têm diálogo".

A situação de carência da população como obstáculo à participação na escola aparece com muita frequência na fala da diretora que, segundo d. Júlia, mãe de aluno, utiliza esse argumento como justificativa para exigir muito pouco dos pais e para não promover atividades que estimulem sua participação. Mas d. Júlia discorda desse ponto de vista de Maria Alice: "[...] ela acha a carência muito forte aqui no bairro e eu não acho. Como eu moro aqui há muitos anos, eu não acho tanta carência."

Também no Plano Escolar do estabelecimento para o ano de 1989 encontram-se fartas referências à situação de "carência da clientela" e à articulação de tal carência com os problemas de aprendizagem e com a pouca participação da comunidade na escola. No tópico "Características da comunidade e da clientela escolar" é apresentada a seguinte apreciação:

> A clientela escolar apresenta-se carente em vários aspectos: econômico, cultural e afetivo. Na sua maioria são filhos de pais com baixa escolaridade, pouco participativos em termos de interesse pelo desempenho dos filhos na escola. Há muita dificuldade em obter dos alunos qualquer tipo de material escolar, dada a própria situação de carência econômica dos mesmos. Há, ainda, um número significativo de alunos que estão bem atrasados em relação à escolaridade normal. Uma boa parcela do alunado mora em favela cujas casas possuem condições habitacionais precaríssimas. Dentre os pais, há muitos sem empregos, devido à crise, decorrendo daí um grande número de ociosos. Os que arranjaram uma ocupação, normalmente recebem baixos salários ou estão em subempregos. É comum, em muitas famílias, os pais trabalharem fora durante todo o dia, deixando os filhos menores em casa.
>
> O comparecimento à escola para tratar de assuntos relacionados com seus filhos faz-se de modo um tanto relutante e, às vezes, até agressivo.

Mais adiante, no mesmo Plano Escolar, apresentam-se as seguintes ocorrências entre as "situações-problema" existentes na escola:

4 — Pais ou responsáveis pelos alunos ainda omissos em relação a um trabalho conjunto com os filhos e a escola.

5 — Dentre os alunos das séries iniciais muitos porém [sic] de família extremamente carente, do ponto de vista socioeconômico cultural e suas necessidades situam-se em um nível tal que a escola não tem condições de saná-las e tem que continuar trabalhando com os mesmos de forma inadequada.

Anexo ao Plano Escolar é apresentado um "projeto/atividade" denominado "Escola para pais", cujo objetivo seria o de promover "palestras mensais na escola [...] sobre temas variados de interesse e necessidade dos pais e da comunidade". O teor do "diagnóstico" apresentado nesse projeto parece refletir bem a visão que a escola tem dos pais:

Comunidade reflete urgentemente a necessidade de criação de uma "Escola Para Pais" juntamente com a tradicional "Escola Para Filhos" já existente;

Uma boa parte dos pais responsáveis pelos alunos são extremamente carentes; com pouca escolarização; com dificuldade para compreender os reais objetivos da escola; um tanto agressivos com os filhos e com a escola em geral; às vezes, completamente omissos, alguns com hábitos de vida pouco saudáveis e com desconhecimento de rudimentos a respeito do processo de formação da criança e do jovem.

Os depoimentos prestados por professores e funcionários da escola oferecem, em geral, uma visão negativa da "clientela" escolar, aproximando-se bastante daquela tendência detectada por Patto, na prática e na literatura educacional, que consiste em fazer do pobre "o depositário de todos os defeitos" (PATTO, 1990, p. 49).

A professora Leda, que mora bem próximo à escola, diz que o bairro "é difícil", existindo uma mistura de níveis socioeconômico-

-culturais que dificulta as relações entre as pessoas. "Na minha rua, principalmente, ela é assim, bem... engraçada, porque existe assim, por exemplo, uns sobrados muito bons e uma, assim, uns cortiços [...]." No relato de Leda pode-se perceber que, mesmo quando não explicitamente presente, há um conflito latente entre pessoas de condições sociais diversas. Em sua fala, ao mesmo tempo em que identifica a hostilidade das pessoas que a veem como estranha, apresenta também seu estranhamento diante do comportamento desses moradores:

> [...] eu, por exemplo, eu não sou de ficar na rua, ficar no portão, de conversar; então, eles te olham assim meio torto... Porque a maioria, por exemplo, do pessoal que vive em corti... Que vive nessas casinhas, nesses cortiços, eles ficam batendo papo o tempo inteiro, eles ficam na rua conversando... Eu não sei onde eles arranjam tempo, viu; sinceramente, eu não sei onde eles arranjam tempo...

Não deixa de ser curioso o fato de Leda incomodar-se com a circunstância de as pessoas se relacionarem amistosamente. Numa sociedade em que o trabalho (forçado) capitalista é a regra, Leda preocupa-se também com os momentos de lazer dos vizinhos. Diz que ela trabalha fora e quando chega em casa "não acho tempo pra nada e eles ficam em casa, é o dia inteiro batendo papo". Mas, no que concerne às crianças, Leda parece não ter a prevenção que revela com relação aos adultos:

> Ah! criança eu acho que é criança em qualquer lugar. [...] Eles não têm tantos problemas. A gente é que fica mais na cabeça da criançada: "Olha, cê não pode é... as companhias", sempre. Tem aquele ditado: "dize com quem andas e eu te direi quem és", né. Então, cê fica batendo na cabeça da criançada: "olha, não convida, não faz [...]" Não sei se a gente faz certo, se faz errado, né? Apenas a gente tenta preservar, né, determinadas coisas.

De qualquer forma, mesmo não sentindo nas crianças os comportamentos reprováveis dos adultos do bairro, Leda também comunga da opinião de que as crianças da Celso Helvens têm problemas muito sérios que dificultam sua aprendizagem e acha que a escola é ruim porque os alunos são ruins.

No cotidiano da escola, é possível observar a ocorrência de atitudes denunciadoras de preconceitos contra a condição de pobreza dos alunos, misturadas com outras que revelam tentativas de superação desse preconceito. A diretora entra com dois garotos (um aluno, outro não) na sala dos professores, onde se encontram conversando algumas professoras e uma das assistentes de pesquisa. Fecha a porta e anuncia que gostaria de resolver um assunto com as professoras. Apresenta o menino que não é aluno. Diz que bateu um grande papo com ele, que demonstrou muita vontade de estudar. Morava na Praça da Sé, não tem pai nem mãe. Como dormia na rua, perto da casa de outro menino, a mãe deste chamou-o para morar com eles. Propõe às professoras colocá-lo numa classe como aluno ouvinte. Fala bastante, mostra-se com verdadeira vontade de ajudar o garoto. Diz que ela poderá arrumar roupas e material. Uma professora comenta que já o viu falando palavrão perto da sala dela. Maria Alice ressalta ao menino que ele terá um voto de confiança. Outra professora aceita o menino em sua classe, "desde que ele venha limpinho". A diretora retoma com ele as exigências para a frequência: cuidar da roupa, lavar ele mesmo, comportar-se. Alguém percebe que o ouvido dele está com problemas, tem pus. Maria Alice pede para alguém deixá-lo no posto, pois sozinho e sem documentos ele não poderá ser atendido. Todas levantam para dispensar os alunos. Percebe-se, entre as professoras, um sentimento misto: de alegria pela boa ação e de expectativa "profética" de que isso não resolverá e que ele acabará trazendo problemas.

Falta de asseio e limpeza é outro assunto presente nas reclamações dos professores a respeito dos alunos. Glauce conta o caso de uma mãe

> que veio reclamar que eu falei que tem que tomar banho. Eu falo mesmo. Eu falo [...] As meninas, na época de menstruação, eu não aguento o cheiro. Eu não aguento. Eu tenho cabelo comprido [...], as meninas vinham com piolho que ficava aquilo que nem um rosário, aqui, cheinho de lêndeas, cabelo empiolhado. Eu dou aula de uma matéria que

em todo instante eles estão em cima de mim: "Professora, como é que é isso?" Agora, cê já pensou?... [...] Então, as meninas vêm em cima. "Professora isso daqui..." Eu quero morrer! Você quer que eu faço o quê? [...] "Oh! Pessoal, tem que tomar banho pra vim na escola. Tá menstruada? Tem que tomar três banhos ao invés de um." — "Ah! minha mãe diz que não pode tomar banho que faz mal, que sobe pra cabeça!" Cê quer o quê? [...] Eu tenho uma aluna que é uma moça, aqui dessa escola. É o terceiro ano que ela tem piolho na cabeça e ela não tirou o piolho. Ela vem de batom, roupa bonitinha... deve até sair com os meninos; tem namorado. Não tira o piolho da cabeça.

Marlene, assistente social no posto de assistência médica da favela de Vila Dora, conclui, a partir de seu relacionamento com a escola, que esta tem uma concepção preconceituosa da população: "E tem outra coisa que é um juízo de valores, que eu fico doente com essas pessoas. Eles acham que a população é vagabunda [...], que eles não prestam [...] e que são marginais [...], é maltrapilha porque quer; não toma banho porque quer [...]."

Outro componente presente nas falas dos entrevistados foi a violência existente no bairro, que se reflete na agressividade de alunos e pais. A assistente de diretora, Rosilene, diz que chegou à escola cheia de ilusões, por ser escola pequena, mas que a realidade tem mostrado ser muito difícil o trabalho aí, sendo a "clientela" o primeiro aspecto digno de destaque:

À noite, eu [...] vou lá atrás, converso com os alunos, uns alunos agressivos, rebeldes... Você vê, a escola pequena, mas uma escola muito aberta, tá, que os alunos entra e sai, os marginais entram. Então, você não tem como ter controle realmente do próprio aluno, porque de prioritário nessa escola seria levantar os muros. Se eu fosse fazer um trabalho nessa escola seria levantar os muros, porque eu iria resolver vários problemas com ele.

Isso porque, segundo Rosilene, os marginais entram e ficam fumando maconha com os alunos que vão para trás da escola à noite.

A ESCOLA POR DENTRO

Com isso, poderia "controlar melhor os alunos", oferecendo, ao mesmo tempo, melhor segurança a eles. "À noite, eu vou até o pátio; quando eu menos espero, uma troca de aulas, eles vão lá pra trás, tá tudo escuro. Eu não vou lá, né, Vítor! Não sou louca; afinal de contas, eu não ganho pra pôr minha vida em risco. Pra mim, escola ainda é meio de vida, não meio de morte."

Rosilene afirma também que a maioria dos pais é agressiva; diz que a escola cobra bastante a presença dos pais e que "o pai já chega aqui, Vítor, com uma agressividade [...] a fim de briga; ele já vem agressivo com a gente. Já vem gritando, sabe." O comportamento que Rosilene diz ter quando isso acontece é deixar o pai desabafar e depois, com jeito, fazê-lo perceber as circunstâncias de cada caso.

Deise, a supervisora de ensino, dá sua versão a respeito dos usuários da escola de uma maneira que desautoriza, de certa forma, a relação direta que outras pessoas entrevistadas fazem entre violência e baixo nível socioeconômico. Diz ela que, embora tenha informações de que a comunidade da Celso Helvens é violenta, a população mudou muito e que, quando havia uma população mais pobre, não havia tanta violência. Seu ponto de vista é reforçado pela outra supervisora de ensino presente na sala no momento da entrevista, que fala de uma escola sob sua jurisdição que, enquanto atendia só gente da favela, foi muito mais bem protegida do que agora, que atende a um conjunto residencial da Cohab. Diz que, "teoricamente", o nível socioeconômico da "clientela" melhorou, mas o nível de depredação também aumentou, crescendo bastante, além disso, a quantidade de problemas disciplinares da criançada.

Para ilustrar o ambiente em que vivem as crianças da escola, a professora Glauce conta os crimes que presenciam e a violência que as ronda "na favela":

Essas crianças veem gente sendo morta.

Eu ouvi coisa dessas crianças semana passada que passava noite sem dormir; tive até pesadelo. [...] Aqui na favela tem um garoto de 12 anos que mata todo mundo. Olha o mundo dessas crianças como é agressivo... Sem contar os outros problemas. Nós já tivemos aluna aqui dentro que teve que mudar da escola porque tinha problema com o pai: o pai queria pegar as meninas. Então: olha a promiscuidade, os valores todos invertidos.

Acredita que o que as crianças fazem já é muito, porque essas são as crianças que vão conseguir sair desse meio: "Eu batalho em cima disso." À parte as boas intenções da professora Glauce, esta fala parece ser bem o exemplo de como, a partir de alguns relatos (de crime), se dá a generalização, para toda a comunidade, de uma situação (de delinquência), fundamentando, assim, o preconceito com relação ao "mundo da violência" de onde provêm os alunos.

A professora Sônia Regina não vê uma violência *a priori* por parte dos alunos, dizendo que eles só são violentos quando são agredidos. Já a professora Mári diz que só eram violentos aqueles alunos multirrepetentes que foram juntados todos numa 5ª série e que viviam se agredindo mutuamente. Mas diz que, quando assumiu aulas nessa classe, o primeiro trabalho que realizou foi fazer as crianças se sentarem em roda e se olharem. "E, a partir daí, você conseguir que as crianças falem. É uma coisa horrível como eles vêm mudos." O primeiro trabalho é as crianças se olharem e cada um falar de si. "E como tem criança que você não consegue e fica aquele silêncio e aquela coisa angustiante... E tem criança que demora." Afirma que, a partir desse trabalho, conseguiu melhorar muito o relacionamento dessas crianças. Diz que não entende os professores que reclamam dos alunos. "Eu acho que é saudade do aluno mudo, quieto."

Mári ressalta que existem, sim, enfrentamentos muito sérios de alunos entre si e com o pessoal da escola, mas considera que tais conflitos podem ser adequadamente solucionados a partir de uma atitude firme, mas humana e compreensiva por parte do educador, o qual não deve colocar-se simplesmente contra os alunos, mas dialogar com eles, procurando ajudá-los a resolverem os problemas. Às vezes, uma simples conversa amigável evita sérios desdobramentos de uma desavença entre alunos. Para ilustrar seu ponto de vista, Mári relata o caso de 11 meninas ("desde a grandona até a pequititinha") que entraram na

A ESCOLA POR DENTRO

escola para tirar satisfação com uma aluna com a qual se haviam desentendido. "A menina falava assim: 'porque da próxima vez eu vou te riscar e vou desenhar uma boceta na tua cara'. Isto assim, a aluna da escola na frente da mãe. E me deu um medo aquilo." Como Maria Alice não estava, foi ela quem precisou falar com as meninas.

> Quando você acredita numa coisa... Eu catei essas 11 meninas e sentei na biblioteca as 11. Falei: "Senta." E daí eu comecei a perguntar algumas coisas pra elas. Olha, elas murcharam e daí não quiseram também conversar: "Tia, agora que eu me lembrei que eu deixei o feijão lá em casa", não sei quê, e foram embora.

A questão da violência praticada por marginais está presente nos depoimentos do pessoal da escola e também nos de alunos e pais. Tal violência, entretanto, mesmo quando frequente, é tratada como algo excepcional pelos moradores, não podendo ser generalizada para o conjunto da população do bairro ou da favela. Esta última, aliás, carrega a fama de abrigar os marginais, seja porque assim mesmo ocorre — já que é um lugar de difícil acesso para a polícia e de refúgio propício aos bandidos —, seja por mero preconceito das pessoas que imputam à favela tudo o que há de ruim no bairro. Assim como os demais colegas de entrevista, Marcelo, aluno da 4ª série, hesita em falar a respeito da moradia dos assaltantes, mas acaba dizendo que eles moram na favela.

> Não que eu tô querendo defendê lá, porque é favela, né? Mas, não que eu moro ali... Tô falando porque... Porque tem gente que mora ali e o pessoal fica gozando: "É favelento", não sei o quê. Pra mim, qualqué lugar tá bom, morando e tendo casa. Mas quando se tê a casa longe da favela é melhor, né? Porque tem muito bandido, os bandidos se esconde lá.

Jorgina diz que um ex-aluno da escola "é chefe de uma gangue no Morro Alegre. Ele é perigosíssimo. Uma ocasião, ao ser perseguido pela polícia, refugiou-se numa sala de aula." D. Isabel, mãe de aluno, diz que o clima de violência é real, porém "mais pesado, assim, entre eles, conflito de bandido contra bandido". Mas há também o preconceito contra favela: "Favela é sempre generalizada como uma coisa má mesmo. Mas não é não. Porque às vezes tem muitos favelados [...] de bom comportamento, viu; às vezes muito melhor que muito filhinho de papai."

A inspetora de alunos fala dos usuários da escola de certa maneira que é difícil não perceber uma dose de preconceito sobre a condição de favelados dos alunos: "Mas as crianças que vêm aqui dessa favela aqui, dá pra contar aqueles que [não dão problemas]." Sobre os alunos que moram na favela, exclama: "Ah! eles são muito mais agressivos, bastante agressivos. Inclusive as mães deles." Revela também que a discriminação se faz presente entre os próprios alunos. O da favela chama o outro de "burguês". Jorgina diz que os "burguesinhos", porque têm uma família mais estruturada e se alimentam melhor, acabam indo melhor nos estudos e são visados pelos da favela; apanham deles, inclusive. "Normalmente, as mães acabam tirando os filhos daqui por isso." Por seu lado, os alunos da favela são chamados de "maloqueiros". Segundo alunos da 4ª série, outro termo utilizado para discriminar os moradores da favela é "favelento". Marcelo informa que, quando alunos da favela começam a bagunçar, os colegas falam: "Ah, é favelento, só pode sê favelento."

A prevenção contra a favela, às vezes, é introduzida na sala de aula pelos próprios pais de alunos. Jorgina relata que alguns deles têm medo de que seus filhos vão à casa de um colega que mora na favela. A inspetora de alunos informa também que, dentro das salas de aula, são formados grupos para os trabalhos escolares, de acordo com a origem econômica dos alunos (moradores e não moradores da favela). Ela justifica esse procedimento dizendo que "normalmente costuma-se fazer por local de moradia para ficar fácil deles trabalharem juntos". Este argumento pode ser real, mas também pode ser uma forma de legitimar uma segregação baseada no preconceito ou movida pela pressão dos pais. Entretanto, qualquer que seja a intenção, parece que esse procedimento não deixa de reforçar ainda mais a segregação entre os alunos.

Mári diz que o estigma do favelado está muito presente na vida cotidiana da Celso Helvens, mas se encontra disseminado em toda a sociedade, sendo derivado do preconceito da própria classe dominante. Conta que, em seu primeiro ano de trabalho na EEPG Celso Helvens, mandou seus alunos desenharem o bairro e não apareceu nenhuma favela. Resolveu, então, constituir um grupo e ir pesquisar a favela do bairro.

> Teve mães que mandaram bilhetinho falando que a filha não podia entrar na favela. [...] Depois que a gente começou a trabalhar, alguns começaram a assumir assim: "Olha, eu sou trabalhador, meu pai trabalha; então, eu não sou bandido." Porque o que tem é o estigma do favelado, do bandido, que é passado pela própria família e que a coisa de que quem mora na favela não presta. Isso foi muito ruim. [...] Pra ir fazer o trabalho [...] eu tive que ir junto com os alunos, senão os pais não iam deixar. [...] Foi ótimo [...] Nós conseguimos localizar uma pessoa, ele era guarda de um banco e, num assalto, ele levou um tiro — quer dizer, não tinha nada a ver, ele era guarda — e ele ficou paraplégico. Mas ele cresceu tanto, tanto [...] Então, toca violão, lê; o barraco cheio de gaiola de passarinho [...] As meninas ficaram encantadas e elas voltaram pra escola e trouxeram o depoimento. Porque foi forte, assim [...] uma pessoa, apesar das condições, quer dizer, apesar da situação [...], do que aconteceu com ele, uma pessoa extremamente rica [...] Quer dizer, deu pra eles trazerem alguma coisa.

O depoimento de d. Rosa Maria, mãe de aluno, é um exemplo de como o preconceito contra os moradores da favela está presente entre os pais de alunos. Diz ela em sua entrevista que a escola deveria formar, mas acaba deformando as crianças e que isto é devido à população que aí estuda. "Mas, sabe o que é? É que escola de maloqueiro não dá. Eu penso assim: se eu pudesse, eu poria minha filha pra estudar numa escola particular. Mas as minha posse não chegou lá." Mesmo morando a poucos metros da favela, d. Rosa Maria, em sua fala, procura diferenciar-se dos demais habitantes do bairro, especialmente dos da favela próxima, com referência aos quais ela não deixa de empregar o qualificativo "maloqueiro". No entanto, sua condição de vida ao chegar ao bairro, no início da formação deste, não devia ser muito diversa da dos atuais "maloqueiros", já que o terreno onde se encontra sua casa era (e legalmente ainda é) da prefeitura, tendo sido ocupado na ocasião por ela e sua família, que começaram por morar em um barraco enquanto iniciavam a construção de sua atual casa. Mas ela procura justificar sua condição de moradora em barraco: diz que tudo foi construído com muito trabalho dela e do marido, "que ele não é desses que vive aí sem trabalhar não, e nem vive vagabundando e nem roubando não, que eu, graças a Deus, tenho nota de tudo, de tudo..." D. Rosa Maria mora há 16 anos no bairro, mas diz que conhece pouca gente, conversa com pouca gente aí. "E, modéstia à parte, acho que eu sou diferente; não quero me misturar."

5.2 A VEICULAÇÃO DE INFORMAÇÕES E O ATENDIMENTO DE ROTINA

Sem dúvida nenhuma, o processo de informação é um dos elementos de maior importância na efetivação da participação dos usuários na vida da escola pública. É por meio da informação que os pais e demais membros da comunidade podem inteirar-se de seus direitos e deveres para com a instituição escolar, bem como tomar conhecimento dos fatos e relações que se dão no interior do estabelecimento de ensino e que dizem respeito a seus interesses como usuários. Nesse sentido, embora "se trate de um nível elementar de participação", na medida em que provê os agentes de conhecimentos sem os quais sua participação fica comprometida, "a informação constitui uma condição necessária ao exercício da participação democrática nas decisões" (LE BOTERF, 1982, p. 110).

O cuidado com a informação está presente nos dispositivos legais que regulam as atividades e instituições no interior da escola pública estadual de 1º grau. Além de dispositivos em que a informação fica subentendida — como no caso da atribuição do diretor

A ESCOLA POR DENTRO

de "promover a integração escola-família-comunidade" (SÃO PAULO, 1977a, art. 7º, VIII) —, o Regimento Comum das Escolas Estaduais de 1º Grau (como já vimos no item 1 deste capítulo, "A estrutura formal da escola") estabelece, entre as atribuições dos professores, a de "manter permanente contato com os pais dos alunos ou seus responsáveis, informando-os e orientando-os sobre o desenvolvimento dos mesmos e obtendo dados de interesse para o processo educativo" (art. 47, X). Já o Estatuto Padrão das APMs (SÃO PAULO, 1978) estabelece, em seu art. 10, ser direito do associado "receber informações sobre a orientação pedagógica da escola e o ensino ministrado ao educando" (Inciso II). No art. 42 do mesmo Estatuto consta que o edital de convocação da assembleia geral, com cinco dias de antecedência, deve conter: "a) dia, local e hora da primeira e segunda convocações; b) ordem do dia". O parágrafo único do mesmo artigo estabelece que, "além de ser afixado no quadro de avisos da escola, será obrigatório o envio de circular aos sócios" (SÃO PAULO, 1978).

Todavia, não obstante a importância das informações e a existência de normas legais que buscam incentivá-las, a realidade apresenta dificuldades que parecem impedir a ocorrência de um sistema fluente e adequado de informação entre a EEPG Celso Helvens e seus usuários.

Por parte da escola, tais dificuldades dizem respeito basicamente à escassez de recursos, às condições de trabalho na escola e à visão desta a respeito da comunidade. Com relação a este último aspecto, o que foi visto no item anterior deve bastar para se compreender que, na medida em que professores e demais funcionários têm uma visão negativa de pais e demais membros da comunidade, dificilmente se sentirão estimulados a respeitar o direito destes à informação, já que acreditam que aqueles ou não estão interessados ou não têm condições de responder às informações por meio de uma participação efetiva na escola. A escassez de recursos dificulta um eficiente processo de informação, especialmente quando se trata de se produzirem textos ou comunicados às famílias mas falta material, como papel e máquina copiadora, e não se dispõe de pessoa que possa encarregar-se dessa função. Finalmente, as precárias condições de trabalho na escola põem obstáculos à adequada organização do tempo, especialmente dos professores, de modo a garantir-lhes horários de atendimento aos pais e à comunidade, visto que esta seria a forma mais adequada de receber e fornecer informações aos usuários da escola.

Do lado dos pais, as dificuldades não são menores. Em primeiro lugar, muitos são analfabetos ou possuem escassos rudimentos de leitura e escrita, encontrando dificuldades para ler os comunicados enviados pela escola. Além disso, os bilhetes remetidos por meio dos alunos — que é a forma mais comum de a escola comunicar-se com as famílias — não têm garantia de que chegarão ao conhecimento da mãe ou do pai, já que as crianças podem perdê-los ou simplesmente deixar de entregá-los em casa. Finalmente, quer por falta de tempo, quer por não terem condições de entender a mensagem, os pais acabam por assumir uma atitude de passividade ou indiferença diante da informação fornecida.

As questões pedagógicas e disciplinares dos alunos são, em geral, apresentadas aos pais nas reuniões bimestrais promovidas pela escola. Mas, quando o aluno apresenta algum problema disciplinar, falta muito ou apresenta baixo rendimento e a mãe não comparece às reuniões, os pais são convocados por meio de bilhetes. A professora Leda diz que o comparecimento é maior quando o bilhete é assinado pela diretora, porque os pais sentem que o problema é mais grave. Afirma também que a diretora convoca mais em casos de disciplina e, quando os pais atendem à convocação, normalmente apresentam uma atitude inicial agressiva, de não aceitação da queixa.

As observações e entrevistas que fizemos dentro e fora da escola levam-me a formular a hipótese de que esses atritos entre pessoal escolar e pais devem-se, em boa parte, ao fato de a escola falar uma linguagem estranha a seus usuários. A reação por parte destes pode dar-se na forma de contestação, como no caso dos pais que não aceitam que seus filhos sejam considerados indisciplinados; ou por meio do silêncio puro e simples, como acontece com alunos que, no relato da inspetora de alunos, recusam-se a discutir as razões de suas "indisciplinas". Parece que essas crianças reconhecem que têm razões para agirem do modo que agem, mas não têm condições de argumentar na linguagem da escola; por isso, preferem recusar o diálogo (nos termos em que é proposto), dizendo, como informa Jorgina: "tem papo não".

Marlene, a assistente social, ressalta que a atitude da escola é de fechamento em si mesma: "Na escola, você pensa que eles arredam o pé daí? [...] Professor fica dentro da aulinha, da salinha, tchau e bença, cabou a aula e zupt!" Diz que essa atitude se dá em virtude da formação universitária do professor, que não tem como objetivo servir à camada pobre, e ao juízo de valores dos professores de "determinada classe que tá lidando com outras". Diz que a população, por seu lado, também vê a escola como distante e repressiva.

A diretora considera que as funcionárias atendem muito bem os pais. São muito boazinhas e simpáticas e só levam "porradas na cabeça". "Agora, eu sou uma pessoa impaciente [...] e nunca tenho tempo; eu tô sempre apressada [...] Quando eu atendo, eu atendo bem. Mas é muito difícil do pai me pegar para eu poder atender."

Entretanto, nem todas as mães estão satisfeitas com o atendimento dispensado a elas. D. Marta é uma das que reclamam bastante do atendimento, e afirma: "Pra ser diretora da escola, tem que ficar mais na escola [...] e no horário dela sair a Rosilene ficar, e não ficar sozinha [...]. A função dela é ficar na escola [...] A gente cansa de chegar lá, vai falar com quem? Com a servente, que só falta matar teu filho?"

A assistente social Marlene reporta-se aos contatos que tem mantido com escolas públicas para declarar que "a escola é distante, repressiva e não fala o linguajar da população". Afirma que a escola é indiferente aos problemas das famílias, proíbe a entrada de alunos por falta de uniforme ou material e faz solicitações inviáveis. Diz que, no início do ano, várias mães vão até a assistência social para solicitar material escolar. Ela já foi algumas vezes conversar com as professoras sobre a impossibilidade de as mães comprarem o material:

> Aí vou conversar com a professora tal. Ela falou assim: "Ah! Mas isso é exigência da escola; se não trouxer o material, não estuda." Isso acontece

todo ano [...] e falo pra professora: "Você vai me desculpar, mas você não pode exigir esse material. Você sabe [...] onde essa criança mora? Então, vamos lá." Aí a professora entra pra dentro da classe que nem o capeta doido, porque tá pensando que eu quero, que eu quero comandar o trabalho dela...

D. Célia, diretora cultural da Sama e que já foi diretora de escola, considera que, em geral, não há mau atendimento dos professores e demais funcionários da escola pública com relação aos pais. Estes é que, às vezes, faltando às reuniões, acabam querendo ser atendidos fora do horário.

No trabalho de campo, presenciamos atendimentos de pais e membros da comunidade por parte de professores, direção e demais funcionários. É claro que nossa presença deve ter levado o pessoal da escola a atender as pessoas de uma forma melhor do que costuma fazer quando não estão sendo observados. De qualquer modo, os atendimentos sempre foram realizados de forma cordial e com bastante presteza e atenção para com as pessoas que os solicitavam. A única exceção a esta regra ficou por conta do tratamento dispensado a uma mãe que queria falar com uma das seis professoras que estavam em reunião para a formação de classes do ciclo básico, no início de 1990. A mãe não sabia que haveria reunião de pais no dia seguinte e as professoras em coro reclamaram do fato, afirmando que a professora procurada não devia atender, porque "elas fazem de propósito", já que "tem cartaz até na padaria".

No momento em que eu realizava entrevista com a diretora Maria Alice, a conversa foi interrompida com a entrada, na sala, da secretária Kazuko, trazendo uma mãe com um problema para resolver. A conversa que se deu a seguir serviu não apenas para presenciarmos um atendimento por parte da diretora, mas também para testemunharmos o confronto entre as visões da mãe e da diretora sobre um problema educacional (e social), bem como o comportamento da primeira na presença dos argumentos da segunda. A mãe, que tem aparência bastante humilde, vem à escola para tratar do caso de sua filha, aluna da 7ª série vespertina, que quer passar para o período noturno porque pretende trabalhar. A diretora procura demover a mãe desta intenção. A conversa é cordial. A diretora dá toda a atenção para a mãe, procurando aconselhá-la para que, se não for mesmo tão necessário o "dinheirinho" que a menina vai receber, procure conservá-la no período vespertino: "A senhora sabe como é que tá o noturno aqui? Tá praticamente falido!" Mãe: "É? [...]" Diretora: "A senhora lembra da reunião de pais? Eu já avisei: podendo segurar essa meninada sem trabalhar mais um pouco, estudando de tarde, segura." Mãe: "É, pra mim tá meio difícil, porque eu tenho mais dois depois dela, né; quer dizer que são três, né. Só tem o mais velho que trabalha." A diretora tenta dissuadi-la: "Ela já arrumou emprego?" A mãe informa que já pediram até as fotografias e que a filha está providenciando os documentos, mas se curva diante da tentação de ter a filha estudando à tarde. Por um lado, parece haver a necessidade concreta de mais uma pessoa trabalhando; mas a valorização da escola melhor (à tarde), agora lembrada pela diretora, parece "amolecer" a mãe, que se agarra novamente ao seu sonho: "Mas, eu, pro meu gosto, eu ainda segurava ela, mais este ano." Em seguida, a diretora procura mostrar a situação dramática do noturno, do qual, com a greve, metade dos alunos desistiram para trabalhar ("falta metade dos professores", "um período falido", "um período que está quase destroçado"). Ao mesmo tempo, diz que falta vaga para essa aluna, porque já tem 35 alunos. Contradição? Se tantos desistiram, não haverá, por isso mesmo, mais vagas? Parece que essa atitude da diretora confirma a afirmação de Kazuko, em sua entrevista, a respeito da intenção da diretora de fechar as classes do noturno. Mas a mãe parece não perceber a contradição. Por um momento, fica indignada com a situação de falta de professores: "Mas os alunos não vai ter condições de passar aí..." Mas essa discussão não progride. O discurso da diretora é todo no sentido de "proteger", "ajudar" a menina para que ela fique no período da tarde, cuja clientela é melhor. Diretora: "Faz muita falta o dinheirinho dela?" Mãe: "O problema faz falta é pra ela, pra comprar as coisas dela. [...] Deixo de comprá pros moleques pra comprá pra ela, né. Mas é que ela qué e qué mesmo..." Neste ponto, parece que a mãe começa a "racionalizar" no sentido de minorar a importância do "dinheirinho". Tal racionalização parece motivada pela dificuldade de transferir a filha para o noturno, diante da resistência da diretora, mas também, e principalmente, pelo desejo (sonho?) de a filha continuar à tarde, "que é muito melhor". Esse desejo entra em conflito com a necessidade do dinheiro. Mas, "pra mim, pra ela me ajudar... a gente viveu até agora; espera mais um ano, dois...". Parece ficar evidente aqui a valorização não apenas da escola, mas da melhor escola possível. O impasse fica semirresolvido. A diretora pede à mãe para a menina vir falar com ela. "Se não tiver jeito, eu dou um jeito dela ir pra noite. Mas não fala isso pra ela."

5.3 REUNIÕES DE PAIS

A periodicidade das reuniões de pais na Celso Helvens é bimestral, realizando-se alguns dias após as reuniões dos conselhos de classe. São estes que fornecem subsídios em termos das avaliações dos alunos que serão apresentadas aos pais. Quem dirige a reunião é o mesmo "professor conselheiro" que tomou parte no conselho de classe e que é escolhido da forma apresentada no item 3.4 "Conselhos de Classe", deste capítulo.

É importante observar que, nessas reuniões, não há propriamente discussão de questões, mas a mera apresentação, aos pais, da avaliação e dos problemas de seus filhos. Começa-se quase sempre com rápida exposição de avisos gerais por parte do "professor conselheiro", que fala sobre os critérios de avaliação e sobre o andamento da turma em termos de aproveitamento (quase sempre insuficiente) ou comenta uma medida recente sobre disciplina ou sobre o pagamento da APM. Em seguida, procede-se a um atendimento individual, anunciando o conceito de cada aluno cujo pai ou pais estejam presentes, bem como as "causas prováveis do mau aproveitamento", levantadas no conselho de classe (ver item 3.4, deste capítulo, "Conselhos de classe").

Não há dúvida de que uma reunião entre professores e pais poderia constituir um mecanismo relevante de participação da população na escola, na medida em que ela fosse organizada e realizada com objetivos e procedimentos definidos de modo a possibilitar ao pai, mãe ou responsável, tomar conhecimento da vida do aluno na escola, solicitar providências, colaborar com o trabalho escolar, enfim, inteirar-se do processo e opinar sobre seu desenvolvimento. Entretanto, a impressão propiciada pela investigação é de que tais reuniões restringem-se à finalidade de mera apresentação da avaliação dos alunos e, sobretudo, à ênfase em seu mau aproveitamento e na culpa deles ou de seus pais por seus problemas de aprendizagem. A fala da professora Leda parece reveladora dessa característica das reuniões. Expondo a maneira como conduz a reunião de pais, ela diz:

> [...] a gente dá uma introdução, dá, ah, alguns lembretes, certo. Depois a gente normalmente... eu costumo fazer assim: as mães daqueles bons alunos, eu digo assim: "Com a senhora eu não tenho nada pra falar; sua filha é boa, tal. Agora eu quero falar com as mães de fulano de tal, fulano de tal, fulano de tal." São os que mais trazem problemas. Normalmente, essas mães dificilmente aparecem.

Observe-se como o lado positivo é minimizado. O aluno com bom aproveitamento não é motivo de preocupação; então, não se precisa prestar contas de seu desempenho aos pais. Essa não preocupação com o aluno que tem aproveitamento satisfatório transparece também na atitude da professora Glauce, "conselheira" da 8ª série que diz ao único pai presente à reunião que a classe é muito boa e por isso "não tem nem o que dizer aos pais". Ou seja, o objetivo da reunião é falar a respeito dos problemas e não acerca dos aspectos positivos e das maneiras de incrementá-los.

Entretanto, há pais que demonstram compreender esse problema com a lucidez que falta a muito educadores profissionais. D. Júlia, com uma filha na 2ª série e um filho na 8ª série, ao fazer a crítica das reuniões de pais na escola, diz:

> Eu acho assim: que eles deveriam explicar mais sobre o aluno, como é o comportamento do aluno dentro de classe. Entendeu? Porque, às

vezes, eu pergunto assim, como que é o Ricardo: "Ah, o Ricardo é bonzinho." Por que "bonzinho"!? Eu acho que deveria ter como eles ficam as quatro horas de aula com eles; acho que eles deviam falar mais: "Olha, o Ricardo é assim... ele é assim [...]", a maneira assim como que a gente tinha que orientá eles — porque os estudos da gente é completamente [diferente] do estudo de hoje —, como que a gente devia é... se comportá, assim, em ajudá, em orientá eles, os estudo [...].

Mas parece não ser apenas com os considerados bons alunos que os professores deixam de se interessar nas reuniões de pais. Também não parece motivo de atenção qualquer coisa de positivo que possa existir no comportamento dos alunos com avaliação insatisfatória (a maioria), já que só se fala, nas reuniões, de seus defeitos e problemas. Parece que é preciso ter mesmo muito pouca sensibilidade para não perceber o quanto constrange um pai ou uma mãe saber que seu filho é um fracasso e ainda levar a culpa por isso. D. Rosa Maria, perguntada sobre o que a professora disse na reunião acerca de sua filha Paula, responde: "Que tinha D em quase tudo. D, D, D, D... Tá péssimo, né. Eu fiquei até com vergonha. Nem sei por que é que eu fui. Pra vê uma coisa dessa..." E quanto à razão do mau desempenho, a professora "diz que a Paula é muito bangunceira". É importante notar que esse depoimento de d. Rosa Maria já revela certo desalento em participar de futuras reuniões e pode estar indicando uma das causas do baixo comparecimento dos pais a esses eventos.

Outro aspecto que deve constranger pelo menos uma parcela dos pais é a necessidade de assinarem a lista de presença, porque denuncia os que são analfabetos ou exige sacrifício dos que só a muito custo conseguem escrever seu nome. Mas a assinatura da lista é ponto levado muito a sério pela escola, pois é uma forma de identificar os ausentes e imputar à sua omissão os problemas futuros de seus filhos. No dizer de uma aluna da 8ª série diurna, "se um pai não participa das reuniões, depois ele não pode reivindicar os direitos dele".

As reuniões são, em alguns momentos, bastante barulhentas. Como são realizadas no mesmo período de aulas e, até o momento de sua realização, os alunos ignoram seus conceitos, há um constante entra e sai de crianças conversando, rindo, às vezes até gritando, perguntando e comentando suas avaliações. Em alguns momentos, a conversa na sala é generalizada, ficando muito difícil de captar o que está sendo dito pelo professor.

A título de ilustração, apresento, a seguir, momentos de algumas reuniões de pais observadas.

Reunião da 6ª série vespertina

Professora conselheira: Satiko (Educação Física)

23 alunos cursando; 12 pais presentes, incluindo sr. Roberto, pai de Flávio, e d. Rosa Maria, mãe de Paula, posteriormente entrevistados.

A reunião estava marcada para as 15h30, mas iniciou-se quase às 16 horas sem que os pais fossem notificados de que haveria atraso. Satiko começa informando os conceitos para os pais e alunos. Estes ficam perturbando, querendo saber as notas. Satiko diz: "Mas que tanto vocês querem saber as notas? Que medo vocês têm de uma reunião de pais?" Passa, então, a fazer uma preleção aos pais. No início, apenas um casal que está na frente da sala tem condições de ouvir. Depois, Satiko continua dando explicações em voz mais alta. Fala sobre Educação Física. Explica sobre a reposição de aulas: "Esta classe é muito bagunceira, o aprendizado é muito lento. O senhor é pai de Paula? A Paula não é boa; ela está com nota baixa. Ela é muito agressiva; ela chora. Ela é meio distraída, tanto na classe quanto lá fora... É preciso estudar um pouquinho em casa."

* * *

O discurso da professora Satiko é no sentido de mostrar as deficiências do aluno, pedindo para que estudem em casa. Lamenta-se. Vários alunos vêm à sala para saber suas avaliações. Satiko diz: "O Flávio é bom aluno. No primeiro bimestre ele não teve nenhuma nota vermelha. No segundo bimestre ele teve um D." O aluno está presente; seu pai, sr. Roberto, também. Flávio explica que não teve culpa do D, que este foi, de certa forma, injustiçado. Satiko dá razão à professora que deu a nota. O pai vira-se para o filho e diz: "É preciso estudar mais, obedecer a professora."

* * *

A professora Satiko dirige-se aos pais de Paula dizendo de seu mau aproveitamento e fala sobre a amiga da menina: "A Clara é terrível."

D. Rosa Maria: "Eu não vou deixar mais ela [Paula] andar com a Clara." Satiko diz que é rigorosa, que tem de vir de uniforme, senão ela não deixa fazer Educação Física. Pais: "Os alunos não são mais como antigamente." "Mais tarde eles vão dar valor." A professora diz o quanto ela se esforça e os alunos não compreendem. D. Rosa Maria: "A Paula não tem vontade de estudar." Dirigindo-se aos alunos presentes (três meninas e um menino), Satiko diz: "Vocês não sabem tabuada." Protestos veementes dos alunos.

* * *

Satiko fala da bagunça que a classe faz. D. Rosa Maria afirma que sua filha reclama dos alunos maiores, que a provocam e lhe batem, acrescentando: "Eu ainda perguntei: 'Aonde está a diretora que não põe orde nisso? Aonde está a diretora que não põe orde nisso?'" Satiko justifica alegando que a diretora faz o que pode. A mãe de Paula continua reclamando: "A Paula é miudinha: como é que ela vai fazer com aqueles cavalões?" Satiko: "Mas a classe é tudo igual. Todos fazem bagunça." Pai de Flávio: "Se um não quer estudar, deixa os outros." Flávio retruca com uma pergunta que é reveladora da disposição dos alunos para o estudo: "E se todos não quiserem estudar?" sr. Roberto: "Aí fica todos de joelho na parede." A reunião vai-se esvaziando. Os pais assinam a muito custo a lista de presença. D. Rosa Maria diz a Paula, que acaba de chegar: "Por que você fica fazendo bagunça na classe?" Paula se esquiva e vai saindo da sala. O pai: "Volta aqui! Escuta aqui, eu falei!" Ela sai e ele diz: "Chegando em casa você acerta comigo." O pai de Flávio dialoga com ele com carinho: "Eu não quero ver outro D desse na nota." O menino, educadamente, justifica.

Reunião da 5ª série vespertina
Professora conselheira: Silvana (Matemática)
25 alunos cursando; cinco mães e um irmão presentes

Dinâmica: atendimento individual, falando-se as notas e lendo-se as observações sobre cada aluno cuja mãe ou responsável está presente. As observações para uma das mães cuja filha está também presente são que a menina "fala muito", sai da escola sem autorização e não cumpre a tarefa escolar. A mãe justifica-se dizendo que trabalha no horário da escola.

* * *

Em meio ao atendimento individual, a professora observa para os pais presentes: "A primeira providência é conversar com vocês. Só os pais e professores podem ajudar..." Pergunta às mães "o que fazem em casa", depois continua: "Gostaria que vocês tomassem providências. Eu mando bilhetes; é uma forma de se comunicar com vocês. Deem uma olhadinha no caderno de Matemática."

* * *

Mantendo o tom de voz baixo, a professora Silvana pede que as mães assinem para atestarem sua presença, chamando-as pelo nome da criança. As mães que já foram atendidas levantam-se e perguntam se há mais alguma reclamação de seus filhos. Para uma, Silvana diz que o aluno tem dificuldades, é tímido; pra outra, diz que a criança não é tímida, é indisciplinada.

* * *

A professora explica a uma mãe, cuja filha teve três "ES", como são os critérios de avaliação e a forma de a criança recuperar-se. Afirma que a aluna é obrigada a perguntar, mas não pergunta. A mãe concorda com a professora, dizendo que é um direito da criança perguntar quando não entende. A professora Silvana indaga à garota o motivo das notas vermelhas. A criança não consegue responder. Diante do silêncio da menina, Silvana afirma que, vendo o interesse do aluno, a mudança de conceito pode dar-se mais facilmente. A mãe afirma que o professor tem obrigação de explicar e a criança de prestar atenção e que em casa a filha "só quer brincar". Silvana diz à menina que ela é muito sozinha e pergunta quem é sua amiga na classe. Sem esperar pela resposta, fala à mãe que é muito importante que outra criança entre em contato com ela: "Às vezes a linguagem do colega é mais acessível." A mãe cala-se e a professora, com um "tá bom", afasta-se e vai atender outra mãe. A mãe sai afirmando que vai dar "um puxão de orelha" na filha "para ela estudar mais".

* * *

Silvana deixa para atender por último uma garota que está em piores condições de aproveitamento e enumera diferentes atitudes e providências a serem adotadas: capricho, atenção, disciplina, cumprimento de tarefas, etc. "Não basta apenas querer..." A reunião durou menos de 30 minutos.

Reunião da 7ª série vespertina
Professora conselheira: Telma (Português)
24 alunos cursando; 15 mães presentes

A professora fala sobre a contribuição da APM. Insiste sobre o baixo valor da contribuição diante das necessidades da escola (poucos funcionários, pagamento de faxineira, etc.). Fala pausadamente, corretamente. Todas a escutam com atenção e suas posturas parecem ligadas ao desempenho de uma obrigação.

* * *

Devido à não entrega de um trabalho em equipe, todos os alunos tiveram a média dividida por dois e ficaram com nota vermelha. A professora afirma que a maioria está bem na matéria e que esta nota poderá ser recuperada. Preocupa-se em explicar as razões de sua atitude. Os alunos estavam esclarecidos quanto à forma do trabalho e os prazos. Como são muito inquietos, não conseguiram terminar a tarefa em classe. Na véspera da entrega das notas, alertou-os acerca do prazo final e que a não entrega implicaria nota zero. No dia marcado os alunos faltaram (toda a classe). Ela perderia a autoridade se tivesse voltado atrás. Três mães questionam sobre a necessidade do trabalho em grupo. Argumentam que sozinhos seus filhos teriam se desincumbido da tarefa. Telma justifica o valor do trabalho em equipe: em Português, o importante é a comunicação, os alunos precisam aprender a trabalharem em conjunto. Uma mãe volta a questionar: "Por que todo trabalho é pedido em equipe?" Diz que isso traz problemas, porque as crianças têm que se locomover até a casa dos colegas e isso a preocupa, já que não conhece as famílias das colegas das filhas. Telma retruca que esse é um problema, mas a importância do trabalho em equipe suplanta-o. As mães não parecem convencidas, mas não insistem. Outra mãe volta ao assunto argumentando que a equipe de sua filha fez o trabalho, mas a colega que devia mimeografar fez errado (espelhou). Questiona o fato de a menina ter assumido uma tarefa sem saber desempenhá-la, prejudicando todos os colegas. A professora defende a menina: ela tentou fazer com boa vontade; o problema é que todo o grupo fez "à última hora". Inicia-se uma discussão paralela em defesa e contra a menina, mas principalmente contra o trabalho em equipe. Telma retoma a palavra, atenuando a gravidade da situação: todos estão indo bem e poderão recuperar a nota; sua atitude deveu-se à necessidade de reafirmar sua autoridade perante a classe.

Passa a falar as notas dos alunos nas matérias. Esclarece às mães que, ao final, conversará com algumas em particular; as outras poderão ir, já que seus filhos estão bem.

* * *

Após o término da reunião, caminhando para a sala dos professores, Telma vai conversando com a entrevistadora e retoma o caso da ausência coletiva dos alunos: faltaram e fizeram uma festa na casa de um deles, já que a diretora os havia proibido de fazerem na escola. Perguntada como eles reagiram a sua atitude de zerar a nota, Telma diz que ficaram "surpresos", porque não esperavam uma atitude dessa por parte dela. No primeiro momento, nem alunos nem ela comentaram o fato; porém, eles ficaram como que distanciados. Duas aulas depois, ela tomou a iniciativa de abordar o problema e conversaram sobre o assunto. A classe tentou uma segunda chance, mas ela persistiu em sua posição e fechou a questão. Depois, em particular, um aluno comentou, "numa boa", que o zero havia sido chato, mas a festa tinha valido a pena.

A presença dos pais nessas reuniões é bastante baixa. A professora Leda diz que, em geral, compareçam no máximo 50% dos pais e que, quando chega a essa quantidade, os professores já se dão por muito satisfeitos. As reuniões de pais que observamos realizaram-se no final de agosto de 1989, mas referiam-se ao segundo bimestre letivo, uma vez que, em virtude da greve dos professores, não puderam ser realizadas no primeiro semestre. Nessas reuniões, o comparecimento dificilmente chegava a 50% do número de alunos frequentando as aulas na mesma ocasião. Minha estimativa é de que a presença de pais nas reuniões fique por volta de 30% do total de alunos efetivamente cursando em cada classe, verificando-se maior frequência nas séries iniciais e diminuindo à medida que se caminha em direção às últimas séries do 1º grau.

Poder-se-ia dizer, numa primeira aproximação, que os motivos do baixo comparecimento dos pais podem ser buscados nos determinantes mais amplos da fraca participação dos usuários nas atividades da escola em geral, sendo um dos mais importantes as próprias condições adversas de vida da população servida pela escola pública. Esta afirmação parece ganhar apoio nas palavras da professora Maria Lídia, que diz: "Do jeito que eles estão preocupados em ganhar a alimentação dos filhos, como é que eles vão se preocupar com outra coisa? Nem ânimo, eles não têm ânimo." Também o professor Walter é bastante direto ao falar sobre o assunto: "Não dá para você pensar em reunião de pais e mestres se você tem que trabalhar 12 horas por dia para pôr o feijão dentro de casa."

Não há dúvida de que essas causas estruturais devem condicionar de maneira bastante incisiva o maior ou menor comparecimento dos pais na escola de modo geral e em especial nas reuniões de pais. Ainda voltarei a tais causas no capítulo IV. Todavia, é importante também que se procure verificar quais são os motivos que contribuem para manter os pais afastados dessas reuniões e que são inerentes ao seu próprio funcionamento. Dessa perspectiva, parece não caber dúvida de que o principal desses motivos é a forma monótona e ao mesmo tempo agressiva como essas reuniões se desenvolvem. De um lado, o bombardeio constante de críticas aos alunos pelo seu mau desempenho constitui a nota dominante do "atendimento" que os "conselheiros" oferecem aos pais. De outro, a falta de respeito para com os usuários consubstancia-se também na dinâmica das reuniões, fundamentada na preleção e no "atendimento" de mão única, em que o mestre fala e supõe a passividade do usuário, no mais estereotipado estilo da pedagogia tradicionalista, apoiada no *magister dixet*. A este respeito, não deixa de ser sintomática a referência feita por d. Isabel, que, ao discorrer sobre as reuniões de pais, diz que, nessas ocasiões, uma professora é escalada para "dar a reunião". Faz lembrar as maçantes aulas que são *dadas* pelo professor e suportadas pelos alunos.

Neusa, aluna da 8ª série, também se refere ao caráter desinteressante das reuniões de pais quando afirma que sua mãe não vem mais às reuniões porque tudo que o professor fala ela "já sabe de cor e salteado". Helena, "presidenta da favela", diz que, nessas reuniões, "os pais não têm vez para fazer nada", pois "chega lá, o professor só fala e o pessoal vai saindo".

Já Francisco, pai de aluno, diz que "não tem essa da professora estar sempre certa. Se ele [seu filho] estiver certo, eu falo e a briga começa agora a ser minha." Mas, embora fazendo críticas à escola, Francisco acha que a preguiça é a principal causa da falta de participação dos pais nas reuniões e propõe que as crianças cujos pais não participem sejam impedidas de entrar nas aulas. Para ele, os pais não participam também porque acham que a responsabilidade da escolarização é só da escola, acrescentando, em tom irônico: "E pra escola é interessante isso. Você já imaginou uma escola ter 700 alunos e os pais questionando em cima da escola? Haja saco pra aguentar esse pessoal!"

O sr. Roberto acha que os pais não vão às reuniões por falta de responsabilidade, pois numa classe, por exemplo, de 30 alunos, comparecem os pais de quatro crianças. "E esses outros 26 alunos que têm, não têm mais mãe, não têm pai, não têm nada? Se o pai tá trabalhando, a mãe tá em casa. Se o pai e a mãe foi trabalhar, vai ter um irmão mais velho, de 16 anos..."

D. Júlia acha que as reuniões deveriam ter o caráter de certa obrigatoriedade porque, do modo que está, se dá "muita moleza" para os pais, e isto faz com que muitos não se interessem. Mas, em sua opinião, as reuniões deveriam também ser mais interessantes, com maior empenho por parte dos professores e da escola:

> A reunião daqui é uma coisa assim, elas fazem [...] ela mostra como é que tá os papel deles, né? [...] as notas deles, como é que está a prova, né? A prova, a nota, essas coisas, só. E a gente vê aquilo ali, depois assina o livro de presença, né; simplesmente vem embora; entendeu? É uma reunião rápida. Se você quer saber um pouquinho, é você que tem que perguntá.

D. Júlia desconfia que isto se dá, em parte, porque os professores não acompanham mais profundamente o desempenho dos alunos. Ilustra isso dizendo que, ao perceber que sua filha, da 2ª série, não estava trazendo lição para casa, falou com a menina e esta lhe informou que não estava tendo lições. Foi falar com a professora e esta desmentiu, dizendo que estava passando as lições em folhas avulsas. Ela chegou, assim, à conclusão de que a filha estava rasgando as folhas para não fazer as tarefas de casa. Diante do fato, d. Júlia se pergunta como pode acontecer de ela perceber que a filha não está fazendo a lição e a professora não perceber nada.

Não obstante as várias críticas, há também pais que gostam das reuniões e conseguem apontar aspectos positivos, embora essas pessoas sejam um número bastante reduzido. É o caso do sr. Roberto, que não perde nenhuma reunião na escola e que, perguntado sobre o que achava das reuniões de pais, disse:

> Olha, tenho a dizer ao senhor que tenho achado ótima. Porque teve um problema na escola por minha filha Rosa, que eu fui na escola. Mas eu pensei que ia ser um problema grave, mas cheguei lá não foi. Professora mais outro me aconselharam que eu desse conselho pra ela, porque ela discutiu um problema com uma garota, assim, pegou a garota e levou na diretoria. Mas sem combiná com a professora. As duas brigaram na sala, e ela correu foi na diretora. Professora foi e mandou me chamar. "Esse é um problema que ela vai pegar problema, vai ser expulsa [...]." Mas eu fui lá, cheguei lá: não. A professora mais antes me aconselhô, aconselhô ela, pediu que não castigasse ela, desse conselho e tal. Ela abraçou-se comigo, que ela é muito pegada comigo (aliás, todos meus filhos) [...] e começou a chorá...

Capítulo III

PROCESSO DE ENSINO E PARTICIPAÇÃO

No capítulo anterior, mencionei o processo de ensino propriamente dito como um dos condicionantes internos da participação na escola. Na verdade, o exame dos fatos e relações que se verificam no contexto da apropriação do saber, dentro do estabelecimento de ensino, pode constituir recurso privilegiado para se avaliarem importantes aspectos da participação dos usuários na vida escolar. É nesse contexto que se pode verificar com maior nitidez o embate entre a "cultura" adotada e oferecida pela escola e a que é trazida pelo aluno. Movidos por seus respectivos interesses, põem-se frente a frente aí, com seus contrastes e similitudes, os conteúdos culturais e a visão de mundo da instituição escolar e de seus usuários. Nesse processo, adotam-se padrões de comportamento e atitudes que entravam ou facilitam a participação desses usuários nas decisões da escola.

Em termos da presente investigação, era necessário estar bastante atento às contradições decorrentes desse embate para poder captar, nos procedimentos dos atores envolvidos, as predisposições e as potencialidades de um e de outro na concretização de algum processo de coparticipação nas decisões. Da parte da instituição escolar, trata-se não apenas de detectar a visão de participação subjacente às atitudes e comportamentos de professores, direção e demais funcionários, mas também de apreciar em que medida as condições concretas em que se dá o ensino propiciam ou dificultam a participação. Da parte dos usuários, além de identificar a visão de participação que se manifesta na prática e na fala dos alunos, bem como no discurso dos pais e demais membros da comunidade, é preciso também verificar qual a dimensão de sua instrumentalização para reivindicar e exercer essa participação.

Neste capítulo, procuro fornecer subsídios para a reflexão a respeito dessas questões, começando por tratar da visão de educação escolar que sobressai das falas das pessoas entrevistadas de dentro e de fora da EEPG Celso Helvens. Em seguida, discuto a questão do papel da família no processo educativo escolar e, finalmente, apresento o que foi possível apreender do desempenho da escola em sua tarefa educativa.

1 Visão de Educação Escolar

Embora a visão de educação escolar não seja homogênea nos discursos das diversas pessoas entrevistadas, é possível identificar alguns

Formação e informação

traços comuns a todas as falas ou à grande maioria delas. É recorrente, por exemplo, a concepção de que a educação escolar apresenta um componente informativo e um formativo. O primeiro termo designaria a aprendizagem de conteúdos das diversas disciplinas curriculares e o segundo referir-se-ia mais propriamente ao desenvolvimento de comportamentos, conhecimentos e atitudes relativos à convivência social. Algumas pessoas reportaram-se ao componente informativo para identificá-lo com a "instrução", função característica da escola, e ao componente formativo com a "educação", no preciso sentido que esta palavra

PROCESSO DE ENSINO E PARTICIPAÇÃO

adquire quando se diz que uma pessoa é "bem-educada", querendo significar que ela tem um comportamento social aprovado do ponto de vista ético do grupo social a que pertence.

Mas, não obstante esta concordância inicial, houve bastante divergência no grau de importância atribuído a cada um desses componentes da educação escolar no contexto das funções da escola. Para a maioria, embora a função característica da escola seja a de instruir ou informar, o componente formativo deve estar sempre presente. Alguns dos depoentes, todavia, supervalorizam a dimensão formativa, como é o caso de Deise, a supervisora de ensino, para quem a escola não tem de estar tão preocupada com a informação, mas sim com a formação, porque é precisamente o que está faltando em nossos jovens: "Hoje o cidadão não tem noção de educação, nem de moral; ele está totalmente amoral", com as crianças acabando por serem educadas pela TV, cujos programas são nocivos a sua formação intelectual e moral. Numa posição oposta, mas supondo a mesma desvinculação radical entre os dois componentes, encontram-se aqueles que, como a professora Leda, consideram que a função da escola deveria ser quase exclusivamente a de informar e não de formar. Diz Leda que,

> hoje em dia, como a família tá bem desagregada, quase não existe mais, então a escola acabou tomando pra ela essa coisa de formação; mas eu acho que a escola deveria ter informação, informação apenas. Eu acho que a formação deveria ficar ao encargo da família e a parte informativa da escola é que a gente tá preparada pra fazer, não pra formar.

Quem parece resolver essa questão da desvinculação arbitrária dos dois elementos é a professora Glauce, para quem tanto a formação quanto a informação são de grande importância na educação escolar. Para ela, o ideal seria que se produzisse a integração entre o caráter informativo e o formativo, de modo a que o primeiro servisse de veículo e de alimentador do segundo, "trabalhando-se o formativo em cima do informativo".

Outro elemento comum nas falas dos depoentes é a convicção de que não apenas o professor, mas todos os que trabalham no interior do estabelecimento de ensino devem ser considerados como educadores escolares, já que todos têm contato com os alunos e oferecem a eles, por meio da comunicação ou do exemplo, elementos formativos e informativos. À primeira vista, pode parecer que os depoimentos neste sentido são mais ou menos óbvios da parte do entrevistado, que responde mecanicamente o que ele julga ser a resposta esperada pelo entrevistador, sem que tal conteúdo tenha uma significação mais determinante na concepção que ele tem sobre a educação escolar. Acredito que, de fato, isto aconteceu em muitos casos. Entretanto, verifico também que, em várias ocasiões, o entrevistado mostra-se plenamente seguro do que diz, fazendo outras observações sobre o assunto e enfatizando a necessidade de que todos na escola estejam atentos para a educação das crianças. Outro indício na mesma direção se verifica quando, falando acerca de outro assunto, o depoente deixa perceber sua concepção sobre essa questão, como quando, ao falar de seu relacionamento com serventes e inspetoras de alunos, a mãe critica a atuação delas, revelando o impacto do comportamento dessas funcionárias sobre a educação de seus filhos. Outro exemplo é o de Jorgina, inspetora de alunos que, como vimos anteriormente (capítulo II, item 2.1 "Sobre o exercício da autoridade na escola"), demonstra ter consciência do caráter também pedagógico de sua função na escola, pelo menos no que diz respeito ao processo de avaliação do rendimento escolar, ao reivindicar sua participação nas reuniões que tratam do assunto, porque, "direta ou indiretamente, [o inspetor de alunos] está ligado com o aluno também". Finalmente, é importante observar que a visão da educação como tarefa de todos dentro da escola é defendida com maior entusiasmo pelas pessoas que veem a instituição escolar com uma função predominantemente formativa, como acontece com Deise, para quem o professor é apenas o que detém o maior número de informações, mas a formação deve ser exercida por todos, pois a educação se faz muito mais por exemplos do que por palavras.

Os educadores escolares

No discurso dos alunos, especialmente dos mais velhos, nota-se claramente a concepção de que o ensino é algo penoso, mas necessário.

Ensino: algo chato, mas necessário

Marcelo, da 4ª série, diz que "ninguém gosta de estudar, né, mas é preciso. Não que eu queira ir pra escola [...] Ninguém gosta, né." Milton, da 7ª série, afirma que os alunos não se interessam pelo estudo: "A última coisa que eles pensam é estudar." Segundo ele, em vez de ficar fazendo lição, poderia bem estar em casa vendo TV. A professora Ângela revela que perguntou aos alunos por que vinham à escola se não queriam estudar, e eles responderam que era só para os pais "não buzinarem na orelha". Mônica, da 4ª série, que também não gosta de estudo, perguntada se haveria uma maneira de tornar o ensino mais interessante, responde: "Acho que não, porque tem estudo, vai fazer o quê? Interessante não tem, porque tem que ficar sempre fazendo a mesma coisa, tem que ficar escrevendo, então... Aula legal é quando a professora dá alguma coisa pra gente desenhar, pra gente pintar, porque só ficar escrevendo, também, cansa."

Esta fala parece muito reveladora de certa concepção do ensino que transita entre os alunos da escola pública — e mesmo entre profissionais do ensino — e que deveria merecer maior atenção de pedagogos e responsáveis pela educação pública em geral. Se, por um lado, mostra a opinião da maioria dos alunos da escola de que o estudo é algo intrinsecamente desagradável e chato, o discurso de Mônica revela, por outro lado, que esse mesmo ensino pode ser "legal", dependendo da forma como ele se apresenta, muito embora a aluna disso não tenha consciência: para ela, desenhar, pintar, brincar, etc. não fazem parte do ensino, mas de uma espécie de trégua que a escola oferece para se suportar o ensino.

Um dos aspectos mais relevantes da visão que as pessoas têm da educação escolar é o valor que elas atribuem a esta. De maneira

Valorização da educação escolar

geral, costuma-se admitir que a escola é valorizada pela população usuária do sistema público de ensino, especialmente como forma de acesso aos mecanismos intelectuais que propiciam ascensão na escala ocupacional.

As entrevistas realizadas ratificam de certa forma essa hipótese, mas apontam também para um nítido enfraquecimento na crença das pessoas quanto ao poder da escola, especialmente na concepção de ensino do corpo discente e, mais acentuadamente, entre os alunos das séries mais elevadas do 1º grau.

O discurso dos alunos mais novos parece manter-se dentro do estereótipo do ensino escolar como preparação para a vida e para o trabalho. Perguntada sobre a razão de as pessoas frequentarem escola, Rosângela responde: "Pra aprender, estudar bastante, pra arranjar trabalho..." Gabriela: "Se não tiver estudo, trabalho não pega [...] Nem lixeiro vai querer." Rosângela: "A gente não pode ficar na rua." Gerson: "Tem que entrar e estudar." Rosângela: "Tem gente que quer estudar e não pode." Indagados por que há pessoas que não podem estudar, não sabem responder. Dá a impressão de que repetem o discurso dos adultos que dizem ser importante que as crianças estudem porque nem todo mundo pode.

O sr. Roberto, pai de aluno, acha "que o aprender é bom". Perguntado se a escola ajuda no trabalho, responde: "Demais até; porque eu tenho comigo: a minha filha caçula [Rosa, 4ª série], hoje, se eu soubesse a metade do que ela sabe, eu tinha emprego. Hoje eu não tenho emprego, tenho serviço." Entretanto, ao revelar que outra filha, Denise, de 14 anos, deixou a escola antes de completar a 7ª série para assumir em casa o lugar da mãe que arrumou emprego, o mesmo sr. Roberto não se mostra grandemente preocupado com o fato, dando a entender que, embora seja importante, bastam as primeiras séries do ensino para instrumentalizar as pessoas para o mercado de trabalho.

Algumas pessoas, mesmo valorizando a educação escolar, apresentam ressalvas à natureza do seu currículo, falando da necessidade de a escola preparar especificamente para o trabalho. Este é o pensamento de d. Margarida, a merendeira, para quem a escola pública deveria dar o ensino regular de manhã e a formação profissional à tarde. Milton, aluno da 7ª série, insiste na validade do ensino profissionalizante, no que é apoiado por Rita, da 8ª, para quem a falta de um ensino que prepare para o trabalho contribui para afastar os

PROCESSO DE ENSINO E PARTICIPAÇÃO

alunos do estudo. Diz que a escola é vista com interesse pelas crianças de 7 anos, que começam a aprender a ler e escrever, mas, com o tempo, perde-se o interesse. Exemplifica com a situação de sua família, em que, dos quatro irmãos, só ela permanece estudando. Um deles disse certa ocasião que ia parar de ir à escola e "ninguém em casa falou nada".

Milton afirma andar percebendo que chegará um tempo em que não existirá mais escola, já que há pessoas que estudam bastante, fazem até faculdade e são mal remuneradas, fracassando no mundo do trabalho, como acontece com os professores. Um sinal disso é a falta de professores de algumas disciplinas para dar aulas na Celso Helvens. Por outro lado, percebe que algumas pessoas se profissionalizaram sem frequentar a escola, ou fizeram cursos relacionados à área de trabalho. Em vista disso, diz que anda questionando a validade da escola. Um relato da professora Glauce aponta para essa mesma direção, no que diz respeito às razões da não valorização da escola por parte dos alunos, além de revelar a situação embaraçosa em que fica o professor diante dos argumentos dos alunos. Glauce diz:

> eles não têm o ânimo de estar na escola. A escola não tem nada a ver com eles. Ontem um menino de 6ª série falou pra mim: "Olha, professora, eu sou *boy* no Banespa." Eu falei: "E aí, cê tá bem lá?" Ele falou: "Eu tô muito bem lá, professora; eu ganho mais que você. E você manda eu ficar estudando essas coisas... Eu tô na 6ª série, você passou a vida inteira estudando e eu ganho melhor que você." Falei: "Cê tá certo." Eu vou argumentar com ele? E eu vivo brigando com eles: "Tem que fazer lição, tem que estudar. A escola é uma escada da qual cês vão melhorar de vida, etc. e tal." Na primeira oportunidade, o menino me mostra: "A realidade não é esta. Cê fala uma coisa e eu estou vendo outra." Percebeu?

Embora nem sempre declarado pelas pessoas, percebe-se que a escola é valorizada também pela oportunidade de socialização que oferece aos alunos. Este aspecto aparece claramente na fala de Marcelo, aluno da 4ª série, quando ele afirma que "quando a gente tá estudando a gente fala: 'Ai, eu não devia de tar estudando.' Quando tá nas férias, dá a maior vontade de estudá."

Outra razão que parece levar os entrevistados a valorizarem a educação escolar é a crença em sua capacidade de preparar as pessoas para gozarem de certo *status* social. D. Marta, mãe de aluno, diz que "a escola existe pra educar o analfabeto a ser alguém [...] Se a gente quer alguma coisa hoje em dia, a gente tem que ir a ela." O aluno Milton também acha que a escola é importante num aspecto: preparar para a vida social, dar acesso aos comportamentos valorizados, para que o indivíduo possa "ser uma pessoa, assim, mais sabendo falar [...] saber responder, saber falar difícil, saber muita coisa [...] quando você fala bem, né, por exemplo, [na disputa por um emprego], você tem mais facilidade de ganhar aquele emprego".

Nei, aluno da 7ª série, preocupa-se com a diferenciação do ignorante, afirmando que a escola é importante para ensinar a falar bem: "por exemplo, o verbo é importante quando você tá conversando; falar as palavras certas [...] por isso que eu acho a escola importante". A inspetora de alunos Jorgina também revela preocupar-se, de certa forma, com a preparação para a convivência social, quando afirma:

> Eu tô sempre conscientizando: "Gente, vocês precisam saber não é por causa que vocês vão ter uma profissão, vocês vão ser engenheiro. Não é isso. É você ser um balconista ou qualquer outra coisa, mas vocês têm um conhecimento da coisa. Vocês abrem a boca pra falar sobre política e vocês sabem sobre política. Isso é conhecimento, não é só o trabalho que vocês vão conseguir daqui mais tarde."

O componente ideológico

Um elemento que permite perceber com certa nitidez a visão de escola é o componente ideológico que perpassa as práticas escolares e a maneira como ele é visto pelas pessoas entrevistadas. Pais, alunos, professores, funcionários e outros membros da comunidade, em diversos momentos, revelam perceber a presença deste componente na escola. A professora Mári acha que a função da escola é "passar" o conhecimento e

PROCESSO DE ENSINO E PARTICIPAÇÃO

uma visão de mundo. De seu ponto de vista, essa concepção de mundo deve ser transformadora e articulada com os interesses da população. Mas Francisco, pai de aluno, denuncia o caráter "domesticador" da escola: "Não existe educação no Brasil; existe domesticação." Para ele, a criança, na escola, perde sua condição de cidadão para ser apenas aluno: "Você entra e pergunta numa classe: 'O que você acha de você?' 'Eu sou um aluno.' Ninguém acha que é gente." E o processo se dá de forma a que o aluno seja condicionado a ser, pensar e agir do modo que a escola determina. "É que nem cachorrinho: cê vira ele pra cá, vira ele pra lá; depois de dez meses, você só fala 'vira pra cá, vira pra lá' e ele vira." Parece que esta opinião deste pai é confirmada, em certa medida, pelos alunos que, mesmo reclamando da maneira como a escola os trata, afirmam que teriam comportamento semelhante caso estivessem na posição da diretora, parecendo demonstrar que, pelo menos parcialmente, a escola cumpre seu papel reprodutor. Marcelo, da 4ª série, perguntado como agiria com relação à disciplina caso fosse diretor, responde com uma série de medidas reveladoras de uma concepção autoritária. Rafael, também da 4ª série, afirma: "Se eu fosse diretor e o aluno fizesse uma coisa bem malcriada, eu colocava de castigo de joelho até o final da aula."

Uma opinião recorrente nas entrevistas com professores e funcionários e até mesmo com alguns pais é a de que a escola deveria estender sua concepção de mundo e de vida para os pais, numa espécie de visão catequética da escola que considera que, para melhor "disciplinar" os alunos, "tem que educar os pais [...] tem que chamar os pais e educar os pais". Mas, embora a visão difundida pela escola seja a visão de mundo dominante (no duplo sentido de ser a visão que predomina na sociedade e a que interessa aos grupos que, nessa sociedade, detêm o poder político e econômico), parece-me que essa difusão se dá "automaticamente", como necessidade intrínseca ao próprio funcionamento da escola, nas condições objetivas em que se dá o ensino público, e não como um plano arquitetado explicitamente pelo Estado. No dizer de Miguel González Arroyo (1980, p. 23), "se o capital e o Estado estivessem tão interessados na socialização ideológica das camadas populares, levariam todas à escola e inventariam mecanismos para que não se evadissem".

Segundo os alunos da 2ª série, a professora Maria Diva, da 1ª série, chegava ao extremo de obrigar todos os alunos a rezar em classe. Nos que se recusavam a rezar ou o faziam errado, ela batia ou dava beliscões. Já as alunas da 8ª série contrapõem-se à posição do professor de História, segundo a qual professor não deve falar "nem de política nem de religião". Uma delas afirma: "Eu acho que isso não tem nada a ver [...] O professor tem que falar sobre tudo [...] O Walter conversa, às vezes [...], os outros não, eles ficam com medo." Exemplifica com o fato de o professor de OSPB (o mesmo de História) ter pedido um trabalho sobre religião e, até aquele momento, não o ter discutido com os alunos, por achar que poderia chegar aos ouvidos dos pais e haver reclamações.

Mas o dogmatismo religioso se faz presente no próprio Plano Escolar de 1989. Aí, entre os objetivos específicos do ensino religioso, consta que esse ensino "visa levar o aluno a [...] uma vivência dos valores do Evangelho que respondam plenamente aos desejos de realização de todos os homens, pois a ignorância desses valores deixa a juventude desorientada e perplexa". Até aqui, seria de perguntar como fica o princípio de liberdade religiosa com relação aos direitos das religiões não cristãs, que não seguem o Evangelho; além disso, liberdade deve supor também liberdade de não ter religião: como ficam os direitos dos ateus? Mas o dogmatismo parece ainda mais exclusivista, pois não se detém em circunscrever o ensino religioso ao cristianismo, mas vai além, restringindo-o a uma religião única e específica: a católica romana. A esse respeito, o estranho é que, no mesmo Plano Escolar de 1989, um dos objetivos específicos do ensino religioso apresentados é de "levar o aluno a [...] uma educação da fé centrada sobre Deus e sobre o homem, evitando todo o sectarismo incompatível com a índole democrática do povo e como abertura pós-conciliar". Mas, apesar disso (ou seria por isso mesmo?), no tópico "Conteúdo programático e técnicas para transmissão", a preocupação é com um conteúdo único provido pela Arquidiocese de São Paulo: "O conteúdo a ser desenvolvido tem fundamentos nos planos da

Arquidiocese de São Paulo preparando-os para cada série (de 1ª a 4ª séries) e comunicado aos Monitores de Ensino religioso de cada U. E. nas reuniões a nível de Delegacia."

A percepção do componente ideológico por parte de usuários e membros da comunidade não se dá apenas com base naquilo que a escola ensina ou tenta incutir explicitamente na população-alvo, mas também a partir do conteúdo ideológico que ela difunde por meio de sua maneira de atuar e do modo de comportar-se de seus funcionários. D. Marta, mãe de aluno, baseia-se em sua percepção da atitude de arrogância de professores diante dos pais quando diz que esses professores resistem às críticas feitas pelos pais "porque eles se sentem maior do que a gente; eles acha que eles são os professores e a gente não é ninguém". Sobre a imposição dos professores diante de alunos e pais, Francisco diz: "Você devia pegar os professores e ensinar de novo: 'A partir de hoje, você não é o dono da verdade: você tem parte da verdade e vai dividir com os outros'." Francisco critica também o espírito competitivo estimulado pela escola: "você compete; de preferência você pisa na cabeça do adversário". Já Helena, "presidenta da favela", denuncia o comportamento discriminatório que ela vê na escola, dizendo: "Eu vejo muita discriminação em cima da criança favelada [...] Por exemplo: eu tenho uma classe de 40 alunos, tenho 39 aluno branco, que é limpinho, e tenho um aluno que é pretinho, que é catarrento. Eu acredito que ele deve sentar na última carteira."

Algumas pessoas defendem a utilização da escola para a veiculação de conteúdos ideológicos opostos aos que ela vem desenvolvendo. Fazendo coro à opinião de Mári mencionada anteriormente, Francisco afirma que "instrução não é só aprender a ler e a escrever", sendo imprescindível o desenvolvimento de uma formação crítica. Marlene, a assistente social, preocupa-se com a necessidade de a escola propiciar ao aluno a consciência de seus direitos e deveres. A professora Maria Lídia se propõe a "fazer a cabeça do aluno", ou seja, "desenvolver a cabeça do aluno para ele estudar a realidade em que vive".

Mas os indícios de resistência à ação ideológica da escola não se restringem à defesa de uma visão crítica. Tal resistência parece perpassar o cotidiano da escola e foi detectada em diversos momentos da investigação. A atitude relatada por Gerson, aluno da 2ª série, diante da imposição da reza por parte da professora Maria Diva, é um exemplo disso: "Quando a Maria Diva mandava a gente rezar, eu não queria; eu rezava tudo errado. A professora só beliscava, mas eu nao chorava [...] 'Pá!' e 'Pá!' ni mim e eu não chorava. Falava: 'Para, professora!'"

Outra forma de resistência parece ser a recusa ao diálogo. Já mencionei, no capítulo anterior, item 5.2 "A veiculação de informações e o atendimento de rotina", quando falava da dificuldade na comunicação entre membros da escola e alunos, o depoimento de Jorgina sobre a recusa das crianças ao diálogo. Assim se expressa a inspetora de alunos: "Se você chama a atenção, eles jogam as coisas na gente, eles respondem, eles falam palavrão; se você chama a atenção, eles sempre têm uma resposta pronta; eles não são aquelas crianças que sabem dialogar. Se você começa a dialogar com eles, ficam nervosos. Eles já falam [...] 'tem papo não'."

A recusa ao diálogo também está presente no seguinte depoimento da diretora Maria Alice, referindo-se aos alunos que lhe são enviados pelos professores ou pelas inspetoras de alunos por motivo de indisciplina:

> A primeira pergunta que faço pra eles é "Por que você fez isso?" Eles não estão acostumados com "por quê?", tá. É na raça... Eles, às vezes, falam: "A senhora pode me dar três dias de suspensão." "Mas eu não vou dar; eu quero saber por que você fez isso." Ele nunca responde o meu "por quê?" Eu nunca tive uma criança que dissesse: "Eu fiz isso porque eu me sinto de tal modo..." Não!

Ao evidenciar a resistência dos estudantes às normas aceitas pela escola, essa recusa ao diálogo pelos alunos parece indicar o quanto essa escola é estranha a seu mundo e a seus interesses.

Tudo indica haver momentos também em que o usuário, a partir da consciência de que um direito lhe foi desrespeitado, desenvolve

PROCESSO DE ENSINO E PARTICIPAÇÃO 261

uma ação efetiva, exigindo reparação. O exemplo dessa conduta fica mais uma vez por conta de Francisco, que chegou a ameaçar fisicamente uma professora por esta ter-se comportado com seu filho de forma por ele considerada reprovável. "Quando uma professora pôs meu filho de castigo, eu falei: 'Vai pedir desculpa pra ele' [...] porque ele tava certo, ela tava errada." Para Francisco, apesar de os professores estarem "acostumados a dar ordens" e a não serem questionados, os pais deveriam exigir que eles prestassem contas da forma e do conteúdo do ensino a que normalmente são submetidos seus filhos.

À questão "De quem é a escola?", a tendência geral dos entrevistados foi responder que a escola deve pertencer ao povo, mas que isto não ocorre na realidade, porque nem ela atende a todos **O papel do** nem o povo tem condições de estabelecer sua qualida- **Estado na** de. Com relação à responsabilidade pela educação **educação** escolar, salvo uma exceção, todos concordam que ela é do Estado, com a professora Sônia Regina sugerindo, inclusive, que o Estado, além de prover os recursos necessários para a educação, deveria manter uma pessoa em cada escola encarregada de esclarecer a comunidade sobre seus direitos. A exceção à opinião de que é dever do Estado fornecer educação escolar foi o sr. Roberto, pai de aluno. Este acha que, em parte, a criação e manutenção de escolas de boa qualidade é obrigação do Estado, ou do "governo", porque este promete na campanha eleitoral, mas que, fora isso, ele não tem nenhuma obrigação de dar escola.

Essa concepção do sr. Roberto de que o Estado não tem o dever de fornecer um serviço público se desfaz quando se trata de algo pelo qual o cidadão paga especificamente, como é o caso do desconto do salário para a previdência social. Reclama o sr. Roberto do fato de que é descontado de seu salário todo mês e que, quando precisou cuidar da mão que tinha quebrado, correu cinco hospitais e ninguém quis atendê-lo. Isto ele acha um absurdo, porque ele está ali "com o *holerite* na mão", onde consta que ele paga por um serviço que o Estado não lhe dá. Talvez fosse outra a concepção do sr. Roberto sobre a escola, se ele tivesse meios de perceber que ela também é paga por ele. Acredito que a ausência de uma maior reivindicação das camadas populares por mais e melhores escolas para seus filhos tem muito a ver com essa não percepção de que a escola pública já é paga, via impostos. O que parece confirmar isto, de certa forma, é o fato de que, na rede privada de ensino, os pais se mostram mais dispostos a reivindicar um retorno do dinheiro que gastam. No dizer de Francisco, esses pais se preocupam com a qualidade do ensino porque a escola "mexe no bolso deles".

A totalidade dos entrevistados considera também que o Estado não está interessado em fornecer escola em quantidade e qualidade suficientes para a população, apontando como evidência disso o descaso com que ele trata o assunto, comprovado pelas péssimas condições da escola, pelos baixos salários dos professores e pela conduta assumida diante da greve de professores. D. Rosa Maria sintetiza, de certa forma, o pensamento dos depoentes quando se refere à má qualidade do serviço escolar, afirmando:

> Acho que eles não tão nem aí com o ensino, porque se tivesse [...] eles não deixava a criança ficar tantos meses sem estudar [...] Aí eu tô com os professores: se não pode dá aumento, como que outras coisas ele tem dinheiro para fazer? Não tem dinheiro pra fazer [...] tanta besteira aí, coisas sem necessidade, que não têm importância nenhuma?

Falando sobre o descaso do poder público para com o ensino, d. Júlia, mãe de aluno, acrescenta que, se a escola é de periferia, ela é ainda mais esquecida: "Se é uma escola, assim, na cidade, né, ou num bairro melhor, elas ainda são tratadas mais ou menos. Mas, se é uma escola, assim, mais afastada, né, já fica assim uma escola mais esquecida." Francisco demonstra perceber não apenas o desprezo do Estado para com a educação das camadas populares, mas também a articulação da escola existente com interesses dos mais ricos. A este respeito, ele menciona a USP, onde trabalha, dizendo que "essa universidade aqui não serve ao que devia [...]: eu, pelo menos, nunca fui num médico formado pela USP".

Também são levantados diversos motivos para esse desinteresse do Estado, sendo o mais recorrente nas entrevistas o que se refere a uma intenção do Estado de que as pessoas não se conscientizem para não se anteporem a seu poder. Rosilene, assistente de diretora, diz que "o Estado não está interessado na educação [...] porque quanto menos as pessoas souberem, pra ele é mais fácil governar". Glauce acha que, "quanto menos o povo tem cultura, melhor é para o Estado, porque o povo não contesta e fica tudo como está". Discorrendo sobre as más condições da escola pública, d. Isabel, mãe de aluno, afirma: "Eu acho que é culpa de governos. [...] Eu tenho impressão que o governo quer que o pessoal [...] tenha faixa nos olhos pra não ver as coisas erradas." A professora Maria Lídia diz que o Estado "não quer que as pessoas pensem" e Francisco entende da mesma forma, afirmando: "Você não pode pensar; se você pensa, você é uma pessoa perigosa." Maria Cristina, aluna da 8ª série, diz que o Estado "quer que a gente seja um bando de burro, incompetente". As outras alunas da 8ª série ouvidas em entrevista acreditam que "eles têm medo que a gente saiba mais que eles [...]; eles querem que a gente fica burro, não querem que a gente seja alguém na vida [...] como o professor de Geo [Walter] falou". Registre-se, de passagem, que este último depoimento evidencia a presença do professor na formação da consciência das alunas.

A professora Mári, ex-docente da escola, também concorda que não interessa ao Estado educar o povo, tê-lo esclarecido; mas acrescenta dois outros motivos para o desinteresse do Estado, dizendo que o investimento em Educação, não só não rende eleitoralmente, mas também não produz um retorno econômico direto e visível a curto prazo. A razão por que o Estado não dá escola de boa qualidade, inclusive profissionalizante, segundo d. Margarida, a merendeira, é que "não tá na pele dele; ele não sente isso na família dele, ele tem dinheiro". Em sua opinião, o Estado precisa cair via eleições. Marcelo, aluno da 4ª série, acha que o motivo do descaso para com a escola é que "votaram num mau governo [...] Culpa dos eleitores, também, que votou errado, né, porque votaram no Quércia." Mas a negligência do Estado para com a universalização do saber, segundo a diretora

Maria Alice, acaba se voltando contra o próprio Estado e contra a sociedade, já que as pessoas marginalizadas, sem condições de vida e sem cultura, acabam recorrendo a meios violentos para poderem sobreviver: "Não lhe foram dadas as condições para serem uma pessoa de bem, ele [o povo] está sendo de mal."

2 Participação da Família no Processo de Ensino

A partir de uma concepção de educação como processo de apropriação do saber historicamente produzido, em que o educando se apresenta essencialmente como sujeito da ação educativa e não como mero depositário de conhecimentos, ganha importância o exame da integração da escola com as demais instâncias socializadoras e educativas de que participa o educando. A visão de uma escola isolada e autossuficiente em sua tarefa educativa parece incompatível com a natureza mesma de um processo educacional que vise à autonomia do educando em sua atividade de apreender criticamente o mundo natural, humano e social. É essa visão, entretanto, que parece orientar a prática da maioria de nossas escolas e que tem merecido a crítica de boa parte da literatura sobre educação. Para efeito do presente estudo, interessava verificar o papel da família na educação escolar, especialmente no que concerne à participação intencional nesse processo e à visão que as pessoas têm dessa relação educação escolar–ambiente familiar.

Com relação a esse aspecto, trabalhei na presente investigação com a hipótese de que, na sociedade capitalista, as regras de compra e venda que regem as relações no nível da produção e distribuição das mercadorias tendem a perpassar todas as instâncias da sociedade (MARX, 1977, [1968]). No caso do ensino, a mesma relação consumidor/mercadoria válida na esfera da produção material tende a ser adotada quando está em pauta a educação escolar. Nesse contexto, a família cada vez mais passa a encarar a educação escolar dos filhos como um produto pronto a ser adquirido no mercado. Entretanto, embora não se possa negar seu forte componente ideológico, essa postura não se funda tão somente na propagação de uma visão de mundo adequada às relações de poder existentes na sociedade, mas tem raízes nas próprias condições de produção e reprodução da vida na sociedade capitalista; ou seja, enquanto no âmbito da produção material é mais funcional para a economia de mercado a crescente oferta de produtos e serviços sob a forma de mercadorias, na esfera da reprodução da vida individual e social torna-se cada vez mais imperioso que as pessoas só tenham acesso ao trabalho social por meio da compra e venda de mercadorias. No caso da educação escolar, esta situação se configura, quer pela falta de tempo dos pais e demais membros da família para acompanharem mais de perto o desenvolvimento das atividades escolares da criança, quer pela falta de preparo e conhecimento deles para fazer esse acompanhamento. Nessas condições, a educação escolar passa a ser vista como mais uma mercadoria cuja produção se dá numa instância inteiramente desvinculada da família e à qual se tem acesso, quer pelo pagamento direto, quer pelo usufruto de um direito social. No ensino público, embora a relação de compra *stricto sensu* não esteja presente, por o ensino não ser diretamente pago, a mesma relação cliente—fornecedor parece configurar-se na mente dos usuários.

No interior da EEPG Celso Helvens, várias pessoas fazem depoimentos nos quais expressam sua opinião de que os pais procuram

A educação é delegada à escola

a escola para se desvencilharem dos cuidados educativos com os filhos. Maria Alice afirma que esse comportamento se dá tanto com os usuários da escola pública quanto com os da escola privada. Segundo ela, ao pagar uma escola (e tem gente que deixa de comer para poder pagar o ensino de seus filhos), os pais procuram se eximir de suas responsabilidades, porque já não estão aguentando todos os encargos. Acha que a tarefa educativa "deveria ser uma ação constante, nunca conflitante, entre escola e família", mas "isto não acontece mesmo. Deveria ser, mas não acontece. E a família está to-tal-men-te ausente disso aí. Ela está deixando a critério único e exclusivo da escola." Isto se dá "também porque é difícil lidar com a educação nesse mundo caótico". Então, "cê dá o dinheiro e: 'Ó, meu filho: o filho é teu aí; se der errado a culpa é tua.'"

Na mesma linha de raciocínio, Jorgina afirma que os pais "estão deixando o papel deles pra escola resolver". Também Deise, a supervisora de ensino, acha que a ação da família é no sentido de desincumbir-se da educação dos filhos, delegando-a à escola: "'Ai que alívio! Eu vou deixar meu filho na escola. Agora eu nem me preocupo mais, eu tenho o horário livre...'"

A vida atribulada na sociedade moderna, com a consequente falta de tempo e de ambiente propício na família, é apontada pela diretora da Celso Helvens como a causa principal da atitude dos pais que precisam deixar seus filhos aos cuidados da escola durante períodos diários cada vez maiores. Considera ser muito difícil reverter essa situação, que é estrutural no funcionamento da sociedade, a partir da ação da escola. Assim, faz considerações a respeito da vida na sociedade atual, apontando para a perda de relações humanas que a escola não pode repor, dizendo ser muito difícil para o pai exercer seu papel de educador junto com a instituição escolar

> se ele não tem essa condição primeira de estabelecer esse convívio familiar. Isso precisa de tempo na família. Para isso, você precisa voltar a ter aquela vida mais regrada, almoçar em casa, jantar em casa, onde você batia papo com seu filho, você conversava, você passava muita coisa ali. Então, metade estava sendo suprida aí.

A grande maioria das pessoas entrevistadas dentro e fora da escola consegue ver a necessidade de uma complementaridade entre o trabalho da escola e o da família na educação das crianças. Muitos, entretanto, concebem essa complementaridade sem estabelecer continuidade entre os dois momentos, justapondo à parte informativa, a ser dada na escola, uma formação moral provida pela família.

Complementaridade entre família e escola

Jorgina, por exemplo, comenta que essa parte formativa deveria vir pronta de casa para que a escola pudesse funcionar bem. A professora Maria Lídia lembra o pouco tempo que o professor passa com a criança para justificar que "educar, é a família que tem que educar. Eu posso só passar a matéria."

Poucas pessoas, porém, expressaram a convicção numa continuidade do processo educativo que se dá na família e na escola. Mas Francisco, por exemplo, acha que, no provimento da educação, "a escola é 10%; 90% é a casa", dizendo textualmente que "a casa é a extensão da escola". Mári, ex-professora da Celso Helvens, enfatiza a necessidade dessa continuidade entre educação na escola e na família, ressaltando que aquela deveria estar em permanente contato com esta, até para evitar conflito de valores, por exemplo, quando o professor de História tenta explicar a evolução do homem e a família não aceita por motivos religiosos.

A dicotomização entre a ação da escola e da família na tarefa educativa presente na fala dos depoentes parece fazer parte de uma con-

Dicotomização entre trabalho da escola e da família

cepção que autonomiza a função da escola, privilegiando seu papel de mera fornecedora de conteúdos, no estilo da educação "bancária"[1] tão criticada por Paulo Freire. Mesmo entre pessoas preocupadas com uma função transformadora da escola, é possível identificar essa autonomização, especialmente entre aqueles que, a pretexto de privilegiar os conteúdos, acabam por secundarizar o processo por meio do qual esse conteúdo é apropriado. A crença em que a apreensão de conteúdos relevantes seja suficiente, quer para propiciar uma consciência crítica, quer para instrumentalizar o indi-

---

1. Este nome deriva do fato de que tal educação "se torna um ato de depositar, em que os educandos são os depositários e o educador é o depositante" (FREIRE, 1975, p. 66).

víduo para uma prática social transformadora, tem levado os adeptos dessa visão a minimizarem a importância dos métodos de ensino, acabando praticamente por suporem sua neutralidade. Para perceber a que absurdos pode levar essa concepção, basta atentar para a incoerência de se "ensinarem" conteúdos que visem a um comportamento democrático por meio de relações autoritárias, ou de se prover os educandos de conhecimentos que visem à apreensão científica do real por meio de métodos que supõem a aceitação passiva das "verdades" apresentadas pelo professor. Parece, portanto, que, especialmente em termos de apreensão crítica do real, conteúdo e método não podem ser considerados de forma independente um do outro, pois, na relação pedagógica, o método é também conteúdo.

Se, por um lado, poucas pessoas revelaram em seus depoimentos a percepção da necessidade de uma continuidade entre a educação que se realiza na escola e a que se dá na família, por outro lado houve unanimidade quanto à importância de os pais colaborarem com a escola em sua tarefa de prover conhecimentos, na forma de ajuda e acompanhamento, em casa, dos estudos de seus filhos.

Provimento de conteúdos: necessidade de a família ajudar

D. Júlia, mãe de aluno, enfatiza a importância de a família estar acompanhando o desenvolvimento escolar do aluno, quer mediante a ajuda nas tarefas, quer por meio do controle para que a criança as cumpra. A preocupação com o controle perpassa também outras falas, como a da professora Glauce, para quem o incentivo dos pais à criança e a cobrança de atividades relacionadas ao estudo é fundamental para que o processo pedagógico se realize a contento. "Porque, quando tem alguém na família que tá cobrando o indivíduo, o indivíduo rende. Quando eles chegam aqui, a gente passa um monte de informações e chega lá fora não tem ninguém que cobre absolutamente nada, fica muito difícil pra ele; ele se perde."

A professora Sônia Regina, ao destacar a relevância do assessoramento ao filho em casa, chama a atenção para a necessidade do

PROCESSO DE ENSINO E PARTICIPAÇÃO

desenvolvimento de hábitos adequados ao estudo, dizendo que a criança percebe quando a mãe está interessada e também se interessa, mas que a mãe "é quem tem que condicionar o filho ao horário de estudos".

O sr. Roberto revela o alto significado que atribui ao acompanhamento das crianças em seus deveres escolares ao falar sobre o rigor com que ele e a esposa procuram incentivar e controlar os filhos em suas obrigações para com o estudo. Diz que esse acompanhamento precisa ser feito pelos pais ou mesmo por um

> irmão mais velho que teje na casa, que às vezes os pais tá fora. Porque aqui mesmo eu tenho uma, que é mais velha, mas é rigorosa em cima do irmão, pra levá tudo certinho e fazer aquilo, tem que fazê; pruquê a professora, só, não pode trabalhar com essa quantidade de gente, com os aluno todo que tem, naquela poucas horinha que passam ali, tá tudo pronto e tá tudo certo... Eu acho que eles trazendo uma lição de casa, eu acho que eles trazendo um dever de casa pra fazê, uma conta ou um problema qualquer, eu acho é obrigado a mãe e os pai tá em cima dele, pra num deixá tá na rua impinando um pipa nem batendo uma bola, até fazer aquela lição, pra ajudar a professora, pra ser ajudado pelos pai. A professora ajuda os pai e os pai ajuda a professora.

Entre as pessoas que trabalham na escola, especialmente entre os professores, a ênfase na importância do acompanhamento por parte da família esteve sempre acompanhada de queixa **Qualidade do** pela ausência dessa ajuda entre os usuários da **ensino dependendo** Celso Helvens. A professora Leda, ao falar sobre **da ajuda dos pais** o assunto, diz que

> o que funciona mais, por exemplo, é a gente como mãe, em casa, cobrar aquilo do aluno, assessorar, olhar as lições; é ver com eles os erros. É o que eu faço [...] e o que não acontece com os nossos alunos; eles não têm é mãe por trás, ou o pai, um irmão, para ajudá-los. Então, eu até acho que muitos dos nossos alunos vão até bem demais, porque eles

não têm nada [...] Então, o que eu acho que o que falta realmente pros nossos alunos é um assessoramento dos pais em casa... Senão, eu acho que a escola pública, o nível dela seria melhor.

É interessante observar que o raciocínio de Leda está muito de acordo com certa visão corrente entre os professores da escola pública, e mesmo em alguns círculos acadêmicos, segundo a qual o baixo nível de qualidade de nossas escolas deve ser imputado em grande parte à "clientela", que não estaria preparada para apropriar-se do ensino ministrado nas salas de aula. A comprovação dessa tese seria o fato de que os alunos que são ajudados pela família são precisamente os que se saem bem na escola. A mesma professora Leda alega que "os bons alunos que eu tenho na classe são em virtude disso, porque eles têm um assessoramento em casa". Portanto, ainda segundo essa concepção, o problema da escola não é propriamente da escola, mas da família, já que "o que falta mesmo em nossa escola é o acompanhamento dos pais".

Sem considerar a unilateralidade desses argumentos — que isolam um aspecto da realidade, sem levar em conta os múltiplos fatores que a condicionam —, parece que a conclusão mais lógica a partir da constatação do melhor desempenho por parte dos alunos que têm ajuda em casa seria a de que tal desempenho deve ser creditado muito mais a uma virtude da família do que a uma qualidade na escola. A opinião de d. Marta, mãe de aluno, está mais de acordo com este último modo de ver a questão. Segundo ela, os professores "não explicam a matéria direito [...]; eles só passa [matéria] e manda [para casa]"; os pais é que ensinam a lição em casa quando as dificuldades aparecem e isto se dá em função de uma má explicação por parte do professor.

Com a convicção de todos a respeito da importância da ajuda em casa, contrasta o reconhecimento de todos sobre a não existência dessa ajuda. Entre o pessoal da escola, várias pessoas afirmam ser essa falta de auxílio da família produto da ausência de interesse dos pais, opinião compartilhada também por algumas mães. A professora Ângela, por exemplo, acha que "normalmente" os pais não se preocupam com a

A ausência do acompanhamento em casa e suas causas

vida escolar dos filhos. D. Júlia também pensa assim e diz que o distanciamento entre escola e família se dá, em grande parte, por culpa dos pais. Rosilene, a assistente de diretora, afirma que a família não tem ajudado os alunos, talvez porque os próprios pais são, em grande parte, analfabetos, mas que alguns poderiam contribuir e "não fazem talvez porque são acomodados... porque cobrado é, viu. A escola realmente ela cobra a presença do pai..."

Mas o principal fator apontado como determinante da ausência de acompanhamento familiar são as condições materiais em que se encontra a população usuária da escola. A esse respeito, são apontados desde a falta de local e materiais adequados para estudar no domicílio da criança até a escassez de tempo e o cansaço dos pais, que têm de trabalhar duro todos os dias, sem poder dedicar-se aos problemas escolares dos filhos. A professora Maria Lídia lembra as dificuldades que as mães encontram para acompanhar o cotidiano de seus filhos, apontando como causa os determinantes estruturais da sociedade. Chamando a atenção para o modo "como a sociedade está organizada", Maria Lídia pergunta: "Por que a mãe tem que trabalhar fora? Porque o que o pai ganha não é suficiente."

A professora Sônia Regina considera que o cansaço dos pais em virtude do trabalho é uma das causas do assessoramento insuficiente aos alunos, mas aponta também a falta de esclarecimento dos pais como uma das causas importantes. Já a professora Mári acha que a escola deveria propiciar esses esclarecimentos, discutindo com os pais a percepção de que as crianças não têm muito hábito de estudo, e dando-lhes subsídios que lhes possibilitassem desenvolver nos filhos atitudes e comportamentos favoráveis à leitura e ao estudo de modo geral.

Finalmente, a dificuldade na ajuda às crianças, reconhecida pela maioria dos usuários entrevistados, diz respeito ao fato de que faltam aos pais os conhecimentos mínimos necessários para auxiliarem os filhos em seus estudos. D. Rosa Maria reconhece a necessidade de ajuda às crianças, mas às vezes ela não entende do assunto, não sabe a matéria e, portanto, não pode auxiliar a filha. O mesmo problema é levantado pelas alunas da 8ª série. Neusa diz que sua mãe a ajudou só até certo ponto de seus estudos porque "ela fez até a 4ª série e agora não sabe mais, [...] agora ela fala que eu sei da minha obrigação". Por isso, Neusa acha que "pai tem obrigação de ajudar até certo ponto, porque pai estudou até 4ª série; as matérias que a gente estuda eles não estudaram". Luciene, da mesma classe de Neusa, afirma que, por conta do mesmo problema, tinha ajuda de uma professora particular da 4ª à 6ª série e que sua mãe "agora não tem que ficar ensinando eles [os irmãos]. Ela [a professora particular] ensinou eu, agora eu ensino eles."

3 O Desempenho da Escola

3.1 OS NÚMEROS

O Quadro 5 nos dá uma primeira aproximação a respeito do desempenho da EEPG Celso Helvens em 1989. Observa-se aí que as maiores

Evasão
taxas de evasão registram-se nas séries que correspondem ao antigo nível ginasial (5ª a 8ª série). Na 5ª série, a alta incidência de evasão talvez se explique por ser um momento de grandes modificações na vida escolar dos alunos, quando o currículo passa a ser desenvolvido na forma de disciplinas, com um professor para cada uma delas. Mas a evasão mostra-se ainda mais forte nas últimas séries do 1º grau.

Além dos diversos fatores que condicionam quer o baixo desempenho da escola, quer o desinteresse do aluno, uma das razões de

QUADRO 5 — EEPG Celso Helvens
Movimento escolar — 1989

SÉRIES	AFAST. TRANSF.	AFAST. ABAND.	RETIDOS FREQ.	RETIDOS AVAL.	PROMO-VIDOS	MATRÍC. TOTAL	MATRÍC. FINAL*	EVASÃO**	% EVASÃO	% RETEN.	% PROM.
1ª	3	7	2	—	67	79	76	9	11,8	—	88,2
2ª	12	13	—	40	86	151	139	13	9,4	28,8	61,8
1ª + 2ª = CB	15	20	2	40	153	230	215	22	10,2	18,6	71,2
3ª	8	—	—	37	64	109	101	—	—	36,6	63,4
4ª	6	1	1	12	79	99	93	2	2,2	12,9	84,9
5ª	3	11	—	15	22	51	48	11	22,9	31,3	45,8
6ª	4	16	2	5	25	52	48	18	37,5	10,4	52,1
7ª	6	19	6	6	29	66	60	25	41,7	10,0	48,3
8ª	4	10	—	—	31	45	41	10	24,4	—	75,6
TOTAL	46	77	11	115	403	652	606	88	14,5	19,0	66,5

*Matrícula final = matrícula total – afastado por transferência. As porcentagens de evasão, retenção e promoção são calculadas sobre a matrícula final.

** Evasão = afastados por abandono + retidos por frequência.

Fonte: Secretaria da escola.

grande importância na determinação da alta ocorrência de evasão da EEPG Celso Helvens parece ter sido o período de 82 dias em que a escola esteve parcialmente paralisada em 1989, em virtude da greve do magistério público estadual. As informações coletadas no interior da escola dão conta de que a maior incidência de abandono por parte de alunos se deu durante esse período de paralisação. Esse fenômeno parece ter ocorrido em toda a rede pública estadual. Pelo Quadro 6,[2] podemos perceber que as taxas de evasão, em todas as séries, crescem em 1989, ano da greve, em relação a 1988, voltando a cair em 1990.

Na Celso Helvens, a incidência de evasão durante a greve parece ter-se dado com maior frequência entre os alunos mais velhos, de 5ª a 8ª série. Isto deve explicar-se, em parte, porque foi nessas séries que a paralisação se deu de forma mais efetiva. Além disso, por estarem em idade em que podem arranjar trabalho, muitos alunos devem ter conseguido emprego nesse período, abandonando os estudos. Também o fato de já terem concluído as quatro séries correspondentes ao antigo curso primário parece concorrer, em certa medida, para que os alunos de 5ª a 8ª série sejam mais suscetíveis a abandonar a escola do que os das séries iniciais. De acordo com essa hipótese, na presença de algum obstáculo para continuarem os estudos, esses jovens ou seus pais optariam mais facilmente pelo abandono, por considerarem já suficientes as séries então cursadas. Este raciocínio parece ter estado presente, pelo menos em parte, no caso relatado no item 1 "Visão de educação escolar", deste capítulo, em que Denise, 14 anos, filha do sr. Roberto, deixou, durante o período da greve, a 7ª série que cursava na Celso Helvens para substituir em casa a mãe, que passara a trabalhar fora.

Nas três últimas séries, os dados do Quadro 5 refletem fortemente os altos índices de evasão de alunos do período noturno, que são

---

2. Agradeço ao Centro de Informações Educacionais (CIE) da Secretaria da Educação do Estado de São Paulo, na pessoa de Marly Ruth de Medeiros Cremm, pela gentileza no fornecimento dos dados que possibilitaram a confecção do Quadro 6.

QUADRO 6 — Estado de São Paulo

Ensino público estadual de 1º grau: taxas de evasão, retenção e promoção em 1988, 1989 e 1990

SÉRIES	1988			1989*			1990		
	EVASÃO	RET.	PROM.	EVASÃO	RET.	PROM.	EVASÃO	RET.	PROM.
1ª	10,2	0,0	89,8	10,2	0,0	89,8	9,6	0,0	90,4
2ª	8,7	31,3	60,0	9,3	29,2	61,5	7,9	28,6	63,5
1ª + 2ª = CB	9,3	18,3	72,4	9,7	16,8	73,5	8,6	16,3	75,1
3ª	7,2	15,6	77,2	8,1	16,0	75,9	6,5	15,7	77,8
4ª	7,2	10,8	82,0	8,1	10,9	81,0	6,1	11,3	82,6
5ª	20,6	22,9	56,5	23,2	21,9	54,9	18,7	23,5	57,8
6ª	17,4	17,3	65,3	19,7	16,7	63,6	16,2	18,5	65,3
7ª	16,1	12,8	71,1	18,7	12,2	69,1	14,8	14,0	71,2
8ª	12,1	7,1	80,8	14,4	7,0	78,6	11,5	8,3	80,2
TOTAL	11,8	16,6	71,6	13,2	15,8	71,0	10,9	16,2	72,9

* Dados preliminares.
Fonte: SE/ATPCE/CIE.

apresentados no Quadro 7. Enquanto no diurno a média de evasão nessas três séries foi de 16,1%, no noturno essa média atingiu quase 50%, com a 7ª série chegando a 57,1%. Além de outros problemas do ensino público noturno (CARVALHO, 1987), pareceu-me haver também certa prevenção da diretora com relação a esse período de ensino na Celso Helvens, o que pode tê-la levado a descurar dos problemas desse turno, contribuindo para seu esvaziamento. Tal prevenção foi mencionada pela secretária Kazuko e se evidenciou, de certa forma, quer no discurso de Maria Alice a respeito de quão problemático esse período é para a escola, quer em dois momentos específicos em que presenciamos seu comportamento em relação ao noturno. Um desses momentos foi o atendimento a uma mãe que pretendia transferir sua filha para o noturno e Maria Alice procurou demovê-la da ideia, ressaltando as desvantagens desse período (ver, no capítulo II, item 5.1 "A visão sobre os usuários da escola"); o outro foi por ocasião da reunião do conselho de escola, em que a diretora introduziu o problema do período noturno e se mostrou disposta a extinguir uma das turmas por conta da falta de professores e da agressividade dos alunos (ver, no capítulo II, item 3.2 "Conselho de escola").

QUADRO 7 — EEPG Celso Helvens

Porcentagens de evasão, retenção e promoção, por período, da 6ª à 8ª série — 1989

SÉRIES	% EVASÃO		% RETENÇÃO		% PROMOÇÃO	
	DIURNO	NOTURNO	DIURNO	NOTURNO	DIURNO	NOTURNO
6ª	12,5	62,5	20,8	—	66,7	37,5
7ª	20,0	57,1	8,0	11,4	72,0	31,4
8ª	15,4	28,5	—	—	84,5	71,4
TOTAL	16,1	49,4	11,3	4,6	72,6	46,0

Fonte: Secretaria da escola.

A respeito dos índices de reprovação no final do ano letivo, o Quadro 5 indica que três séries apresentam reprovação bem acima da média

Retenção de 19% do 1º grau: a 2ª série, com 28,8%; a 3ª, com 36,6%; e a 5ª, com 31,3%. A respeito da 2ª e 3ª séries, pode-se aventar a hipótese de que o ciclo básico conseguiu transferir o antigo estrangulamento do início do 1º grau para essas séries. Pelo menos é assim que pensa a professora Leda, coordenadora do ciclo básico na Celso Helvens, para quem esta medida não tem resolvido o baixo rendimento dos alunos, transferindo a reprovação da 1ª para a 3ª série. No que se refere à 5ª série, parece que o estrangulamento do início do antigo ginásio permanece; talvez porque a continuidade do 1º grau, estabelecida pela Lei nº 5.692/1971 (BRASIL, 1971), continue a existir apenas no âmbito legal, já que, na prática, os alunos ainda estariam sentindo as diferenças curriculares e metodológicas desta série em relação às quatro séries iniciais do 1º grau.

Embora se mostrem semelhantes aos do total do estado de São Paulo, os índices de reprovação na Celso Helvens apresentam também discrepâncias interessantes a esse respeito. Os dados do Quadro 6 indicam que, também no estado de São Paulo, a 2ª e a 5ª séries apresentam porcentagens de reprovação acima da média do 1º grau, para os três anos examinados. O mesmo não acontece, entretanto, com relação à 3ª série, que apresenta taxas de retenção bem próximas da média do 1º grau. Por outro lado, a 6ª série, que na Celso Helvens apresenta taxa bem abaixo da média, no estado de São Paulo aparece com porcentagens acima da média do 1º grau. O que os dados parecem indicar é que, embora se possa afirmar que os estrangulamentos do final do ciclo básico e do início do antigo ginásio se mantenham nos dois casos, na Celso Helvens o estrangulamento da 2ª série estende-se para a 3ª, enquanto, no estado de São Paulo, é o da 5ª série que se estende para a 6ª.

Deixando-se de computar a porcentagem de promoção da 1ª para 2ª série do ciclo básico, em que a aprovação é automática, pode-se perceber, pelo Quadro 5, que as séries terminais dos antigos níveis primário e ginasial (4ª e 8ª séries) são as que apresentam os maiores índices de promoção no ano, ou seja, 84,9% e 75,6%, respectivamente. Também **Promoção** no estado de São Paulo, como mostra o Quadro 6, essas séries são as que apresentam os maiores índices de aprovação. Não tenho nenhuma explicação aceitável para esse fenômeno. Pode-se, todavia, levantar duas hipóteses, embora bastante precárias. A primeira delas diz respeito a que, não obstante a continuidade legal do ensino de 1º grau, pode estar ocorrendo certo relaxamento nos critérios de avaliação na 4ª e na 8ª séries, precisamente por corresponderem ao término de grau de ensino (no caso da 8ª) ou final de nível (no caso da 4ª) que, embora extinto pela Lei nº 5.692/1971, ainda estaria presente na concepção dos educadores escolares. A outra hipótese é a de que os elevados índices verificados nas séries iniciais desses dois "níveis" tiveram a propriedade de selecionar os mais "aptos" a responderem positivamente à avaliação apresentada pela escola. Ambas as hipóteses, reitero, são bastante precárias, necessitando serem verificadas por investigação específica.

3.2 AS CONDIÇÕES DE TRABALHO

As condições materiais de trabalho da EEPG Celso Helvens não parecem ser muito diversas da grande maioria de escolas públicas localizadas na periferia dos grandes centros urbanos. **O espaço físico** No capítulo I, item 2 "A escola", já apresentei alguns problemas relacionados ao espaço físico escolar. O prédio escolar, embora apresente estrutura sólida, evidencia a ausência quase total de manutenção, tanto no que concerne a sua conservação estrutural (paredes pichadas, portas sem trinco, vidros das janelas quebrados, etc.) quanto no que se refere às instalações (rede elétrica deteriorada, falta de lâmpadas, quadros-negros em mau estado, sanitários danificados, etc.). Além disso, há escassez de equipamentos e materiais de toda ordem, verificando-se desde a falta de papel higiênico e material de limpeza até a de material didático e equipamentos necessários para o desenvolvimento do processo ensino-aprendizagem. A escola apresenta-se num despojamento quase total: fora sua força de trabalho e a sala com quadro-negro e giz, o professor pode contar com pouca coisa mais para desempenhar seu papel de educador escolar. Ao visitar a escola, pode-se sentir esse despojamento de tal forma que qualquer objeto ou evento que o negue é imediatamente percebido. A assistente de pesquisa Sandra Perez assim anotou em seu caderno de campo, após uma de suas visitas à escola, durante a realização desta pesquisa:

> No *hall* de entrada estava uma bandeira exposta ("Trabalho dos alunos da 4ª C"), feita com bolinhas de papel crepom coladas sobre uma base de cartolina. Achei interessante a bandeira descansando sobre a cadeira. Fiquei pensando quem a teria colocado ali. A bandeira e a caixa ("Jogos Pedagógicos e Recreativos"), com uns poucos jogos, já um tanto incompletos, parecem tentativa de alguém que busca pôr um pouco de colorido na aridez do ambiente e do ensino na Celso Helvens. Ou talvez seja a intenção de reforçar uma atividade que rompe com a pobre rotina "giz-lousa-caderno".

Do material didático necessário ao desenvolvimento das atividades pedagógicas, o livro didático talvez seja um dos mais importantes auxiliares no trabalho do professor. Segundo o professor Walter, é o livro didático que desenvolve o currículo e o conteúdo a ser levado a efeito durante o ano letivo. Dessa forma, parece que esse instrumento serve para suprir as próprias falhas do professor. Isto é reconhecido também pelo professor Walter, que apresenta sua adoção como conjuntural: "O dia que eu tiver mais conteúdo, eu descarto o livro didático como obrigatório." A escolha do livro didático é feita pelo próprio professor, a partir de uma lista enviada pela Secretaria da Educação. Mas, segundo a assistente de diretora Rosilene, os exemplares só chegam à escola depois de vários

Livro didático

meses de iniciado o ano letivo. Os alunos reclamam também da falta de livro para consulta. Mesmo os poucos que existem na biblioteca não podem ser retirados, pela falta de um encarregado que controle sua entrada e saída. Os alunos criticam a proibição de levarem esses livros para casa. As alunas da 8ª série entrevistadas alegam que os responsáveis pela escola "deveriam ter mais confiança na gente" e sugerem que os alunos que não devolvessem ou estragassem os livros deveriam ser punidos.

A distribuição do tempo de aula e demais atividades pedagógicas e a previsão de intervalos adequados de descanso e recreação constituem

Organização de tempo

fatores condicionantes do desempenho da escola e da qualidade de seus serviços, devendo, por isso, ser considerados entre as demais condições objetivas de trabalho na escola. Na Celso Helvens esta questão se apresentou especificamente quando da consideração do ciclo básico, porque aí esses fatores parecem estar afetando de forma negativa tanto professores quanto alunos. Com a instituição da jornada única no ciclo básico, os alunos que frequentam a 1ª e a 2ª séries da rede pública estadual deveriam permanecer na escola por seis horas diárias. Mas parece que isso nem sempre acontece. Com vimos no capítulo I, o horário do ciclo básico na Celso Helvens é das 7h15 às 12h30, correspondendo a cinco horas de aula. Isso ocorre porque, não havendo almoço para oferecer (para o que serviria a sexta hora), as crianças são dispensadas. Os professores do ciclo básico efetuam suas horas-atividade, complementando a jornada completa de trabalho docente (30 horas semanais), durante as aulas de Educação Física e de Educação Artística, ministradas por professores especializados. Leda, coordenadora do ciclo básico, diz que esse sistema massacra o professor, pois ele só tem um intervalo de 15 minutos e, mesmo durante as aulas de Educação Física e Educação Artística, acaba tendo de trabalhar na correção de cadernos e na preparação de aulas. Além das seis (?) horas diárias, trabalha mais duas horas semanais com a coordenadora. Também da parte dos alunos é de imaginar que, para crianças de 1ª e 2ª séries, cinco horas diárias de aula com apenas 15 minutos de intervalo devam desgastar bastante o seu ânimo, comprometendo seu desempenho na aprendizagem. É por isto que o professor Walter acha que o ciclo básico "é uma coisa desgastante e cansativa porque os professores não estão a fim e os alunos também não".

Numa sociedade em que a grande maioria da população trabalhadora recebe renumeração abaixo do nível de subsistência e os serviços públicos são precários, acabam ganhando importância, **Assistência médica e odontológica** na consideração das condições objetivas de desenvolvimento das atividades pedagógicas na escola púbica, os serviços relacionados à própria "sobrevivência", nessa escola, da população escolarizável, tais como a assistência médica, a odontológica e a alimentar. As duas primeiras, como acontece na grande maioria das escolas da rede pública estadual, praticamente não existem na Celso Helvens. A assistência médica é prestada mediante convênio com o posto de saúde que, todavia, precisa atender a toda a população local e só pode fazê-lo de forma bastante precária. O atendimento odontológico faz-se em outra escola, possuidora do equipamento necessário. No entanto, tal prática também não é frequente, pois existe apenas um dentista para atender várias escolas.

A assistência alimentar, ou merenda, resume-se a algumas bolachas ou a uma sopa de sabor pouco apreciado pelas crianças e é servida **Merenda** apenas para os alunos dos períodos diurnos. Para o noturno, formado em sua maioria por estudantes trabalhadores, que tendem a vir para a escola diretamente de seus empregos, nada é oferecido. Maria Cristina, aluna da 8ª série, contrapõe-se à posição da direção de não fornecer alimentação para o noturno e de não reforçar a dos alunos da tarde. "Muitos alunos vêm sem comer, né. Ela tinha de entender. A gente pede melhora pro lanche, ela fala que não, que a gente tá querendo almoçar na escola." Alguns alunos da noite, em conversa no pátio da escola, reclamam da ausência de merenda no noturno, mas afirmam que não querem a sopa servida no diurno porque é muito ruim. Um deles revela que está "morrendo de fome" porque não dá tempo de jantar antes de vir para a aula. A alegação da direção para o não oferecimento de merenda no período noturno é que, além de faltar funcionário responsável por sua elaboração à noite, a quantidade de merenda é insuficiente para toda a escola. Por isso, prioriza as crianças mais novas, reforçando a merenda dos alunos de 1ª a 3ª série, que mais sentem a falta de alimentação. Acontece que, mesmo a quantidade sendo insuficiente, ocorre de os alimentos se estragarem, por falta de local apropriado para armazenagem, ou de terem de ser inutilizados, por ter vencido o prazo de validade para o consumo.

Marcelo, aluno da 4ª série, fala da insuficiência da merenda oferecida: "Antigamente faltava direto. Agora, eles dá metadinha. Um pãozinho desse tamanho eles cortam em três." D. Rosa Maria diz que a filha Paula, da 6ª série, sai de casa bem alimentada, passa quatro ou cinco horas na escola e volta morrendo de fome porque a merenda é insuficiente e muito ruim, consistindo às vezes em apenas uma bolacha seca. O grupo de alunas entrevistadas da 8ª série também reclama da qualidade da merenda oferecida e sugere que deveria ser modificada, "já que quase ninguém come". Elas questionam a propaganda veiculada pela TV sobre a qualidade da merenda oferecida pelo estado. "É uma vergonha", diz Neusa. "Eles só mostram aquelas escolas assim centrais... Cê acha que eles iam mostrar escola de pobre?" O sr. Roberto deve estar de certa forma influenciado pela publicidade do governo na TV, quando diz que a educação pública está muito boa e a compara com o seu tempo e a realidade que vivia, elogiando a escola de hoje e dizendo-se impressionado com todas aquelas crianças tomando leite e se servindo de merenda, como ele teve oportunidade de presenciar certa vez. Em dado momento, sente a necessidade do testemunho da filha Denise, de 14 anos, e a chama para que ela diga como é a merenda na Celso Helvens, que ela frequentou até algumas semanas atrás. O diálogo que se seguiu foi bastante interessante porque, à posição do pai, idealizada e satisfeita com a realidade, se contrapôs a postura crítica da filha que, sem deixar de ser respeitosa e de forma até singela, procurou trazer à discussão a realidade objetiva que ela vivenciara. Assim, quando o pai solicitou-lhe que confirmasse a boa qualidade da merenda na Celso Helvens, viu-se obrigada a contradizê-lo, argumentando que o lanche servido era, na verdade, muito ruim. O pai, então, tentou justificar:

> — Mesmo assim, minha filha, tá bom demais. Você sabe o que acontece? O ruim era naquele tempo aqui que não tinha nada disso. E outra: você saindo daqui, você vai pra 7ª série, que hora que você sai de casa quando você ia estudar?
> — Uma hora; eu saía de casa uma hora.
> — Uma hora? Uma hora você almoça em casa, vai pra lá...
> — Mas fica muito tempo na escola, papai...
> — É isso minha filha, mas tem lanche, tem bulacha, tem Toddy; tem isso, tem aquilo. E quando não tem nada disso, como era que a gente fazia?
> — Não, mas eles podem dar mais recursos, não é?
> — Pode?
> — Lógico.
> — Tá bom. [risada encerrando o assunto]

Com relação à segurança da escola, Leda relata que, logo após sua construção, o prédio foi intensamente depredado, tendo de ser praticamente reconstruído antes da inauguração. Jorgina

Segurança

confirma que "existe a depredação, mas é bem pequena em relação ao que havia. Quando essa escola foi reformada, ela não tinha praticamente vidro nenhum." À noite há também o problema de pessoas estranhas à escola, em geral alunos de escolas da redondeza, ex-alunos ou amigos de alunos da Celso Helvens, que para aí vão e acabam perturbando o funcionamento normal da escola. Por isso, assim que os alunos entram nas salas os professores trancam a porta, por questão de segurança. Como foi apontado no capítulo I, há um guarda da Polícia Militar que deve permanecer na escola no período das 14 às 22 horas. Entretanto, sua presença não é constante, porque ele aí permanece somente nas ocasiões em que não é requisitado por seu batalhão, e essa requisição acontece com muita frequência, o que faz com que ele raramente esteja em seu posto na escola.

Ressalta-se também a ocorrência de roubo de material da escola. O último ocorrido foi o de um aparelho de TV recém-doado pela família Helvens, que foi objeto de discussão na reunião do conselho de escola que presenciamos em 4 de abril de 1990 (ver, no capítulo II, item 3.2 "Conselho de escola").

3.3 O PESSOAL: CORPO DOCENTE E DEMAIS FUNCIONÁRIOS

Com relação ao pessoal não docente, a escola sente a falta de uma bibliotecária, de guardas que garantam proteção contínua durante os três períodos de aula e de funcionários para a secretaria. Mas o que é mais sentido por todos é a falta de pessoal operacional para a limpeza e a conservação da escola. Da parte de alunos e pais, há reclamações de que as salas estão sempre sujas e mal conservadas. Os alunos da 4ª série disseram, em entrevista, que às vezes eles próprios têm de limpar sua sala de aula. D. Marta, mãe de aluno que tem muitos problemas de relacionamento com as serventes e inspetoras de alunos, afirma que a escola não está limpa porque as funcionárias não cumprem direito suas obrigações. Como vimos no capítulo I, além da merendeira, há mais três serventes que se distribuem pelos três períodos de aula. D. Margarida acha que isso é muito pouco, especialmente porque é bastante frequente alguma delas estar afastada por motivo de saúde. "Duas serventes para limpar uma escola, ela aguenta um, dois, três anos; depois ela tem que se afastar, tirar uma licença, porque fica doente." Isto, segundo ela, justifica o grande número de afastamentos por saúde da parte dos funcionários operacionais da rede pública de ensino. Além disso, há o problema do salário, porque "a gente trabalha muito e ganha pouco". Por isso, d. Margarida acha que o Estado deveria fornecer "cesta básica, vale-transporte" e outros benefícios sociais que não são oferecidos atualmente. Jorgina, por sua vez,

Pessoal não docente

reclama da baixa remuneração dos inspetores de alunos, que fica por volta de dois salários mínimos, mas que, por causa de inflação, chega, às vezes, a valer menos de um salário mínimo.

No "Quadro de pessoal docente" que compõe o Plano Escolar da EEPG Celso Helvens de 1989, redigido no início do ano e homologa-
A escassez de professores do pela delegacia de ensino, consta a seguinte obser-vação: "Estamos sem professores nas seguintes disci-plinas: Geografia, Educação Artística, Português, Inglês, Desenho Geométrico." Em meados do segundo semestre ainda falta-vam professores de todas essas disciplinas para o período noturno e de Educação Artística para os alunos do diurno de 5ª a 8ª séries. As informações que tenho recebido, especialmente a partir de contatos com número bastante significativo de diretores de escolas, levam-me a crer que esse problema de falta de docentes é generalizado na rede pública estadual. Das entrevistas realizadas e dos comportamentos observados no contexto desta investigação, emergiram alguns fatores que certamente estão inibindo a oferta de professores na EEPG Celso Helvens e que, parece-me, guardam alguma correspondência com as múltiplas causas que concorrem para a escassez de pessoal docente nas escolas públicas do Estado. Embora eu não tenha a pretensão de aprofundar a análise dessas causas, merecem algumas considerações aquelas que se apresentaram com maior evidência no desenvolvimen-to da pesquisa. São elas: o baixo salário oferecido, as más condições de trabalho, o desprestígio da profissão, a falta de segurança, a longa distância da escola, o despreparo do professor para levar as crianças da população pobre a aprender.

As condições insatisfatórias de trabalho na escola, mencionadas como fator desestimulante para o professor, não se relacionam apenas às
O baixo salário e as más condições de trabalho conhecidas carências de material didático e às pre-cárias condições materiais da escola. Uma questão em destaque na consideração das más condições de trabalho do professor refere-se à grande carga de trabalho deste e à falta de assessoramento de outros profissionais.

Helena, presidente do Centro Comunitário da Favela de Vila Dora, parece sintetizar bem essa situação: "Quatro horas de aula, com 40 alunos, não dá pra você atender bem todo mundo [...] Não é como uma criança rica que tem pouco aluno e dois, três professor." As condições de trabalho também se agravam por conta do baixo salário, pois, para sobreviver, o professor não raramente tem de trabalhar em mais de uma escola, sem mencionar os casos em que a professora precisa dar conta também do trabalho doméstico. Sr. Roberto, pai de aluno, ao concordar com a greve dos professores reivindicando melhores salários, diz:

> Porque uma senhora, dona de casa, sair da casa dela, deixar a casa dela, vim dar seis horas de aula aí, dentro de um colégio desse, a troco de vim ganhá 260 cruzado, sem contar o que trabalha em casa, quebrando a cabeça, com tanto filho dos outro, tanto menino mal ouvido, com uma coisa daquela... Que aquela mulher acho que tem uma cabeça que ela chega em casa, tira aquela e põe outra pra poder dormir.

Sr. Roberto mostra-se indignado com o baixo salário do professor e conclui, perguntando: "Uma empregada doméstica ganhando mais do que uma senhora daí... Por quê?" Mas, embora a totalidade dos docentes entrevistados apontasse o baixo salário como um dos principais fatores da falta de professores e da deterioração da qualidade do ensino, houve quem questionasse a importância atribuída a essa questão. A professora Leda assim se pronuncia a respeito do assunto:

> [...] Também, a gente fica falando: "é só o salário, é só o salário". Mas às vezes não é bem isso. Salário é importante, claro; eu recebendo um bom salário, eu vou me valorizar mais. Mas, eu... não sei, às vezes, o pessoal fala que eu sou muito chata, meio retrógrada, que eu falo assim, que o professor que é bom tanto ele dá a sua aula boa ganhando um mil como ganhando cem. Eles brigam muito comigo por causa disso. Mas é o que eu penso. Eu acho que quem é bom é bom e não coloca, assim... muito dinheiro nessa parte.

O que Leda deixa de considerar é que, numa economia de mercado, "quem é bom" acaba sendo atraído para outros setores que pagam mais, muito antes de se decidir a ser professor.

Os baixos salários, articulados com os outros fatores inibidores da oferta de pessoal docente, parecem acabar por atrair para a escola pública, especialmente de periferia, somente as pessoas com pouca qualificação, como estudantes de faculdade que ainda não têm uma formação de nível superior e que, às vezes, veem o magistério como um bico temporário para pagar seus estudos ou conseguir manter-se durante o período em que frequentam a universidade. Os Quadros 2 e 3, apresentados no capítulo I, dão uma ideia da composição do corpo docente da Celso Helvens. O primeiro mostra que, dos 16 professores de 5ª a 8ª série, apenas cinco (31,2%) têm licenciatura plena; pelo segundo, percebe-se que perto de dois terços dos docentes da escola não prestaram concurso de ingresso, sendo contratados em caráter temporário. A professora Glauce relata que, quando chegou à escola em 1986, só havia professores efetivos trabalhando de 5ª a 8ª série. Em 1989, como se pode notar pelo Quadro 3, apenas um terço tem essa condição. Glauce acha muito sério que assim aconteça, porque os professores-estudantes não têm perspectiva de carreira e as escolas de periferia vão ficando com os docentes menos qualificados, já que os outros vão deixando o magistério ou emigrando para as escolas mais centrais.

É interessante observar que, tomando como termo de comparação sua própria condição de vida, pelo menos alguns alunos demonstram dificuldade em admitir que o salário do professor seja tão irrisório. Do grupo de alunas entrevistadas da 8ª série, Sônia e Neusa acham que os professores deveriam arcar com o fato de estarem ganhando mal, uma vez que já sabiam antes de optarem pela profissão. Mesmo contestada por Lucila e Luana, Neusa, que aparentemente é a mais pobre das quatro, chega a afirmar que os professores não ganham tão mal assim: "Tudo bem, eles ganham mal; mas você vai na casa deles, não é essa casa assim igual à nossa." Talvez por estar ciente dessa visão entre os usuários do ensino público, a professora

Maria Lídia propõe que o professor more próximo à escola, para que a comunidade possa ver sua real condição de vida e perceba que "professor é a classe pobre" que também luta para sobreviver.

À redução do salário real do professor nas últimas décadas correspondeu também uma queda da escala social de prestígio em relação à posição que ele desfrutava quando a escola pública atendia a uma minoria provinda das classes proprietárias ou das camadas médias da população, às quais ele também pertencia. Hoje, os professores sentem o desprestígio de sua condição docente e alguns relatam que se sentem até envergonhados quando têm de mencionar sua ocupação profissional e se veem obrigados a justificar sua situação para não se sentirem inferiorizados socialmente diante do interlocutor. O mais grave é que o professor tem passado a se sentir constrangido diante de seus próprios alunos em sala de aula, o que agrava ainda mais o desânimo que sente em seu trabalho. Maria Lídia diz:

O desprestígio da profissão

> A gente prepara, prepara uma aula; aí chega lá, os alunos não param, saem na cara da gente e espreguiça na porta [...] Chega uma hora desta, a gente perde totalmente o rebolado [...] O papel do professor está sendo subestimado. Os próprios alunos colocam o professor lá embaixo [...] Ninguém mais valoriza o professor [...] Talvez o próprio professor, com essa desvalorização, ele não sente muita vontade.

Entre a população usuária da escola, muito mais do que entre o pessoal docente, aparece como uma das principais causas determinantes da escassez de professores a localização da escola que, estando num bairro de periferia, dificilmente é escolhida pelas pessoas que moram em localidades mais próximas ao centro. Mas, ao mencionar o problema da distância, fica sempre suposta, de forma explícita ou não, a questão da violência e da falta de segurança, que são associadas aos bairros de periferia. Entre os professores e funcionários, especialmente

A distância e a falta de segurança

do período noturno, esta questão está muito presente, referindo-se quer ao medo que sentem de serem assaltados ou agredidos em sua integridade física ou moral no caminho entre a casa e o trabalho, quer à falta de segurança dentro da escola. Inclui-se neste último aspecto o temor que alguns professores revelam diante de alunos que ameaçam agredi-los caso não sejam aprovados. A professora Ângela menciona a afirmação de um aluno de que jogaria uma bomba nos carros dos professores caso fosse reprovado e se diz, ela mesma, atemorizada diante de casos semelhantes.

Um aspecto de particular importância observado entre os professores entrevistados é a maneira como se sentem progressivamente deslocados em sua função de educador diante de seu insucesso em conseguir que os alunos se apropriem dos conteúdos curriculares. Muito embora careça de fundamento a tendência da maioria dos professores em culpar os alunos pelo fracasso escolar (PATTO, 1990), não parece que a origem do problema esteja exclusivamente na incompetência dos professores, senão que essa incompetência é produzida, em grande parte, pelos próprios cursos em que eles são formados. Nas declarações da maioria dos docentes, observa-se com frequência um componente de decepção com a realidade de trabalho da escola pública, em especial com seu alunado, porque não correspondem à imagem que aprenderam a fazer deles na academia. A verdade é que, a partir da chamada "democratização do ensino público", que teve início ainda no final da década de 1950 e se acentuou nas décadas seguintes, a realidade da escola pública mudou, seu alunado é outro, mas a academia parece não se ter dado conta disso, continuando a preparar os professores para um aluno e uma realidade "ideais" que estão muito distantes do que se tem presente hoje nas escolas públicas. O descompasso entre a academia e a realidade da escola pública fica claro na declaração patética da professora Ângela quando ela constata que não pode "passar" os conteúdos aprendidos na faculdade porque isto supõe a existência de material de que só as escolas das classes mais abastadas podem dispor: "É difícil, viu. Porque na faculdade você imagina uma

O despreparo do professor

coisa, cê tem... cê tem uma noção, quer dizer, é passado pra você uma certa carga e você depois consequentemente você vai passar ela. Só que pra mim... é difícil [...] eu querer passar pra eles; porque tem o problema deles não trazerem o material."

D. Célia, com mais de 25 anos de magistério no ensino público de 1º e 2º graus, evidencia bem, com o testemunho de sua prática docente, as grandes mudanças que se operaram na composição do alunado da escola pública e, embora ela não consiga perceber, mostra também a inadequação, às crianças das camadas trabalhadoras que hoje acorrem à escola pública, dos conteúdos e métodos que se aplicavam à escola que servia às camadas favorecidas da população. D. Célia que, como se recorda, apesar de aposentada em um de seus empregos, ainda leciona Geografia numa escola de 1º grau, afirma que, nos últimos anos, embora se tenha esforçado com maior empenho do que antes para realizar seu trabalho, não tem alcançado o êxito de antigamente: "Eu sinto meu trabalho... não sei... Não estou tendo o resultado que gostaria de ter. Lamentavelmente. A gente prepara as aulas, trabalha e, no final do resultado, as avaliações têm sido assim, negativas."

Quando se trata da competência do educador escolar, é preciso evitar a adesão a soluções simplistas que reduzem o problema do fracasso na aprendizagem a uma questão de "formação" do professor, deixando de considerar que essa mesma formação precisa ser questionada mais radicalmente, de modo a incluir a busca de formas mais vivas de integração da pedagogia com os problemas da própria população-alvo. A declaração da professora Glauce sobre a falta de formação dos professores na Celso Helvens parece bem o exemplo de como esse equívoco tem ocorrido com bastante frequência sem que dele, muitas vezes, sequer tomemos consciência. A respeito da pouca formação dos professores, diz ela com espanto: "Hoje, nós temos aqui dentro da escola professores de dentro da comunidade! Certo? Pessoal carente também, que está fazendo faculdade com sacrifício e já está aqui dentro também."

É certo que a insuficiente formação acadêmica de nossos professores é um problema bastante sério. Mas o que não se pode é fechar os olhos para a necessidade de que essa formação esteja impregnada de valores que se identifiquem com os interesses das camadas trabalhadoras e possa criar meios de falar a linguagem dessa população, de modo a proporcionar-lhe condições efetivas de apropriação do saber historicamente produzido. E quando a professora Glauce trata preconceituosamente a comunidade, como se daí não pudessem sair senão pessoas ignorantes, o que está fazendo é fechar as portas à possibilidade de diálogo entre a escola e a comunidade a que ela deve servir. Talvez por conta dessa visão negativa da população, a professora Glauce não conseguiu perceber o que pude constatar na investigação, ou seja, que o professor "de dentro da comunidade" a que ela se refere (professor Walter) é o que consegue os melhores resultados com os alunos da Celso Helvens. Não deve ser por acaso que isso aconteça com o professor que se identifica com os problemas dos alunos e comprovadamente consegue falar a linguagem deles.

3.4 OS ALUNOS

Um dos indícios mais patentes de que o pensamento educacional veiculado na escola não se adéqua à realidade do aluno é que este, em vez de ser tomado como um dado da questão, é tido como obstáculo a sua solução. No contexto da EEPG Celso Helvens, pude notar a constância com que professores e funcionários — com extensão também para alunos e pais — colocam sobre os alunos a maior parte da responsabilidade pelo fracasso do ensino, apontando como sua maior falha a falta de interesse. A professora Ângela diz que os professores fazem "o possível e o impossível pra despertar esse interesse dos alunos". Neusa, aluna da 8ª série, acha que a culpa da atual situação é dos alunos porque "toda escola é boa" e "se o aluno for empenhado, a escola é excelente". Esse pensamento de que tudo depende do aluno parece estar bastante disseminado também entre os pais. Assim, d. Júlia acha que, "se o aluno tem um interesse de estudá, ele pode tar com a professora fraca que ele vai em frente [...] Agora, ele pode tar com a melhor professora, se ele não tem interesse de estudo, ele não vai mesmo." Esse tipo de alegação, muito comum nas discussões sobre esse assunto, precisa ser analisado com o devido cuidado. Se, por um lado, tal alegação isenta o professor de culpa pelo fracasso do aluno, por outro, coloca exclusivamente no educando a responsabilidade por seu êxito. Mas, se isto é verdade, para que serve, então, o professor?

As referências sobre o educando como obstáculo para o bom desempenho da escola relacionam-se firmemente com a visão negativa que as pessoas têm sobre a comunidade, assunto abordado no capítulo anterior (item 5.1 "A visão sobre os usuários da escola"). A assistente de diretora diz que o problema se origina na falta de orientação do aluno, que vem de uma família desagregada.

> É um problema familiar que é, assim, um índice altíssimo. Tudo família desestruturada. A maioria vem aqui porque não quer mais ficar com a mãe, porque o pai a espanca, o irmão a espanca, o irmão a procura sexualmente, não tem ambiente sadio em casa. Chega do trabalho, já trabalha ganhando aquele salário *mínimo*, às vezes nem chega a isso. Chega em casa, a mãe cobra o dinheiro porque precisa comprar... ajudar para comprar alimento. E ela já ganha um mínimo possível porque ela trabalha, precisa para ela. E ela já se revolta com aquela miséria que ela ganha, que ela tem que dividir com a família, com o próprio desprezo da própria família que muitos têm. Aí o que acontece: ele chega na escola com tantos problemas, com tantas revoltas familiares, sociais, que ele não tem condições realmente de tratar o teu próximo realmente dignamente.

Também a diretora não escapa ao discurso da "família desestruturada" das classes desfavorecidas. Diz que procura falar com os pais para tentarem conversar entre si e analisar por que isso acontece, mas eles alegam que é por culpa da televisão, ou do bairro, que tem muito bandido. Maria Alice afirma que não sabe se é por isso ou se é "porque não tem mais família; tá tudo destruído na parte social..." Diz que o relacionamento do aluno com a escola é muito difícil. Também "aluno com aluno é dia e noite guerra: agressividade, inveja, briga..." Relata que uma mãe pulou o muro, com avental molhado, "que estava lavando roupa", e veio tirar satisfação porque lhe contaram que seu filho estava chorando.

Durante todo o período do trabalho de campo, nunca se observou nenhum caso de agressividade por parte de alunos, o que me leva a indagar até que ponto esse discurso não teria a ver com preconceitos a respeito das camadas marginalizadas, de modo que casos esporádicos de agressividade, comuns entre crianças de qualquer camada social, ganhem uma generalização no pensamento das pessoas e acabem por ser imputados a uma maior disposição das crianças pobres à violência. Mas a própria Maria Alice enfatiza que "tem época que melhora, tem época que piora" e que não se trata de toda a população discente, mas de uma parte apenas. Todavia, mesmo quando se reporta a esse grupo, não deixa de relacionar o mau comportamento com a condição de pobreza da população. Assim, diz que o que há "é um grupo de alunos que pertence a uma faixa tão pobre, tão carente (eu já cheguei a essa conclusão) [...] E, além de pobre e carente, é quase assim (Ai meu Deus! Eu não sei se existe esse termo), é tipo delinquente mesmo. Então, esse pessoal, acho que, se fosse pra Febem, era do menor infrator."

Todavia, essa visão negativa dos educandos não impede que se identifiquem, nos depoimentos dos entrevistados, elementos de consciência a respeito da inadequação da escola à realidade de seus usuários. A própria Maria Alice, ao traçar o perfil do aluno típico que procura a Celso Helvens, reconhece a pouca competência da escola na solução do problema:

> Aqui eles não chegam preparados para esse contato com o trabalho intelectualizado que o próprio processo de ensino exige [...]: pegar um livro, ler, aprender a consultar um dicionário. Isso aí é um trabalho a nível intelectual e ele não chega preparado pra isso de jeito nenhum.

Então, essa familiarização tem que ser muito bem feita pra depois começar aprender coisas mais profundas e tal. E isso não é feito. Não estamos sabendo lidar muito com isso. A gente perde muito aluno por causa disso, eu acho.

Rosilene também manifesta sua opinião de que a escola não está conseguindo responder satisfatoriamente às necessidades dos usuários e até adianta as providências que os professores deveriam tomar para solucionar o problema. Entretanto, a certa altura de sua fala, volta a imputar aos usuários as dificuldades em se atenderem os objetivos educacionais da escola. Assim, afirma que os professores deveriam preocupar-se mais em saber se o aluno está realmente aprendendo, quais os problemas que está sentindo, recorrendo tanto ao educando quanto aos pais. Para isso, deveriam usar as reuniões de pais. Rosilene faz uma crítica a essas reuniões, dizendo que não basta falar para o pai que o aluno está com este ou aquele problema; é preciso ouvir também o pai. "Agora, nunca dá chance pro pai falar, que eu acho que é interessante, do pai colocar a sua posição: 'Será que o meu filho tá aprendendo, será que está sentindo dificuldade nisso, será que a...'" Interrompe a frase para acrescentar, em tom de desolação:

> Apesar que a... Aqui não tem condições. Eu vejo que a clientela daqui, sabe, os pais, realmente, dificilmente eles participam da vida escolar dos filhos. Às vezes não é por ignorância, é porque, realmente, o nível socioeconômico deles, né, baixo, né, socioeconômico, social... A maioria dos pais aqui trabalham o dia inteiro, [...] as crianças ficam em casa sozinhas. Então, você acha que esse pai tem tempo pra pegar seu filho, acompanhar seu filho? Quantas crianças até trabalham realmente, né. Às vezes, coitado, ele não pega nada que o professor dá porque, também, entende, ele tem de trabalhar, ele vem direto pra escola. Não tem espaço pra estudo pra ele. Não só a carência afetiva que a pessoa sente, é carência realmente de comida mesmo. Quantas crianças desnutridas aqui! E criança desnutrida você sabe que não consegue assimilar. Então, tudo isso, num contexto geral, é difícil.

A identificação da tendência de educadores, pais e alunos culparem os educandos pelo desempenho insatisfatório da escola não significa que não se esteja consciente da existência, entre os usuários, da maioria dos problemas comumente apontados. Também não se pretende que a escola pública assuma para si a solução de todos os problemas psicológicos, sociais, econômicos e culturais que se lhe apresentam no cotidiano de suas atividades. Mas considero importante apontar certo comportamento, comum entre responsáveis pelos destinos da educação pública, que consiste em atribuir a determinantes externos todos os problemas da escola, isentando-a de suas responsabilidades mínimas no provimento de ensino de boa qualidade para todos.

3.5 A QUALIDADE DO ENSINO

As diversas observações de aula que fizemos durante o trabalho de campo na EEPG Celso Helvens parecem reforçar a concepção de que o processo ensino-aprendizagem na escola pública se **As aulas** desenrola, na maioria das vezes, no velho estilo da escola tradicional, do professor que "ensina" e dos alunos que (não) "aprendem", ou seja, do professor que "dá" aula e dos alunos que "assistem" à aula, sem nela participarem como sujeitos do ato educativo. Como ilustração, apresento, a seguir, os relatos de algumas observações.

Aula da professora Sônia Regina (2ª série)

Número de alunos em classe: 18 (9 meninos e 9 meninas). Algumas carteiras vazias. Classe que comportaria aproximadamente 40 alunos.

Aula de Aritmética. As crianças ficam à vontade, o relacionamento da professora parece cordial e amistoso. Alunos saem de suas carteiras e vão a outros lugares. No momento, estão fazendo a lição de Matemática, acompanhando o livro. Os alunos chamam Sônia Regina ou por "professora" ou por "tia". Aula bastante descontraída, sem repressão. Os alunos, com uma única exceção, estão todos em atividade. Não se percebe nenhum aluno alienado do trabalho.

Sônia passeia pela classe dando atendimento às crianças. Há uma aluna sentada no cantinho da sala. [Depois, na entrevista, a professora Sônia informaria tratar-se de criança muito ativa, inteligente, que conseguia ter desempenho excelente em chamadas orais, mas não gostava de escrever. "Mas é só preguiça física; mental não."]

A professora mantém uma relação dialógica com os alunos, orientando-os por meio de perguntas:

> Professora: "Gente, quanto vale uma centena?"
> Aluna: "Dez."
> Aluno: "Onze."
> Professora: "Uma dezena vale quanto?"
> Alunos: "Dez."
> Professora: "E uma centena?"
> Alunos: "Cem."

A aluna que está sentada no cantinho da sala [trata-se de Rosângela, depois entrevistada por mim] parece ser um pouco mais velha do que os demais. Ela parece querer aparecer. Vai até a porta. Fica interessada pelo observador. Surpreende-se quando este se vira para olhá-la. Além desta aluna, há também um aluno, um pouco mais velho que os demais, que se senta relativamente isolado. Alguns alunos ficam preocupados em saber quem é o observador. A uma aluna, Sônia responde que ele está fazendo uma pesquisa. Depois fala em voz alta: "Eles estão querendo saber quem é você, Vítor. Ele está fazendo uma pesquisa. Ele não é médico, não. Viu, Gerson" (falando diretamente para um aluno miudinho), "ele não é meu marido." O aluno [que também veio a ser entrevistado posteriormente] fica bravo e grita: "Eu não sei. Eu não perguntei nada..."

As crianças se vestem confortavelmente e parecem ser bem nutridas. Nossa aluna do cantinho da classe começa a fazer batucada. Ninguém faz qualquer observação a respeito. Ela continua. Sônia Regina diz: "O Clóvis, Vítor, ele só vem na escola para passear. Ele não gosta de estudar." Trata-se do aluno isolado referido anteriormente. De fato, ele é a única exceção à regra dos alunos que estão trabalhando. Ele não tem material nenhum sobre a mesa, não está fazendo lição. De vez em quando vai conversar com a aluna do canto [Rosângela].

Passaram-se 30 minutos e a aula continua no mesmo ritmo. Alunos solicitando ajuda, professora auxiliando, orientando; alunos trabalhando ou conversando. O barulho dos alunos vai aumentando. O Clóvis continua não fazendo nada a não ser conversar. A aluna do canto [Rosângela] chama a professora em voz alta, quase gritando. Sônia vai atendê-la e volta. A aluna retoma a batucada. Houve um problema com o aluno [Gerson] que ficou bravo com a professora quando ela falou do observador. Ele fica bravo, reclama, empurra o caderno que cai no chão. [Na entrevista, a professora Sônia revelou — o que a observação já havia indicado — que Gerson é bastante exigente consigo próprio e fica nervoso e agressivo quando não consegue realizar o que deseja. Mas participa bastante e tem muita vontade de aprender.]

Aula da professora Leda (3ª série)

Inicialmente tem-se a impressão de que Leda havia "preparado" os alunos para a presença da observadora. Não apresenta esta a eles e, apesar da curiosidade que demonstram, continua a aula "normalmente". Ao chamar a atenção dos alunos, várias vezes utiliza "Você já sabe que eu não gosto disso!", como que avisando para não se aproveitarem da presença da visita para "bagunçarem".

Assim que a observadora se senta, voltam a trabalhar (divisão por dois algarismos). A aula segue um modelo "professoral". A professora passa a lição na lousa, explica, os alunos copiam. Leda utiliza sempre o mesmo tom professoral. A todo o tempo, ou está explicando, ou chamando a atenção. Demonstra preocupação com a organização da classe e com a disciplina. Não evidencia afeição pelos alunos. No trato com o conteúdo, quando os alunos demonstram não estarem entendendo o assunto, remete-os ao ensino anterior: "Vocês já viram isso no início do ano, com a professora X."

Os alunos tratam a professora com certo respeito, mas sem medo. Alguns permanecem bem quietos, mas a maioria conversa enquanto faz a lição. Um menino não se atemoriza com a presença da professora e, a uma brincadeira do colega, fala alto: "Se você me acertá isso, eu vou te dá uma porrada!" A professora: "Briga vocês resolvem lá fora." A lição é sobre divisão por dois algarismos. Enquanto alguns alunos corrigem à lousa, a turma conversa e solicita corrigir à lousa também. Leda chama, de quando em quando, a atenção de alguém: "Paulo, você sabe que eu gosto de educação." "X, agora é a vez de Y."

Ao terminar a correção, fala com voz um tanto solene: "Hoje vocês aprenderam a divisão por dois números. Amanhã vamos ver o segundo passo." Num tom rotineiro: "Acabou a aula de Matemática. Agora nós vamos para Estudos Sociais." Anota na lousa o título do texto: "O abastecimento da Grande São Paulo" e lê em voz alta: "Vamos ver o que é esse abastecimento que nós estamos falando." Como escreve na lousa em vermelho, um aluno logo pergunta: "Pode escrever em vermelho?" A professora olha para ele como se não estivesse entendendo e continua: "Na aula passada nós vimos a zona urbana, a cidade [...]. Vocês já viram com a d. X, no início do ano, que a zona rural é formada pelos sítios e chácaras." Um aluno fala, meio baixo, num tom de impaciência: "Vamos, professora." Leda continua lendo o texto. Um aluno interrompe: "Professora, eu vou enfiar um cascudo no Y. Ele fica jogando papelzinho na gente." Professora: "Cascudo, vocês resolvem lá fora [...]." Continua a leitura. A professora aguarda um pouco e fala: "Vamos, depois eu quero apagar a lousa e ninguém terminou." Enquanto terminava de copiar:

> Aluno: "Acabou, professora?"
>
> Professora: "Por hoje, acabou."
>
> Aluno: "Pode passá o traço?"
>
> Professora: "Não, não passa o traço porque na próxima quarta-feira eu vou passar outras informações para complementar."
>
> Aluno: "Acabou a novela do Sassá Mutema, o fulano [colega] é mentiroso, a Marisa..."
>
> Professora: "Deixa a novela. Termina de copiar; se sobrar um tempo vocês conversam."
>
> Aluno: "Falta dez minutos."
>
> Professora: "Já terminaram de copiar?"
>
> Classe: "Não, professora."

PROCESSO DE ENSINO E PARTICIPAÇÃO

> Professora: "Vou começar a explicar e vocês vão acabar perdendo!"
> Aluno: "Volta a dá aula de Matemática de novo; eu gostei daquelas continhas."
> Professora: "Amanhã a gente vai dar mais."

A professora explica o ponto. O texto fala do abastecimento da Grande São Paulo, procurando diferenciar zona rural de urbana. Porém, a professora não aprofunda a compreensão do assunto. Parece que em sua prática ignora a participação dos alunos. Assim, quando um aluno questiona a informação de que frutas não são produzidas em hortas, lembrando da chácara de seu avô onde ele plantava melancia na horta, a professora sorri, não considera a informação e continua a explicação do texto:

> Professora: "O que vem das hortas?"
> Aluno: "Frutas."
> Professora: "Frutas vêm da horta?"
> Aluno: "Tem, professora; na horta do vô tem fruta."
> Professora ri.
> Outro aluno: "Vai professora, que na horta da casa do Denilso tem melancia."

A professora continua a leitura e o aluno, questionando, interrompe: "No quilômetro 24/29, têm sítios e criação de animal e nas hortas têm frutas."

> Professora: "Mas, aí é o estado. Lembram quando vocês viram no início do ano com a d. X a divisão dos municípios, do estado de São Paulo; vocês fizeram o mapa..."

Alguns procuram o mapa no caderno, bate o sinal. Recreio.

Voltando do recreio, a professora Leda ordena que abram o livro-texto na página onde há desenhado um coelho, um gato, uma tina com água e balõezinhos para serem preenchidos de modo a se formarem diálogos. Ordena aos alunos que copiem o desenho no caderno e escrevam o diálogo e uma história.

Enquanto as crianças copiam o desenho, a professora corrige cadernos e chama os alunos para leitura individual. Um aluno levanta e vai ler o título de sua história à professora; o título é bastante longo.

> Professora: "Pedro, você está dando uma de engraçadinho. Você sabe muito bem o que é um título de uma história. Vocês viram isso logo no começo do ano com a professora Z."

Aluno: "Mais a gente não pode dar qualquer título?"

Professora: "Pode. Mas não desse tamanho: aí já tem uma história..."

Aluno: "Tá bom, eu vou diminuir a letra."

O clima de trabalho anima um pouco. As crianças conversam, sem perturbar a ordem. De vez em quando a professora chama a atenção. Continua ouvindo as leituras e corrigindo os cadernos. Quando a conversa aumenta, passa lição de caligrafia. "A natureza do coelho dá mais filhinhos que a natureza das pessoas." Alguém pergunta: "Professora, que horas são?" É a quarta vez que a pergunta é feita. "Dez e trinta e cinco." Professora: "Nossa!" A palavra contraria a expressão facial. Não foi um "nossa!" de espanto pelo tempo ter passado rápido, mas de angústia porque a aula não acaba logo. Um aluno não faz a lição de caligrafia e espera com a mala fechada. A menina que não fez a tarefa de Português faz agora a lição de caligrafia. O menino que não fez nenhuma lição copia a de casa.

A observadora não para de bocejar: sono, tédio, angústia... Um aluno vai mostrar a lição de caligrafia. Enquanto espera a avaliação da professora, tem um ar enigmático: indiferente ou apreensivo? A professora não aprova: "Eu falei que a letra tem que ser redondinha e dentro da linha. Aí eu tô vendo um monte de rabiscos." O aluno vai para sua carteira e longe dela faz "Ah!" Outro aluno vai mostrar a lição de caligrafia. A professora balança a cabeça em sinal de aprovação. Ele vai para a carteira rindo ironicamente para o colega. Bate o sinal. Alívio geral!

Aula do professor Walter (Geografia — 7ª série vespertina)

Número de alunos em aula: 9 (7 meninas e 2 meninos)

O professor estimula os alunos a participarem da discussão. Com um aluno que vacila em participar, ele insiste para que diga o que gosta de fazer. Chama sempre os alunos pelo nome: "Inês, o que você acha que é produção?" O assunto é cultura e o professor diz: "Por exemplo, você fala e acha esquisito: a palavra 'bunda', que origem tem? É origem africana." Os alunos acham graça, riem. "Eu não vou escrever aqui na lousa porque senão a diretora vai dizer que estou ensinando palavrão pra vocês." Refere-se à "aculturação, que é um termo que os antropó-

PROCESSO DE ENSINO E PARTICIPAÇÃO

logos utilizam". Alguém diz: "É a mistura de cultura." Professor: "Depois nós vamos ver que não é bem assim."

A relação é bastante dialógica. O professor, jovem, é bastante desenvolto, risonho, brincalhão. Os alunos utilizam o livro didático *Geografia*, da autoria de Melhem Adas, acompanhando a explicação do professor. Este explica o que é cultura, dando exemplos: "Tudo o que vocês fazem, a língua, os jogos, a religião. Por exemplo, Estados Unidos e Brasil: qual é o mais desenvolvido?" Um aluno: "Os Estados Unidos." Outro: "O Brasil." Walter: "Nenhuma das duas; cultura não se compara. Não se pode dizer, por exemplo, que o Japão é uma cultura inferior, só porque a mulher no Japão é submissa." Uma aluna: "O que é submisso, professor?" Para explicar isso, Walter começa a falar sobre o papel da mulher. Seu discurso é contraditório. Por um lado, procura combater o machismo apresentando a mulher como superior ao homem; por outro, desenvolve uma argumentação que, ao apresentar o estereótipo da mulher "dona de casa", pode estar reforçando esse mesmo estereótipo. "Eu não sou machista não. Pera aí; pra mim é o que eu falo pra minha namorada 'quem manda no mundo são as mulheres'." Uma aluna apoiando: "É isso aí." Algazarra geral. Walter intervém: "Não, porque... Na realidade é. A mulher, tá, a mulher é mais forte do que o homem em duas coisas, eu penso: primeiro, a sedução e a sexualidade tá na mulher. Eu acho que a mulher seduz muito mais do que o homem. Tá? Em relação à sociedade, né. Em segundo lugar, é que a mulher, ela carrega em sua vida uma carga psicológica ou de tarefas muito maior do que a dos homens. Por exemplo, uma mulher, se ela trabalha, ela trabalha o dia todo, ela chega em casa tem que lavar louça, fazer comida pro marido, dar banho nos filhos, puxar a orelha dos filhos que ainda não fez a lição. E ainda ela vai dormir sempre mais tarde e é a primeira que acorda, porque tem que fazer o café da manhã, tem que dar café pro marido, café pros filhos, mandar os filhos pra escola, ir trabalhar, depois de trabalhar, trabalhar na casa dela, pra depois assistir a novela das nove e dormir. [...] Mesmo a mulher mais ativa, a mulher que se diz liberada [...] mesmo essa mulher ela carrega esse peso nas costas porque a sociedade manipula isso pra ela."

Professor: "A cultura, a grosso modo é espírito de um povo, onde suas produções, seus ritos (religião, festividades, cultos) e sua arte." Walter entra na linguagem e nas regras dos alunos. Joga giz nestes para chamar-lhes a atenção, usa gíria ("Ih! estou ferrado hoje."), teatraliza o colonialismo, ironizando e ridicularizando o colonizador que, segundo o livro-texto, é visto criticamente pelo colonizado, que diz: "Os europeus chegaram com a Bíblia debaixo do braço e ensinaram-nos a rezar; e quando fechamos os olhos eles tinham levado nossas riquezas." É interessante que o professor Walter até utiliza de mecanismos "conformadores", como proibir que os alunos fiquem olhando para fora da classe, chegando a tapar com um papel um buraco da porta para evitar isso. Mas, ele faz isso de uma forma extremamente simpática, utilizando a linguagem dos próprios alunos, de forma que estes aceitam de maneira tranquila.

Não obstante a aparente confusão do conteúdo que veicula, o professor segue um fio condutor. Aparentemente, os alunos conseguem seguir esse fio, contando, para isso, com a utilização do livro didático.

Aula da professora Maria Lídia (Geografia — 7ª série noturna)

Número de alunos em classe: 10 (8 meninos e 2 meninas).

A professora está sentada à frente da classe, acompanhando a leitura de um livro didático por um aluno, em voz alta. De tempo em tempo, interrompe-se a leitura e a professora dá explicações. Tem sequência o processo com outro aluno continuando a leitura de onde o colega parou. A professora faz explicações num mesmo tom de voz. É difícil prestar atenção no que ela está ensinando. Ela procura perguntar aos alunos, mas estes pouco ou nada reagem. Por exemplo, o texto diz que "no capitalismo cada um escolhe livremente o seu negócio". A professora fala à classe: "Aqui cabe uma pergunta: vocês escolhem livremente seus negócios?" Não há reação. Apatia geral. A professora: "Na aula passada estava todo mundo animado, conversando..." Um aluno tenta justificar: "É fim de semana, professora." É noite de quinta-feira. Na verdade, a atitude da professora é crítica com relação ao texto. Mas a aula parece não fluir. Se o assunto é muito interessante, por que os alunos não reagem? Falta de interesse? Questão de método da professora?

A lição que se acabou de ler foi sobre o capitalismo. A seguir: lição sobre o socialismo. A professora explica, olha para os alunos. Percebe (será que percebe?) que eles não estão entendendo nada, faz um ar de resignação, vira-se para a aluna e diz: "continua".

Professora: "O socialismo não funciona por causa da burocracia." Cita o exemplo do trator que acaba chegando muito tarde na fazenda, por causa de trâmites burocráticos, e atrapalha a produção. "O socialismo é igualdade, mas não é tão igual assim, porque existe uma classe privilegiada."

Há um aluno fazendo barulho no fundo da classe, fazendo chiar estridentemente a carteira, atormentando a paciência de todos. Seu comportamento parece alcançar os limites da tolerância humana. A aula é realmente monótona. Outro menino bate no fundo da carteira. Aquele primeiro aluno está querendo chamar a atenção, mas a professora parece que não está nem ouvindo o barulho, que é infernal. Em momento nenhum chamou a atenção de nenhum aluno. Dois alunos conversam, atrapalhando a aula. Um discreto "psiu" por parte da professora. A aula termina.

Aula da professora Silvana (Matemática — 7ª série noturna)
Número de alunos presentes: 12.

É a segunda aula da noite. A primeira foi ocupada com a reunião de pais. A professora está sentada à mesa e os alunos resolvem exercícios em suas carteiras. Rosilene, a assistente de diretora, entra. A classe está tranquila, mas os alunos conversam. Ela pede licença à professora e vai até o fundo da sala, onde estão os armários. Todos ficam quietos. Rosilene fala: "Fiquei sabendo que X estava dentro do armário." Olha para o garoto, que já está sentado em seu lugar, mexe no armário e pergunta: "Se a porta tá fechada, como é que você entrou?" O aluno está quieto, parece temeroso. Rosilene força a porta e ela abre: "O que é que você veio fazer dentro do armário da professora?" O aluno não responde, parece que não é com ele. Antes de sair, Rosilene volta-se para o aluno: "depois você desce para conversar". O aluno não fala nada. Quando a porta da sala é fechada todos caem na risada. Silvana não ri, mas parece associar-se aos alunos. Rosilene abre a porta novamente, aponta outro aluno e fala: "você também". Este tinha cabulado na sexta-feira e a turma já falava em suspensão. Um aluno fala sério, dirigindo-se a Silvana: "Que é isso professora? Ela força o armário, depois quebra e vai falar que foi a gente!" Fala sério, mas ri em seguida, como que pilheriando, um comportamento adequado à moral escolar.

A aula continua. A professora solicita que os alunos com dúvidas as resolvam com ela, à mesa e individualmente. Quase todos executam a tarefa, parece que com interesse. Os intimados por Rosilene levantam e saem (não solicitam permissão à professora). Não parecem preocupados; parece até que a conversa pode ser uma coisa boa (para passar o tempo, ou ganhar prestígio). Outro aluno também levanta e sai; logo retorna.

A relação da professora com os alunos é tranquila. Na explicação individual, estes empenham-se em entender.

Silvana explica com boa vontade, apesar de aparentar cansaço (na sala dos professores, antes da aula, comia um lanche e comentava como era duro sair de uma escola e dar mais quatro ou cinco aulas à noite). Ao explicar, ela se esforça em simplificar o vocabulário.

Os alunos que conversaram com Rosilene voltam à classe. Dizem que "se não aparecer o culpado, todo mundo vai se danar". Um retruca que não tem nada a ver com o assunto e "não quer nem saber". Continuam a comentar o problema com gosto, mas parecem sentir temor por uma advertência ou suspensão. Toca o sinal para a próxima aula. [Aula da professora Janete, a seguir.]

Aula da professora Janete (Ciências — 7ª série noturna)
Número de alunos presentes: 12.

Rosilene entra com a professora (esta está reassumindo as funções, após um período de afastamento). A assistente de diretora lembra que a professora já é conhecida de todos e não precisa de apresentação. Pede a colaboração de todos para com a professora. Solicita, então, que todos os meninos desçam com ela até a diretoria, para tratar do episódio ocorrido naquele mesmo dia [v. relato da aula da professora Silvana]. Os alunos riem um tanto maliciosos; Rosilene enrubesce. Alguns reclamam: "Eu não tenho nada a ver com isso." Outro brinca: "Mas como é que a gente vai sair com a professora chegando?" Janete ri, compactu-

PROCESSO DE ENSINO E PARTICIPAÇÃO

ando com a graça da malandragem: "Quê vocês andaram aprontando?"
Um aluno responde: "Nada não, professora."

O "bagunceiro-mor" pergunta a Rosilene se iam tomar mais chazinho,
ao que Rosilene retruca: "Você vai ver o chazinho!" (As conversas com
Rosilene por problemas de disciplina são chamadas de "chazinho").
Tudo parece um misto de farsa (de uma peça do passado; a disciplina
dos alunos, o medo da diretora...) e de enfrentamento com Rosilene.
Todos descem, ficando na sala apenas as duas meninas, a professora e
a observadora. Janete senta-se, abre o livro de chamada, pergunta o
nome das alunas, pede o livro-texto emprestado. Uma das alunas é
bastante tímida.

Dois alunos retornam à classe. Milton é um deles; senta-se e fala sério:
"É, professora, a senhora vai ter que pegar firme essa classe. O pessoal
é fogo, precisa domar." Conta a ela que, antes das aulas daquele dia,
dois colegas colocaram, à força, um outro dentro do armário, trancaram
a porta e ficaram girando o armário. A professora comenta alguma
coisa e emenda: "Vocês precisam ter mais seriedade; no colegial não
vai ser essa moleza."

Os outros alunos vão chegando aos grupinhos; estão um tanto sérios.
A observadora pergunta a um deles se conseguiram resolver o assunto.
Ele fala que foi "só uma conversa". Os alunos tratam do caso como uma
novela: quais os próximos capítulos, as próximas tramas? Rosilene terá
"coragem de assumir as coisas", como fala um aluno? A observadora
se lembra de uma aula de Maria Helena Patto ("A escola é morte, as
práticas escolares são práticas de não vida.") e se pergunta: a "bagunça"
é a introdução da vida pelos alunos?

A aula não acontece; enquanto espera o retorno dos demais alunos, a
professora conversa e pergunta às alunas onde parou a matéria, no
livro-texto. O tempo não parece ser importante. A aluna tímida, sempre
quieta, espera sentada, estática, na mesma posição! Sai a chamada: são
37 alunos na lista, presentes 12. A professora chama um por um. É um
festival de "não vem mais". Os três culpados pelo caso do armário,
inclusive o que foi trancado, voltam para pegar o caderno: advertência.
Termina a chamada. E a aula.

Aula da professora Ângela (Educação Artística — 7ª série noturna)

Número de alunos em classe: 12.

Ângela propõe a continuidade do trabalho iniciado na aula passada. Devem achar uma figura, colar em cartolina, cortar e formar um quebra-cabeça. Em seguida, trocarão o material entre si e o colega deverá montar o quebra-cabeça. Ao final do trabalho, será dada uma nota.

Uma aluna trabalha no quebra-cabeça, dois meninos mexem no caderno de desenho e os outros conversam (alguns fazem lição de outra matéria). Enquanto o tempo vai passando, Ângela anota algo nas cadernetas da classe. Para um momento e avisa que na próxima semana dará nota pelo trabalho. Ninguém dá a menor importância. Ângela começa a incomodar-se com o clima: "Pessoal, olha a bagunça! A semana que vem vou olhar pra nota." Os meninos continuam conversando e Ângela retorna às cadernetas. Alguns minutos mais e ela parece angustiada com a situação. Pergunta se todos haviam terminado o quebra-cabeça, já que ninguém o fazia. Alguns respondem — em tom de gozação — que não têm material. Ângela replica: "Vocês vêm pra aula de Educação Artística sem material?" Um aluno [Nei, posteriormente entrevistado] responde: "A senhora pede material difícil!" Ângela ri, mas está nervosa (talvez a presença da observadora a perturbe). Levanta e passa uma tarefa na lousa. Já haviam feito um painel colorido; agora deveriam fazer outro, utilizando lápis preto, "já que o lápis e caderno vocês têm". Um menino replica: "Se ainda nem terminei o quebra-cabeça, como vou fazer essa lição?" Ângela responde: "Vou considerar como matéria dada."

A turma do fundo da classe continua conversando em voz alta, provocando a professora: batem o caderno na carteira, assobiam. O único menino que, desde o início da aula, trabalha quieto, copia a instrução no caderno de desenho e começa a fazer a tarefa. Outros dois (uma menina e um menino) continuam fazendo a lição de Ciências. O pessoal aumenta a "bagunça". Ângela exaspera-se, mas fala contidamente: "Pessoal, vocês não respeitam nem a Sandra [observadora] que tá na sala?" O "bagunceiro-mor" responde: "Ah! professora, jovem é jovem."

Diminuem um pouco a conversa. Um menino abre o caderno e começa a fazer a tarefa. Quando o silêncio baixa, alguém faz uma gracinha.

Ângela continua sentada à mesa, sem fazer nada; está tensa. Um menino, enfim, vai até ela para pedir orientação. A classe se aquieta. Dois meninos continuam conversando (da novela Tieta, do coronel, das rolinhas...) Toca o sinal. Alguém fala: "Já? Não vai não, professora; tá agradando."

O que a investigação mostrou é que, salvo algumas exceções, em que o exemplo mais flagrante é a aula do professor Walter, o relacionamento educador-educando se dá sem que se busque sistemática e intencionalmente a autonomia do aluno na manipulação de ideias e conteúdos significativos. Isto se verifica não apenas em virtude da utilização de procedimentos e conteúdos inadequados a uma concepção de educação emancipadora do educando, mas também pela renúncia, velada ou explícita, do professor a sua função de ensinar. Este último aspecto se evidencia, por exemplo, na atitude do professor que, por sentir-se cansado ou sem motivação para o trabalho, acaba simplesmente desperdiçando o tempo e deixando de desenvolver as atividades didáticas, como aconteceu numa aula de matemática da professora Silvana, na 7ª série noturna, assim relatada pela observadora:

A turma conversa e resolve exercícios. A professora espera, olhando o diário de classe. Faz a chamada, aluno por aluno, inclusive os desistentes. São apenas 11 alunos presentes, mas ela chama os 37 matriculados. Mais uns cinco minutos e a professora chama um aluno para verificar a lição (do livro). O aluno vai à mesa, ela dá uma olhada. Repete isso com todos e verifica que vários não fizeram. Por isso tiveram ponto negativo. Os que faltaram com a tarefa pela primeira vez ganham mais uma oportunidade. A professora pede para abrirem o livro à p. 63. Toca a sirene; termina a aula. A professora fecha o livro, pega a bolsa e sai. Eu não acredito no que acabei de assistir.

Em geral, as pessoas entrevistadas mostram-se convencidas de que a qualidade da educação escolar está muito baixa. Uma das primeiras referências é a comparação com o passado, no tempo em que frequentavam escola. D. Isabel, mãe de aluno, diz que tem pouco estudo,

O que pensam os depoentes estudou em "escola de roça nos anos [19]40", mas acha que "naquele tempo o ensino era melhor" e às vezes pensa que seja "melhor que muitas meninas que tão formada aí". Afirma ela que "é o mesmo ensino, mas o modo de ensinar parece que era diferente, se pegava melhor. Hoje modernizaram muito o ensino e, não sei, não tem, parece que não tem aquela assimilidade que tinha [...]. A criança não pega a coisa." Diz que, ao notar sua filha "contando nos dedos", ensinou-lhe a tabuada, "apesar de que, hoje, até advogado conta nos dedos". D. Rosa Maria, também mãe de aluno, afirma que estudou até a 2ª série do antigo primário, mas sabe mais do que muita gente que está concluindo o 1º grau. "Porque, hoje, eu vejo minha filha, não sabe nada; tá na 6ª série, ela não sabe a tabuada toda. E antigamente, no 2º ano, eu fazia conta com três número na chave. No 2º ano... Que hoje eu acho que nem minha filha que está na 6ª série está fazendo. Então, você não acha que esse ensino tá muito relaxado?"

Nos depoimentos dos usuários sobre a má qualidade do ensino, identificam-se os sinais dessa deficiência. Milton, da 7ª série, acha que o ensino está muito fraco e diz que "estudando aqui nessa escola, não vai ajudá nada" porque "a matéria não é uma matéria puxada, não é uma matéria forte de aprendê". Nei, também da 7ª série, concorda com Milton, dizendo que os professores em sua maioria "não sabem explicar". Esses dois alunos mais Rita, da 8ª série, na entrevista concedida pelo grupo, são unânimes em dizer que os professores não dominam minimamente o conteúdo, como o de Inglês, que não sabia falar e que chegava a ser corrigido por Rita. O mesmo grupo aponta também a incapacidade dos professores em "controlar" os alunos, como o de História, que frequentemente "abandonava a classe". Este mesmo problema é levantado na entrevista com as alunas da 8ª série, em que Sônia diz que a escola deveria ser mais "organizada", já que "os professores têm uma cara de otário e os alunos fazem o que quer". D. Rute, mãe de aluno, reclama do pouco conteúdo, dizendo que "a escola particular é bem mais forte". Maria Cristina, aluna da 8ª série, diz que a qualidade do ensino das escolas estaduais está pior do que a das municipais, em que os professores ganham mais e a merenda é igual para todos. As alunas da 8ª série, ao falarem da qualidade da educação escolar que recebem, mostram-se desamparadas com relação aos pais em geral. Para elas, o ensino na Celso Helvens não é bom e a forma como os professores estão dando aula deveria ser questionada por seus pais, "mas aqui na escola não tem isto; só eles [os professores] entregam a nota e falam como a gente tá [...]; os pais não perguntam como está os professores, como tá a direção, a merenda..." Essas mesmas alunas da 8ª série encontram problemas na não vinculação dos conteúdos à realidade imediata, citando o exemplo dos professores de OSPB: "Ele estuda a religião dos antepassados; tem que falar da gente também."

Embora sem muita frequência, há momentos em que os alunos reconhecem um ou outro professor como desempenhando com qualidade seu trabalho. Neste sentido, há referências ao professor de História, à professora Glauce, à professora Suzana e, especialmente, ao professor Walter. Maria Cristina, por exemplo, acha que a possibilidade de entendimento de um conteúdo se dá em função de certa atitude do aluno e pela disposição do professor em explicar quantas vezes forem necessárias o conteúdo a ser oferecido. Por isso, gosta do trabalho do professor de História e de Glauce, dizendo, quanto a esta última: "Eu gosto muito dela; ela explica bem; quem não souber, pergunta [...] Quanto mais ela ensinar a matéria que ela vai passar, melhor." Milton, da 7ª série, fala da qualidade do trabalho da professora Suzana: "Cê vê a professora Suzana, a aula dela é tão gostosa que às vezes ela pega uma aula e fica conversando com você, falando de filme [...]; quer dizê, o pessoal, em vez de bagunça, todo mundo prestando atenção no que ela tá falando: quando ela tá falando de filme e quando ela tá dando matéria."

Mas o professor mais elogiado por seus alunos é Walter. A fala de Maria Cristina sintetiza, de certa forma, a opinião dos alunos, quando ela diz que Walter "dá uma aula assim de igual para igual, brinca bastante, fala tudo o que a gente quer saber; sobre sexo, ele fala abertamente, não esconde nada". Quando se trata de realçar as boas qualidades de professores, a conversa se volta para reminiscências de um passado em que a Celso Helvens tinha bons docentes, sendo a mais lembrada a professora Mári. Maria Cristina, da 8ª série, diz que "a Mári contribuiu muito para a escola toda. [...] Ela conquistou todo mundo. [...] Fala bastante do partido dela, o PT; é uma pessoa bastante democrática, é superlegal." O grupo de alunos da 8ª série ouvido em entrevista também se reporta, com saudade, a Mári, "sempre trabalhando por esta escola", ela e alguns outros professores. "Agora eles saíram, tá todo mundo desanimado [...] eles eram que nem o Walter."

Entre professores e direção, a opinião unânime é também de que o ensino oferecido pela escola é de muito baixo nível, sendo a Celso Helvens apenas um caso que retrata a qualidade do ensino público. Maria Alice acredita que, pelo tipo de educação que a escola pública está oferecendo, "era melhor que acabasse com tudo". Para ela, a má qualidade dos serviços da escola pública se manifesta não apenas no baixo nível do ensino oferecido, mas também na exclusão dos alunos por ela promovida. Maria Alice retrata com tristeza o caso de um desses alunos excluídos que precisava de uma escola especial e não pôde ficar na Celso Helvens porque jogava pedra em todo mundo. Teve a informação de que, depois que saiu da escola, a mãe o trancava no quarto e ele ficava agachado o tempo todo, de tal modo que o menino ficou com as pernas atrofiadas por ficar "dois anos agachado". A diretora conta o caso quase às lágrimas, demonstrando um misto de remorso, por considerar-se indiretamente a causadora, junto com a escola, e de indignação, porque, diretamente, o sistema de ensino foi que o excluiu, porque "eu não poderia, sozinha, tentar arrumar uma escola pra esse menino". Este é um momento particularmente rico da entrevista, quando se percebe a diretora, emocionada, despir-se da condição de mera executora de normas burocráticas que o Estado procura impor-lhe para preocupar-se com o outro como ser humano concreto. Diz que a escola não está sabendo lidar com o aluno que a procura, que precisa dela, "mas também ninguém nos instrumentaliza para poder fazer isso. Com uma sala de aula, um apagador, giz e um docente formado em Carapicuíba City, ninguém vai conseguir mexer com esse fulaninho ou com essa menina que tem problema." Depois, desabafa: "Estão evadindo mesmo porque há uma inabilidade da parte da gente. E também não vai mudar tão cedo essa situação. Não vai porque ninguém está preocupado com isso."

Entre os professores, é interessante observar que precisamente aqueles que têm uma prática docente pouco estimulante ou que são criticados pelos alunos são os que, embora reconhecendo a baixa qualidade do ensino, tendem a imputá-la muito mais à "clientela", enquanto os considerados bons professores buscam as razões na própria prática docente. Entre os primeiros, encontram-se as professoras Ângela e Leda. Ângela comenta que os alunos apresentam muita dificuldade de assimilação e a maioria não tem interesse no estudo. Critica seu desempenho e diz que, com o que aprendem, não possuem nenhuma condição de "entrar numa USP". Sua solução para os alunos que não querem estudar: "Ou você realmente vem e faz, ou você não precisa vir mais. Porque aí eu acho que é um jeito de forçar mais o aluno." Não se dá conta de que esta pode ser também uma boa maneira de esvaziar a escola. Quando, todavia, analisa sua situação de estudante, a professora explica a baixa qualidade do ensino revertendo a ênfase do desinteresse do aluno para o despreparo do professor. Ao se referir a seu professor de Matemática, Ângela diz: "Porque o meu professor, ele não dava nada, ele enrolou o ano inteiro." Já Leda compara a rede pública com a particular e diz que nesta o ensino é melhor, mas não por causa dos professores, que ela considera, em alguns casos, até piores do que os da escola pública, mas porque atende uma "clientela melhor". Diz que ela mesma utiliza recursos didáticos em maior diversidade que a professora de seu filho, já que, enquanto esta "só explica" a matéria, ela, Leda, faz uso de outras estratégias além da aula expositiva. Entretanto, a julgar pelas observações feitas em duas de suas aulas, a realidade contradiz inteiramente sua afirmação, o que pode ser sentido a partir do relato de uma dessas aulas, apresentado anteriormente. Numa postura diversa desta apresentada por Ângela e Leda, o professor Walter, muito elogiado por seu modo de ensinar, preocupa-se não em culpar os alunos pelos problemas de aprendizagem, mas em buscar no professor a melhor forma de superar as dificuldades em direção a um ensino significativo. Por isso, mostra-se preocupado com o tipo de relação pessoal que adota com os alunos, dizendo que "educar é você não só ser professor; é você ser amigo, e você ter um papel liberal, você ter liberdade de conversar com eles sobre tudo, acabar com o preconceito de que você é o professor e ele é o aluno". Em função de sua experiência pessoal, fala emocionado a respeito das dificuldades inerentes ao processo de escolarização dos alunos do bairro, onde ele próprio mora, e diz que consegue captar as angústias dos alunos porque ele mesmo passou por elas para chegar ao ensino superior. Walter preocupa-se com a possibilidade de uma apropriação do saber por parte das camadas trabalhadoras; por isso, considera importante que os alunos desenvolvam o raciocínio, a ponto de perceberem as relações entre o que estão estudando e a realidade, bem como entre os diferentes acontecimentos desta mesma realidade. Em função disso, acha que o conteúdo é relevante, mas é preciso estar muito atento também à forma pela qual se propicia a apreensão desse conteúdo:

> O professor não é aquele cara que enche a lousa de matéria, só. É importante você ter conteúdo, mas é importante o jeito com que você passa esse conteúdo, porque não adianta nada você ter o caderno cheio e a cabeça vazia. "Eu prefiro ser aquela metamorfose ambulante, do que ter aquela velha opinião formada sobre tudo."

Há momentos em que a crítica de alguns alunos à qualidade do ensino soa mais como lamento do que como simples reclamação, denotando o amor-próprio ferido em virtude de sua escola não corresponder ao orgulho que gostaria de sentir por ela.

Orgulho ferido Durante a discussão sobre os problemas da escola, Marcelo, da 4ª série, se dá conta do significado de estar criticando a própria escola e chama a atenção para isso: "É que nós falá que tá... que é uma escola mau, é a mesma coisa que falá 'essa minha casa é uma casa feia, é um lixo'." Em conversa informal com alunos da 8ª série, um deles diz que "esta é um caco velho, a pior escola do bairro".

PROCESSO DE ENSINO E PARTICIPAÇÃO

Nesta e em outras manifestações de alunos, pôde-se perceber, aliado à crítica irreverente, certo despeito por a escola não ter a qualidade e o prestígio que gostariam que tivesse.

Aspecto significativo para a apreciação da qualidade do ensino é a maneira como se processa, no interior da escola, a avaliação do rendimento escolar dos alunos. Do que se pôde aferir, conquanto a tradicional prova escrita pareça ser o único instrumento de avaliação, não existe na Celso Helvens uma postura comum dos professores a respeito do assunto, variando os procedimentos, desde o abrandamento das exigências como forma de "passar" o aluno para a série seguinte, até a intransigência na utilização da avaliação como recurso para punir o aluno. Dificilmente, porém, se percebem indícios de um processo avaliativo que vise à real verificação do grau em que os objetivos foram atingidos, com vistas à correção de rumos e à melhoria do processo didático. Dessa forma, embora todos considerem a escola ineficiente, inexiste um parâmetro rigoroso e confiável para se aferirem as dimensões dessa ineficiência. Outra implicação da falta de um processo consistente de avaliação é que, mesmo sobre a pequena proporção de alunos que recebem o certificado de conclusão do 1º grau, não se pode assegurar que tenha alcançado a assimilação daquele mínimo de saber que a escola, por sua avaliação, afirma ter assimilado.

A avaliação do rendimento escolar

A medida do formalismo e da intransigência na avaliação pode ser percebida no caso da aluna Maria Cristina, da 8ª série, que ficou com nota zero em Geografia porque estava doente no dia em que o professor deveria entregar a nota à direção. Mesmo sendo considerado excelente o desempenho da aluna, o professor não levou em conta sua trajetória durante o ano, limitando-se a expressar a tristeza por ter de lhe dar um zero. Caso semelhante ocorre com Flávio, da 6ª série, que, como relatou o sr. Roberto, seu pai, teve uma nota baixa porque se enganou ao copiar uma questão na lousa que a professora apagou enquanto ele anotava. "Mas a professora disse que foi até bom ele tê pegado aquilo ali, pra ele recomperá na frente dos outro até o fim do ano. Qué pru mode ele tirá aquela nota mau que ele pegô."

A adoção de critérios mais elásticos que permitam maior aprovação de alunos ao final de cada ano letivo também parece fazer-se presente de forma significativa na EEPG Celso Helvens. Segundo algumas pessoas da escola, a própria direção estimula de forma mais ou menos velada esse abrandamento dos critérios de avaliação. Embora nem sempre explicitado, o motivo mais significativo para fundamentar essa atitude parece ser a crença de que, com critérios rigorosos, pouquíssimos alunos seriam promovidos. A professora Glauce é uma das que defendem esse procedimento, declarando: "Eu batalho no sentido assim de não repetir ninguém." Diz que, mesmo quando tem de reprovar alguém que não teve mesmo condições de passar de ano, fica com "problema de consciência" porque fica pensando:

> Será que esse garoto, se tivesse uma 8ª série, não ia arrumar um emprego no banco, não ia arrumar um emprego não sei onde? E o fato de eu estar barrando numa disciplina, matemática, que é uma disciplina acadêmica, né, que na verdade é feita pro filho de cara de classe média — essas crianças deviam estar num curso profissionalizante, né, e tão aqui — será que eu não vou tá tirando a possibilidade da criança?

A sequência da argumentação de Glauce encaminha-se para uma justificação do aligeiramento do conteúdo oferecido às camadas populares. Essa argumentação não dá conta da grave discriminação social que provoca esse "barateamento" do ensino; mesmo assim, parece estar muito presente no discurso e na prática de nossas escolas públicas. Diante da situação de um aluno de baixo rendimento escolar, mas de condição pobre, "com a família até passando fome", Glauce pergunta: "E daí? Você barra um menino desses? Você tira a possibilidade de uma pessoa dessas ter diploma?" Ela compara a Celso Helvens com a escola municipal onde também dá aulas e que atende a população de maior poder aquisitivo, argumentando:

O "aligeiramento" do ensino

> Lá, você sente que o seu trabalho funciona, né. Porque você cresce dentro do trabalho, etc. e tal, porque você rende, você dá mais coisa, isso e

aquilo. Aqui, eu me limito a ensinar as coisas mais importantes que eu sei que eles vão precisar no dia a dia, entendeu? Eu sigo a programação, mas, dentro da programação, eu dou uma enxugada na programação.

Disciplina

Quando se procura avaliar a qualidade do ensino, não tomando como parâmetro apenas o montante de conhecimento adquirido pelo educando, mas considerando a educação também no sentido da formação do cidadão livre, capaz de se relacionar socialmente, pautando-se pelo desenvolvimento do respeito mútuo e da convivência cooperativa com seus semelhantes, uma das questões que deve merecer interesse especial é a maneira como se lida, no interior da instituição escolar, com o chamado problema de disciplina. Na EEPG Celso Helvens, a indisciplina dos alunos em aula é considerada por quase todos como um dos problemas fundamentais da escola. Esse diagnóstico está tão introjetado no pensamento dos professores que a maioria deles dificilmente se refere aos alunos sem ressaltar sua característica de "bagunceiros", não faltando os relatos de casos com comportamentos reprováveis por parte dos estudantes. Reportando-se à disciplina dos alunos do noturno, Rosilene afirma que "eles xingam, chegam até a ameaçar bater no professor. Eles agridem o professor, desrespeitando-o enquanto ser humano, xingando palavrão. Chama a professora de 'bagaço'. 'Eh! sua velha, você não sabe dar aula; devia ter ficado em casa.'"

Rosilene conta que houve um caso de aluno que, diante da insistência da professora de Educação Física para que ele lhe devolvesse a bola, disse que se ela insistisse ele iria lhe "dar uma porrada". "Segundo eles falam aqui, diz que eles dão mesmo." Comenta que durante o dia há menos agressividade, mas o desinteresse é igual. Diz que os alunos "brigam em sala de aula, assim, de tapa, com colegas, com a professora presente." "Você tem que implorar pro aluno pra eles cumprir suas obrigações."

A professora Sônia Regina, em sua entrevista, conta o caso de um aluno seu que fez explodir uma bomba dentro da classe.

Ele, quinta-feira passada, ele me solta uma bomba dentro da sala de aula; eu pensei que fosse explodir; eu entrei em pânico e as crianças também, a escola inteira entrou em pânico [...] Eu, por exemplo, não tinha a quem recorrer e não tinha o que fazer com ele. A direção não estava, sexta-feira a direção também não estava. Quer dizer, fica difícil o seu trabalho porque você não tem respaldo, né. Você chama a mãe, conscientiza a mãe, a mãe sabe do filho que tem, mas de repente ela prefere jogar pra você porque ela também não sabe como resolver.

Sônia acha que esse aluno, que já tem 14 anos e está há sete anos na 2ª série, está desestimulado diante de uma classe com crianças bem mais novas. Diz que já recomendou à mãe para matriculá-lo num curso supletivo e pô-lo para trabalhar. Estranha também que a diretora não tome providências, porque ele já não está mais na idade legal de estar no ciclo básico. Diz que o menino fuma maconha e, com seu comportamento, dá mau exemplo para as crianças menores. Durante a entrevista com Jorgina, dias depois desse relato, Sônia Regina, que ouvia na sala ao lado, intervém para dizer que pediu uma punição ao aluno por conta do ocorrido, mas que ele só foi chamado à atenção na presença da mãe e já voltou à aula. A direção, na reunião que teve com o aluno, Sônia e a mãe, disse apenas que "na próxima vez" ele seria suspenso. Sônia acha que o aluno precisaria ter pelo menos uma suspensão de dois dias já, para começar a respeitar um pouco, porque, se não é punido, ele continuará "fazendo coisas". Acredita que o problema desse aluno é a falta de trabalho, pois quando trabalhava ele era o melhor aluno. Algum tempo depois, ficamos sabendo, a partir de relato de d. Júlia (ver, no capítulo anterior, item 4 "Relações interpessoais"), que o caso acabou se resolvendo e o aluno transferindo-se para um curso supletivo.

Maria Alice entende que os professores devem resolver os problemas de indisciplina, tanto quanto possível, no interior da sala de aula. Por isso procura desestimular a prática de tirar o aluno da aula. Antecedendo as páginas do Plano Escolar de 1989, há um "Comunicado aos professores", feito pela direção, cujo item 8 diz o seguinte:

Casos de indisciplina: Evitem mandar o aluno para fora da sala de aula. Tentem o diálogo, explicações, etc. Caso seja de todo impossível mantê-lo em sala, peçam o *Caderno de Advertência* que está na diretoria e relatem o ocorrido, por *escrito*. A Direção só tomará providência a partir deste relato escrito. (grifos no original)

Jorgina considera os alunos muito indisciplinados e reclama uma punição mais rigorosa por parte da diretora, que ela considera pouco firme diante dos alunos, não tomando providências mais drásticas mesmo nos casos mais graves, em que, como ela conta, há brigas sérias e mesmo facadas entre estudantes. Mas acha que Maria Alice age assim porque "tem medo da comunidade; ela tem medo de uma repressão maior, depois, da parte deles [...]: destruição do prédio, agressão física à pessoa dela..." Todavia, não concorda com isso porque, "se continuar assim é pior, porque [...] eles não têm limite da coisa [...] eles não vão ter a escola como uma escola, eles vão ter a escola como uma rua, que lá eles fazem como eles entendem; ninguém repreende, não acontece nada".

A adoção de punições mais duras é cobrada também da assistente de diretora. Ângela, que leciona no noturno, comenta que um aluno passa "cantada" nas alunas e nela também. "Ele fala muitas besteiras." Declara seu medo dos alunos e as dificuldades que encontra em "impor respeito". Conta que, na semana anterior, surpreendeu um aluno fumando maconha na classe e que ficou surpresa e sem reação. Depois, conversou com Rosilene, que responde pela direção à noite, pedindo orientação, mas esta recomendou que não tomasse providência nenhuma "por enquanto". Ângela reclama que a assistente de diretora só conversa com os alunos, ameaça com suspensão, mas não aplica, temendo represálias (depredações, ataques pessoais) por parte deles. Diz que, assim, os alunos acabam não respeitando nenhuma regra, pois sabem que não serão punidos.

Quando as pessoas se põem a falar sobre os casos mais graves de indisciplina, elas o fazem como se fosse um comportamento generalizado do corpo discente. Entretanto, quando se procura saber com maior detalhe, percebe-se que um ou outro acaba ganhando uma generalização por conta do impacto que teve sobre o próprio depoente que, quando alertado por meio de uma pergunta mais objetiva, reconhece que apenas uma pequena minoria de alunos apresenta problemas sérios. A servente Aparecida é uma das que começam a se referir ao grande problema de disciplina existente na Celso Helvens como se fosse algo generalizado. Em conversa informal, comenta que já tem 25 anos de trabalho e começou como servente na EEPSG Miguel dos Santos, que é a escola mais antiga do bairro. À pergunta sobre se os alunos de hoje são melhores que os de antigamente, nega enfaticamente e conta como os alunos eram diferentes, "tinham respeito". Quando alguém entrava na sala de aula, eles levantavam. Hoje as crianças não respeitam ninguém, não têm educação, "principalmente os desta escola". Compara os alunos da Celso Helvens com os de outras escolas vizinhas, salientando que a Helvens trabalha com os alunos mais "carentes". Segundo ela, o que falta é educação: "eles não têm família". Mas, perguntada se é a maioria dos alunos que têm esse problema, ela acaba negando: "São alguns só." Sobre os tipos de problemas mais apresentados, afirma: "O normal. Criança é bagunceira mesmo." A entrevistadora comenta, então, que acha as crianças até tranquilas, observando que a escola está bem cuidada e as crianças não jogam lixo no chão (era hora da merenda e os alunos comiam banana e jogavam a casca numa caixa). Aparecida diz que foram eles, serventes, que ensinaram isto, porque "eles jogavam tudo em qualquer lugar". Diz também que os que não são alunos é que depredam e invadem a escola. Indagada se antigamente já existia esse tipo de problema, Aparecida confirma dizendo que "maldade sempre existiu [...] Imagina que no 'Miguel', uma vez, cagaram dentro da gaveta da diretora!..."

A concepção de que os alunos são em geral indisciplinados leva a que, na relação com os pais, a característica de "bagunceiro" de cada estudante seja a mais salientada pelos professores. Ou porque já tenham uma ideia mais tradicional a respeito da relação de submissão que deve pautar o contato da criança com o adulto, ou porque o discurso dos professores tenha influenciado sua visão sobre o comportamento do corpo discente, certos pais apresentam opinião sobre o problema

PROCESSO DE ENSINO E PARTICIPAÇÃO

da disciplina na escola muito semelhante à dos professores. Este é o caso do sr. Roberto, em cuja visão tradicional de educação e de respeito aos mais velhos, trazida da região rural do Nordeste, parece ter encontrado terreno fértil a concepção da escola sobre a indisciplina das crianças. Perguntado se concorda com os professores que, na reunião de pais, costumam dizer que os alunos são "bagunceiros", sr. Roberto afirma que sim, que os alunos são realmente "bagunceiros": "Demais até; demais até." Diz que o certo, quando há uma reclamação do filho, é não acreditar na criança, mas no adulto, e procurar aconselhar e corrigir a criança. Mas isso não acontece, já que os pais recebem reclamação e, em vez de agirem assim, vão reclamar com a escola, o que não acha certo: "[...] eu vejo pai de família que o filho apronta bagunça, faz, desfaz, recebe uma queixa daquela criatura, conforme seja de uma escola, e ele ainda vai lá brigar com a professora, [...] a mãe daquele menino vai lá brigar com a professora e xingá aquela professora. Eu já vi nessa escola." À pergunta sobre por que o aluno desrespeita o professor, o sr. Roberto responde:

> O senhor me desculpa eu falá, não sei não, não tenho uma mínima ideia, mas eu acredito mais que seje uma historização de pai e mãe. Porque se ela mandasse um recado pra o pai, ou pedisse pro pai ir lá pra justificar uma falha do filho, o filho amanhã não voltava fazendo o mesmo serviço. Mas o pai vai, quando chega lá, o certo é o filho...

Por sua vez, a diretora mostra-se cética sobre os resultados que pode trazer a medida de falar com os pais sobre a disciplina dos filhos: "Cinco anos eu estou aqui, cinco anos isto é feito e eu não vejo melhora de atitude substancial." Também não acredita em punições severas que envolvam suspensão ou expulsão de alunos. Diz que a punição que tem adotado é no sentido de fazer o aluno permanecer na escola, porque mandar embora não é castigo, mas prêmio. Por isso, determina aos alunos indisciplinados que desenvolvam atividades na própria escola. Diz que as crianças adoram atividades manuais como varrer, limpar e arrumar, mas detestam se lhes mandam ler um livro ou fazer qualquer atividade intelectual. Esse comportamento das crianças parece confirmar o ponto de vista de Rosilene, quando esta diz que a escola trabalha muito no abstrato e há a necessidade de maior manipulação de materiais concretos: "Eu acho que até iria diminuir a agressividade deles."

Contrastando com a opinião geral, a professora Glauce revela que tem boa relação com os alunos, procurando tratá-los de igual para igual e não tendo problemas de disciplina. Acha os alunos "uns amores", diz que eles não são violentos, mas calmos, e que às vezes os considera "até cordatos".

Os alunos da 7ª e 8ª séries reportam-se à indisciplina que há em classe, fazendo observações acerca de suas causas, que parecem escapar à percepção da maioria dos professores. Rita, da 8ª série, diz que é quase impossível assistir às aulas, devido à "conversa" dos alunos. Indagada sobre os motivos que levam os alunos a fazerem barulho em aula, diz que são o desinteresse pela matéria e o fato de os alunos não gostarem dos professores. "Eu mesma não gosto de professores que eu não me adapto com eles e saio de classe." Milton também se refere ao barulho em classe e afirma que, quando o professor impõe respeito, os alunos não conversam e assistem à aula. A fala de Nei, da 7ª série, aponta para a consideração da indisciplina em classe como produto da necessidade de socialização dos alunos: a maioria trabalha, "fica o dia todo sem se vê" e as aulas são um espaço para "brincar um pouco". Nei é tido como "bagunceiro" e, nas aulas observadas na 7ª série noturna, conversava bastante em classe. Na entrevista, tenta passar uma imagem de aluno conversador, mas aplicado (não tem "nenhuma nota vermelha", afirma). Diz que o fato de os alunos fazerem barulho com conversas não quer dizer necessariamente que não estejam prestando atenção à aula. "Eu converso prestando atenção [...]; que nem Matemática: tô conversando, mas tô prestando atenção nos problemas." Os três alunos se reportam a Mári e a outros professores que saíram da escola na mesma ocasião que ela, para elogiarem o tratamento "adulto" que recebiam desses professores e para afirmar que, pela forma de ensinar, eles despertavam o interesse pela matéria e não tinham problema de disciplina. Rita,

PROCESSO DE ENSINO E PARTICIPAÇÃO

Milton e Nei concluem que a principal causa da "bagunça" dos alunos são a forma e o conteúdo das aulas: como os professores não ensinam direito, os alunos "bagunçam".

Embora eu não pretenda aprofundar a análise acerca das múltiplas formas pelas quais se manifesta o autoritarismo no interior da unidade escolar, parece-me relevante fazer pelo menos **Autoritarismo, punições** algumas referências ao "autoritarismo explícito" que se observa em atos ou palavras no dia a dia da escola. Um dos momentos em que esse autoritarismo se explicita é na maneira como o professor dirige a palavra ao aluno. Rita, da 8ª série, diz que alguns professores, como Silvana, que sempre "conversa dando bronca", tratam os alunos "de um jeito vulgar; fala assim: 'Você não aprendeu isso, eu não vou explicar mais a matéria.'" A diretora também menciona os casos de professores que tratam mal os alunos: "'Menino, você é sujo, imundo, horroroso, cheira mal, vai pra fora, não para.' Já tivemos casos gravíssimos por aqui." Com os alunos mais velhos, esse tratamento acaba, às vezes, gerando conflito em virtude da reação dos alunos. Com relação aos mais novos, entretanto, parece que a pior consequência são os prejuízos que esse comportamento acarreta à formação de um autoconceito positivo por parte da criança. Exemplo mais gritante de indução a um autoconceito negativo é dado por d. Júlia, mãe de aluno, que relata o caso de uma professora da escola que, porque uma criança não fez a lição do modo que ela havia determinado, "então ela mandou o aluno escrevê que era bobo". Por conta disso, a tia do menino, que tinha sido professora, foi até a classe do sobrinho e "falou um monte de coisa de palavrão" com a professora.

Embora seja rara a apreensão imediata do autoritarismo que se consubstancia na atitude dogmática do professor diante de determinado conteúdo ou da forma de apropriá-lo, há casos em que sua explicitação fica ao alcance da percepção do aluno. Rita, da 8ª série, diz que "a professora de Matemática, a Glauce, eu aprendi de um jeito na outra escola, eu levo pra ela o resultado certinho, ela faz eu apagar tudo e fazer do jeito que ela ensinou. Pra quê isso?"

Não obstante as pessoas da escola, de modo geral, não demonstrarem uma consciência do autoritarismo implícito nas formas de organizar o tempo e o espaço para a aprendizagem, um aspecto que se impõe por sua presença incomodante é o sinal que marca o início e o final de cada aula. Trata-se de uma sirene tão estridente e em volume tão alto que é difícil acreditar que mesmo as pessoas habituadas à vida na escola não se espantem a cada vez que ela soa. Embora não seja frequente a referência a essa sirene nos discursos das pessoas entrevistadas, o professor Walter reporta-se a ela dizendo que "de repente, o sinal é uma coisa que assusta; parece uma penitenciária".

A porção mais visível do autoritarismo presente nas relações professor–aluno no interior da Celso Helvens evidencia-se sob a forma das punições infligidas às crianças, que são assim justificadas por Jorgina, inspetora de alunos: "Eu acho que a criançada, tanto os pais de alunos, têm que saber que a escola é pra educar; a punição faz parte da educação, que a criança tem que saber até que ponto ela pode ir." Acha que, se a criança, ao xingar uma professora, por exemplo, fosse imediatamente punida, ela entenderia que a escola é um lugar onde se aprende a educação. Os alunos da 2ª série contam que, quando as crianças fazem muito barulho, a professora ameaça chamar a diretora e aí "todo mundo fica quietinho". Rafael, da 4ª série, diz que, quando era aluno da professora Leda, esta batia nas crianças: "puxava a orelha e dava reguada". A professora Mári confirma a existência de agressão física ao aluno, por parte dos professores, no tempo em que ela trabalhava na Celso Helvens. Rosângela, da 2ª série, diz que, quando frequentava a 1ª série, sua professora, Maria Diva, costumava bater em criança que fizesse xixi na sala. Rosângela relata também o caso de um aluno que havia saído da sala "pra fazer xixi" e foi pego brincando no pátio por sua atual professora, Sônia Regina, que não deu mais licença para ele sair da sala durante as aulas e, em consequência disso, a criança "fez xixi na classe mesmo". Rosângela afirma que Sônia Regina bate na mesa com a vara, ela se assusta e faz a lição. Diz que isto é bom porque a professora, em vez de bater nela, bate na mesa. Mas Gerson, da mesma classe, diz que "tem vez, né Rosângela, que a tia prega pau ni mim, né. Pá! Tem vez que eu choro e aí eu não faço lição." Rosângela revela que "um dia, ela deu uns tapa na minha cara". Ao ficar sabendo do ocorrido, sua mãe lhe disse: "Ó Rosângela, se ela bater mais uns tapa na tua cara, você fala assim: 'Eu vou contá pra minha mãe.' Cê não vai chorá."

Se a ocorrência de práticas de violação da integridade física das crianças por parte de alguns educadores é, por si só, reprovável do ponto de vista de uma concepção que reivindica relações humanas de cooperação e respeito mútuo entre as pessoas, a situação se mostra ainda mais grave quando se sabe que essas práticas convivem com a omissão de outros educadores, que se mostram indiferentes a elas. Embora não possa delimitar com precisão as dimensões dessa conivência, pude perceber, pelas manifestações dos depoentes no decorrer desta investigação, que elas não se restringem aos professores, mas se estendem também aos pais de alunos, indicando fazer parte de uma concepção de mundo disseminada no senso comum, segundo a qual às crianças se devem reservar direitos mais limitados do que aos adultos. Mesmo o sr. Roberto — que, por todas as demais evidências, pareceu-me pessoa extremamente carinhosa com seus filhos — apresenta sinais desse modo autoritário de ver a educação. Ao ser solicitada sua opinião acerca do castigo físico e sobre o direito de os professores baterem nas crianças, sr. Roberto diz que "o tempo antigo existia isso, mas hoje não tem mais essa lei". Acrescenta que os alunos são muito "bagunceiros", desrespeitam os professores, parece que nem têm pai e, por isso, "as professoras, numa certa parte, têm mais do que razão" em castigá-los. Mas a defesa mais radical do recurso à punição física encontra-se na fala de d. Rosa Maria, para quem o problema da escola parece resumir-se na falta de disciplina dos alunos e no pouco pulso que os professores têm para controlá-los. Por isso, acha que os professores têm que castigar os alunos indisciplinados, bater com palmatória e pô-los "ajoelhados no grão de milho". "Escuta, antigamente não era assim? Não existia palmatória? E por que que hoje não? Por que que hoje está uma coisa dessas nas escolas?" Sugere que o delegado de ensino deveria estabelecer tal procedimento de punição (estaria ela pensando no delegado de polícia?), depois acrescenta:

Se antigamente tinha, por que agora não pode ter? E você pensa que eu ia achar ruim se pusessem minha filha de joelho no grão de milho e dessem umas palmatórias na minha filha? Eu não ia achar ruim, não. Porque minha filha sairia gente dali de dentro. Entendeu? E os alunos de hoje em dia não sai nada de dentro de uma escola.

A diretora da escola relata um episódio dramático de utilização da violência por parte de uma mãe. Trata-se de d. Júlia, entrevistada durante a pesquisa de campo. Maria Alice conta que um filho de d. Júlia, que estudava à noite, muito quietinho e de quem a diretora gosta muito, veio à escola durante o dia jogar bola. D. Júlia, que mora bem próxima à escola, veio buscá-lo e surrou-o diante de todos.

Eu escutei uns tapas e uns gritos. Mas tapas altos: plá! plá! E eu saí correndo [...] Quando eu cheguei, eu vi o final. Ela estava batendo, ela estava espancando esse menino porque ele tinha vindo pra escola sem avisá-la e ela tinha pedido que ele ficasse em casa olhando não sei o quê, tal, que não era permitido que ele viesse... Quando ela me viu, ele, tudo aquilo que ela falava nas reuniões, ela acho que viu no meu rosto. Eu falei: "D. Júlia, o que que a senhora está fazendo!?" E o menino gritava "Pelo amor de Deus! Pelo amor de deus, d. Maria Alice! [...] Que vergonha!" (porque ele é um moço de 16 anos) "Que vergonha, que vergonha!" Eu falei: "D. Júlia, o que que é isso!?" e tal. E ela continuou espancando o menino, mas assim: socos, tapas. Aí ela disse: "A senhora me desculpe; eu tô muito nervosa e desconcertada e eu preciso endireitar esse menino."

Esses exemplos não devem servir, todavia, para levar à falsa conclusão de que essa concepção autoritária seja monopólio das camadas mais pobres da população nem tampouco que aí tal visão se manifeste de forma mais intensa que nas camadas mais privilegiadas. Mas, embora não se possa precisar com segurança a proporção em que o senso comum está perpassado por essa concepção autoritária, o fato incontestável de ela aí se fazer presente deve levar-nos a refletir a respeito das implicações que isso traz para um projeto de efetiva

PROCESSO DE ENSINO E PARTICIPAÇÃO

participação da população na escola. Vale destacar, a esse respeito, as perspectivas que uma tal participação, que suponha o confronto democrático de opiniões e interesses contraditórios, pode trazer para a explicitação, a crítica e a superação de uma concepção autoritária de educação. Entretanto, para que isso assim se dê, é bom que se tenha presente que, nem por serem oprimidos e explorados, os componentes das camadas populares estão imunes à adoção de concepções e práticas autoritárias próprias de pessoas e grupos dominantes. Com relação à educação de nossas crianças — por incrível que possa parecer, diante de todos os avanços da pedagogia, que vêm demonstrando, à exaustão, a imprescindibilidade da afirmação do educando como *sujeito* no ato de aprender —, ainda se faz necessário reivindicar, no campo político, que a criança, da mesma forma que o adulto, tenha direito a um tratamento não autoritário, que respeite sua integridade física e moral.

Uma importante dimensão do autoritarismo no interior das escolas, que deve determinar em boa medida o comportamento do professor, é a contradição que se verifica entre, de um lado, o que pregam as teorias pedagógicas modernas, que enfatizam a condição de sujeito do educando e a necessidade de uma relação professor—aluno não autoritária e, de outro, a tendência autoritária do professor que é gerada socialmente. Embora haja professores para os quais esse conflito se resolve em favor de um comportamento que privilegia a relação convictamente democrática entre educador e educando, há muitos que, mesmo evitando um comportamento explicitamente autoritário, o fazem sem estarem inteiramente convencidos, procurando apenas evitar conflitos com o discurso democrático que os circunda. A professora Maria Lídia ilustra, de certa forma, esta última situação, quando afirma:

> Tá desse jeito, de uns tempos pra cá, depois que começou com uma história de psicologia moderna, que adolescente não podia ser corrigido, e muitos pais têm uma cabeça... A gente tem que tomar cuidado com o aluno. [...] Porque os pais podem até ir lá reclamar que a gente ofendeu o filho dela.

Este tema foi discutido com a professora Mári, que tem um interessante ponto de vista a respeito. Segundo ela, "o discurso paralisa as pessoas que são autoritárias e elas ficam sem referencial pra lidar com o aluno e daí começa a ter problema de limite na relação. E, aí, a coisa se volta dizendo: 'Olha, isto não dá certo; é anarquia'..." Esta fala sintetiza o pensamento de Mári acerca do assunto. Diz que, com o discurso mais democrático e liberal que vai contra a repressão em sala de aula, que prega que o professor não pode bater no aluno, não pode usar nota como arma, tem de permitir a expressão do aluno, etc., o professor autoritário fica sem saber o que fazer, porque não sente mais a liberdade de tratar o aluno do modo que tratava antes. "Ele se sente, sei lá, um pouco fiscalizado. Mas é uma pessoa que não foi convencida" e, por isso, não sabe como lidar com o aluno sem o recurso que tinha antes. Assim, "volta e meia manda o aluno pra diretoria. E a gente discutia isso com a Maria Alice: 'Olha, Maria Alice, não dá; professor tem que assumir dentro da sala de aula.' [...] Se eu estou sempre transferindo, você acha que o aluno vai respeitar por quê, se ele percebe que eu tô transferindo autoridade?"

Dessa forma, Mári acha que, se o professor não sabe como exigir, se não tem claro o limite por si, também o aluno fica perdido sem saber até onde pode ir, porque é a primeira vez que ele pode falar, manifestar-se; e é comum também que, no início, ele se exceda: ameaça, desrespeito, etc. Então, quando cai nesses casos extremos, o professor alega que assim vira "bagunça" e a solução é voltar ao autoritarismo. Completa Mári: "E o que o pessoal não entende é que você resolve esse problema é com a sua própria proposta de trabalho."

Capítulo IV

A COMUNIDADE E A PARTICIPAÇÃO NA ESCOLA

Com relação aos condicionantes da participação[1] da comunidade externos à unidade escolar, pode-se afirmar que, *grosso modo*, essa participação é geralmente determinada pelos seguintes elementos: 1) os condicionantes econômico-sociais ou as reais condições de vida da população e a medida em que tais condições proporcionam tempo, condições materiais e disposição pessoal para participar; 2) os condicionantes culturais ou a visão das pessoas sobre a viabilidade e a possibilidade da participação, movidas por uma visão de mundo e de educação escolar que lhes favoreça ou não a vontade de participar; 3) os condicionantes institucionais ou os mecanismos coletivos, formalizados ou não, presentes em seu ambiente social mais próximo, dos quais a população pode dispor para encaminhar sua ação participativa.

---

1. Aqui é bom lembrar a concepção de participação que assumi desde a Introdução deste trabalho, ou seja, participação na tomada de decisões. Isso não elimina, obviamente, a participação na execução; mas também não tem esta como fim, mas sim como meio, quando necessário, para a participação propriamente dita, esta entendida como partilha de poder. Essa distinção é necessária para que não se incorra no erro comum de tomar a participação na execução como um fim em si, quer como sucedâneo da participação nas decisões, quer como maneira de escamotear a ausência desta última no processo (PARO, 1992, p. 40).

Procurarei examinar, no presente capítulo, a presença e a ação desses condicionantes, começando por considerar os movimentos de bairro cuja ação se faz presente na região servida pela EEPG Celso Helvens.

1. Os Movimentos de Bairro e a Escola Pública

Como adiantei no capítulo I, a Vila Dora, onde se localiza a EEPG Celso Helvens, encontra-se sob a influência mais direta de duas socie-

A busca de serviços coletivos

dades amigos de bairro, um conselho popular e um "centro comunitário". Apesar de sua diversidade de atuação, o que esses "movimentos" parecem ter em comum é sua luta para conseguir que as parcelas da população que "representam" tenham acesso aos serviços coletivos de que necessitam para sobreviver. A necessidade cada vez mais imperiosa do usufruto desses serviços por parte da população assalariada tem a ver com a maneira como se dá a própria reprodução da força de trabalho na sociedade capitalista. Podemos dizer, com Tilman Evers et al., que essa reprodução é portadora de um duplo significado: a) *"reprodução da mercadoria força de trabalho,* no sentido de uma disponibilidade contínua de força de trabalho, na quantidade e qualidade necessárias, e em condições rentáveis" e b) *"reprodução individual,* normalmente organizada nas sociedades capitalistas sob a forma de *reprodução familiar"* (EVERS et al., 1985, p. 121-122, grifos no original). Em sociedades capitalistas, como afirmam esses mesmos autores, tais significados "representam interesses opostos, ainda que simultaneamente inter-relacionados e interdependentes" (p. 122). Assim, enquanto a reprodução individual interessa ao próprio assalariado, a reprodução da mercadoria força de trabalho interessa ao capital, pois somente a partir dela é possível a produção do valor e, consequentemente, do excedente apropriado pelo capital. Entretanto, a primeira reprodução não pode dar-se sem a segunda. O caráter de mercadoria da força de trabalho

A COMUNIDADE E A PARTICIPAÇÃO NA ESCOLA

confere aos próprios vendedores a responsabilidade por sua reprodução: "são eles que devem preocupar-se em manter a sua força de trabalho a um nível de qualificação vendável, tratando-se da sua única propriedade e, portanto, de sua única possibilidade de participação da riqueza da sociedade" (p. 122). Por isso, o interesse da pessoa por uma adequada *reprodução individual* implica a obrigatoriedade de reproduzir a própria *força de trabalho*. "Sob essa obrigação encontram-se também aqueles que não vendem a sua força de trabalho aos capitalistas, mas se reproduzem como trabalhadores (formalmente) independentes (do engraxate ao advogado)." (p. 122)

A necessidade cada vez mais vital, para os assalariados, do acesso aos serviços coletivos está associada à tendência, presente na sociedade capitalista, de os salários remunerarem apenas a parcela dos "meios de reprodução" que podem ser produzidos e comprados como mercadorias e que compõem os *meios de consumo individual*, como vestuário, alimentação, etc.; o restante dos meios reprodutivos, por serem impossíveis ou desvantajosos de se produzirem como mercadorias, são delegados ao Estado e organizados como *meios de consumo coletivo* (cf. EVERS et al., 1985, p. 122-123). Acontece, porém, que esses meios de consumo coletivo são arcados pelo Estado a partir do pagamento de impostos,

> ou seja, em sua maioria através de uma redistribuição forçada das quotas salariais, mas em parte também à custa do fundo de acumulação do capital. Daí o interesse do capital em manter esses gastos a nível mínimo, ou, através de reprivatização dos serviços estatais, transformá-los novamente em mercadoria, fazendo-os recair de novo sobre a classe trabalhadora, e convertendo-os em fonte de enriquecimento. (EVERS et al., 1985, p. 123)

Mas a aplicação de recursos nos meios de consumo coletivo encontra limites muito sérios tanto da parte do capital quanto da parte do Estado. Quem analisa de forma profunda esta questão é Manuel Castells em sua obra *Cidade, democracia e socialismo*, em que o autor examina as associações de vizinhos na cidade de Madri. Para Castells, os meios de consumo coletivos, elementos básicos da estrutura urbana, são, cada vez mais, uma experiência imperiosa da acumulação do capital, do processo de produção, do processo de consumo e das reivindicações sociais, na medida em que se desenvolve o capitalismo monopolista. Mas, ao mesmo tempo, aquilo que é exigido pelo sistema em conjunto mal pode ser atendido por algum capital privado. *E é essa a contradição estrutural que provoca a crise urbana: os serviços coletivos requeridos pelo modo de vida suscitado pelo desenvolvimento capitalista não são suficientemente rentáveis para serem produzidos pelo capital, com vistas à obtenção do lucro.* [...] Daí nasce a crise urbana como crise de serviços coletivos necessários à vida das cidades. Da impossibilidade do sistema em produzir aqueles serviços cuja necessidade ele suscitou. (CASTELLS, 1980, p. 22-23, grifos no original)

Com relação à ação do Estado, considera Castells que

o crescente investimento público tropeça com um limite estrutural na economia capitalista, na medida em que os recursos à disposição do Estado, em termos de valor, só podem se originar de uma subtração feita ao capital (por via fiscal ou pela nacionalização de empresas) ou da apropriação da massa salarial (através de impostos). Ambas as fontes de recursos apresentam limites claros: não se pode obter rendimento do capital além de certas margens (politicamente definidas) sem desequilibrar um sistema baseado no investimento privado, nem tampouco se pode aumentar desmedidamente a carga imposta ao contribuinte, sob pena de provocar o descontentamento social e a restrição da demanda. Mas como as demandas sociais são cada vez maiores no que diz respeito à intervenção do Estado (tanto pelas exigências do capital como pelas reivindicações dos trabalhadores), o Estado recorre à emissão de papel-moeda e à criação de dívida pública, sem a suficiente contrapartida do valor produzido. Essa é uma das maiores fontes estruturais de inflação. Por isso, a partir do momento em que a inflação atinge proporções tais que ameaça o processo de circulação do capital, uma das primeiras medidas para combater a crise é a restrição da despesa pública que provoca e/ou acelera a recessão, a falência de empresas e o desemprego dos trabalhadores. (p. 24-25)

Um dos veículos de reivindicação por meios de consumo coletivo presentes na região onde se encontra instalada a EEPG Celso Helvens,

A "Associação da Favela" como vimos, é o Centro Comunitário Favela de Vila Dora, também conhecido por "Associação da Favela", com atuação restrita aos interesses dos habitantes da favela existente no local, mas que participa também de lutas que são comuns a outros contingentes populacionais do bairro. Helena, sua presidenta há oito anos, não sabe precisar o período de formação da favela e do movimento de moradores. Quando aí chegou, em 1979, a favela já estava "bem formada", já existindo também a associação de moradores, embora esta ainda não se constituísse juridicamente, não possuindo sequer os estatutos. Em agosto de 1983, já com Helena na presidência, registraram-se os estatutos da entidade com o nome de Centro Comunitário Favela de Vila Dora.

Reconstruindo a trajetória de lutas a partir do momento em que chegou ao bairro, Helena afirma que em 1979 participou do movimento pela creche, construída naquele mesmo ano, e que em 1985 seria reinaugurada como creche direta da prefeitura com o nome de Creche Nossa Senhora Aparecida. Também em 1979 teve início a luta pela construção do posto de saúde, finalmente inaugurado em 1985. Em 1983, os moradores reivindicam e conseguem a instalação da Osem (ver, no capítulo I, item 1 "O bairro"), no mesmo terreno da Creche Nossa Senhora Aparecida. No mesmo período, mobilizam-se pela construção da Emei Maria José, inaugurada em 1984, conseguindo, na ocasião, que o pessoal operacional (serventes, guardas) fosse recrutado entre os moradores da favela. Em 1985, com recursos da própria população, constroem a sede do centro comunitário e aí instalam a creche conveniada. Em 1987, a "Associação" entra no projeto Fala Favela, do governo federal. Nesse projeto, "o governo federal construía o prédio, a prefeitura cedia o terreno e a entidade deveria entrar com a manutenção" e gestão do serviço. Foi feita a votação entre os moradores da favela para escolha do serviço que deveria ser instalado, tendo a população optado pelo centro profissionalizante. Este, que será chamado Centro Técnico Helena Silva, desenvolverá cursos de datilografia, corte e costura, cabeleireira, culinária e artesanato. Helena pretende também promover ciclos de palestras sobre temas de interesse da população, como educação sexual, prevenção no uso de tóxicos, etc., bem como atividades específicas para jovens e idosos.

Helena estima que a favela de Vila Dora possui cerca de 5 mil habitantes, ocupando entre 1.200 a 1.500 domicílios, dos quais cerca de 130 localizam-se além da divisa, em município vizinho à cidade de São Paulo. Perto de 40% das moradias são feitas à base de blocos de cimento, sendo as restantes de madeira. Presentemente, continuam sendo encaminhadas reivindicações da "Associação", em conjunto com outras entidades do bairro: ambulância para o posto de saúde; abertura, nas proximidades, de uma agência do Banco do Brasil; melhoria do transporte coletivo e do trânsito, bem como maior cuidado com a segurança pública. A favela não é servida por rede de esgotos, mas as 130 moradias pertencentes ao município vizinho passarão brevemente a contar com esse serviço, tendo a "associação" conseguido incluir a favela de Vila Dora num projeto de atendimento às favelas desenvolvido por aquele município.

Helena conta que, em 1979, quando chegou à favela, esta contava apenas com algumas torneiras de água e somente em duas casas havia luz elétrica. Hoje, todas as casas possuem encanamento de água e luz elétrica (algumas pessoas não instalaram água encanada por opção). Além disso, a coleta de lixo atende a toda a favela e no interior desta existem vários telefones comunitários. Todavia, ainda não viram atendida a maior reivindicação: a posse dos lotes e a construção de casas definitivas. Não querem "de graça", mas financiadas com base na variação do salário mínimo.

Segundo Marlene, assistente social do PAM instalado ao lado da favela, o empenho e a abnegação de Helena no cuidado com as atividades do centro comunitário e com o funcionamento da creche conveniada, que também dirige, é bastante notável, estendendo sua atenção inclusive para os problemas do posto de saúde, cuja construção "acompanhou detalhadamente" e onde está quase sempre presente. Diz Marlene que

A COMUNIDADE E A PARTICIPAÇÃO NA ESCOLA

> há certo controle dela [Helena] enquanto população, sobre o posto, no sentido de, quando falta material, ela também fica tão possessa quanto a gente [...] E ela acompanha passo por passo o trabalho aqui, né; e mesmo em reunião de comunidade, à noite, com Dr. Renato, que é o chefe aqui da unidade, existe o levantamento da problemática aqui da unidade: o que tá acontecendo, o que tá funcionando, o que não tá... Então, ela acompanha bem o esquema aqui na unidade.

Entretanto, parece que atualmente as atividades da Associação da Favela concentram-se quase exclusivamente na pessoa de Helena, não havendo, de fato, um movimento popular, com pessoas interessadas atuando organizadamente na luta por seus objetivos. Além das atividades de ordem nitidamente assistencial desempenhadas por Helena, quer na sede do centro comunitário e na creche, quer no posto de saúde, sua função diz respeito aos contatos que mantém com órgãos ou empresas públicas (Administração Regional, CMTC, Correios) e com outras associações (SAB, Clube dos Lojistas), buscando o atendimento às necessidades dos moradores, mas de forma solitária, sem maior envolvimento da população. Sua atuação reveste-se de um caráter paternalista, fazendo *pela* população, mas não dispondo ou prevendo mecanismos que possibilitem (ou levem) a comunidade a fazer *por si*. Essa maneira de agir é criticada por Francisco, pai de aluno, para quem o trabalho de Helena "não rende nada", uma vez que sua ação é paternalista: "Ela faz pelas pessoas [...]. É difícil você falar assim pras pessoas: 'Olha, você pode morar numa casa decente, você tem direito. Mas eu não vou fazer pra vocês não; nós vamos fazer junto.'"

Marlene também faz críticas ao trabalho de Helena, dizendo que, apesar de considerá-la "uma guerreira, uma batalhadora", Helena tem pouca representatividade em sua ação, pois "ela só sabe quando consegue reunir duzentos ou trezentos moradores por problemas que interessam; fora isso, ela não representa a maioria, a meu ver. Eu já falei pra ela: 'Helena, você precisa largar mão de ser babá, porque você tá fazendo tarefas, atividades de dez pessoas e você faz sozinha.'"

Helena faz parte do conselho de Saúde do posto, mas Marlene informa que foram eleitas seis pessoas e

> só ela trabalha: uma saiu porque foi estudar, outra porque não pode fazer nada à noite... Então, murchou o conselho de Saúde, porque as pessoas viram que é difícil trabalhar, que requer tempo, tem que gastar energia, porque precisa de boa vontade. Fazer um trabalho de população à noite é complicadérrimo — precisa dividir tarefas, funções, atividades. E sobra tudo pra ela. E eu falei: "Você tá arcando com mil tarefas que é do Conselho." — "Ah! o Conselho acabou." — "Então vamos eleger outro, ou vamos discutir com a população por que acabou o Conselho."

Além de evidenciar a ação paternalista de Helena, essa questão da inoperância do conselho de Saúde relatada por Marlene parece servir também para ilustrar, de certa forma, o efeito que pode ter a criação, pela administração pública, de órgãos de representação e gestão que, mesmo atendendo a lideranças populares, não possuem uma vinculação mais orgânica com a população. O que se nota é que até mesmo estruturas de participação popular na gestão do equipamento público (no caso, o conselho de Saúde), quando não surgem da própria organização e crescimento dos movimentos da população (à qual pretendem representar), podem acabar por esvaziar-se, tornando-se apenas mais uma instância burocrática.

Embora com sua sede instalada próximo à Vila Dora, a Sama tem como referência os habitantes de todo o bairro do Morro Alegre. Como vimos anteriormente (item 1 "O bairro", capítulo I),

A Sociedade Amigos do Morro Alegre
ela foi fundada em 1958, sendo a entidade mais antiga do bairro, mas esteve desativada de 1972 até junho de 1989. Sobre esse primeiro período de funcionamento, seu atual vice-presidente, sr. José, diz que, naquela época, Morro Alegre ainda se reduzia a um pequeno número de casas e a atuação da entidade consistia mais na promoção de bailes, quermesses e festas para o entretenimento dos moradores. Mas, acrescenta

A COMUNIDADE E A PARTICIPAÇÃO NA ESCOLA

que foi à base da luta desse grupo que chegaram ao bairro o asfalto e a iluminação. Em 1972, por conta de divergências no grupo quanto a ligações partidárias, a associação foi desativada, tendo parte da diretoria fundado outra entidade.

Em junho de 1989, foi composta nova diretoria que reativou a associação, cujo presidente é o sr. Jonas, proprietário de uma loja de móveis onde trabalha o sr. José. Este afirma que a sociedade basicamente se resume aos 22 membros da diretoria, pois, como estão em atividade há pouco tempo, não possuem ainda cadastramento de novos sócios; mas várias pessoas já se aproximaram da entidade.

A sociedade — cuja diretoria parece formada, em sua grande maioria, por proprietários de lojas e de pequenas empresas da região — mantém ligação bastante estreita com o Clube dos Lojistas do Morro Alegre, que funciona, inclusive, no mesmo prédio e mantém o *Jornal do Morro Alegre*, que serve de veículo de divulgação das ideias da Sama.

Afirma o sr. José que o grupo que decidiu reativar a Sama partiu da constatação de que todas as entidades do bairro "padecem do mal da utilização político-partidária" e acabam se transformando em cabo eleitoral de um político ou de um partido. Por discordarem dessa forma de atuar, resolveram pôr de novo em funcionamento a Sama, com a finalidade de reivindicar melhorias para o bairro e promover eventos culturais. D. Célia, a diretora cultural, também faz questão de ressaltar o caráter apartidário da sociedade e afirma que ela "visa exclusivamente ao atendimento das necessidades do bairro". Quanto a seu próprio papel na entidade, diz que, embora tenha funções específicas como diretora cultural (organizar festividades e campanhas), "na hora de trabalhar, todo mundo faz tudo". Afirma também que, nos poucos meses de sua nova existência em 1989 (de final de junho a 17 de outubro, data em que concedeu a entrevista), a Sama já havia promovido o desfile de 7 de setembro, reunindo as escolas da região, e a festa do Dia da Criança, realizada na praça principal do bairro.

Entre as reivindicações que têm sido levadas aos poderes públicos, destacam-se: a canalização do riacho que passa no bairro, a extensão de mais duas linhas de ônibus até o Morro Alegre e a instalação de um posto telefônico e de uma agência dos correios. D. Célia revela que uma das estratégias utilizadas para agilizar o atendimento das reivindicações pelas autoridades competentes é o procedimento de, a cada semana, uma pessoa diferente telefonar para o órgão ou entidade pública responsável pelo serviço solicitado, reforçando a reivindicação e pedindo providências. Sr. José afirma que o assunto a que a Sama se tem dedicado com maior empenho é a solução do problema do transporte coletivo junto à CMTC. A estratégia tem consistido em remeter ofício, conseguir a entrevista com a autoridade responsável e depois divulgar o resultado do encontro no *Jornal do Morro Alegre*, já que os políticos "mostram-se sensíveis" à cobertura da imprensa. Revela que há várias entidades participando dessa luta por melhoria do transporte coletivo no bairro, mas que a coordenação tem sido da Sama.

Mesmo num período relativamente pequeno de funcionamento após sua reativação, a Sama parece desfrutar já de certa penetração entre os usuários da EEPG Celso Helvens. Embora, como veremos mais adiante, haja críticas ao grupo dos lojistas e a sua forma de atuação, algumas pessoas referem-se com simpatia à entidade e outras já estão trabalhando ou colaborando com ela de alguma forma. Essa penetração entre a população pode ser creditada, em grande parte, à presença do jornal, que é distribuído gratuitamente no bairro e que revela, em certa medida, uma disposição da diretoria em conseguir a adesão do maior número de pessoas, de forma a estabelecer certa hegemonia diante das demais associações existentes no bairro. Esse empenho parece manifestar-se, por exemplo, na presença do sobrinho do presidente da Sama como um dos representantes dos alunos no conselho de escola, na reunião que presenciamos em 4 de abril de 1990, na qual ele se manifestou como se fosse porta-voz da entidade, propagando as lutas desta pela melhoria do bairro, divulgando os êxitos já obtidos e convidando as pessoas a participarem como associados. Também os desfiles e festas comemorativas que a Sama promove, com afixação de faixas na avenida principal, concorre para a promoção de seu nome entre os moradores, aparecendo como uma entidade organizada e disposta a defender seus interesses. É esta face visível de SAB organizada que parece fazer com que d. Júlia, por exemplo, que há muito tempo é associada da Savuma, sinta-se atraída pela Sama, dizendo-se disposta a participar de suas atividades porque "lá é ótimo. Pelo menos é uma coisa assim que tá dando notícia no bairro." Diz que a finalidade de uma SAB é lutar por melhorias e que é ela que "mostra o bairro" ao governo. Ao ressaltar a organização da Sama, revela ainda a consciência de que o Estado, ao estabelecer critérios de atendimento às reivindicações da população, leva em consideração também o nível de organização da luta nos diferentes bairros da cidade. Também parece concorrer para o estabelecimento de uma imagem positiva diante da população o fato de a Sama estar ligada ao Clube dos Lojistas e estes disporem de condições para realizar alguns melhoramentos com seus próprios recursos. A mesma d. Júlia releva bastante esse fato, dizendo que "eles ajudam bastante: posto de saúde, as escolas, eles ajudam demais. Lá na creche da Helena [...] eles já colocaram o piso, ajudaram bastante a ela."

Sobre o conselho popular do bairro do Morro Alegre, com atuação na região onde se localiza a escola, houve poucas referências no contexto do trabalho de campo. Com exceção do sr. Pedro, presidente da Savuma, e de Mári, ex-professora da Celso Helvens, nenhum dos entrevistados revelou ter conhecimento de sua existência. Era de esperar que assim acontecesse, quer pela data recente de seu surgimento, quer pela natureza globalizante de seus objetivos, que não se prendem a reivindicações localizadas que dizem respeito aos interesses mais imediatos da população, como pretendem instituições como a Sama.

O conselho popular

O conselho popular teve sua origem no início de 1989, quando militantes do PT — em parte estimulados pelo êxito nas eleições de 1988, que levaram Luiza Erundina à prefeitura da capital — decidiram formar um movimento com objetivos mais amplos, visando ao envolvimento da população em termos de conscientização e participação política. Mári conta que iniciaram com a formação de uma comissão pró-conselho popular, com a incumbência de convocar a população para discutir e desenvolver com maior profundidade a ideia e os objetivos do conselho e de organizar plenárias que contassem com o maior número possível de pessoas interessadas nos temas que seriam tratados. O chamamento à população foi feito com a afixação de faixas, distribuição de panfletos e a propagação por meio de carro de som. Nesse trabalho envolveram-se muitos membros da Savuma ligados à Igreja e ao PT.

Por ocasião da entrevista com Mári (31 de outubro de 1989), as atividades específicas de organização do conselho popular estavam interrompidas por conta do completo envolvimento dos membros do partido na campanha de Luiz Inácio Lula da Silva para a Presidência da República.

As informações sobre a Savuma foram obtidas com o sr. Pedro, seu presidente. Segundo ele, embora já existindo há anos, a sociedade teve sua atuação intensificada a partir de 1982, **A Sociedade Amigos das Vilas Unidas do Morro Alegre** em virtude da ação da igreja local (Paróquia São Virgílio), cujo padre, servindo de agente, convidava as lideranças para discutir textos litúrgicos e a realidade da região. Naquele ano, com as eleições para governador do estado, foram realizadas reuniões para se discutirem os programas dos diversos partidos políticos. Embora a opção final tenha sido pelo PT, havia ainda integrantes do PMDB na diretoria e no apoio às reivindicações de serviços coletivos para o bairro.

A primeira grande mobilização — ao final da qual se deu, inclusive, o rompimento entre os grupos do PT e do PMDB — foi em prol da construção da creche pela prefeitura. Na verdade, essa creche já estava em funcionamento desde 1979, como iniciativa da própria comunidade. Conta o sr. Pedro que, cansados de reivindicar a creche, e diante do problema das mães que não tinham lugar para deixar seus filhos ao saírem para o trabalho, os próprios moradores adquiriram um terreno e construíram um barraco suficiente para abrigar

A COMUNIDADE E A PARTICIPAÇÃO NA ESCOLA

cerca de 20 crianças. Todo o trabalho era feito por voluntários e mantido pela comunidade. Devido à grande procura, após algum tempo ampliaram a creche, chegando a prestar atendimento a cem crianças por dia. A manutenção da creche era muito difícil e, quando um temporal provocou seu destelhamento, conseguiram, finalmente, que a prefeitura promovesse sua construção. Na ocasião, o prefeito era Mário Covas, do PMDB, cuja conduta no ato da "inauguração", em meados de 1985, deixando de mencionar o trabalho e a luta da população em torno da creche, desagradou grande parte das pessoas presentes, especialmente o pessoal da Savuma ligado ao PT. Sr. Pedro afirma que ficaram revoltados porque apresentou-se a creche como doação do governo, sem se considerar todo o trabalho anterior, especialmente de Helena, na construção e manutenção da creche[2] até aquela data. Perceberam, então, que a "inauguração" era mais uma festa para promover a candidatura peemedebista de Fernando Henrique Cardoso à prefeitura da capital.

Logo após esse episódio, deu-se a inauguração do posto de saúde e já houve a separação entre os grupos do PMDB e do PT. Estes últimos levaram cartazes para protestar e foram "afastados" pelo pessoal do PMDB. A partir de então, passaram a se reunir sem os peemedebistas, preparando o "protesto do sacolão". Fizeram panfletos denunciando o uso eleitoral da "máquina" e até editaram um jornalzinho denominado *Palhaçada*. Panfletaram o bairro, distribuindo o jornalzinho por toda a comunidade. No dia da inauguração do "sacolão", o grupo conseguiu reunir cerca de cem pessoas e fizeram tanto barulho que até o governador Franco Montoro atrapalhou-se. Ao começar seu discurso, saudou o público trocando o nome do bairro: "Povo do Morro Contente..."[3] A gargalhada foi geral. "O pessoal do PMDB não segurou mais e nem o prefeito Mário Covas conseguiu falar." Na avaliação do grupo, o sucesso do ato foi tal, que esse dia ficou marcado como data simbólica. A cada ano, nesse dia,

---

2. Não se trata da creche conveniada dirigida por Helena e que funciona na sede do centro comunitário, mas sim da Creche [direta] Nossa Senhora Aparecida.

3. Adaptei o lapso do governador ao nome fictício do bairro, para não revelar seu nome real.

comemoram a união do povo, pois nesse protesto todas as comunidades se uniram "para denunciar a demagogia e a exploração". Há quatro anos, no dia 19 de outubro, promovem uma caminhada das comunidades pela avenida principal. "É o 19 de outubro, dia em que Morro Alegre ficou contente." Esta foi a manchete, na época, do jornalzinho *Palhaçada*, numa dupla alusão: à gafe de Montoro e ao crescimento político das comunidades.

Nesse mesmo ano de 1985, a chapa encabeçada pelo sr. Pedro saiu vitoriosa nas eleições, disputadas contra a chapa dos peemedebistas. O sr. Pedro relata que o primeiro momento da gestão foi muito bom, a atividade da Savuma era intensa, havia muitos grupos trabalhando e várias propostas sendo formuladas, sendo que algumas foram concretizadas, como o curso de alfabetização de adultos e o trabalho cultural junto à comunidade. Normalmente, formavam um pequeno grupo para levar as reivindicações até os órgãos competentes. Porém, com a administração Jânio Quadros, tiveram poucos pedidos atendidos; acredita até que os poucos melhoramentos realizados o foram, ou porque não havia mesmo outra alternativa, ou por razões outras que não os pedidos da Savuma. De modo geral, o bairro foi quase completamente esquecido nessa gestão. Cansados e indignados, resolveram fazer um ato de protesto. Organizaram uma passeata pela avenida principal, onde realizaram o enterro simbólico do prefeito. Muita gente participou e o ato foi marcado por ironia e humor.

Além do "enterro" de Jânio, organizaram também, em período posterior, outra passeata, pela abertura do Hospital Universitário da USP. Essa é outra luta de toda a região onde se localiza o bairro que, de tempos em tempos, mobiliza as pessoas. Nessa passeata, todos foram fantasiados de doentes, com ataduras, mercurocromo, carregadas em padiolas, utilizando muletas... A repercussão também foi muito boa e perceberam que esse tipo de manifestação, utilizando o humor, a chacota, é muito produtiva porque ridiculariza a situação e atrai a simpatia da população.

A transformação da Savuma — de uma SAB com caráter reivindicativo de melhorias localizadas para uma instituição com preocupações

A COMUNIDADE E A PARTICIPAÇÃO NA ESCOLA

também políticas e empenhada na mobilização da população — tem muito a ver com a própria história pessoal do sr. Pedro, seu atual presidente. Este, já com experiência de militância sindical, começou sua atuação como líder comunitário na Igreja, de cujas atividades sempre participou. Ajudava o padre no movimento de casais, auxiliando-o nas reuniões e em outras atividades. Sua situação como liderança iniciou-se a partir de um "empurrão" do próprio padre. O processo pelo qual ele assumiu a liderança parece ilustrativo da ação, nos movimentos populares, da Igreja Católica que, na pessoa do pároco local, parece ter percebido nele potencialidades para exercer papel de liderança entre os fiéis, auxiliando a própria Igreja em seu trabalho comunitário. O sr. Pedro conta que, numa ocasião, haviam chamado cerca de 30 casais para uma reunião em sua casa, mas, sendo esta muito pequena, não havia condições de abrigar tantas pessoas. O padre, então, avisou-lhe que iria dividir o grupo em dois e que ele coordenaria um deles. Ele relutou, disse ao padre que não conseguiria: "tremi nas base". O padre, porém, não lhe deu atenção, chamou 15 casais e reuniu-se com eles no quintal, deixando os outros 15 com Pedro. A partir desse dia, passou a coordenar esse grupo, a montar outros em sua comunidade e a assumir mais e mais responsabilidades na paróquia. Durante muito tempo — até pegar trabalho no Guarujá (recorde-se que o sr. Pedro é marceneiro e trabalha por conta própria), há dois anos —, coordenou a capela de seu setor e os vários grupos nela existentes, ligados às várias pastorais: catequese, jovens, casais, etc.

O que parece ter estimulado em grande medida o trabalho comunitário do sr. Pedro foi seu contato mais intenso com a filosofia social de certa ala da Igreja Católica. Diz ele que sempre gostou muito de ler e que leu bastante as publicações ligadas a linhas progressistas da Igreja. Por outro lado, os vários seminaristas que passaram pela paróquia também trabalhavam nessa linha, de modo que aos poucos ele foi assimilando essas ideias e assumindo essa "visão de fé que liga a religião aos problemas do mundo", segundo a qual "não basta rezar na igreja", mas é preciso participar da solução de tais problemas e "ajudar o povo em sua caminhada". Nesse trabalho comunitário da Igreja, a paróquia é normalmente dividida em diversas "comunidades", correspondentes às capelas existentes. A Paróquia de São Virgílio possui seis capelas, cada uma com um coordenador. Há um plano de ação da paróquia e uma linha de prioridades orientadas, por sua vez, pela diocese e pelo bispo. Assim, a cada ano, as capelas também realizam seu plano de ação, de acordo com a orientação do coordenador e com as escolhas de seus membros. Sr. Pedro diz que seu trabalho é marcado pelo lema "de casa em casa", cunhado para ele por alguém da comunidade. A cada noite, visitava pelo menos um grupo ou uma família. Chegou a formar 45 grupos de rua (comunidades de base), aos quais dava apoio frequente, sempre visitando os mais frágeis e problemáticos. Em sua casa, construiu um salãozinho, espécie de salão de oficina, na parte da frente, à base do sobrado, onde reunia mais de 150 pessoas aos finais de semana: pais e filhos, moradores do bairro e da favela. Nesse trabalho, andou por todas as ruas da Vila Dora e por todas as vielas da favela. Ainda hoje, quando vai até a favela, é reconhecido por pessoas das quais nem lembra muito bem. Nessas visitas, muitas vezes vai para "bater um papo", mas o pessoal sabe quais são seus objetivos e "sempre alguém pergunta: 'Eh, Pedro, o que é que vai ter na igreja agora?'" Às vezes chega para discutir um problema e a dona da casa "rapidinho" reúne 10 ou 12 pessoas para a conversa. D. Isabel, mãe de aluno da Celso Helvens, afirma que conhece o sr. Pedro, o admira muito e que ele é o "evangelizador do Morro Alegre".

Em termos de filiação partidária, o sr. Pedro diz que, na linha da Pastoral Social da Igreja, que prega a inserção e participação na sociedade, começou a considerar que a atuação num partido político era importante. Por isso, tentou uma aproximação espontânea com o PT: "meio por instinto", um pouco pelo que conhecia, foi-se aproximando de alguns militantes do partido, que na época possuía um núcleo no bairro, mas que reunia poucas pessoas. Porém, um fato até engraçado, mas que na época o comprometeu perante a comunidade, afastou-o desse núcleo. Interessado em promover uma atividade de lazer, aceitou que o pessoal do núcleo exibisse um filme no salãozinho de sua casa, que, como sempre, encheu-se de gente: velhos, crianças

A COMUNIDADE E A PARTICIPAÇÃO NA ESCOLA

e jovens, a comunidade toda reunida. Só que, pelo filme escolhido (*O rei da noite*), o ato se transformou num fiasco, porque, por exigência dos presentes, que se escandalizaram com as cenas do filme por questões ditas morais, a exibição foi interrompida na metade. Depois disso, desinteressou-se do PT e acabou filiando-se ao PMDB, por influência de um deputado com muito prestígio na região e da esposa deste, que procuraram cooptá-lo, incentivando-o a candidatar-se a presidente da Savuma, tendo a esposa do deputado como vice. Porém, aos poucos foi percebendo que os políticos profissionais só aparecem no bairro na época de eleições e também compreendendo as intenções de "aproveitamento" de suas lideranças para fins eleitoreiros por parte do referido deputado e sua esposa. Assim, após os acontecimentos que envolveram a inauguração da creche e do posto de saúde, e como decorrência do trabalho mais intenso que desenvolveu, a partir de então, em conjunto com os integrantes do PT, filiou-se a este partido, disputando, em seguida, as eleições para a diretoria da Savuma e vencendo a chapa adversária, composta por peemedebistas.

Sr. Pedro afirma que, a partir da posse da nova diretoria, a Savuma passou a pautar-se por novos procedimentos, diversos daqueles que caracterizam as SABs em geral e que eram utilizados pelas diretorias anteriores. Mas, apesar de discordar do tipo de política que os "antigos da SAB" faziam, o sr. Pedro reconhece que algumas coisas foram conseguidas por eles: extensão da linha de ônibus, calçamento de ruas e alguns outros melhoramentos. Porém, eles nunca adotaram uma forma de ação mais direta e de confronto, visando à busca dos direitos da população a partir também do desenvolvimento de uma consciência política por parte desta. A grande maioria dos sócios era constituída por homens e velhos, quando hoje há grande quantidade de jovens e de mulheres, sendo que o trabalho cultural é desenvolvido quase somente por jovens. É interessante observar que até mesmo a disposição dos móveis e das pessoas nas reuniões muda quando se renuncia ao autoritarismo e se altera o estilo para uma convivência mais democrática e participativa. Nas gestões anteriores, a diretoria reunia-se periodicamente em torno de uma grande mesa. À cabeceira sentava-se o presidente. Lia-se a ata da reunião anterior e a resposta dos ofícios enviados às autoridades. Quase sempre a resposta às reivindicações era a mesma: "Aguardando inclusão no orçamento." Então, propunham-se novos ofícios e, às vezes, contatos com os políticos da região. Sr. Pedro conta que ele mesmo, nas sessões iniciais de sua primeira gestão, sentou-se na cabeceira da mesa, como fazia o antigo presidente. Logo, porém, colocaram a mesa num canto e passaram a fazer as reuniões como sabiam: sentando o pessoal em círculo, onde cada um falava um pouco e todo mundo decidia sobre o que fazer. Além disso, introduziu-se uma assembleia mensal com a presença de todos os sócios para discutirem os problemas do bairro. Também o espaço da sede, que era utilizado apenas pelos sócios, foi aberto para uso de toda a comunidade: reuniões, festas, velórios, etc. Mas o interessante é que, mesmo essa maior racionalização do espaço, num esforço de atender a mais pessoas, pode ter um efeito negativo na concepção de algumas pessoas. D. Júlia, mãe de aluno, ao falar sobre a utilização da sede, diz que "o que tá usando muito lá é pra velório [...] É onde também o pessoal se recusa, porque fala assim: 'Ah! num lugar onde pôr morto, ter curso!' Eu acho que não tem nada a vê isso, né. Porque é pra servir população, né."

Pela breve descrição dos quatro movimentos presentes na comunidade servida pela Celso Helvens, podemos constatar que eles apresentam características e maneiras de atuar bastante diversas, especialmente se compararmos o conselho popular e a Savuma, de um lado, com a Sama, de outro. Da parte desta, a principal restrição que seus componentes fazem ao modo de atuar daqueles diz respeito à natureza político-partidária do trabalho que desenvolvem. Mais do que tudo, porém, parece que pesa muito o fato de que o partido a que estão ligados o conselho popular e a Savuma é o PT, que não parece gozar da simpatia dos integrantes da Sama. Com relação à Savuma e ao conselho popular, as críticas que fazem à atuação da Sama referem-se não apenas ao caráter clientelista do trabalho desta, mas também à pretensão que seus componentes têm de serem os únicos

A diversidade de atuação dos movimentos

representantes legítimos do bairro. O sr. Pedro revela que, quando os lojistas reativaram a Sama, as pessoas da Savuma ficaram receosas de que aqueles procurariam interferir nos outros movimentos. Porém, os lojistas não se envolvem num trabalho direto com a comunidade. Como têm dinheiro, podem manter o jornal e realizar algumas obras assistenciais. O sr. Pedro assegura que os únicos movimentos que desenvolvem um trabalho contínuo de organização da população no bairro são o PT e a Igreja. Os outros grupos, em geral, só aparecem nas eleições. Mas, segundo ele, o problema é que a população, geralmente, "cai na conversa" das promessas e demagogias de quem tem dinheiro, resistindo a uma participação política "mais consciente" e fazendo o jogo clientelista das SABs tradicionais.

Mári afirma que as reivindicações das SABs em geral, nas reuniões promovidas pelo administrador regional, são quase todas no sentido de utilização do bem ou serviço público para proveito de particulares, sem se preocupar com os interesses coletivos da população. Diz que o grupo que dirige a Sama é composto de pessoas "reacionárias" e que já entraram em conflito com o conselho popular, do qual ela faz parte. Aconteceu numa ocasião em que houve uma reunião da administração regional com os movimentos da região e os elementos da Sama presentes abordaram os integrantes do conselho popular na saída da reunião e foram truculentos, dizendo que os do conselho popular "estavam dividindo... 'Mas dividindo o quê, se a gente nunca foi igual!?'" Assim, segundo Mári, os que dirigem a Sama "querem que o único representante do bairro seja a sociedade deles". Afirma Mári que "eles não percebem, mas eles são pequenos comerciantes, pequenos lojistas, e eles poderiam, realmente, estar do lado do movimento popular. Só que eles não estão. Eles são reacionários [...] Até agora não explicitaram em termos de candidatura, mas a maioria é malufista... Entendeu?"

Essa diversidade de pontos de vista a respeito dos movimentos de bairro na região onde se localiza a EEPG Celso Helvens parece suscitar pelo menos três questões teóricas de bastante relevância: 1) a relação entre as lutas políticas que se dão na esfera da produção econômica e as que se fazem no âmbito da reprodução da força de trabalho; 2) o caráter interclassista dos movimentos de bairro; e 3) a

As lutas na esfera da produção e da reprodução

relação entre os interesses de classe e os interesses imediatos presentes nesses movimentos. Com relação ao primeiro desses temas, é importante ressaltar, inicialmente, o avanço político que pode representar o fato de uma sociedade amigos de bairro, tradicionalmente envolvida numa política clientelista de reivindicação de benefícios localizados, ver-se articulada com a luta política mais ampla pela via de ligação com um partido político de base operária. O mesmo se poderia dizer da presença, por mais incipiente que ainda seja, de um movimento do tipo do conselho popular, também articulado com as lutas políticas de mais longo alcance em termos de transformação social.

Todavia, é preciso não se deter nas vantagens, mas considerar também os custos dessa articulação político-partidária, na medida em que as pessoas, em geral, quer por razões culturais e mesmo por preconceitos, quer por conta do envolvimento com seus interesses imediatos, sentem-se muito receosas em participar de movimentos de natureza partidária ou que envolvam reivindicações políticas mais amplas e radicais. No contexto da presente investigação, pude perceber essa predisposição contrária ao envolvimento político-partidário da parte de várias pessoas. Uma das principais causas do distanciamento de d. Júlia com relação à Savuma e da aproximação muito mais efetiva da Sama tem sido precisamente sua avaliação a respeito do envolvimento partidário da primeira e do discurso "neutro" da segunda. Comparando as duas SABs, d. Júlia diz que "aqui [na Savuma], ele [Pedro] é muito PT, entendeu; e o pessoal lá [da Sama] não tem nada a ver com o partido, entendeu?" Diz ela que o envolvimento da Savuma com "política e com o PT" atrapalha o atendimento das reivindicações. Lembra-se da passeata e enterro simbólico de Jânio, organizados pela Savuma, e critica o evento que, segundo sua interpretação, acabou prejudicando a luta do bairro, pois opôs a administração à Savuma, que encaminhava os pedidos. Para ela, a SAB deve procurar desenvolver um bom relacionamento com o governo e não se envolver em política. "Então, eu não sei por que eles [da Savuma] curtem assim, muito, política. E sempre eu falei para ele: 'Olha, seu Pedro, eu acho que a associação amigo de bairro, não importa o lado de política ou não; tendo ajuda, isso é que é importante. Porque, enquanto ficar pichando o Jânio e do lado do PT...'" Sobre a restrição que o sr. Pedro faz a uma possível união das duas SABs, em razão das divergências políticas, d. Júlia afirma que acha isso "uma bobagem, porque a associação amigos de bairro, ela precisa de ajuda de qualquer lado que apareça; não importa o partido que seja; fazendo benefício, isso é que é importante".

Também contribui para afastar as pessoas a concepção de que o aprofundamento das questões políticas estruturais da sociedade desemboca numa revolução violenta. A professora Maria Lídia considera importante participar de movimento popular, mas "desde que não seja radical"; diz que não gosta de "movimento de rua" porque "revolução sempre morre gente". Há, ainda, posições bastante contraditórias que nem por isso se devem deixar de considerar. Uma delas aparece entre as alunas da 8ª série, entre as quais há consenso a respeito da necessidade de as pessoas lutarem nos movimentos de bairro para conseguirem seus direitos, sendo criticadas as que esperam passivamente sem participar dessas lutas. No entanto, as mesmas alunas tecem críticas ao sr. Pedro pelo fato de ele estar sempre envolvido nesses movimentos e "não sair das reuniões". Uma delas conclui: "Também, ele é do PT, é um fanático."

Por mais razões que se tenha para discordar dos que desaprovam o estilo da Savuma e do conselho popular, o fato incontestável é que essas pessoas existem e em número bastante significativo. Por isso, um assunto que merece atenção diz respeito ao aproveitamento do potencial de luta dessas pessoas, que não se dispõem a abraçar, de saída, um envolvimento político-partidário mais efetivo. Isto nos remete à questão da relação entre as lutas que se dão na esfera da produção econômica e as que têm lugar no âmbito da reprodução da força de trabalho. A dicotomização imprópria que se costuma fazer entre essas duas esferas da vida social pode começar a perder seu sentido se tomarmos a produção e a reprodução como integrantes de um processo unitário, como fazem Evers et al., ao afirmarem:

> Tanto as formas concretas das possibilidades de reprodução da população trabalhadora, como o seu nível histórico respectivo, são parte do processo global de reprodução social de uma sociedade dada, que tem como eixo central o processo de produção. Isto, no entanto, não significa que produção e reprodução sejam esferas separadas, e menos ainda que apenas a produção determine a estrutura social, sendo a reprodução meramente um dos seus resultados. A produção representa, antes, uma fase *interna* do processo global de reprodução, o qual por sua vez pode ser redefinido como *produção em continuidade*. (EVERS et al., 1985, p. 123; grifos no original)

Os mesmos autores criticam a interpretação "ortodoxa" a respeito das lutas no âmbito da reprodução que minimizaram a importância dessas lutas, a pretexto da prevalência que teriam os movimentos na esfera da produção econômica, na caminhada para o socialismo. Segundo os adeptos dessa concepção, é no nível das relações de classe, determinadas pelas relações sociais de produção, que têm origem as próprias necessidades em termos de reprodução que são objeto de reivindicações. Por isso, estas só serão plenamente atendidas na esfera produtiva a partir da transformação das relações de produção e da modificação das relações de classe, o que requer formas de organização que tenham a ver com as relações de classe em termos econômicos e políticos, como os sindicatos e os partidos. Além disso, é indispensável uma "consciência revolucionária" e a liderança da classe operária, o que parece faltar aos movimentos na esfera da reprodução.

Entretanto, não existe a separação mecânica entre produção e reprodução implícita nesse tipo de argumentação, nem em termos teóricos — já que "ambas esferas estão em demasiado inter-relacionadas para que determinados interesses e práticas sociais possam atribuir-se exclusivamente a uma delas" (EVERS et al., 1985, p. 113) — nem em termos empíricos — já que os movimentos reivindicando melhores condições de reprodução acabam convergindo com os movimentos que se dão igualmente no âmbito da produção econômica (cf. EVERS et al., 1985, p. 112-113). Com relação a este último aspecto, é importante ter presente uma das características fundamentais dos movimentos citadinos que, segundo Castells,

> são movimentos cujo horizonte político é *potencialmente anticapitalista*, isto é, os problemas que colocam (moradia, transportes, saúde, educação, equipamentos sociais, culturais, esportivos, preservação do meio ambiente, gestão local plenamente democrática) não podem ser resolvidos fundamentalmente senão num âmbito socialista. Certamente, mesmo no capitalismo podem-se obter reivindicações e reformas muito importantes que modificarão a vida das massas. Mas do mesmo modo que as reivindicações salariais não acabam com a exploração, as reformas urbanas deverão ser aprofundadas até a superação da lógica estrutural da cidade capitalista. (CASTELLS, 1980, p. 33: grifos no original)

Reportando-se às consequências políticas da interpretação "ortodoxa" das lutas na esfera da reprodução, Evers et al. alertam para o fato de que

> muitas organizações de esquerda na América Latina relegam estas formas de resistência social a uma importância secundária. Em consequência, o 'avanço' destas organizações é identificado à sua subordinação às 'verdadeiras' organizações de luta social — sindicatos e partidos — para nestas dissolverem-se tendencialmente.
> É por isso que muitas vezes o trabalho político de tais movimentos de base é concebido apenas em função de uma determinada hegemonia política, submetendo-se e incorporando-o rapidamente ao respectivo partido, sem considerar nem os objetivos específicos desses movimentos, nem os processos de politização a eles vinculados. Quando não se consegue hegemonizar um movimento determinado, passa-se a utilizá-lo como campo de agitação e recrutamento, ou então, é boicotado e denunciado abertamente como "desviado" da verdadeira luta de classes. (EVERS et al., 1985, p. 119-120)

Certamente, não se podem acusar os componentes do conselho popular e da Savuma de estarem agindo pautados por uma concepção mecanicista que supõe a separação radical entre produção e reprodução. Até porque a própria existência desses dois movimentos com as características de luta apontadas constitui uma aposta na possibilidade de articulação entre as lutas nas duas esferas. No entanto, quando se reportam aos movimentos não articulados com a luta político-partidária é que parece possível identificar elementos de interpretação depreciativa dos movimentos de bairro que não guardam relação explícita com as lutas no nível da produção. Ao falar, por exemplo, de seu espanto ao saber que o novo guarda para a Celso Helvens foi conseguido pela intermediação da Sama, Mári censura a diretora Maria Alice, como se não fosse legítima a ação dessa SAB na busca de benefícios para a população. Mas, à luz das considerações precedentes, nem mesmo instituições como a Sama estariam descartadas como movimentos cuja ação, no limite, pode contribuir para a transformação social, na medida mesmo em que somam forças na pressão sobre o Estado por atendimento de reivindicações da população. Além disso, muito embora sejam procedentes as críticas ao caráter conservador e clientelista das SABs tradicionais, é preciso considerar sua heterogeneidade social e a presença, em seu interior, de pessoas e grupos identificados com os interesses populares e cuja influência e atuação não podem ser menosprezadas.

A segunda questão levantada pelas divergências de ponto de vista dos participantes dos movimentos presentes na região onde se localiza a escola, e que guarda ligação muito estreita com a questão da relação entre lutas na esfera da produção e da reprodução, diz respeito à heterogeneidade de classes presente nesses movimentos. Falando sobre a situação das organizações de bairro na América Latina nas últimas décadas, Evers et al. afirmam que não há modo de estabelecer "uma situação de classe comum" para os participantes dessas instituições.

A diversidade de classes dos movimentos de bairro

Trata-se antes de um conjunto de indivíduos com características de classe altamente heterogêneas, e correspondentemente com formas de consciência muito diversas. A composição social não varia apenas entre os diferentes bairros da cidade, mas também, em parte, dentro do mesmo bairro, conforme as mudanças na conjuntura econômica. Têm em comum só o interesse em assegurar a sua permanência nos terrenos ocupados, e em conseguir os serviços infraestruturais indispensáveis. (EVERS et al., 1985, p. 128)

No contexto dos movimentos de bairro que atuam em Vila Dora, essa heterogeneidade é expressão dos próprios segmentos sociais diferenciados a que pertencem os moradores do bairro e que foram sucintamente apresentados no capítulo I deste livro. Tal diversidade não se manifesta, portanto, apenas na diferença entre a posição social dos lojistas que dirigem a Sama e os participantes das demais associações, mas está presente, em maior ou menor grau, no interior mesmo de cada uma das quatro entidades aí atuantes.

Um dos problemas que se poderiam apontar a respeito da participação comum de grupos com níveis socioeconômicos diferenciados seria o da impossibilidade de participação igualitária devido à desigualdade social, que acaba por impor a sujeição de uns sobre os outros. Entretanto, como afirmam Edison Nunes e Pedro Jacobi, este modo de ver a questão

coloca uma dificuldade muito grande para o entendimento do tema, uma vez que cria um hiato intransponível entre a situação atual, em que seria impossível a participação, dadas as diferenças gritantes de poder e riqueza, calcadas na diferença de classe, e a situação favorável à participação, onde reinaria a igualdade social e política. Superar este hiato, por outro lado, implica em que o querer dos subordinados prevaleça, o que é difícil de se entender sem sua participação. Portanto, essa premissa, mesmo quando se articula em discursos libertários, leva ou a um entusiasmo excessivo com um tipo de participação popular — ou seja, nas formas de democracia direta, que não encontra bases materiais para sua realização — ou a um pessimismo crônico quanto à possibilidade de democracia. (NUNES; JACOBI, 1985, p. 187)

Para Castells, o caráter interclassista do movimento citadino constitui o interesse fundamental desse movimento, uma vez que,

> através das lutas e campanhas citadinas incorporam-se à mobilização popular setores sociais (profissionais, funcionários, técnicos, empregados, comerciantes, aposentados, donas de casa) que de outra maneira se teriam mantido à margem das ações reivindicativas e, por conseguinte, teriam evoluído muito mais lentamente ao nível de sua consciência política. Certamente, os núcleos mais combatidos e organizados do movimento citadino são aqueles que surgiram em bairros proletários. Mas, inclusive nesse caso, as camadas que se incorporam à mobilização social através das associações de vizinhos são diferentes daquelas organizadas pelo movimento operário: assim, por exemplo, observa-se uma participação sociopolítica muito mais acentuada das mulheres operárias através das organizações e iniciativas do movimento citadino. (CASTELLS, 1980, p. 153-154)

O mesmo autor defende um movimento de massas com direção também interclassista e, ao indagar-se se tal posição, que descarta a hegemonia operária em sua direção, "não afasta o movimento citadino do papel que pode ter no desenvolvimento estratégico da luta pelo socialismo", afirma que sua proposta é precisamente no sentido oposto, acrescentando:

> *só um movimento citadino interclassista, autônomo e politicamente pluralista pode desempenhar um papel decisivo na batalha pela hegemonia entre todas as classes e camadas sociais que implica a via democrática para o socialismo.* Por isso, o movimento citadino difere do movimento operário e por isso sua potencialidade histórica depende justamente do respeito a essa diferença. (CASTELLS, 1980, p. 159, grifos no original)

Embora os movimentos reivindicativos na esfera da reprodução tendam a homogeneizar grupos populacionais inicialmente heterogêneos (o dono do botequim com o operário da favela na luta pela iluminação pública), há que se considerar também que, enquanto se organizam e lutam por seus interesses comuns, aumentam as oportunidades de tomarem consciência mais profundamente de suas diferenças sociais e as consequências delas decorrentes, explicitando-se melhor seus interesses individuais conflitantes. No caso da reivindicação pela participação da comunidade na gestão da escola pública, a hipótese possível é que, no momento da luta por essa participação, os diferentes grupos tendem a unir esforços para o objetivo comum; no momento, porém, em que essa participação comece a se efetivar, deve iniciar-se também a maior explicitação das divergências que, somente a partir de um aprendizado constante que a própria prática participativa proporciona, ter-se-ão condições de administrar, orientando-se os esforços para o interesse comum da melhoria da qualidade do ensino.

A diversidade de enfoque e opiniões entre os participantes dos quatro movimentos de bairro presentes em Vila Dora sugerem, ainda, uma terceira questão: a da amplitude dos interesses envolvidos na atuação desses movimentos ou, mais propriamente, da **Interesses estratégicos vs. interesses imediatos** relação entre interesses estratégicos (EVERS et al., 1985) e interesses imediatos que movem a ação de seus participantes. Como, em última análise, as necessidades sociais que as pessoas e grupos envolvidos buscam superar têm suas verdadeiras causas nas relações de classe, parece justo afirmar que a superação de tais necessidades envolve interesses estratégicos comuns, já que a solução definitiva para tais problemas encontra-se na transformação da sociedade que envolva "uma reorganização do trabalho social e a correspondente modificação das relações de classe" (EVERS et al., 1985, p. 129). No entanto, a consciência de interesses tão amplos não ocorre de forma imediata nem de modo frequente e generalizado. Além disso, as condições objetivas de existência levam as pessoas a se verem permanentemente preocupadas e envolvidas com a satisfação de seus interesses imediatos. No dizer de Evers et al.,

> a pressão da miséria obriga a encontrar paliativos imediatos para os problemas de subsistência, sem permitir a preocupação com estratégias de mais longo alcance [...]. Tais soluções de emergência até podem

entrar em contradição direta com os interesses estratégicos: deverão ser soluções dentro do sistema social dominante, por limitadas e ilusórias que sejam. Isto muitas vezes obriga a assumir atitudes alheias ou até opostas aos próprios interesses de classe (esforços de ajustamento, confiança no Estado). O mesmo caracteriza também o processo de assimilação ao nível da consciência: quem está totalmente absorvido por seus problemas imediatos, muitas vezes, é incapaz de permitir que as perspectivas de longo prazo aflorem ao horizonte da percepção, ou as reprime ali, porque o longo caminho de sacrifícios e lutas parece demasiado difícil. (EVERS et. al., 1985, p. 129)

O limitar-se à busca da satisfação dos interesses pessoais imediatos, por conta das restrições impostas por suas precárias condições de vida, que deixam pouca alternativa além do lutar pela própria sobrevivência, leva também a incompreensões por parte de muitas pessoas que, a partir de uma maior consciência da origem social dos problemas ou de maior envolvimento na busca de soluções, não conseguem admitir que a população não se envolva mais efetivamente nos movimentos populares. Tais incompreensões podem levar a julgamentos apressados que imputam a atitude dos que lutam para sobreviver a mero egoísmo pessoal. Helena, presidente da Associação da Favela, diz que "a população só participa se tem interesse. Até agora não deu pra saber qual o tipo de interesse que a população tem. Se tem o posto, se tem o leite, tudo bem. Se falta o leite, já começa a parar. Eles só participa se tem alguma coisa que beneficia a eles; se é pra outra família, outra pessoa, não interessa tanto..."

A percepção que tive a partir dos depoimentos colhidos, tanto na escola quanto na comunidade, é a de que o apego aos interesses imediatos está muito ligado à descrença das pessoas na possibilidade de verem atingidos, em curto ou médio prazo, os objetivos sociais mais amplos. A visão dessa impotência para resolver os problemas de forma adequada está presente, por exemplo, na fala de mães como d. Rute que, a despeito de reconhecer a obrigação do Estado de fornecer ensino de boa qualidade, justifica sua ajuda nos trabalhos da escola dizendo que "forçar ele [o Estado] assumir, a gente não pode; quem fala mais alto é ele". D. Isabel, que também defende o envolvi-

A COMUNIDADE E A PARTICIPAÇÃO NA ESCOLA

mento de pais na limpeza, conservação e realização de outros serviços na escola, quando questionada se isto não seria dever do Estado, responde: "Ah! Mas já que o governo não faz, a gente poderia se reunir e, legião da boa vontade, né, e faria alguma coisa, né."

O fato, aliás, de muitos pais aceitarem arcar com ônus que deveriam ser do Estado tem levado muitas pessoas a censurar tal atitude, alegando que esses pais assim agem porque não têm consciência de seus direitos. Na verdade, porém, o que parece ocorrer, na maioria das vezes, é que os usuários sabem, sim, de seus direitos, mas a avaliação que fazem da possibilidade de levar o Estado a respeitá-los é a de que isso pode envolver uma luta vã ou, no mínimo, muito demorada. Por isso, optam por soluções parciais, de curto prazo, mas que julgam possíveis de serem concretizadas. É por isso que, mesmo sabendo que têm direito ao ensino público e gratuito, ou conscientes de que já financiaram a escola pública com seus impostos, há pais que concordam (em alguns casos, até insistem) em pagar a taxa da APM (aceitando a chantagem do Estado), porque veem nessa medida a única alternativa que a escola lhes apresenta para que possa funcionar minimamente. Ao assim se comportarem, denotam estar fazendo uma apreciação realista das possibilidades de verem cumpridos seus direitos e são estes que os movem em sua ação. "Eu acho que meu filho merece um futuro melhor", afirma d. Rute ao justificar seu trabalho gratuito na escola, visando a um melhor ensino por parte desta. D. Júlia, por sua vez, conta que, após passar o abaixo-assinado reivindicando um guarda para a escola, apelou para a ajuda do "dono do jornal", integrante do Clube dos Lojistas e da Sama, pois sabia que ele poderia interferir positivamente junto à delegacia de polícia, "porque ele conhece muito, né, lá o delegado e ele foi junto com a gente". Isto, que para muitos poderia parecer oportunismo ou política clientelista, para d. Júlia significou a possibilidade real de ter atendida a necessidade de segurança na escola onde seu filho estuda: "Entregamos o abaixo-assinado e no dia seguinte já tinha polícia aqui." Assim, é de se perguntar se tem algum sentido dizer a um pai ou a uma mãe que deixe de agir dessa forma, porque assim está emperrando a luta pela transformação social. Essa pessoa está diante de uma necessidade muito concreta e muito urgente, que é a educação escolar de seu filho hoje, e poderá perguntar que transformação social é essa que lhe exige abrir mão de seus direitos de cidadão.

Como se percebe, a articulação entre interesses imediatos e estratégicos é um problema complexo e de difícil solução. Acredito, porém, que o primeiro passo no caminho de sua adequação é a tomada de consciência de que se trata de um problema eminentemente prático, que se resolve na própria dinâmica que se imprima às lutas populares. Se, por um lado, não se pode imobilizar o movimento popular com a exigência de que cada ação esteja atada mecanicamente a uma "grande revolução" desvinculada da prática — já que deixa de considerar as condições que viabilizam essa prática —, por outro lado, não se pode deixar de articular as lutas reivindicativas da população com os objetivos de mais longo alcance, sob pena de se cair no que Castells chama "reivindicacionismo radical".

> Ao não se ligar à prática política geral (o que não significa, certamente, a ligação exclusiva com os grandes partidos), ao não transformar a luta reivindicativa urbana em luta política geral, as declarações autogestionárias afastam-se das perspectivas concretas da autogestão para se aproximarem de um corporativismo urbano. O *partir do bairro*, respeitando a autonomia do movimento de massas, é fundamental para o desenvolvimento de um movimento social capaz de transformar a cidade e o Estado. O *permanecer no bairro*, para nele cavar as trincheiras da revolução total, é uma forma de paroquialismo populista. (CASTELLS, 1980, p. 122, grifos no original)

Segundo as informações colhidas na pesquisa de campo, a EEPG Celso Helvens não foi construída para responder a qualquer movimento popular de reivindicação. Embora ela se tenha instalado num passado não muito distante (1981), ninguém entre as pessoas entrevistadas se lembra de qualquer reivindicação da população nesse sentido. O mais surpreendente é que as pessoas desconhecem completamente também

Os movimentos populares e a escola

a maneira como surgiu a escola. Jorgina, a inspetora de alunos, morava no bairro na época, mas só tomou conhecimento de sua existência por ocasião de seu concurso quando, indo à delegacia de ensino para informar-se se havia alguma escola próxima a sua casa, ficou sabendo da Celso Helvens, recém-construída. A professora Mári acredita que a escola tenha surgido em decorrência de estudos de expansão da demanda por escolas, feitos periodicamente pela Secretaria de Educação do Estado.

Os quatro movimentos atuantes na Vila Dora são bem conhecidos pelas pessoas entrevistadas, com a exceção já referida do conselho popular. De modo geral, as pessoas mencionam com frequência a existência e as atividades dessas entidades. Uma exceção significativa fica por conta da supervisora de ensino, Deise, que revela desconhecer qualquer movimento de bairro na região da escola. Mas, apesar desse conhecimento por parte dos usuários e do pessoal escolar, não parece haver uma ligação mais efetiva entre qualquer dessas entidades e a escola. Com relação à Sama, tomamos conhecimento da mencionada intervenção de um de seus dirigentes na obtenção de um guarda para a escola e da tentativa do envio de pouquíssimos alunos para o desfile de 7 de setembro promovido por essa associação. Talvez caiba mencionar também a reação de indignação e repúdio, de parte dos professores, a um artigo publicado no *Jornal do Morro Alegre*, em que o presidente da sociedade fazia críticas aos professores em greve. Com relação à Savuma, a referência foi feita por Mári que, quando lecionava na Celso Helvens, utilizou em sala de aula o jornal *Palhaçada*, publicado pela entidade.

Aspecto de bastante relevância é a relativa "despreocupação" dos movimentos populares, pelo menos por ocasião das entrevistas, com o problema da escola pública. No que concerne à Sama, d. Célia, sua diretora cultural, diz que pretende fazer um trabalho junto às APMs do bairro, mas no momento não havia nada de concreto. Por parte da Associação da Favela, o último movimento havido foi à época da obtenção da creche e da instalação da Emei Maria José, o que se deu também por parte dos integrantes da Savuma, mas ultimamente, com o atendimento da demanda, parece não haver qualquer reivindicação. O sr. Pedro, presidente da Savuma, até se surpreende, durante a entrevista, por tomar consciência do quão pouco a entidade tem tratado do assunto:

> Eu acho que, no fundo, assim, a gente se ateve mais a outras questões. Eu acho que, assim, infelizmente, tem sido uma falha nossa muito grande a gente não priorizar a questão da educação. A gente priorizou uma série de outras coisas, eu acho. Talvez eu esteja errado, mas eu acho que a gente devia priorizar. A educação, na nossa luta, não ficou priorizada... Apesar de, né, de a gente, assim, em alguns momentos, ter tentado fazer um elo também. A gente tentou, né...

No conselho popular, a preocupação com a escola pública está bastante presente, havendo, inclusive, uma comissão de Educação da qual Mári faz parte. Esta diz que, nas reuniões (ainda muito restritas) de que tem participado com a população, a questão da educação pública aparece muito pouco. Ela acha que, em termos de escola, a população se detém muito frequentemente na questão da vaga e, como não há excesso de demanda na região, o tema educacional aparece muito pouco.

A questão da gestão da escola e uma hipotética reivindicação no sentido de sua democratização, com participação efetiva da população na tomada de decisões, não aparecem em nenhum momento como preocupação ou projeto de atuação por parte das entidades. Isso não é de estranhar se considerarmos que tais movimentos procuram refletir os problemas colocados pela população que, como veremos mais adiante, não parece ainda envolvida de forma significativa com essa questão. Todavia, é preciso ter presente que a contribuição que os movimentos populares podem dar à melhoria da escola pública e à maior democratização de sua gestão não se esgota no que tais movimentos possam fazer diretamente pela educação escolar. Miguel Arroyo (1980), ao ressaltar que as camadas populares se mostram presentes no cenário político e social por meio das diversas formas de organização e luta, chama a atenção para o fato de que essa presença se dá em níveis que, diretamente, nem sempre atingem a escola e os educadores, ao menos por enquanto, mas é importante não esquecer que qualquer movimento de pressão das camadas trabalhadoras termina pressionando e obrigando o Estado e as classes dominantes a redefinir suas políticas na área econômica e social (ARROYO, 1980, p. 10).

2. A Escola Diante da Questão da Participação

Ao tratar dos condicionantes da participação externos à unidade escolar, é preciso considerar, além dos mecanismos coletivos, também os determinantes de ordem econômica (condições de vida da população) e os de natureza cultural (concepção das pessoas sobre a participação na escola). Essa abordagem, mesmo em sua forma geral, exige que se tenham presentes não apenas as mútuas inter-relações desses condicionantes, mas também sua relação de interdependência com os determinantes da participação internos à unidade escolar que vimos nos capítulos precedentes. Por isso, antes de nos ocuparmos dos condicionantes econômicos e culturais presentes na comunidade, pode ser de grande utilidade uma tentativa de organização, ainda que precária, dos múltiplos determinantes imediatos à participação internos à escola, anteriormente tratados.

Parece apropriado afirmar que a participação da comunidade na escola depende dos múltiplos interesses dos grupos que interagem na

Condicionantes político--sociais: os interesses dos grupos dentro da escola unidade escolar, bem como dos condicionantes materiais, institucionais e ideológicos. Com respeito à diversidade de interesses dos grupos em relação no interior da escola, pode-se dizer que,

na escola pública, que atende às camadas populares, tanto diretor quanto professores, demais funcionários, alunos e pais possuem, em última análise, interesses sociais comuns, posto que são todos trabalhadores, no sentido de que estão todos desprovidos das condições objetivas de produção da existência material e social e têm de vender sua força de trabalho ao Estado ou aos detentores dos meios de produção para terem acesso a tais condições (PARO, 1992, p. 42).

Todavia, isso não significa que os atos e relações no interior da instituição escolar se deem de forma harmoniosa e sem conflitos, pois a consciência de tais interesses mais amplos não ocorre de forma frequente nem imediata. Em sua prática diária, as pessoas orientam-se por seus interesses imediatos e estes são conflituosos entre os diversos grupos atuantes na escola. Ao examinar os condicionantes internos da participação nos capítulos II e III, tive oportunidade de mostrar as múltiplas expressões desses interesses contraditórios, nas relações interpessoais, em reunião do conselho de escola, em reuniões de pais, no comportamento diante da greve dos professores, no processo ensino-aprendizagem em sala de aula, enfim, nas múltiplas relações que têm lugar no dia a dia da escola. Com um processo de democratização da administração da escola — o que não acontece na Celso Helvens —, é de esperar que a explicitação desses conflitos se dê de forma radical. Sérgio Avancine (1990), em pesquisa sobre a participação de mães na gestão de uma escola pública em bairro de periferia urbana na Zona Sul da cidade de São Paulo, relata como, na ocupação de espaços na gestão da escola por parte de um grupo de mães, tais interesses se expressam de forma mais nítida, numa polarização entre mães, de um lado, e professores e demais funcionários, de outro. Na perspectiva de uma participação dos diversos grupos na gestão da escola, parece que não se trata de ignorar ou minimizar a importância desses conflitos, mas de levar em conta sua existência, bem como suas causas e suas implicações na busca da democratização da gestão escolar, como condição necessária para a luta por objetivos coletivos de mais longo alcance, como o efetivo oferecimento de ensino de boa qualidade para a população.

Ao falar dos condicionantes materiais de uma gestão participativa da escola, estou-me referindo às condições objetivas em que se desenvolvem as práticas e relações no interior da unidade escolar. Embora não se deva esperar que mesmo condições ótimas de trabalho proporcionem, por si, a ocorrência de relações democráticas e cooperativas, da mesma forma não se deve ignorar que a ausência dessas condições pode contribuir para o retardamento de mudanças no sentido do estabelecimento de tais relações. O que parece se dar na realidade de nossas escolas públicas é que, na medida em que faltam recursos de toda ordem para a consecução de seus objetivos com um mínimo de eficácia, o esforço despendido para remediar tais insuficiências tem competido com o esforço que se poderia empregar para se modificarem as relações autoritárias que vigem dentro da instituição escolar. Nos capítulos anteriores, ao examinar-se a realidade da EEPG Celso Helvens, pôde-se constatar, a partir de uma multiplicidade de evidências, as condições precárias em que essa escola se encontra, com falta de material didático, espaço físico impróprio para suas funções, móveis e equipamentos deteriorados, formação inadequada do corpo docente, escassez de professores e demais funcionários, falta de recursos materiais e financeiros para fazer frente às necessidades mais elementares. Parece evidente que, às voltas com necessidades tão prementes, a escola em seu todo e as pessoas que aí atuam em particular acabam deixando para um plano secundário a preocupação com medidas tendentes a criar uma dinâmica interna de cooperação e participação. Na prática docente, por exemplo, parece muito difícil para o professor estabelecer relações dialógicas na sala de aula, se ele se encontra desestimulado "com a deficiente formação profissional que pôde conseguir e com inúmeras preocupações decorrentes do baixo nível de vida proporcionado por seu salário" (PARO, 1992, p. 43). Segundo a diretora Maria Alice, até mesmo o oferecimento de condições para que a comunidade, ou os alunos, possam reunir-se fica dificultado pela falta de espaço adequado. Ao ressaltar a necessidade de os representantes do conselho se reunirem com seus representados, afirma ela que, pela falta de um salão ou auditório, a escola não tem condições de suprir essa necessidade e mesmo as reuniões que faz com a comunidade no início do

Condicionantes materiais de participação

ano têm de ser realizadas na quadra descoberta, que é inadequada para o evento.

É preciso, todavia, tomar cuidado para não se erigirem essas dificuldades materiais em mera desculpa para nada fazer na escola em prol da participação. Isso parece acontecer com certa frequência na escola pública e se evidencia quando, ao lado das reclamações a respeito da falta de recursos e da precariedade das condições de trabalho, não se desenvolve qualquer tentativa de superar tal condição ou de pressionar o Estado no sentido dessa superação. A esse propósito, é preciso não esquecer que as mesmas condições adversas que podem concorrer, em termos materiais, para dificultar a participação, podem também, em outros aspectos, contribuir para incrementá-la, a partir da adequada instrumentalização dessas condições. Isto pode dar-se, quer a partir das insatisfações das pessoas e grupos envolvidos (pessoal escolar, alunos e comunidade) que, ao tomarem consciência das dificuldades, podem desenvolver ações para superá-las, quer por conta das novas necessidades colocadas por tais problemas, que exigem, para sua superação, a participação de pessoas que, de outra forma, dificilmente estariam envolvidas com os problemas escolares. Este último aspecto diz respeito mais precisamente à oportunidade que, especialmente, pais e membros da comunidade têm de, ao se envolverem com sua ajuda na resolução de problema da escola, adquirirem mais conhecimento e familiaridade com as questões escolares, de modo a também poderem influir em decisões que aí se tomam.

Dentre os condicionantes internos da participação na escola, os de ordem institucional são, sem dúvida nenhuma, de importância fun-

Condicionantes institucionais

damental. Do que vimos no capítulo II sobre a organização formal da escola pública, podemos constatar o caráter hierárquico da distribuição da autoridade, que visa a estabelecer relações verticais, de mando e submissão, em prejuízo de relações horizontais, favoráveis ao envolvimento democrático e participativo. Vimos também, no mesmo capítulo, a natureza monocrática da direção da escola pública estadual paulista, com mandato estável do diretor, que é provido por concurso, sem o refe-

A COMUNIDADE E A PARTICIPAÇÃO NA ESCOLA

363

rendo dos usuários da escola que dirige. Além disso, o diretor aparece, diante do Estado, como responsável último pelo funcionamento da escola e, diante dos usuários e do pessoal escolar, como sua autoridade máxima. Seu provimento apenas a partir de requisitos "técnicos", aferidos em concurso público, encobre o caráter político de sua função, dando foro de "neutralidade" a sua ação. Assim, tendo de fato de prestar contas apenas ao Estado, acaba, independentemente de sua vontade, servindo de preposto deste diante da escola e da comunidade. Por sua vez, a existência de mecanismos de ação coletiva como a APM e o conselho de escola, que deveriam propiciar a participação mais efetiva da população nas atividades da escola, parece não estar servindo satisfatoriamente a essa função, em parte devido a seu caráter formalista e burocratizado. Na Celso Helvens, a APM tem existência meramente formal e o conselho de escola, apesar de importante local de discussão e de explicitação de conflitos, não tem logrado constituir um foro significativo de decisões, de modo a promover qualquer tipo de democratização das relações no interior da escola.

Diante de tudo isso, e tendo em conta que a participação democrática não se dá espontaneamente, sendo antes um processo histórico de construção coletiva, coloca-se a necessidade de se preverem mecanismos institucionais que não apenas viabilizem, mas também incentivem práticas participativas dentro da escola pública. Isso parece tanto mais necessário quanto mais considerarmos nossa sociedade, com tradição de autoritarismo, de poder altamente concentrado e de exclusão da divergência nas discussões e decisões.

A participação democrática na escola pública sofre também os efeitos dos condicionantes ideológicos aí presentes. Por condicionantes ideo-

Condicionantes ideológicos: a) a visão sobre a comunidade

lógicos da participação, estou entendendo todas as concepções e crenças sedimentadas historicamente na personalidade de cada pessoa, que movem suas práticas e comportamentos no relacionamento com os outros. Assim, se estamos interessados na participação da comunidade na escola, é preciso levar em conta a dimensão em que o modo de pensar e agir das pessoas que aí atuam facilita/incentiva ou dificulta/impede a participação dos usuários. Para isso, é importante que se considere tanto a visão da escola a respeito da comunidade quanto sua postura diante da própria participação popular. No que concerne ao primeiro aspecto, acredito que os elementos apresentados nos capítulos precedentes (especialmente nos itens 5.1 "A visão sobre os usuários da escola", no capítulo II, e 3.4 "Os alunos", no capítulo III) sejam suficientes para se ter uma ideia aproximada da maneira negativa como a comunidade é, em geral, vista pelos que atuam no interior da Celso Helvens. Do plano escolar aos depoimentos de professores, direção e demais funcionários, com raras exceções, o que se observa é a opinião generalizada de que os pais e responsáveis pelos alunos são pessoas que padecem das mais diversas carências (econômica, cultural, afetiva), com baixa escolaridade, sem interesse pelo desempenho dos filhos na escola e em boa parte agressivos para com o pessoal escolar. De forma semelhante, os alunos, além de carentes nos vários aspectos (alimentar, afetivo e cultural), são vistos em sua maioria como agressivos, desinteressados pelo ensino e "bagunceiros".

Essa visão negativa a respeito dos pais e alunos das escolas públicas pertencentes às camadas populares parece não ser exclusiva das pessoas que trabalham na EEPG Celso Helvens, estando, em vez disso disseminada em nossas escolas públicas. Este aspecto é de extrema relevância, pois tal concepção acaba se refletindo no tratamento dispensado aos usuários no cotidiano da escola. No relacionamento com pais e outros elementos da comunidade, quer em reuniões, quer em contatos individuais, a postura é de paternalismo ou de imposição pura e simples, ou ainda a de quem está "aturando" as pessoas, por condescendência ou por falta de opção. De um modo ou de outro, prevalece a impressão de que os usuários, por sua condição econômica e cultural, precisam ser tutelados, como se lhes faltasse algo para serem considerados cidadãos por inteiro. Esse comportamento também se reproduz no processo pedagógico em sala de aula, onde a criança é encarada "não como sujeito da aprendizagem e como elemento fundamental para a realização da educação, mas como

A COMUNIDADE E A PARTICIPAÇÃO NA ESCOLA

obstáculo que impede que esta se realize" (PARO, 1992, p. 45). Assim, não parece difícil deduzir a implicação dessa postura para a participação da comunidade nas decisões escolares. Uma escola perpassada pelo autoritarismo em suas relações cotidianas muito dificilmente permitirá que a comunidade aí se faça presente para participar autonomamente de relações democráticas. No dizer de Mári,

> da maneira como a escola trabalha, é pra afastar mesmo o pai. Quer dizer, é uma coisa horrível a reunião de pais. Dificilmente você vê, assim, um aluno ser elogiado. Na verdade, o pai é chamado e eles tremem assim... porque é pra malhar, é pra dizer que não consegue aprender, não consegue estudar... "Será que não dá pra senhora encaminhar aí para alguém?..."

Diante dessa visão depreciativa da comunidade, muitos usuários sentem-se diminuídos em seu autoconceito, o que os afasta da escola, para não verem seu amor-próprio constantemente ferido. Outros conseguem perceber o preconceito com que são tratados, o que pode contribuir também para afastá-los quando eles sentem que não há condições de diálogo com a escola. Helena, ao falar sobre a visão que o pessoal da escola tem da comunidade, que inibe a participação desta na escola, demonstra ter consciência desse preconceito e o critica, dizendo que "você não pode chegar ali e ser uma pessoa estranha; você tem que ser amiga daquelas crianças [faveladas] também".

Uma segunda importante dimensão dos condicionantes ideológicos da participação presentes no interior da escola diz respeito à própria

Condicionantes ideológicos: b) a visão de participação

concepção de participação que têm as pessoas que aí trabalham. Esse aspecto é de particular importância, pois se trata de saber a que as pessoas estão se referindo quando se dizem a favor ou contra a participação, merecendo que se detenha nele mais demoradamente, já que o tema não foi explicitamente examinado nas considerações feitas até aqui. Minha conversa com a diretora parece bastante ilustrativa dos problemas que essa questão envolve. Embora

Maria Alice se dissesse favorável à participação coletiva, constatei que sua escola, como outra qualquer, não inclui nada além do previsto nas normas e nas expectativas oficiais. À pergunta "Como se dá a participação na escola?", a diretora responde que as coisas vão andando normalmente e que, de repente, surge um grupo ou pessoa que pretende fazer alguma coisa diferente. Percebe-se que não há programa ou algo preparado intencionalmente para propiciar a participação. A diretora diz que professores e funcionários valorizam a participação (pelo menos do modo como ela está mostrando entender até aqui: realização de evento tipo festa, baile, concurso de pipa); mas os alunos, ela acha que valorizam "somente da boca pra fora". Às vezes, eles se dispõem a fazer alguma coisa, ficam entusiasmados no início, mas em seguida desistem por motivos variados, porque brigam entre si ou porque querem deixar para depois. O que a fala de Maria Alice parece dar a entender é que ela *permite* a participação, quando há iniciativa dos professores, por exemplo, mas esta participação não se refere à partilha nas decisões. O que ela parece entender como passível de participação coletiva é a realização de eventos que não estão no cronograma da escola. Quando isso acontece, diz ela que sua atitude inicial é perguntar "quem coordena". Parece haver aí a preocupação de saber quem fica com a responsabilidade da coisa, o que pode ter muito a ver com aquela preocupação do "gerente" escolar, responsável último pela lei e pela ordem na escola, que "não pode" perder o controle das atividades, por isso quer saber quem presta conta a ele, chefe. Continuando a falar sobre a "participação" na escola, relata que há iniciativas espontâneas por parte dos alunos, visando a fazer, por exemplo, campanha de limpeza na escola porque acham que os banheiros estão sujos. Mas parece que mesmo isso a incomoda porque, segundo ela, quando querem fazer alguma coisa, uma festa, um baile, por exemplo, eles vão à diretora muito mais para receberem seu aval, já que não admitem um "não" de modo nenhum. À minha pergunta acerca do tipo de participação que ela esperaria dos pais em termos de tomada de decisões na escola, Maria Alice responde imediatamente: "Bom, eu esperaria, pelo menos, que eles assumissem a vida escolar dos filhos deles, que eles não estão

A COMUNIDADE E A PARTICIPAÇÃO NA ESCOLA

assumindo, pelo menos nesta escola." Observe-se que, até aqui, embora a pergunta se referisse a decisões, a diretora nem cogita outra participação que não seja em termos de execução. Na sequência, perguntei: "Mas, iria só até aí? O que você reservaria para os pais em termos de participação na *gestão* da escola?" Resposta:

> Hum. Sim, já entendi o que você quer dizer. É, eu acho que eles poderiam gerenciar e seria uma maravilha porque daí eu não ficaria com drama de consciência, cada vez que chega uma verba, que que eu vou gastar, tá. Eu acho que eles poderiam dizer aonde a gente poderia empregar esse dinheiro, tá. Em que, o que que eu compro, não compro, atendo o quê, o que vai primeiro, o que que não vai. Então, isso aí, se eles gerenciassem taria ótimo; a parte de aplicação, né, do *pouco* dinheiro que chega na escola. Outra coisa: atividade com a comunidade; o que eles gostariam que fosse feito: festas? Bazares? O que mais? Competições aqui dentro, jogos? Se reunir aqui? Fazer encontros? Discutir filmes? Não sei.

À pergunta sobre a hipótese de a comunidade se corresponsabilizar pela escola, Maria Alice responde:

> Ah! Mas eu acho que isso seria excelente... É difícil. É muito difícil. É difícil porque você tem que explicar até o beabá pra pessoa poder começar entender. Por parte da gente, do diretor, é muito estafante. Eu sinto isso no conselho. O conselho tem que elaborar uma sinopse de calendário, mas ele desconhece toda essa parte legal. Eu é que tenho que passar essa parte legal pra ele. Por isso que eu sou membro nato, porque senão eu nem membro nato seria. Então, o abacaxizão fica sempre com a gente, procê explicar pra um pai aqueles macetes dessas resoluções toda contraditórias que saem.

Ela acredita que há escolas que têm feito muito no sentido da participação da comunidade nas decisões da escola, "principalmente o pessoal do PT". Diz que há diretores que "são dessa linha", mas ela não tem conseguido e as pessoas, às vezes, brincam, dizendo que ela é conservadora. "Não sei. Acho que sou." Reputa esse "conservadorismo" a sua formação. Sente que há escolas cujos diretores conseguem conviver com "essa posição" mais progressista, dando um espaço muito grande para os pais. Sente-se que ela própria se questiona muito sobre sua posição conservadora. Mas percebe-se também que ela se sente incapaz de mudar seu modo de ser. Então, afirma que costuma perguntar a si mesma:

> "Será que é porque essa pessoa milita politicamente e já tem um certo traquejo, aprendeu a passar por cima de pormenores? O que será que é?" Então, eu sinto que essas escolas tão dando um espaço muito grande pra pai. Não é que tá dando mais espaço... O pessoal tá mais ativo... Só que, também, é uma baderna, hein. Assim... É um rolo, que eu não sei se saberia conviver com isso [...], eu não sei o que que eu faria depois com isso daí. Talvez eu não esteja preparada pra dar toda essa abertura, né.

De todo o depoimento de Maria Alice, esta última parte parece bem ilustrativa de um bom número de diretores de escola que se sentem incomodados em meio ao confronto de ideias e ações velhas e novas a respeito da gestão escolar. Mas sua fala toca também em outras questões. Uma delas refere-se à ausência quase total de qualquer previsão de rotinas ou eventos que ensejem a participação da comunidade na escola. Como a própria instituição escolar, da forma como vimos anteriormente, não possui mecanismos institucionais que, por si, conduzam efetivamente a um processo de participação coletiva em seu interior, a inexistência dessa precisão por parte da direção ou dos educadores escolares fecha mais uma porta que poderia levar à implementação, na escola, de um trabalho cooperativo. Parece vir bem a propósito dessa questão o comentário de Marlene, assistente social do PAM de Vila Dora, no sentido de que sua experiência com profissionais de Saúde e de Educação tem mostrado que a visão desses profissionais — professores, diretores, médicos — não valoriza práticas que pressuponham o envolvimento do sujeito na solução de seus problemas. Certamente, essa visão não se limita a esses profissionais, numa sociedade em que a participação não é vista como elemento também constituinte da forma de vida social, mas, no máximo, como elemento marginal à atividade básica, que é o trabalho individualizado. A mesma Marlene critica o não envolvimento do pessoal escolar como uma das razões para o não envolvimento na comunidade:

> Olha, pro envolvimento da população, anteriormente a esse envolvimento eu acho que tem que ter o envolvimento da diretoria e dos professores. Porque, dependendo como eles concebem, né, essa participação, esse envolvimento da população, como eles entendem a realidade dessa população, dependendo disso é que eles vão conseguir cativar essa população pra um trabalho conjunto. O que eu sinto [...] a diretoria, os professores não tão muito envolvidos, são alguns só [...] Então, precisaria haver um reposicionamento dos profissionais, um repensamento...

Helena, presidenta da Associação da Favela, faz um comentário na mesma direção, mas que vai além. Falando sobre a falta de iniciativas no interior da escola que estimulem a participação, ela chama a atenção para o pouco contato e participação do pessoal da escola na comunidade, identificando esse fato como uma das razões por que a comunidade não participa da escola. Na fala de Helena parece estar implícito o direito de a comunidade, diante da não participação da escola em seus problemas, perguntar: "Por que a comunidade tem de participar da escola, se ela não participa da comunidade?"

Uma segunda questão sugerida pela fala da diretora sobre participação refere-se à natureza desta quanto ao tipo de envolvimento das pessoas que participam, se na execução, se na tomada de decisões. Obviamente, esse dois "tipos" de participação não estão desvinculados, mas se trata de ter bastante claro qual objetivo se tem em mente: se se pretende restringir a participação da comunidade à execução — que, em sentido mais amplo, pode incluir desde a participação direta, por meio de ajuda nas atividades da escola, até a participação indireta, mediante a contribuição em dinheiro ou doações em espécie — ou o que se deseja é a efetiva partilha do poder na escola, o que envolve a participação na tomada de decisões. Na reunião com a comunidade realizada no início de 1990, na quadra da escola, Maria Alice pôde fornecer maiores evidências de sua concepção de participação, fortemente atrelada ao momento de execução. A exemplo do que faria posteriormente, na abertura da reunião do conselho de escola que presenciamos, a diretora aponta vários problemas de manutenção e de como a escola não tem condições de resolvê-los. Enfatiza que o pouco que é feito é à base do "esforço e colaboração das funcionárias, todas mulheres" e destaca: "*eu* carrego armários". Reclama que os pais estão ausentes: "fora quatro ou cinco, ninguém se compromete". Conta que alguns pais comprometeram-se a fazer pequenos reparos, ela mandou cinco bilhetes cobrando, eles não responderam nem apareceram. Aponta a calha localizada no telhado próximo à quadra para informar que o tubo que a liga até o chão estava (e ainda está) caindo, ela pediu para um pai vir ajudar a amarrar, comprou corrente e cadeado, mas roubaram a corrente. Diante do mal-estar momentâneo causado por essa espécie de "acusação" à comunidade, procura justificar: "Estou enumerando, estou dividindo os problemas com vocês." Continua enumerando: banheiros estão com problema de encanamento. Pede para pais ajudarem com mão de obra, que a escola cede material. Uma mãe próxima à observadora comenta: "Isso é coisa de governo." Em outro momento, Maria Alice está comunicando a decisão do conselho de cobrar taxa facultativa da APM. Informa que o dinheiro será utilizado "para cortar capim, trocar lâmpadas, etc. Para ajudar a incrementar verba do governo. Você não é obrigado a pagar e seu filho não será excluído da escola por isto; mas não vou aceitar reclamações do estado em que se encontra a escola." Parece que, nesse momento, Maria Alice já não se mostra tão contrária à ideia de pagamento da APM como revelou em sua entrevista de cerca de oito meses antes; isso ajuda na configuração de uma concepção de participação da comunidade que tem tudo a ver com a execução de tarefas e a contribuição financeira.

D. Célia, que já foi diretora de escola pública e é favorável à participação dos pais na gestão da escola, afirma que muita gente quer a participação da comunidade em tudo, mas quando se trata de participar nas decisões não aceita.

A COMUNIDADE E A PARTICIPAÇÃO NA ESCOLA

Não se trata, todavia, de descartar a participação na execução como se ela fosse um mal em si, pois ela pode constituir uma estratégia para se conseguir maior poder de decisão. Em sua pesquisa, Avancine relata o caso em que o autoritarismo de um diretor o leva a proibir a colaboração da população e a forma como tal atitude é vista por uma das mães.

> O diretor substituto, de imediato, proíbe a presença das mães dentro da escola. Nem mesmo o projeto de elevação da altura do muro da escola esse diretor admitiu que fosse levado adiante pelos moradores. Na interpretação de uma mãe participante daqueles mutirões: "acho que ele sentia assim: se eu deixar esse pessoal fazer, eles vão querer também chegar junto na escola. Porque a gente carregava os bloco, fazia o trabalho manual, mas na hora da decisão a gente queria participar também. Mas isso ele não aceitava." (AVANCINE, 1990, p. 110)

Na medida em que a pessoa passa a contribuir, quer financeiramente quer com seu trabalho, ela se acha em melhor posição para cobrar o retorno de sua colaboração, e isso pode dar-lhe maior estímulo na defesa de seus direitos e resultar em maior pressão por participação nas decisões. Além disso, a participação de pais (e especialmente mães, como tem sido mais frequente) na realização de pequenos reparos, em serviços de limpeza, na preparação da merenda, ou ainda na organização ou cumprimento de tarefas ligadas a festas, excursões e outras atividades, acaba por lhes dar acesso a informações sobre o funcionamento da escola e sobre fatos e relações que aí se dão e que podem ser de grande importância, seja para conscientizarem-se da necessidade de sua participação nas decisões, seja como elemento para fundamentar suas reivindicações nesse sentido. Às vezes, essa maior potencialização dos membros da comunidade para opinarem e reivindicarem maior espaço na tomada de decisões na escola parece constituir motivo para se evitar que a população participe mesmo na execução, quer diretamente, com sua ajuda nos serviços da escola, quer indiretamente, pelo pagamento de taxas como a da APM. D. Marta, por exemplo, é pessoa que prefere executar trabalhos braçais, que é o que sabe fazer bem, mas diz que fica irritada porque não permitem que ela ajude nos serviços de limpeza, na elaboração de merenda e na conservação da escola. Para ela, seria até bom ajudar nas tarefas da unidade escolar, pois o marido a impede de "trabalhar fora" e essa seria uma ocupação que a "distrairia". Mas d. Marta é também bastante crítica e interessada no funcionamento da escola: "Eu vejo a situação da escola, eu vou lá todo dia [...] eu vejo qual a classe que tá suja, qual tá sem carteira, eu sei tudo." Talvez por isso, sua tentativa de ajuda seja vista como intromissão pela escola. É a esse tipo de "intromissão" que a merendeira d. Margarida parece estar-se referindo quando relativiza o direito de participação da população na escola: "Participar, assim, no bom sentido... Tem muitas mães que vêm se intrometer em coisas que não entende... Até no nosso serviço, falar de merenda..." O curioso é que a relevância atribuída à participação na execução por parte de d. Marta a faz, inclusive, relegar a um segundo plano sua participação no conselho de escola, do qual é membro: "Eu acho que, pra eu ser do conselho de escola, eu tenho que fazer alguma coisa [...] Lá só me chamam se tem uma reuniãozinha." Talvez d. Marta perceba que é na realização de serviços na escola que ela tem maiores chances de interferir em seu funcionamento. Maria Malta Campos é quem aponta importantes implicações desse tipo de participação das mães na escola, fazendo considerações que parecem esclarecedoras da questão:

> É verdade que os pontos sobre os quais incide a vigilância das mães relacionam-se quase todos com as atividades geralmente desempenhadas pelas serventes: manter a escola limpa, os banheiros em ordem, preparar a merenda com capricho. Enquanto donas de casa, é sobre esses aspectos do funcionamento da escola que as mães julgam-se à vontade para opinar e deliberar. É como se o lado material da operação da escola fosse um prolongamento de suas tarefas domésticas, em relação às quais sentem-se com experiência e competência suficientes para desempenhar um papel de autoridade.
> Paradoxalmente, é justamente sobre esses aspectos que a escola lhes nega oportunidade de influir. O que as diretoras cobram das mães é

A COMUNIDADE E A PARTICIPAÇÃO NA ESCOLA

algo muito mais difícil e complexo, pois relaciona-se com os aspectos pedagógicos do funcionamento escolar, como é o caso do acompanhamento do estudo dos filhos. É claro que em nenhum momento é previsto que esse acompanhamento seja feito de forma crítica. De qualquer maneira, o que acontece é que a escola impede que os pais opinem sobre os aspectos que lhes são mais familiares, ao mesmo tempo que espera que colaborem no terreno sobre o qual eles se mostram mais inseguros. [...]

Contudo, se existe alguma possibilidade da participação dos pais apontar para alguma transformação dentro da escola, no sentido de ampliar o acesso e a permanência das crianças, o que também inclui garantir-lhes condições mínimas de conforto material — prédio em bom estado, merenda saudável — essa possibilidade começa pelo questionamento daquilo que é imediatamente visível a todos. Os relatos mostram que as mães chegam a arranhar a questão pedagógica apenas em alguns aspectos: reclamando das faltas e atrasos dos professores, eventualmente percebendo que o ensino "está fraco". Pode-se supor que o amadurecimento de uma experiência de interação coletiva com a escola teria condições de levar grupos da população a desenvolverem uma consciência crítica em relação ao conteúdo da ação escolar. Mas, da mesma forma que em relação aos demais problemas que afetam os moradores da periferia, seria preciso primeiro conquistar um espaço onde essa aprendizagem pudesse se dar a partir do concreto, a partir do que já é conhecido. Talvez seja exatamente por isso que a escola se fecha tanto quando percebe nos pais os primeiros sinais dessa inquietação. (CAMPOS, 1983, p. 469-470)

Além de apresentarem o sentido de uma participação na execução que aponta para uma maior presença dos usuários nas decisões da escola, estas considerações de Maria Malta Campos, na medida em que mencionam reivindicação das escolas públicas por acompanhamento pedagógico das crianças por parte dos pais, apontam para importante contradição presente também na conduta da EEPG Celso Helvens e que parece comum no discurso dos que são contra a participação da população na gestão da escola pública. Trata-se da pretensão de negar legitimidade à participação dos usuários na *gestão* do pedagógico, por conta do aludido baixo nível de escolaridade e da ignorância dos pais a respeito das questões pedagógicas, ao mesmo tempo em que se exige que os mesmos pais participem (em casa, no auxílio e assessoramento a seus filhos) da *execução* do pedagógico, quando o inverso pareceria razoável. Embora não sejam formados em Pedagogia, em Matemática ou Geografia, parece que os pais têm, sim, conhecimentos suficientes para exercer certa fiscalização e contribuir, pelo menos em parte, na tomada de decisões a respeito do funcionamento pedagógico da escola. Aqui não parece ser fundamental um conhecimento didático-pedagógico específico e especializado. O pai ou a mãe tem condições de saber que uma classe com 25 alunos é mais produtiva (*ceteris paribus*) do que uma com 40, como é capaz de entender que a falta de merenda atrapalha o desempenho dos alunos em seu dia de aula e que a ausência de professor é nociva ao desenvolvimento do currículo escolar. Por outro lado, não se pode exigir que ele ou ela participe do que não tem condições de dar conta e que é obrigação da escola fazer: a execução do pedagógico é atribuição de pessoas, como os professores, adrede preparadas para esse fim.

O suposto, presente na fala da diretora, de que a população possui baixa escolaridade e desconhece o próprio funcionamento formal da unidade escolar — suposto este que esteve presente em vários outros depoimentos —, não deveria servir de argumento para afastar da escola a comunidade, com a alegação de que ela não tem condições técnicas de participar de sua gestão. Tal alegação supõe a redução da administração escolar a seu componente estritamente técnico, quando a grande contribuição dos usuários na gestão da escola deve ser de natureza eminentemente política. É como mecanismo de controle democrático do Estado que se faz necessária a presença dos usuários na gestão da escola. Para isso, o importante não é seu saber técnico, mas a eficácia com que defende seus direitos de cidadão, fiscalizando a ação da escola e colaborando com ela na pressão junto aos órgãos superiores do Estado para que este ofereça condições objetivas possibilitadoras da realização de um ensino de boa qualidade.

Outro componente importante da visão da escola sobre a participação diz respeito à descrença acerca da possibilidade dessa participação. Essa descrença foi percebida em vários depoimentos, inclusive nos da diretora e da assistente de diretora. Maria Alice, embora discorrendo vastamente sobre a importância da participação (pelo menos da maneira como ela a entende), quando posta diante da questão da viabilidade dessa participação, afirma não acreditar que esta seja possível. O mesmo acontece com Rosilene que, ao mesmo tempo em que defende a participação, dizendo ser da opinião de que todos devem participar, quando solicitada a dizer de que maneira isso se dará, responde: "Ah! Doce ilusão!" e fala sobre a total impossibilidade de isto vir a acontecer. As principais causas alegadas para essa impossibilidade prendem-se às condições de vida e à falta de interesse da população. O fato importante a ressaltar aqui é a relação que essa suposição tem com a própria visão acerca da participação. Na medida em que é apresentada como inquestionável, a impossibilidade de participação da comunidade na escola parece fazer com que mesmo as pessoas contrárias a ela sintam-se "liberadas" para defendê-la "impunemente", na certeza de que não terão de conviver com sua realização. Por outro lado, ao remeter as causas de tal impossibilidade para fora do âmbito da unidade escolar, os responsáveis pelo funcionamento desta passam a contar com um álibi para sua omissão no provimento de medidas que facilitariam tal participação.

Uma das formas de se aferir a intensidade das relações entre a escola pública e a comunidade é a dimensão em que o espaço escolar é utilizado pelos usuários nos períodos em que a escola não desenvolve suas atividades docentes regulares, especialmente nos fins de semana, nos feriados e nas férias escolares. Nos bairros ocupados pelas camadas populares, nas periferias dos grandes centros urbanos como São Paulo, os equipamentos coletivos de lazer, como teatros, cinemas, museus, clubes esportivos ou recreativos, etc. são extremamente escassos ou simplesmente não existem. Mesmo os poucos terrenos vazios onde se dão as peladas nos fins de semana ou os galpões em que se realiza alguma festa ou comemoração vão sendo eliminados com a ocupação mais intensa do solo, provocada pela crescente urbanização. Diante disso, o prédio e as dependências da escola pública poderiam

Utilização do espaço escolar pela comunidade

ser uma alternativa para o desenvolvimento de alguma atividade de lazer que contribuísse para minorar a falta de opção da população nesse sentido. A brusca urbanização verificada em Vila Dora nos últimos anos é referida por Rita, aluna da 8ª série, que lembra as mudanças provocadas na própria convivência das pessoas.

> Praticamente, eu adorava como era antes, sem asfalto, sem iluminação, não tinha água [...] Eu adorava porque a gente chegava do colégio, chegava três horas da tarde, daí chegava seis horas, a gente ia catar vaga-lume [...] Depois, quando apareceu iluminação na rua, foi asfaltada, praticamente, mudou tudo. Porque antes você via a pessoa na rua [...]; agora, praticamente, se você andar na rua seis horas da tarde, você não vê uma alma viva.

Segundo Rita, ao contrário de "antigamente", hoje são poucas as festas de rua ou atividades que reúnam os moradores. O sr. Roberto, pai de aluno, acha que a escola aberta no fim de semana poderia significar pelo menos mais um lugar onde se pudesse levar os filhos com segurança, já que hoje os pais não têm onde ir com os filhos, pois, se levam a um parque ou a outro local público, "já encontra marmanjos, bêbados, e isso não é bom".

Apesar de ser sentida essa necessidade, a utilização do espaço da Celso Helvens pela comunidade nos períodos extraescolares absolutamente não existe. A secretária Kazuko, que é favorável a essa abertura da escola para a população, diz que houve um tempo em que a escola era emprestada para aulas de religião aos sábados, mas logo depois isso foi interrompido. Diz também que chegou a funcionar um curso supletivo à noite, mas "também não sei o que foi, não deu". Ultimamente, a quadra foi alugada para "uns japoneses que vinham aí jogar"; porém, como não havia nenhum responsável nos fins de semana, a direção suspendeu. D. Marta, mãe de aluno, diz que as mães pediram para a direção que os alunos pudessem usufruir a quadra nos finais de semana, com horário marcado e uma pessoa responsável. "Ela não aceitou." Porém, relata que "uma turma de japoneses" utilizava a escola: "Era carro, moto, tudo dentro da escola.

A COMUNIDADE E A PARTICIPAÇÃO NA ESCOLA

De onde? Da cidade; bairro não pode entrar dentro da escola." Uma solicitação muito frequente das alunas mais velhas é a permissão para realizarem bailinhos nas dependências da escola, o que gera certo desentendimento entre elas e a diretora porque esta não permite, alegando que nessas ocasiões vêm pessoas de fora que fumam maconha e rapazes mais velhos, de 18 e 20 anos, que ficam nas lajes das casas próximas "mexendo" com as garotas e às vezes também entram e "passam as mãos" nelas. A professora Glauce não concorda com a posição de não abrir a escola para utilização dos usuários. Diz que, a partir das reuniões com pais nos inícios de ano, tem a impressão de que a comunidade gostaria de estar mais presente na escola, mas "a opinião que Maria Alice nos passa é que a comunidade só atrapalha, só poda, só enche o saco". Diz que não sabe se está muito certa, mas pondera: "Vítor, aqui é o ponto de encontro dos alunos. Então, eles vivem em função da escola. Acho que a escola poderia oferecer mais pra eles; sabe, abrir mais, não sei... festas, trazer a comunidade..." Glauce é a favor da participação da comunidade na gestão da escola, como acontece na outra unidade onde trabalha — escola municipal, servindo à comunidade de alto poder aquisitivo. Diz que lá há mutirões e outras atividades em que a comunidade participa ativamente. Perguntada sobre o que explicaria essa diferença em termos de participação nas duas escolas, responde que não é por conta da comunidade mais rica que há na outra escola, mas porque "a direção lá dá mais abertura aos pais". Diz que essa participação depende da abertura que a escola dá e que não concorda com essa atitude de uma coisa da comunidade, a escola, não ser franqueada a seus donos: "Cê vê, na verdade isso [a escola] faz parte da comunidade. Só que, de repente, você fecha o portão e fala pra comunidade: 'Olha, vocês atuam daqui pra fora; daqui pra dentro somos nós, os professores...' Sabe essa coisa?"

Já a inspetora de alunos, Jorgina, acha que a diretora "paparica até demais os pais", mas não tem conseguido sua participação. Acredita que se deveriam fazer festas para estimular o envolvimento da população. Afirma que antes a escola estava mais aberta para o uso da comunidade, mas era "uma bagunça", com as dependências da escola amanhecendo sujas e cheias de lixo por todos os lados. As alunas da 8ª série ouvidas em entrevista também se dizem contrárias à ocupação da escola nos fins de semana por elementos estranhos a ela, uma vez que "eles destroem a escola". O que essas ponderações de Jorgina e das alunas da 8ª série parecem apontar é para a necessidade de que a utilização da escola pela comunidade não se dê sem um mínimo de organização que preveja a obediência a regras claras a respeito das obrigações e responsabilidades tanto da escola quanto daqueles que a utilizam. Deise, a supervisora de ensino, diz que a escola que dirigia era aberta para a comunidade, inclusive nos fins de semana, e tudo funcionava muito bem porque os usuários assinavam um termo de responsabilidade: se alguma coisa se quebrava, eles mesmos consertavam. Em sua escola não havia nenhum vidro quebrado, nenhuma depredação. Acha vantajosa a participação da comunidade "porque a gente joga bastante da responsabilidade pra eles e eles se sentem bastante importantes".

As relações que a escola mantém com seus usuários e principalmente a postura que ela adota diante da questão da ocupação do espaço **Depredações** escolar pela comunidade parecem ter influência sobre a existência ou não de depredações da escola por parte de elementos da população vizinha a ela. Vários relatos de experiência indicam que, quando a escola estabelece relações amistosas com a comunidade, permitindo inclusive que esta utilize suas dependências para atividades em fins de semana, os usuários tendem a colaborar com a escola e as depredações diminuem bastante e até desaparecem. Isto parece acontecer ou porque os próprios elementos que provocavam tais atos sentem-se inibidos em fazê-lo diante de uma postura da escola que os valoriza e permite que eles mesmos usufruam o espaço escolar, ou porque os usuários interessados passam a desenvolver mecanismos de proteção contra as depredações. Inah Passos et al., ao descreverem uma experiência de gestão colegiada numa escola pública de 1º e 2º graus da periferia da cidade de São Paulo, relatam a forma como Maria Célia, sua diretora, encaminhou o problema de violência contra o estabelecimento escolar:

Havia também os elementos "marginais" da comunidade, provenientes, de acordo com Maria Célia, da favela. Esses rapazes a procuravam na escola, a primeira vez de forma arrogante, com os pés na mesa, "mas com a conversa, foram mudando. Vinham conversar até sobre os crimes que praticavam, tráfico de drogas. Eu procurava discutir alternativas, o que estava por trás dessa situação, nunca dar conselhos. A quadra da escola foi cedida 'oficialmente' uma vez por semana para que eles utilizassem. Acabaram os problemas, até mesmo de roubo na cantina. Um deles dormia na escola para vigiá-la." (PASSOS et al., 1988, p. 84)

Deise, a supervisora de ensino que atende à EEPG Celso Helvens, afirma ter notado em sua experiência, tanto como diretora quanto como supervisora, que, "quando a direção é muito dura, a escola é mais invadida, mais depredada; quando a direção é mais democrática, mais aberta, ela é protegida". Helena, da Associação da Favela, considera que, como serviço público, a escola deve ser apropriada pela comunidade e que esta — conforme mencionado anteriormente (item 2.1 "Sobre o exercício da autoridade na escola", capítulo II) — "tem mais é que usar mesmo, [...] pra tudo que for necessário: pra festa, pra reunião...". Em sua opinião, se a população for levada a sentir a escola como sendo dela, para seu benefício, dificilmente ela irá voltar-se contra seu patrimônio. "Se ela tá usando a escola, ela vai ajudar a zelar por essa escola, não destruir a escola." Para defender seu ponto de vista, Helena toma como referência sua própria experiência como presidenta do centro comunitário e como diretora da creche:

> Eu não discrimino ninguém; nem branco, nem preto, nem rico, nem pobre [...] eu sempre falei: "Esta casa é de vocês, é vocês que manda aqui." Agora, as escolas aqui, as creche aqui do lado, já foi tudo entrada e arrombada. Aqui nunca entraram nem nada. [...] Tudo mundo sabe que eu tenho as coisas aqui. [...] As escola coloca os próprio polícia contra os trabalhador — porque a polícia não vai em cima de ladrão nenhum, vai em cima do trabalhador [...] As pessoas não pode tá ali participando como tá; então, a hora que ela acha um jeito, ela quebra.

Por que o orelhão não vive quebrado aqui? O posto de saúde, ninguém quebra. Por quê? Porque a comunidade tá trabalhando [...] todo mundo é teu [...] Se você vê o fulaninho fazê, você vai, conversa com fulano.

Parece-me de extrema relevância esta clareza com que Helena vê a apropriação coletiva de um bem ou serviço e a atitude que os envolvidos têm diante dessa apropriação. Tal relação não parece ser sentida nem vivenciada pela e com a escola, sendo esta um objeto estranho e como tal é tratada pela população.

Na Celso Helvens, não tem havido depredações de forma sistemática nos últimos anos, mas o pessoal da escola continua muito preocupado com a segurança, especialmente por conta do roubo do aparelho de TV, ocorrido pouco tempo depois de sua doação pela família Helvens, conforme já mencionei no capítulo II (item 3.2 "Conselho de escola"), e em virtude da presença de pessoas estranhas à escola, em geral ex-alunos, que às vezes entram aí e atrapalham o andamento das aulas do período noturno. Mas houve época em que as depredações eram constantes. A professora Leda conta que isto aconteceu especialmente no período 1983/1984, e que não se tratava de roubo, mas de agressão pura e simples contra a escola:

> Era depredação, assim, constante, merenda roubada... Eles não roubavam, apenas eles estragavam, apenas estragavam. Era por maldade mesmo, no meu modo de ver, porque eles não roubavam nada, eles arrobavam a porta e estragavam, abriam os sacos de merenda, jogavam no chão, jogavam dentro dos banheiros e arrombavam as salas de aula, os armários dos professores, tocavam fogo no material dos alunos.

Leda, que na época respondia pela direção, informa que pediu colaboração para a Companhia de Construções Escolares do Estado de São Paulo (Conesp), instituição que, à época, cuidava da construção e reforma das escolas públicas estaduais, pois pretendia levantar os muros. Porém, os representantes da Conesp com quem se reunia diziam que a escola deveria desenvolver um trabalho com a comunidade. "Mas ele sempre colocava a comunidade: que a comunidade

A COMUNIDADE E A PARTICIPAÇÃO NA ESCOLA

é que tinha que participar, que a comunidade é que tinha que cuidar da escola, que a escola tinha que ficar aberta pra comunidade..." Diz que, por ser "um pouco retrógrada nessa parte", discorda em parte desse tipo de encaminhamento. Para ela, a partir dessa abertura da escola para a comunidade "é que se começou um pouco a destruição da escola pública, né." Reportando-se à questão do muro, a professora Mári diz que sua colocação já foi uma concessão feita aos que pensam que o muro resolve o problema de segurança, mas que, na ocasião, a coordenadora da Coordenadoria de Ensino da Região Metropolitana da Grande São Paulo (Cogsp), diante da intenção da escola de elevar a altura do muro, informou que o tamanho era padrão e que não se podia garantir a segurança com muros altos, porque isso depende da relação que a escola mantém com a comunidade, para mantê-la segura e até para defendê-la. Mas, para Leda, a origem do problema encontra-se na comunidade:

> Eu acho que se houvesse realmente, assim... como que eu poderia dizer?... assim... ahn, se houvesse o respeito da população pela escola pública, eu acho que a escola pública poderia ser até um local de lazer para eles. Acontece que eles não têm respeito, eles não conhecem... não sei; como eles não frequentam uma boa escola, eles não sabem o que é uma boa escola, no meu modo de entender. Porque, hoje em dia, a população tá bem, assim, aquém do que a gente espera.

Assim, para Leda, o fato de a população não ter frequentado "uma boa escola pública" leva-a a "não ter respeito" por ela e a depredá-la, "como maneira de... desabafar, vamos dizer assim, em cima da escola pública". É interessante observar que a percepção da situação por parte de Leda até inclui elementos de uma visão crítica do problema, mas ela parece não avançar quando se trata de reconhecer a responsabilidade da própria escola no processo. Isso pode ser depreendido do encaminhamento dado à questão: "Daí, nós resolvemos fazer o seguinte: é colocar um policial morando. Já que na boa num vai, então vamo tentá repressão, né. Foi a época que realmente parou as depredações." Diz que a supervisora inicialmente não aceitou, alegando que haveria problemas; exigiu a formação de processo para implantação da zeladoria na escola, com autorização do secretário. Isso foi feito e o policial militar passou a morar na escola. Durante o dia ele fazia ronda e aos finais se semana autorizava a entrada da comunidade para utilização da quadra. Nesse período, com a interrupção das depredações, conseguiram consertar o que havia sido quebrado e manter a escola "mais intacta". Mas Leda credita a melhoria da situação principalmente à presença do policial-zelador, dando menos importância à abertura da escola para uso da comunidade e às outras providências adotadas, segundo tudo indica, por iniciativa de Mári, apoiada por outras professoras que deixaram a escola na mesma ocasião em que ela saiu. Mas é a própria Leda quem conta que, "por iniciativa da professora de História", foi feita uma reunião com alunos e todos os professores, em que se elaboraram normas de conduta para os alunos e que foram enviadas aos pais para tomarem ciência. Esse sistema disciplinar previa também sanções (advertência, suspensão, etc.) a serem encaminhadas pelo conselho de escola. Os alunos mais indisciplinados concentravam-se numa 5ª série formada com todos os alunos repetentes (em sua entrevista, Mári menciona a existência dessa classe, com o que ela absolutamente não concordava e que encontrou quando chegou à escola). Leda admite que erraram ao formar tal classe porque os alunos, sentindo-se discriminados, partiram para a indisciplina e a violência. Leda diz que a professora de História propôs "um trabalho com esses alunos que estavam causando maior problema" para saber "o porquê dessa indisciplina". Elaboraram um questionário no qual os alunos responderam como eles gostariam que a escola fosse. A partir do questionário, essa professora fez várias reuniões de reflexão com os alunos, bem como com as mães (para saber como eles eram em casa) e incentivou-os a fazerem uma horta na escola. Leda diz que o problema não se solucionou, mas reconhece que "melhorou".

Mas parece que a escola continua acreditando na vigilância como critério privilegiado para resolver o problema de segurança. Na ata de reunião extraordinária do conselho de escola de 2 de maio de 1990 (um mês após a reunião que presenciamos e durante a qual

A COMUNIDADE E A PARTICIPAÇÃO NA ESCOLA 383

se tratou do problema do roubo do aparelho de TV), encontra-se registrado o seguinte:

> No final da reunião a diretora falou sobre o caso do novo caseiro. O PM Jonas que trabalha no Canil da Polícia Militar virá ocupar a zeladoria, e quer trazer um cão amestrado, mas a Direção está temerosa de concordar com esta medida. Ficou acertado que a legislação a respeito do caso será consultada e a comunidade escolar também e na próxima reunião, o caso seria decidido.

3. Participação da Comunidade: Condicionantes Econômicos e Culturais

De todos os fatores apresentados como determinantes da falta de participação da população na escola, o mais frequentemente mencio-

As condições objetivas de vida

nado, tanto por pais e usuários em geral quanto pelo pessoal escolar, foi o relacionado às condições de vida das camadas populares, especialmente a falta de tempo e o cansaço após um longo e pesado dia de trabalho. O sr. Pedro, da Savuma, considera que "todo mundo tem uma vida corrida e sofrida; as pessoas saem cedo e voltam tarde para casa, depois de trânsito, ônibus lotado..." Não se trata, todavia, apenas do cansaço físico. Como pondera Maria Alice, diretora da Celso Helvens, "sem uma melhoria, com essa vida desgraçada, não dá pro cara pensar." Assim, "massacrados por um sistema que os obriga a trabalhar", os pais vivem às voltas com problemas de toda natureza, lutando pela sobrevivência e sem condições até psicológicas para pensar nos problemas do ensino escolar. Outro aspecto ligado às condições de vida da população é a falta de local e espaço para as reuniões e discussões dos problemas ligados à escolarização dos filhos. Esse ponto foi lembrado especificamente por Maria Alice, que vê dificuldade em se concretizar uma efetiva representação dos pais no conselho de escola se os usuários com participação aí não tiverem condições de se reunir e discutir com seus representantes, de modo a saber destes quais as opiniões e reivindicações que querem ver levadas à direção da escola.

As condições de vida da população, como fator determinante da baixa participação dos usuários na escola pública, mostram-se tanto mais sérias e de difícil solução quando se atenta para o fato de que este é um problema social cuja solução definitiva escapa às medidas que se podem tomar no âmbito da unidade escolar. Entretanto, parece que isso não deve ser motivo para se proceder de forma a ignorar completamente providências que a escola pode tomar no sentido não de superar os problemas, obviamente, mas de contribuir para a diminuição de seus efeitos sobre a participação na escola. Nas entrevistas realizadas, especialmente entre os pais, um dos empecilhos apontados para a frequência dos usuários às reuniões foi o fato de estas se darem em horários em que os pais trabalham ou têm outras obrigações que impossibilitam sua presença na escola. No entanto, não se encontrou, por parte da direção, nenhuma preocupação em marcar as reuniões em horários compatíveis com as disponibilidades de mães e pais, nem a providência em marcar mais de uma reunião, com o mesmo objetivo, mas em horários alternativos, de modo a atender a grupos e pais diferenciados quanto à disponibilidade de horário.

No âmbito social mais amplo, medidas visando a facilitar a participação dos usuários na escola pública dependerão, certamente, das pressões que se fizerem nesse sentido no contexto de toda a sociedade civil. À época das discussões travadas no Congresso Nacional sobre a nova Constituição, ressaltei a importância de se adotar um dispositivo constitucional que facilitasse a participação dos pais na escola pública por meio da isenção de horas de trabalho no emprego (PARO, 1987, p. 53). Tal dispositivo consistia na liberação do pai ou responsável por criança matriculada no ensino de 1º grau, de certo número de horas de trabalho, sem prejuízo de seu salário, nos dias em que tivesse de participar de reuniões ou tratar de outros assuntos da escola. Ter-se-ia, assim, um mecanismo não apenas viabilizador, mas também incentivador da participação dos usuários na vida escolar de seus filhos, na medida em que a concessão de tais horas livres fosse condicionada à comprovação de participação nas atividades da escola. Por outro lado, não creio que tal medida venha a se mostrar onerosa ao sistema produtivo, seja porque algumas poucas horas mensais representariam porcentagem mínima do número total de horas de trabalho na empresa, seja porque tal benefício não seria concedido a todos os trabalhadores, mas somente àqueles com filhos ou dependentes em idade escolar correspondente ao 1º grau. De qualquer forma, a eventualidade da adoção de tal medida dependerá, certamente, das pressões que as camadas trabalhadoras lograrem desenvolver nesse sentido junto aos poderes constituídos.

Parece não haver dúvida de que a conquista do tempo para cuidar de seus interesses e lutar por seus direitos de cidadania é uma das reivindicações pelas quais as classes trabalhadoras precisam se bater em sua luta por melhores condições de vida e de trabalho. Acredito, por isso, que a importância da participação da comunidade na escola para a melhoria do ensino público indica a necessidade de os movimentos populares e trabalhistas começarem a incluir medidas desse tipo em suas pautas de reivindicações, pressionando seus representantes no Congresso Nacional, por meio de sindicatos, partidos políticos e demais instituições e mecanismos da sociedade civil.

Com maior ou menor ênfase, os depoentes em geral, tanto de dentro quanto de fora da unidade escolar, apontaram como uma das razões

O "desinteresse" dos pais

do não envolvimento da população na participação na escola a falta de interesse dos pais pela educação escolar dos filhos. Alguns, como o professor Walter, acham que nos setores menos favorecidos da população as pessoas "são endurecidas pela vida" e a magnitude de seus problemas impede que elas valorizem a educação escolar dos filhos. "Não dá pra pensar em escola, se você mora num barraco, tem doze filhos, sua mulher é empregada doméstica e você trabalha na construção civil." Para outros, como é o caso de d. Isabel, mãe de aluno, a falta de interesse dos pais se manifesta na recusa em ajudarem na escola ou frequentarem as reuniões com a alegação de que isso é problema "do governo". D. Isabel diz que essas pessoas justificam sua atitude dizendo "Ah! Num vou lá nada; vão me chamá pra trabalhá. Eu não tô pra trabalhá na escola, trabalhá de graça pra escola nenhuma." Então, d. Isabel lhes diz: "'Ah! Mas seu filho estuda lá, não estuda?' — 'Ah! mas eles são obrigados a ensiná meus filhos. Eu não sô obrigada a ir lá trabalhá.' Cê vai falá o quê?" O que se percebe é que a omissão dos pais soa como uma resposta à omissão da própria escola em suas obrigações. Nei, aluno da 7ª série, afirma que sua mãe não se interessa em participar da escola por causa da falta de professores: "Ela pensa assim: 'Eu não [...]; tá faltando professor, eu vô [...] na escola pra quê? A diretora não resolve problema de professor, por que que eu vou me preocupar? Aí, quando tiver todos os professores, daí sim eu vô tentá ajudar nas reunião.'"

A professora Mári acha que o desinteresse pelos problemas da escola é uma questão cultural. Segundo ela, os pais não priorizam a educação dos filhos. Ela tem sentido em sua experiência na comissão de educação do conselho popular que "toda testagem e sondagem que você faz de prioridades, a educação nunca entra". Diz que, quando surgiu a discussão do ensino no conselho popular, foi sugerida por um garoto que era aluno. Mári acha que, para os pais das camadas populares, em sua maioria, "a coisa se esgota um pouco na vaga", ou seja, a preocupação principal é a existência de escola, sem se preocupar com a qualidade do ensino oferecido. Além da vaga, os pais se interessam em saber se há merenda, se faltam professores ou coisas semelhantes, mas em nenhum momento aparece a questão da gestão na escola.

Esta visão de Mári contraria, de certa forma, a impressão que tive a partir das entrevistas com os usuários da Celso Helvens. Parece-me que a população, em geral, preocupa-se, sim, com a qualidade de ensino; seus cuidados com o problema da merenda, com a falta de professores, com a segurança da escola e até mesmo com a greve dos professores constituem indícios dessa sua preocupação, já que esses são os elementos de que ela dispõe para aferir a qualidade dos serviços oferecidos. Isto não significa, entretanto, que o preocupar-se (a seu modo) com a qualidade do ensino tenha levado as pessoas das camadas populares a despertarem para a importância de sua participação na gestão da escola pública. Nesse particular, minha percepção coincide com a de Mári, pois em nenhum momento da pesquisa a consciência dessa importância aparece espontaneamente na fala das pessoas entrevistadas.

Isto pode ser atribuído, em parte, à nossa tradição autoritária que, ao fechar todas as oportunidades de participação na vida da sociedade, em particular na escola pública, induz as pessoas a sequer imaginarem tal possibilidade. Mas parece ter a ver também com a relação de exterioridade que se estabelece entre usuário e educação escolar numa sociedade capitalista. Vimos neste capítulo, item 2 "Participação da família no processo de ensino", como, nessa sociedade, o ensino passa a ser percebido como mais uma "mercadoria" a ser adquirida de uma "unidade de produção" que é a escola. Como outra mercadoria qualquer, a educação escolar passa a ser vista também como se sua produção se desse independentemente da participação do consumidor em tal processo.

Em trabalho anterior (PARO, 2012), procurei demonstrar que, numa perspectiva de educação visando à transformação social e, portanto, à autonomia do educando, não existe essa independência da produção em relação ao "consumidor" porque, na elaboração do "produto" da educação, ou seja, do "aluno educado", o educando participa não apenas como "objeto de trabalho", mas também como sujeito e, portanto, como coprodutor de sua educação. Por outro lado, creio ter demonstrado também que o consumo de tal produto não se dava apenas no ato de produção (SAVIANI, 1984), prolongando-se, em vez disso, pela vida do indivíduo afora, trazendo, em consequência, sérias dificuldades para a avaliação dos resultados da educação escolar (PARO, 2012, p. 177-196). Assim, na impossibilidade de uma avaliação imediata da educação escolar, nos moldes do que acontece com os resultados da produção material em geral, torna-se importante que os pais estejam presentes, diretamente ou por seus representantes, no interior da escola, onde se dá o processo de elaboração de tal produto. Todavia, em vista do caráter de exterioridade que o usuário mantém com a educação escolar, dificilmente ele toma consciência da importância dessa presença. Não estando presente, torna-se também mais difícil avaliar com maior precisão a qualidade do ensino oferecido para, a partir daí, lutar por um ensino melhor.

Um argumento, bastante recorrente nas entrevistas realizadas, para explicar a fraca participação da população na escola é o de que a população se mostra "naturalmente" avessa a todo

A tendência "natural" à não participação

tipo de participação. Termos ou expressões como "desinteresse", "comodismo", "passividade", "conformismo", "apatia", "desesperança" e "falta de vontade" foram constantemente utilizados para retratar a (falta de) disposição dos usuários em participar na escola. D. Isabel, diretora executiva da APM e que participa de movimentos na Igreja local, diz que "a luta de pessoas pra trabalhá, tanto faz na escola como na igreja, é difícil. Você não encontra ninguém que queira trabalhá, né. Ninguém quer assumir nada." Kazuko, a secretária, reclama dos pais, dizendo que "eles não participam de nada" e que os poucos que participam "são sempre os mesmos". Deise, supervisora de ensino, diz que a participação nas escolas públicas, em geral, é muito pequena e, normalmente, os poucos pais que participam o fazem "para dizer sim" a tudo que já foi decidido pela direção. Segundo ela, "hoje o cidadão anda, assim... descrente [...] apático". Para Helena, da Associação da Favela,

> o brasileiro é muito acomodado [...] Um é porque tem a novela, entra a novela e sai outra [...] e o pessoal tá aí só interessado na televisão [...] Se eu fosse uma pessoa que tivesse poder um dia, o que eu fazia mudar é a televisão [...] A gente faz reunião e tem que escolher um horário que não tem novela [ou jogo].

Mais adiante, Helena sentencia: "O brasileiro é acomodado: é difícil mudar esse critério." Marlene, assistente social, concorda, em princípio, que as condições de vida e trabalho dificultam a participação das pessoas:

> Eu até que não recrimino muito. Vejo assim, olha: a população, as pessoas trabalham tanto durante o dia que, chega à noite, não quer saber

de nada. Eu vejo por mim: "Ah, hoje eu não vou porque tô cansada."
Então, [...] vejo assim: o pessoal chega tarde do trabalho, sai super cedo,
chega tarde; quando chega, à noite, não tem muito pique.

Mas, acrescenta Marlene,

isso não justifica a falta de participação que, se é interesse da unidade,
da escola [...], acho que todos deveriam estar integrados aqui na unidade, na escola, onde quer que seja, pra discutir os problemas do bairro.
Mas nem sempre isso acontece. Acho que a população ainda precisa dar
uma reagida maior. Se é que ela quer garantir os seus direitos [...].

Também d. Júlia afirma várias vezes que a população é acomo-
dada, sendo poucos os que se dispõem a trabalhar pelo bairro. A
maioria compromete-se inicialmente, mas acaba não assumindo a
responsabilidade até o fim. Diz que já se tentou organizar um clube
de mães no bairro, mas "aí parou, porque as mães, foi assim, as mulheres aqui elas são assim, elas querem que chegue na mão, mas elas
se esforçá por aquilo, elas não se interessam muito". Para o sr. Pedro,
da Savuma, existe hoje uma crise de esperança no povo, que está
cansado porque "faz, faz e nada acontece"; mas há também o comodismo e a passividade da população, muito mais afeita, ainda, aos
"discursos de promessas" do que ao "fazer uma luta". A professora
Mári acha que as pessoas não valorizam a participação na escola da
mesma forma que não a valorizam no âmbito social do país como um
todo. Segundo ela, esse é um dado que é da formação política e cultural das pessoas, "é da passividade de [...] delegar o poder e deixar
que ele seja exercido por quem de direito...", já que em nossa tradição
não é forte a questão da democracia direta e da participação.

Como se pode perceber pelos depoimentos, embora nem todos
apelem para uma inclinação "natural" das pessoas à não participação,
parece difundida no senso comum a crença em que a não participação
se deve uma espécie de comodismo sem razão de ser, próprio de nossa tradição cultural. A própria história oficial concorre de forma decisiva para a difusão e o estabelecimento dessa crença, ao omitir os

movimentos populares e o papel histórico desempenhado pelas lutas das classes subalternas na vida do país, como se a história fosse feita apenas pelos heróis e movimentos de iniciativa das elites dominantes. Entretanto, essa alegação de que a comunidade não participa por razões culturais ou atávicas é constantemente desmentida pelos movimentos populares que se organizam nos bairros periféricos das grandes cidades para reivindicar creches, assistência médica, escolas, melhorias de infraestrutura urbana, etc. No campo mesmo da Educação, os trabalhos de Campos (1983), Spósito (1984), Campos (1985) e Avancine (1990) oferecem valiosos subsídios para desmentir tal alegação, ao apresentarem a mobilização dos grupos populares por escolas e pela melhoria dos serviços aí oferecidos. O fato de não se verem, com essa mesma intensidade, manifestações da população por participação na gestão da escola pública não nos deve levar a concluir que isso se deva a alguma "aversão natural" à participação.

Afora os condicionantes presentes na própria unidade escolar e as condições de vida e de trabalho da população, parece-me que um importante determinante desse aparente comodismo da população é a total falta de perspectiva de participação que se apresenta no cotidiano das pessoas. Numa sociedade em que o autoritarismo se faz presente das mais variadas formas, em todas as instâncias do corpo social, é de esperar que haja dificuldade em levar as pessoas a perceberem os espaços que podem ocupar com sua participação. No contexto da presente investigação, pude perceber a mudança de postura diante da participação que a simples consciência de sua importância e possibilidade pode operar. D. Rosa Maria pode representar bem aquela parcela de pais de alunos que parecem nunca ter colocado no horizonte de suas vidas qualquer tipo de participação para mudar a educação escolar de seus filhos. Perguntada sobre o que os pais podem fazer neste sentido, ela pensa por alguns segundos, pergunta-se em voz baixa "Nós, pais?", faz nova pausa, reflete: "Deixa eu pensar bem." Novo silêncio e ela volta a falar para si mesma: "Nós, pais... Nós, pais, acho que... acho que nem vou saber." De repente, desabafa: "Porque acho que nós, pais, acho que não temos nada com isso. Isso não é dever nosso, é dever do governo." Continuo perguntando, para saber até onde vai sua reflexão: "Mas, para fazer com que o governo cumpra esse dever, o que que a gente deveria fazer?" Nova pausa. A seguir, nova pergunta minha: "Como é que a gente poderia fazer para exigir um estudo melhor?" A sugestão em termos de participação ainda é tímida, mas surge, afinal: "Talvez, juntando todos os pais, fazendo um abaixo-assinado, qualquer coisa parecida com isso, e levando até o governo. Acho que assim." Passei, a seguir, a sugerir formas mais ativas, para saber sua reação: "E se os pais participassem mais, dentro da escola, fossem mais vezes lá, começassem a exigir do diretor, começassem a ajudar o professor, o diretor, a fazer reivindicações, que que a senhora acha?" Agora, a resposta de d. Rosa Maria é positiva e, como que por mágica, diante da sugestão de possibilidades concretas de participação, passa a fazer planos de maior intervenção "em voz alta": "Acho que resolveria. Resolveria bastante. Mas aí, também, a gente teria (talvez eu até esteja dizendo uma bobagem, não sei), a gente teria, então, que escolher os professores [...]." E continua dizendo como selecionar os professores bem interessados e desfia uma série de medidas que gostaria de ver tomadas. A partir de então, d. Rosa Maria, aparentemente apática até instantes atrás, vai detectando outros problemas, mas agora com maior ânimo, como se estivesse a seu alcance pelo menos sugerir soluções.

Um aspecto geralmente omitido nas considerações que envolvem a participação da comunidade na escola pública refere-se ao sentimento de medo que os pais das camadas populares experimentam diante da instituição escolar. Embora não tenha incluído no roteiro de entrevista nenhuma questão objetivando examinar diretamente esse aspecto, pude perceber, tanto em reuniões quanto na maneira como os usuários se reportam, nas entrevistas, às pessoas, atividades e problemas da escola pública, essa atitude de reserva com respeito à instituição de ensino. No dizer do professor Walter, "a escola assusta, o pessoal tem medo". É provável que muito desse medo deva ser creditado à postura de "fechamento" que a escola adota com relação a qualquer tipo de participação. Mas há também outras razões que merecem ser mencionadas. Uma delas

O medo da escola

refere-se ao fato de que os pais das camadas populares, em geral, sentem-se constrangidos em relacionar-se com pessoas de escolaridade, nível econômico e *status* social acima dos seus. Nota-se também uma espécie de "medo do desconhecido", por conta da ignorância dos usuários a respeito das questões pedagógicas e das relações formais e informais que se dão no interior da escola, sendo tais questões e relações vistas como assunto cujo acesso deve ser franqueado apenas aos técnicos e "entendidos" e fechado, portanto, aos "leigos" que utilizam seus serviços. Finalmente, há o receio, por parte dos pais, de represálias que possam ser cometidas a seus filhos. Embora este receio não seja exclusivo dos pais das camadas populares, são estes que se sentem mais impotentes para coibir qualquer tipo de conduta da escola que possa prejudicar seus filhos. D. Marta diz temer que seus filhos sofram represálias e que conhece pais que não criticam a escola "porque têm medo do filho sê reprovado". Mas as represálias temidas não se restringem apenas às questões de avaliação, incluindo também as que envolvem as relações em geral da criança na escola e que podem sofrer influências negativas por conta de atritos dos pais com o pessoal escolar.

Pelos relatos colhidos, especialmente entre alunos e pessoal escolar, parece ter havido um período em que a EEPG Celso Helvens experimentou momentos de relativa democratização das relações em seu interior, com a participação de alunos, professores e funcionários pelo menos em discussões com a direção a respeito dos problemas da escola. Na mesma ocasião, a escola mostrou-se também mais "aberta" em suas relações com a comunidade. Isso tudo se deu na época em que a professora Mári lecionava na escola e, segundo todas as evidências, deveu-se à sua ação de liderança de um grupo de professores e à atuação sua e do grupo na mobilização das pessoas para a discussão e participação na resolução dos problemas da escola. Vários depoentes referem-se a essa atuação de Mári; alguns, especialmente os alunos mais antigos, lamentam sua saída da escola, ao mesmo tempo em que elogiam seu procedimento enquanto aí trabalhou.

Os agentes "articuladores" da participação popular

A COMUNIDADE E A PARTICIPAÇÃO NA ESCOLA 393

Maria Cristina, da 8ª série, chega a dizer que Mári é um símbolo a quem ela gostaria de imitar: "Eu gostaria de participar de algum movimento de bairro que nem a Mári; ela participa bastante."

Essa atuação de Mári e suas colegas na criação de um clima mais propício à participação parece apontar para a importância da existência de indivíduos com a consciência social dos problemas na aglutinação de pessoas em torno de determinadas causas e no estímulo à ação. A própria Mári ressalta a necessidade de elementos com maior consciência da realidade social que contribuam na mobilização e organização das pessoas na luta pelos interesses das camadas trabalhadoras: "Acho que são as próprias pessoas que têm consciência, que já estão vendo essas necessidades, que têm que ir lá ajudar organizar." Estudando os movimentos populares por saneamento básico e serviços de Saúde na cidade de São Paulo, Pedro Jacobi (1989, p. 15) chama a atenção para o fato de que, "frequentemente, as análises têm minimizado o papel dos agentes externos ou articuladores sociais, que, orientados por motivações basicamente ideológicas, têm exercido influência sobre a dinâmica dos movimentos".

O sr. Pedro, presidente da Savuma, baseia-se em sua vivência como agente articulador de movimentos em outras áreas para dizer que, também com relação à educação escolar, "é preciso descobrir o ponto fraco", aquilo que é capaz de mobilizar os pais e, "aí, propor uma luta". Mas é preciso também que haja liderança nas escolas, "alguém que puxe" a população. A respeito dessa liderança, observa-se que, às vezes, ela é reclamada pelos próprios usuários. D. Marta, mãe de aluno, afirma:

> Quem deve puxar a comunidade é o povo da escola [...] Se eu fosse de uma escola [...], ia na casa de um, de outro, conversá com aquelas pessoas sobre coisa da escola, e que seja de outra coisa [...] Mesmo que seja na hora que tiver levando as crianças na escola: "Olha, a gente vai fazer isso, precisa da participação de você." Agora, como a gente vai entrar de cara limpa, pra ser reprovado na entrada... [...] Ninguém participa na escola por causa disso: ninguém chama os pais pra escola [...] A direção da escola é que tem que reuni as pessoa.

Parece que o importante dessa questão é estar aberto para as fronteiras entre uma liderança democrática, que procura servir como ponto de referência para a população, que criticamente opta por aderir a determinada direção, e o paternalismo autoritário, que anula a iniciativa dos "liderados", decidindo em seu lugar. D. Isabel parece revelar, de certa forma, essa concepção paternalista de liderança quando, ao reclamar das pessoas que não participam na escola mesmo com os apelos de Maria Alice, dá a entender que tal participação deve ser tutelada pela diretora. Já a assistente social Marlene, ao comentar a posição das mães diante de problemas no posto de saúde e na creche, critica a falta de iniciativa da população, que fica à espera de alguém que a comande.

> [...] Aí a mãe falou assim: "não, mas a gente tem que fazer um movimento". E para por aí. Então, não tem movimento aqui pra educação, pras lutas de vagas, pra melhoria de condições na escola, né; pra ter condições mesmo de estudar, ter o lápis, ter o caderno, ter garantido o professor, que o professor ganhe bem. Não tem nenhum movimento [...] E não tem nenhum movimento aqui por melhorias. Se a Helena agitar, se ela der o grito de guerra, depende do problema, alguém vai atrás. Mas ela é que tem que dar o berro. Se ela não der... se ela não der a largada, a população fica dormindo em berço esplêndido...

De uma forma ou de outra, parece que a questão da iniciativa de participação da população na escola reserva boa dose de responsabilidade, tanto aos educadores com consciência social dos problemas do ensino público que atuam no interior da unidade escolar, quanto às pessoas ou instituições que, no interior da sociedade civil, preocupam-se com o problema da participação popular na escola pública. Segundo Mári, do lado da escola é preciso haver gente interessada na participação para que esta aconteça. No dizer do sr. Pedro, da Savuma, as pessoas precisam de "alguém que chame" porque, muitas vezes, sabem da importância de se fazer alguma coisa, mas necessitam de alguém que as convença a efetivamente fazer.

PARA NÃO CONCLUIR...

Como afirmei no início deste livro, o que animou a realização da pesquisa que lhe deu origem foi, por um lado, a constatação do desinteresse do Estado no provimento de ensino fundamental de qualidade para a maioria da população; por outro, a convicção da imprescindibilidade da ação da sociedade civil exigindo que o Estado cumpra esse seu dever constitucional. Por isso, procurei investigar as condições de possibilidade de os próprios usuários da escola pública participarem nas decisões da unidade escolar. Todavia, em nenhum momento deste trabalho pretendi passar a ideia de que a participação é uma obrigação dos usuários ou de que ela deva ser entendida como uma panaceia para os males da escola.

A participação como um encargo a mais para o trabalhador está muito presente no discurso daqueles que ostentam uma concepção meramente executiva dessa questão, imputando aos usuários, como dever seu, aquilo que é obrigação do Estado realizar. Se insisti na preocupação com a participação, não foi certamente pretendendo impingir aos usuários da escola pública um acréscimo de esforços em suas penosas vidas de trabalhadores, mas reconhecendo a necessidade de se lutar por um direito que ainda não se fez real. Obviamente, o ideal seria que o ensino satisfatório para todos já fosse uma realidade sem precisar reivindicá-lo. Mas assim não é e por isso é preciso buscar formas de controlar democraticamente o Estado no local mesmo onde o serviço deveria ser prestado.

A visão da participação como solução para todos os problemas do ensino padece também do defeito de desviar a atenção da complexidade da questão da escola pública, hipervalorizando um dos aspectos da realidade e deixando de vê-lo em sua real dimensão mediadora. Ter presente a importância da participação popular nas decisões da escola é, na verdade, um gesto de esperança nas potencialidades da sociedade civil. É preciso, todavia, estar consciente de que, como já afirmei antes (PARO, 1992, p. 40), a situação atual do ensino público brasileiro "exige movimentos de pressão em todos os níveis e instâncias da sociedade civil", ocupando a participação dos usuários na unidade escolar apenas uma dessas instâncias ou níveis. O fato de ser um espaço muito importante não pode levar a vê-lo como único.

O mais relevante é a preocupação central com a educação pública, sua viabilidade, as perspectivas de sua melhoria, objetivando o efetivo acesso de todos ao saber. Essa preocupação permeou toda a investigação, dando suas diretrizes e procurando levar a um conhecimento mais preciso da realidade de nosso ensino público fundamental. Espero, pois, que o estudo dessa realidade tenha feito sobressair a escola pública, não certamente na completude de seus problemas — visto que toda investigação é parcial e provisória —, mas pelo menos na inteireza de sua perspectiva, de modo a levar os leitores a vê-la como uma complexa instituição social, um organismo vivo, apesar de tudo, mas que deixa seriíssimas dúvidas a respeito do real serviço que está prestando à sociedade. Que a realidade apresentada possa levar os leitores a refletirem cada vez mais seriamente a respeito da situação do ensino público fundamental, mas principalmente que, sensibilizados pela realidade apresentada, procurem assumir posturas e desenvolver ações que levem à mudança da situação presente, com a consciência de que a luta pelo alcance de uma escola pública que consiga dotar a população de um mínimo de saber compatível com uma vida decente não é responsabilidade desta ou daquela pessoa ou instituição, mas de todos os cidadãos de uma sociedade civilizada.

REFERÊNCIAS

ARROYO, Miguel G. Operários e educadores se identificam: que rumos tomará a educação? *Educação & Sociedade*, Campinas, v. 2, n. 5, p. 5-23, jan. 1980.

AVANCINE, Sérgio. *Daqui ninguém me tira*: mães na gestão colegiada da escola pública. 1990. Dissertação (Mestrado em Educação) — Pontifícia Universidade Católica de São Paulo, São Paulo, 1990.

BRASIL. *Lei nº 5.692, de 11 de agosto de 1971*. Fixa diretrizes e bases para o ensino de 1º e 2º graus, e dá outras providências. Brasília, DF, 1971. Disponível em: <http://www.planalto.gov.br/ccivil_03/leis/L5692.htm>. Acesso em: 26 maio 2016.

BRASIL. *Lei nº 7.398, de 4 de novembro de 1985*. Dispõe sobre a organização de entidades representativas dos estudantes de 1º e 2º graus, e dá outras providências. Brasília, DF, 1985. Disponível em: <http://www.planalto.gov.br/ccivil_03/leis/L7398.htm>. Acesso em: 26 maio 2016.

CAMPOS, Maria M. Malta. *Escola e participação popular*: a luta por educação em dois bairros de São Paulo. 1983. Tese (Doutorado em Sociologia) — Faculdade de Filosofia, Letras e Ciências Humanas, Universidade de São Paulo, São Paulo, 1983.

CAMPOS, Rogério Cunha de. *A luta dos trabalhadores pela escola*. 1985. Dissertação (Mestrado em Educação) — Faculdade de Educação, Universidade Federal de Minas Gerais, Belo Horizonte, 1985.

CARVALHO, Célia Pezzolo de. *Ensino noturno*: realidade e ilusão. 5. ed. São Paulo: Cortez/Autores Associados, 1987.

CARVALHO, Marília Pinto de. Um invisível cordão de isolamento: escola e participação popular. *Cadernos de Pesquisa*, São Paulo, n. 70, p. 65-73, ago. 1989.

CASTELLS, Manuel. *Cidade, democracia e socialismo*: a experiência das associações de vizinho de Madri. Rio de Janeiro: Paz e Terra, 1980.

EVERS, Tilman et al. Movimentos de bairro e Estado: lutas na esfera da reprodução na América Latina. In: MOISÉS, José Álvaro et al. *Cidade, povo e poder*. 2. ed. Rio de Janeiro: Paz e Terra, 1985. p. 110-164.

FREIRE, Paulo. *Pedagogia do oprimido*. 2. ed. Rio de Janeiro: Paz e Terra, 1975.

JACOBI, Pedro. *Movimentos sociais e políticas públicas*: demandas por saneamento básico e saúde: São Paulo, 1974-84. São Paulo: Cortez, 1989.

LE BOTERF, Guy. A participação das comunidades na administração da educação. *Revista de Administração Pública*, Rio de Janeiro, v. 16, n. 1, p. 107-142, jan./mar. 1982.

MARX, Karl. *O Capital*: crítica da economia política. 5. ed. Livro 1, 2 v. Rio de Janeiro: Civilização Brasileira, [1968].

MARX, Karl. *Contribuição à crítica da economia política*. São Paulo: Martins Fontes, 1977.

MICHELAT, Guy. Sobre a utilização da entrevista não diretiva em sociologia. In: THIOLLENT, Michel J. M. *Crítica metodológica, investigação social e enquete operária*. 5. ed. São Paulo: Polis, 1987. p. 191-211.

MURAMOTO, Helenice Maria Sbrogio. *Supervisão de escola, para quê te quero?* Uma proposta aos profissionais de educação na escola pública. São Paulo: Iglu, 1991.

NUNES, Edison; JACOBI, Pedro. Movimentos populares urbanos, poder local e conquista de democracia. In: MOISÉS, José Álvaro et al. *Cidade, povo e poder*. 2. ed. Rio de Janeiro: Cedec/Paz e Terra, 1985. p. 165-198.

PARO, Vitor Henrique. A utopia da gestão escolar democrática. *Cadernos de Pesquisa*, São Paulo, n. 60, p. 51-53, fev. 1987.

PARO, Vitor Henrique. Participação da comunidade na gestão democrática da escola pública. In: BORGES, Abel Silva et al. *O papel do diretor e a escola de 1º grau*. São Paulo: FDE, 1992. p. 39-47. Série Ideias, n. 12.

REFERÊNCIAS

PARO, Vitor Henrique. *Administração escolar*: introdução crítica. 17. ed. rev. e ampl. São Paulo: Cortez, 2012. [1. ed. em 1986]

PARO, Vitor Henrique et al. *Escola de tempo integral*: desafio para o ensino público. São Paulo: Cortez/Autores Associados, 1988.

PASSOS, Inah et al. Uma experiência de gestão colegiada. *Cadernos de Pesquisa*, São Paulo, n. 66, p. 81-94, ago. 1988.

PATTO, Maria Helena Souza. *A produção do fracasso escolar*: histórias de submissão e rebeldia. São Paulo: T. A. Queiroz, 1990.

ROCKWELL, Elsie. Etnografia na pesquisa educacional. In: EZPELETA, Justa; ROCKWELL, Elsie. *Pesquisa participante*. São Paulo: Cortez/Autores Associados, 1986. p. 31-54.

SÃO PAULO (Estado). *Decreto nº 10.623, de 26 de outubro de 1977*. Aprova o Regimento Comum das Escolas Estaduais de 1º Grau e dá providências correlatas. São Paulo, 1977a. Disponível em: <http://governo-sp.jusbrasil. com.br/legislacao/211193/decreto-10623-77>. Acesso em: 26 maio 2016.

SÃO PAULO (Estado). *Lei nº 1.490, de 12 de dezembro de 1977*. Disciplina o funcionamento das Associações de Pais e Mestres e dá providências correlatas. São Paulo, 1977b. Disponível em: <http://governo-sp.jusbrasil. com.br/legislacao/210803/lei-1490-77>. Acesso em: 26 maio 2016.

SÃO PAULO (Estado). *Decreto nº 12.983, de 15 de dezembro de 1978*. Estabelece o Estatuto Padrão das Associações de Pais e Mestres. São Paulo, 1978. Disponível em: <http://www.crmariocovas.sp.gov.br/pdf/ ccs/Diretor2006/DiretorE_decreto12.983_78.pdf >. Acesso em: 26 maio 2016.

SÃO PAULO (Estado). *Lei Complementar nº 375, de 19 de novembro de 1984*. Altera dispositivo da Lei Complementar nº 201, de 9 de novembro de 1978. São Paulo, 1984. Disponível em: <http://governo-sp.jusbrasil.com. br/legislacao/195676/lei-complementar-375-84>. Acesso em: 26 maio 2016.

SÃO PAULO (Estado). *Lei Complementar nº 444, de 27 de dezembro de 1985*. Dispõe sobre o Estatuto do Magistério Paulista e dá providências correlatas. São Paulo, 1985. Disponível em: <http:// www.al.sp.gov.br/repositorio/legislacao/lei.complementar/1985/lei. complementar-444-27.12.1985.html>. Acesso em: 26 maio 2016.

SÃO PAULO (Estado). *Decreto n° 24.632, de 10 de janeiro de 1986*. Regulamenta as jornadas de trabalho do pessoal docente do Quadro do Magistério e dá providências correlatas. São Paulo, 1986a. Disponível em: <http://governo-sp.jusbrasil.com.br/legislacao/193599/decreto-24632-86>. Acesso em: 26 maio 2016.

SÃO PAULO (Estado). Secretaria da Educação. *Comunicado SE de 31 de março de 1986*: Conselho de Escola. São Paulo, 1° abr. 1986b. Disponível em: <http://siau.edunet.sp.gov.br/ItemLise/arquivos/notas/comSE31_03_86.htm >. Acesso em: 26 maio 2016.

SÃO PAULO (Estado). *Comunicado conjunto Cenp-CEI-Cogsp publicado a 27 de novembro de 1987*. Dispõe sobre a criação e implementação dos Grêmios Estudantis nas Unidades Escolares. São Paulo, 1987. Disponível em: http://siau.edunet.sp.gov.br/ItemLise/arquivos/notas/comCei_Cogsp27_11_87.htm. Acesso em: 26 maio 2016.

SAVIANI, Dermeval. Trabalhadores em educação e crise na universidade. In: _____. *Ensino público e algumas falas sobre universidade*. São Paulo: Cortez/Autores Associados, 1984. p. 74-86.

SPÓSITO, Marília Pontes. *O povo vai à escola*: a luta popular pela expansão do ensino público. São Paulo: Loyola, 1984.

STAKE, Robert E. Pesquisa qualitativa/naturalista: problemas epistemológicos. *Educação e Seleção*, São Paulo, n. 7, p. 19-27, jun. 1983.

THIOLLENT, Michel J. M. *Crítica metodológica, investigação social & enquete operária*. 5. ed. São Paulo: Polis, 1987.

WEBER, Max. Os três aspectos da autoridade legítima. In: ETZIONI, Amitai (Org.). *Organizações complexas*: estudo das organizações em face dos problemas sociais. São Paulo: Atlas, 1967. p. 17-26.

WEBER, Max. *Economía y sociedad*: esbozo de sociología comprensiva. 2. ed. México: Fondo de Cultura Económica, 1979.